上海三联人文经典书库

99

阿莱科休斯传

[古罗马]安娜·科穆宁娜 著

李秀玲 译

ALEXIAD

上海三联书店

"十三五"国家重点图书出版规划项目

国家出版基金资助项目

总　序

陈　恒

自百余年前中国学术开始现代转型以来,我国人文社会科学研究历经几代学者不懈努力已取得了可观成就。学术翻译在其中功不可没,严复的开创之功自不必多说,民国时期译介的西方学术著作更大大促进了汉语学术的发展,有助于我国学人开眼看世界,知外域除坚船利器外尚有学问典章可资引进。20世纪80年代以来,中国学术界又开始了一轮至今势头不衰的引介国外学术著作之浪潮,这对中国知识界学术思想的积累和发展乃至对中国社会进步所起到的推动作用,可谓有目共睹。新一轮西学东渐的同时,中国学者在某些领域也进行了开创性研究,出版了不少重要的论著,发表了不少有价值的论文。借此如株苗之嫁接,已生成糅合东西学术精义的果实。我们有充分的理由企盼着,既有着自身深厚的民族传统为根基、呈现出鲜明的本土问题意识,又吸纳了国际学术界多方面成果的学术研究,将会日益滋长繁荣起来。

值得注意的是,20世纪80年代以降,西方学术界自身的转型也越来越改变了其传统的学术形态和研究方法,学术史、科学史、考古史、宗教史、性别史、哲学史、艺术史、人类学、语言学、社会学、民俗学等学科的研究日益繁荣。研究方法、手段、内容日新月异,这些领域的变化在很大程度上改变了整个人文社会科学的面貌,也极大地影响了近年来中国学术界的学术取向。不同学科的学者出于深化各自专业研究的需要,对其他学科知识的渴求也越来越迫切,以求能开阔视野,迸发出学术灵感、思想火花。近年来,我们与国外学术界的交往日渐增强,合格的学术翻译队伍也日益扩大,同时我们也深信,学术垃圾的泛滥只是当今学术生产面相之一隅,高质量、原创作的学术著作也在当今的学术中坚和默坐书斋的读书种子中不断产生。然囿于种种原因，人文社会科学各学科的发展并不平衡，学术出版方面也有畸轻畸重的情形（比如国内还鲜有把国人在海外获得博士学位的优秀论文系统地引介到学术界）。

有鉴于此，我们计划组织出版"上海三联人文经典书库"，将从译介西学成果、推出原创精品、整理已有典籍三方面展开。译介西学成果拟从西方近现代经典（自文艺复兴以来，但以二战前后的西学著作为主）、西方古代经典（文艺复兴前的西方原典）两方面着手；原创精品取"汉语思想系列"为范畴，不断向学术界推出汉语世界精品力作；整理已有典籍则以民国时期的翻译著作为主。现阶段我们拟从历史、考古、宗教、哲学、艺术等领域着手，在上述三个方面对学术宝库进行挖掘，从而为人文社会科学的发展作出一些贡献，以求为 21 世纪中国的学术大厦添一砖一瓦。

安娜·科穆宁娜的《阿莱科休斯传》

贝蒂·雷迪斯(Betty Radice)

拜占庭历史学家安娜·科穆宁娜(Anna Comnena,1083 - 1153)是阿莱科休斯一世皇帝的第一个孩子,从小就有机会在日常生活中接触到帝国的重要人物。因为她的出身和自己的兴趣,她接受了文学和哲学方面的教育。在中世纪只有极少数妇女能有这样的机会。在童年时期,她与皇位的合法继承人君士坦丁·杜卡斯订婚。当婚约被取消,她的弟弟约翰成为继承人时,她心怀怨恨。1118 年,阿莱科休斯去世时,安娜和她的母亲竭尽所能地阻止约翰继承皇位。不久之后,安娜卷入了一次试图谋杀她弟弟的拙劣阴谋。结果,她被送入一座修女院,过上了舒适的流放生活。

在权力的争夺中落败之后,安娜转向学术研究,组织了一群哲学家,他们促进了亚里士多德研究的复兴。在她的丈夫尼基弗鲁斯·布林纽斯去世后,她继续写他已经着手写的《历史》,把它变成了《阿莱科休斯传》,讲述了她的父亲的统治。《阿莱科休斯传》的叙述生动详实并且总体上是可信的,书中的每一页都体现了作者强烈的个性。它是具有独特价值的原始资料,尤其是它从不同于西方历史学家的视角,描述了第一次十字军东征的经讨。

索特(E. R. A. SEWTER)是著名的拜占庭学者,《希腊与罗马》(*Greece and Rome*)的主编。他翻译的《米哈伊尔·普塞罗斯:十四个拜占庭统治者》(*Michael Psellus:Fourteen Byzantine Rulers*)也在企鹅出版社出版。他于 1976 年去世。

目　录

1

目 录

英文译者序

四十年前,伊丽莎白·道斯(Elizabeth Dawes)首次全文出版了《阿莱科休斯传》(*Alexiad*)的英文版,这个版本当时得到了很高的评价。第二年(1929 年),乔治娜·巴克勒(Georgina Buckler)的《安娜·科穆宁娜》(*Anna Comnena*)问世,这是一项非常有价值的出色研究,但是略显杂乱并且很难使用——它是一本学者的书。道斯女士希望她的读者能够在这本书里找到他们需要的所有帮助。但是遗憾的是,她几乎没有提供注释、配备地图、索引、谱系表和参考书目。尽管不久前《安娜·科穆宁娜》被重新发行,但已经很长时间不再刊行,因此非常有必要出版一个新的版本,这个版本应该为读者提供简要评注和其他必要的帮助。

译者面临这样的问题:应该如何忠于原文? 当然,以前逐字逐句的翻译方式至少在一代人之前就已经被完全放弃,但仍旧有一些人在措词和句法上喜欢严格遵循希腊语的用法。道斯女士更倾向于直译,但这样做难免会带来文法错误,例如:"如果他们对剑不感兴趣,他们自然会对他们的灵魂感兴趣";"因为恐惧,他们几乎吓得魂飞魄散"。如果严格遵循希腊语的规范,也会使翻译显得很荒诞,例如:"心怀谋杀念头的德米特里乌斯(Demetrius)磨快了他的剑,准备好了他血腥的右手。"这种方式或许能更准确地体现安娜本人的思想和风格,但是总体而言,我认为大西洋两岸的学者们共同使用的简明易懂的现代风格,能够更好地满足历史学家们的需要。因此,目前的版本试图用现代英语表达在八百多年前写作的一位拜占庭公主的思想和观点。这不是一项容易的任务。即使

8

需要简短的意译，也不意味着必须删除什么，而是要竭力避免晦涩难懂的语句。例如，安娜描述博希蒙德（Bohemond）的时候，这样写"通过他的鼻孔，大自然为他涌动在心中的激情提供了自由通道"（道斯译）——这是第八卷中很难翻译的一句话——译者必须尽量翻译得通俗易懂。安娜是什么意思呢？或许，博希蒙德的鼻孔很大（很明显这是男子汉气概的一个象征，因为她不止一次地提到这一点），这样的鼻孔能使他大口地喘气——或者我们可以说能使他深呼吸？我们不了解整个来龙去脉。或许诺曼人深受鼻膜炎之苦，博希蒙德是个例外。客观地讲，安娜只是偶尔会写类似这样令人难以理解的词句，因为她的叙事总体上是自然流畅的。她十分欣赏米哈伊尔·普塞罗斯（Michael Psellus），有时候会抄袭他的作品，但比他更为直率。在她的叙事变得文学化，几乎使用了诗歌般措词的地方，英语必须适度地与她的风格保持一致，再现她拜占庭式的感叹、修辞和强烈情感，但她的这种叙述经常戛然而止。

她对古词的使用也是一个问题。据说安娜写作时使用的是伪古典希腊语，这是一种君士坦丁堡的普遍民众完全不熟悉的学术化语言，"一种完全木乃伊式的学校语言"。[1] 如果安娜使用这种语言写作，那么，从普罗科比（Procopius）到弗兰泽斯（Phrantzes）的拜占庭历史学家都是这样。尽管有些变化，但他们基本上都使用了同样的希腊语形式。在普塞罗斯的《编年史》（*Chronographia*。第六卷第 61 页）中有一件著名的轶事，它证明都城的普通民众非常乐意接受和欣赏引自《伊利亚德》（*Iliad*）的诗句。大部分知识分子都会说两种语言，这一点都不令人吃惊。我的美国学生就读于一所中西部大学，他们的英文都很好，写的论文与那里本科生写的论文几乎没有区别。但是他们用自己的专业术语写的《大学每日新闻》（*University Daily News*）却相当深奥——只有创始人能理解它的四分之一。岛上的上百万人都讲自己的方言——伦敦东区方言

---

① 科鲁巴赫：《拜占庭文学史》（Krumbacher, K., *Geschichte der byzantiniscben Litteratur*），第 277 页。

(Cockney)、泰恩赛德语(Geordie)、苏格兰语(Scots),等等,他们相互之间都听不懂——但所有人都(不同程度地)听得懂 BBC 新闻,写标准英语。因此,君士坦丁堡的居民应该也是如此,(大部分)希腊语元素体现在拜占庭式希腊语的读写形式中,方言则可能非常不同。因此,在翻译《阿莱科休斯传》(Alexiad)的过程中,没有必要加入第二人称单数主格"你"、第二人称单数宾格"你"和第二人称单数所有格"你的"。

9

地图做不到详尽无遗——的确不可能,因为许多地名仍旧无法确定——但是它们能让读者容易了解阿莱科休斯参加的战役的进程。在名字的问题上,我没有与任何前译者保持一致,例如,我用 Dyrrachium 代替了 Durazzo 或者是 Durres;用 Brindisi 代替了 Brundisium;我继续使用 Smyrna,现代人可能会理解为 Izmir;相比较 Iatzoulinos,我更倾向于使用 Joscelin of Courtenay。我在注释中列出了其他译名。关于第一次十字军东征的大部分内容,我借鉴了朗西曼(Runciman)的写法,涉及突厥人或者帕臣涅克人的内容,我借鉴了《剑桥古代史》(Cambridge Ancient History)。关于译名翻译的选择,我更注重语言的通畅典雅,例如,Abul-Kasim 比 Apelchasem 听起来更有说服力,Raymond de Saint-Gilles 相比较 Isangeles 也是如此。另一方面,我谨慎地保留了安娜笔下的法兰克人、诺曼人、拉丁人、凯尔特人、土耳其人、以实玛利人(Ishmaelite)、波斯人、阿加里尼人(Agarene)和萨拉森人,她不加区分地将这些名字分别用来称呼皇帝面临的西部和东部敌人,有时候也轻蔑地用"蛮族人"代替。

本译本立足于伯纳德·莱布(Bernard Leib)的译本,他在三十多年前出版了法语版的《阿莱科休斯传》。欧洲学者对他的工作非常感激。我也很感谢赫西(J. M. Hussey)教授,他与贝恩斯(Baynes)、塔尔波特·赖斯(Talbot Rice)、莫斯(Moss)和朗西曼教授一起,在战前的一个世纪中为了彻底改变英国人对拜占庭的态度做了大量工作。我还要感谢出版者一贯的友好和宽容,尤其是企鹅出版社的编辑们。另外,贝蒂·雷迪斯(Betty Radice)女士、安德鲁·彭尼库克(Andrew Pennycook)先生和朱利亚·韦拉克特(Julia Vellacott)女士也给我提供了帮助。最后,我要感谢我的妻子,两年来,本书经历了两次修改,她忍受了打字机带来的噪音。

E. R. A. 索特

1968 年 3 月于纽伯里·伯克郡(Newbury Berksbire)

导　论

　　"阿莱科休斯皇帝宠爱的女儿记述了他的生平,她对他充满了尊敬,满腔热情地希望他的功勋能够永世长存。安娜·科穆宁娜公主意识到读者可能心存疑虑,因此反复宣称她的作品依据的资料,除了她的个人知识外,还有她对最值得尊敬的老兵们的演讲录和著作的研究。三十年间,她曾被世人遗忘,她也忘记了许多人和事,充满悲伤的隐居生活不再有希望和恐惧。赤裸裸的现实比她对父母的纪念更加珍贵和神圣。但是,除了简约的风格和赢得我们信任的叙述外,全文对修辞和科学的钟爱体现了一个女作家的虚荣。阿莱科休斯的真实性格被淹没在对美德模糊不清的堆积中,不断重复的颂词和道歉促使我们不得不质疑这位历史学家的诚实和这位英雄的功绩……"

　　这是爱德华·吉本(Edward Gibbon)在《衰亡史》(*Decline and Fall*)第九卷中的评论。相比较而言,现代评论家很少批评安娜的演说词晦涩难懂,而是对她的智慧和接受的良好教育称赞有加。朗西曼不满现代历史学家总是贬低她的著作;奥斯特罗戈尔斯基(Ostrogorsky)认为《阿莱科休斯传》是"相当重要的历史资料";瓦谢列夫(Vasiliev)说它"从历史的角度看,是极为重要的";科鲁巴赫(Krumbacher)说她的回忆录是"中世纪最优秀的希腊语编史之一"[①];米歇尔(Marshall)认

---

① 《拜占庭文学史》(*Geschichte der byzantinisben Litteratur*),第 276 页。——英译者注

为安娜是"杰出的拜占庭历史学家之一"[1];赫西高度称赞她的著作,认为它非常"成熟并具有鲜明的个人风格",是一个不同寻常的文明社会的产物。目前,没有人否认安娜在她父亲的事情上存在偏见,但出现了为她蓄意的谬误进行开脱的趋势,认为她的过失只是因为遗漏——花费了几个月甚至几年与她为伴的译者,比大部分"凭感觉"的人更清楚她在有些地方没有讲述全部事实。她的尴尬反映在措词的微妙变化上。她可能不会说阿莱科休斯在这种或那种情况下做了蠢事,但人们可以感觉到其中的暗示。吉本本人抱有成见,谴责她的偏见并且不怎么欣赏她。或许,今天的学者们更加宽容——他们的评价普遍带有赞赏性,当然这种赞赏并不是屈尊俯就。

《阿莱科休斯传》不是她唯一的作品,据说像她的父亲和弟弟依沙克一样,她也写诗。如果这是真的,它们似乎没有赢得称赞。许多年前,库尔兹(Kurtz)出版了她的遗嘱的前言,很明显,它写于她的父亲和母亲去世之间的间隔期(1118—1123 年)。

安娜出生在第七个财政税收年的 12 月 1 日(1083 年),星期六的黎明。这天早上她的父亲"带着胜利的荣耀返回都城"。对阿莱科休斯和伊琳妮而言,尽管对第一个出生的孩子不是男孩可能感到失望,但这是一个幸福的时刻。安娜是 7 个孩子(4 个女儿和 3 个儿子)中最年长的一个。许多现代历史学家试图证实阿莱科休斯在早些年对自己的妻子不忠,曾认真考虑与废后玛利亚联姻——存在一些安娜不予理会的丑闻。家庭似乎异常团结,至少孩子们都还小的时候是这样,只有一件事情例外,就是安娜很快变得不喜欢她的弟弟约翰。她告诉我们她的烦恼从 8 岁时开始,那时她已经和君士坦丁·杜卡斯订婚。后者是玛利亚皇后的儿子,也是皇位的合法继承人。按照拜占庭的风俗,她与未来的婆婆住在一起。阿莱科休斯待君士坦丁非常宽厚,允许他共享皇权。当然,他的地

---

[1] 贝奈斯、莫斯:《拜占庭》(Baynes and Moss(eds.), *Byzantium*),第 232 页。——原译者注

位较低,因为那时他还只是一个孩子。安娜有充足的理由认为,在适当的时候她和年轻的君士坦丁将在阿莱科休斯和伊琳妮之后登上皇位。我们永远都不会知道,究竟是因为阿莱科休斯从未真正打算履行婚约,还是她的奶奶即令人敬畏的安娜·达拉西妮和杜卡斯家族之间的仇恨最终使它成为不可能,但婚约被取消,君士坦丁继承人的位置被她的弟弟约翰占据。后者那时(1092 年)四五岁左右。从那时起,安娜成了他的敌人。约翰又小又瘦,肤色黝黑——是一个很难引人注目的孩子——但他是皇帝的长子。喜欢给他们的统治者起绰号的拜占庭人,称他为"英俊的约翰"(Calo-Jahannes)。在后来的生涯中,作为受人爱戴的皇帝及其臣民品德高尚的父亲,他仍旧使用这个名字。安娜在《阿莱科休斯传》中很少讲有关他的事情。这多少体现了她内心的仇恨。当约翰真正成为皇帝后,她煽动了一次叛乱。但叛乱失败,她过上了舒适的流放生活,幸运地避免了更糟糕的命运。

　　让我们回到君士坦丁那里。这个年轻人不再是公众人物,隐退到了他在农村的庄园,他后来在那里款待了阿莱科休斯。他们之间的关系仍旧非常友好,据说他被阿莱科休斯当作儿子一样疼爱。(1094 年)尼基弗鲁斯·迪奥根尼斯(Nicephorus Diogenes)发动叛乱,尽管君士坦丁的母亲没有积极参与,但她一定知道此事。这次叛乱终结了复位的任何希望。君士坦丁在不久之后去世,时间肯定在 1097 年之前。在那一年,安娜与她的凯撒尼基弗鲁斯·布林纽斯(Nicephorus Bryennius)结婚——如果我们相信她在遗嘱的前言中所说的话,此事违背她的意愿,因为她宣称同意结婚只是为了取悦她的父母,她原本打算过单身生活。或许,阿莱科休斯出于政治动机安排了这次婚姻,因为布林纽斯是他的老对手的儿子①。不

①　现在普遍认定尼基弗鲁斯·布林纽斯凯撒(安娜的丈夫)是皇位觊觎者的孙子,但尚存一些疑问。我遵从仲纳拉斯(Zonaras)的说法,他明确叙述他是儿子。我们从米哈伊尔·阿塔里特斯(Michael Attaliates)的《历史》(Bekker, pp. 53 - 54)中得知,另一个布林纽斯在 1056 年叛乱并被刺瞎。Zonaras. xⅷ, 2,证实了这个事实,尽管他给出的日期是 1057 年。这个人可能是凯撒的爷爷。　　(转下页)

14　管怎样,事实证明他们的婚姻非常幸福,他们生了 4 个孩子,一起和睦地生活了 40 年,直到布林纽斯在与她憎恨的弟弟一起作战时染上了某种疾病,于 1137 年去世(他并没有对约翰怀恨在心,忠诚地为他服役)。她的丈夫是一个有修养的人,一个历史学家,他的著作尚存并经常被研究,有助于我们了解伯塔尼亚特斯(Botaniates)的统治。如果说他算不上优秀的军事将领(尽管很明显,他是一个勇敢的将领),那么他也是一个雄辩的演说家。阿莱科休斯利用他的才能战胜了格里高利·塔罗尼特斯(Gregory Taronites)、博希蒙德和摩尼教异教徒(虽然并不总是成功,但很明显皇帝很信任布林纽斯的演讲术)。他和父母的去世使安娜非常痛苦。在写《阿莱科休斯传》时(1148 年,她仍在忙于这部著作),她是一个充满了自怨自艾和失望情绪的老妪。我们不清楚她去世的时间。

　　尽管潜藏着过分颂扬阿莱科休斯的趋向,这部历史作品仍旧值得阅读。如果把偏离主题的内容放到注释中(本书将这些内容,以添加"A. C."的方式作了处理),她的叙述会更加生动有趣和感人。她出色的人物素描是令人难忘的(例如,安娜·达拉西妮、博希蒙德、依塔鲁斯),它们基本上都是准确的。很明显,公主对宫墙外人们的本性有着深刻的认识。她使我们不禁认为她并没有正在隐居。当然,像任何值得尊敬的历史学家一样,她有她的偏见(我认为只有波里比乌斯(Polybius)是完全没有偏见的——没有人选择性地阅读他的作品)。她不喜欢亚美尼亚人(Armenians),厌恶格里高利七世教皇(Gregory Ⅶ),对伊斯兰教教徒的评价并不客观,总体上对拉丁人充满蔑视,尤其是对博希蒙德的描述充满了一种爱恨交加的奇怪感情(尽管有些不情愿)。她虽然非常欣赏形体美,

---

（接上页）他的父亲老尼基弗鲁斯·布林纽斯在反对伯塔尼亚特斯的叛乱中失去了双眼。参见安娜的注释 Bk x, n. 13.。Buckler 简要讨论了这一事件(p, 33)。这很大程度上都依赖一个希腊单词的翻译,它的意思可能是"后代"或者"儿子"。——原译者注

但很明显对优美的建筑不感兴趣(在这一点上,她与普塞罗斯不同,后者喜欢描述雄伟的建筑物和它们美妙的对称性)。

　　她擅长描述武器或者装备,例如,十字形弓箭、由联盟军或敌人发明的攻城机械(helepoles)①。这在女性中并不常见。但安娜接受了广泛的教育并对(狭义上的)科学很感兴趣。像普塞罗斯一样,她研究医学,并被认为有足够的能力在阿莱科休斯奄奄一息时医生们召开的会议上,对他们的治疗方案做出定夺。她了解星相学——足以被尊称为最著名的星相大师。她不认为星辰能通过任何方式影响人们的命运。她非常虔诚地信奉正统信仰,在著作中经常提到奇迹、天使和魔鬼,多次引用了《圣经》中的话(并不总是准确的)。她也经常提到某些迷信观念,但大多数不予评论。人们会产生这样的印象,即她的基督教信仰是以理智为基础的,完全摆脱了中世纪的迷信。她的父亲,即"第十三使徒",无疑确保了他的家人避开所有的异端思想。在这一方面,安娜表现出了令人难以置信的残忍。她对异教徒充满了憎恨,对他们没有丝毫的宽容。她洋洋得意地叙述了成功烧死瓦西里的经过,场面非常令人恐怖。对她而言,鲍格米勒派教徒(Bogomils)真的是魔鬼的化身。

　　安娜明确地意识到自己作品的重要性。它不仅记录了科穆宁家族的复兴和拜占庭军队的胜利,也证明了衰败之前古老传统的合理性。在阿莱科休斯的统治下,秩序和纪律重新恢复,这不仅是物质层面上的,而且体现在东罗马的精神生活方面。至少她是这么认为的。在一个充斥着互相猜忌和诽谤的时代,提醒人们并非所有统治者都是腐化堕落的,或许不是一件坏事。阿莱科休斯不是伪君子,而是诡诈狡黠、"多才多艺"(有些奥德赛的风格),有时严酷无情、毫不妥协。或许有些伪善,但从总体上看,他是一个优秀的统治者,品德高尚,非常勇敢,对上帝和人类拥有责任心。安娜的历史作品可以被恰当地描述为"对一个杰出人物的出色记述"。

　　当然,在这个世界上,没有什么是完美无缺的。安娜也有她的

────────────

① 　参见注释 3,p. 94(边页码)。——原译者注

缺点，例如，她的地理概念模糊不清；编年方面存在问题，从总体上看，她无视日期的准确与否，甚至完全忽略它们；存在一些不合常理的叙述和自相矛盾的地方（大部分出现在小细节上）。原文有空白处，她没有写名字（或许因为忘记，或许因为缺乏修订，或许因为像普塞罗斯一样，她偶尔喜欢让读者干着急）。她对战争场面的描述是著作中最不引人注目的章节。著名的并列阵，即皇帝的新阵形，让马纳鲁格（Manalugh）非常震惊，但在我们看来，它只不过是古代的中空方阵或者某种过于复杂而无法操作的阵形。另外，她对许多问题都没有做出回答，例如，玛利亚为什么要收养阿莱科休斯？一个宫廷宦官是如何阻止她再婚的？及时传递给她的至理名言是什么？为什么没有写安娜·达拉西妮的死亡？安娜非常希望提到却没有这样做的忘恩负义的人是谁？谁是皇帝"痛风"的第三个原因？从未离开过他的神秘人物是谁？阿莱科休斯生命的最后时光的真实情形是什么？

我估计现代读者在她的著作中很少找到幽默的事例。她从博希蒙德在棺材里的困境中找到了一丝严肃的乐趣，矮小的斯基泰人用链子领着一个巨大的法兰克人也许让她发笑，但她完全缺乏普塞罗斯以及其他拜占庭作家轻松巧妙的幽默感。对安娜而言，眼泪比笑声来得更容易。但是，总体而言，《阿莱科休斯传》是非常通俗易懂的，与她同时代的西方拉丁人的作品相比，它更文雅、生动和有吸引力。

现在，让她自己介绍吧。

著者前言

时间的河流不可抵挡，永不停歇，带走和改变所有事物并将它们完全抛入黑暗之中。这包括没有被记录的事件和值得纪念的重大事件。正如剧作家所说它"揭露不被人看见的东西，遮蔽明显的东西"①，但是，历史学是抵挡时间河流的重大堡垒，它以某种方式抵制势不可挡的洪水，紧紧地抓住漂浮在表面上的任何东西，不让它滑入被遗忘的深渊。

我，安娜，阿莱科休斯皇帝和伊琳妮皇后的女儿，出生在紫色产房②，熟悉文学——曾全身心地投入到对希腊语的研究中，并接受了修辞学方面的训练，通读了亚里士多德的论文集和柏拉图的对话集，用四科科学（Quadrivium of Sciences）③强化了思维（我写这些事情并不是为了吹嘘，而只是回忆自己因为天赋和对知识的热爱所得到的东西，以及上帝和幸运之神赋予我的东西）。我已经意识到了时间的作用，现在，希望通过写作的方式记录我父亲的英雄事迹，它们不应随着时间的流逝而被人遗忘。我希望记录所有事情，包括他登上皇位之前在为其他人服役时所取得的成就。

我做这件事情的目的不是炫耀作为一名作家的才华，而是觉得

---

① 索福克勒斯（Sophocles），《阿贾克斯》（*Ajax*），646。　　原译者注
② The Purple(*porphyra*)是皇宫中专门为在位皇后分娩而设置的一个房间。出生在这里的孩子被称为 Porphyrogeniti（大概相当于皇子或公主。可与第 219 页〔边页码〕比较）。——原译者注
③ 中世纪的课程包括两部分：Trivium（语法、修辞和辩证法）和 the Quadrivium（几何、代数、天文学和音乐）。——原译者注

一个人如此辉煌的生涯应该被记录。因为即使是最伟大的功绩，如果没有被记录和保存在历史作品中，也会消失在寂静的黑暗中。我父亲的成就证明了他作为一个统治者的能力，并且表明他愿意在一定范围内臣服于权力。

虽然决定写他的生平事迹，但我担心别人潜在的怀疑。有人可能认为，在编纂父亲的历史的过程中，我美化了自己。不管我在何处称赞他的任何行为，似乎都是错的，在他们看来不过是颂扬之词。另一方面，如果不是因为他做了什么，而是因为形势所迫，我批评了他的某些行为，我又害怕吹毛求疵者的挑剔，因为他们居心不良，内心总是充满了嫉恨，拒绝接受正确的东西，可能会拿诺亚（Noah）①的儿子含（Ham）②的故事③责备我，正如荷马所说，"指责无罪者"④。

一个人不管何时扮演历史学家的角色，都必须忘记友谊和仇恨。有时他必须称赞敌人（在他们的行为值得称赞的地方），有时如果他最亲近的亲戚犯了错误，有必要进行责备，也必须谴责他们。因此，历史学家必须做到既能批评他的朋友，也能称赞他的敌人。就我而言，我希望通过揭示事件的真实面目和目击者的证据，让那些反对和支持我们的人都信服。今天仍旧健在的一些人的父亲和祖父们见证了这些事情。

我必须记录我父亲的生平是有原因的。我是凯撒尼基弗鲁斯⑤的妻子，他出生在布林纽斯家族（Bryennii），是一个非常英俊聪慧的男人，在词汇的准确运用方面远远超过他的同时代人。看到

19

---

① 诺亚：在旧约圣经中，被上帝选去建造方舟的大主教，借此方舟，诺亚、其家人以及每种动物的一对，在世界大水中保全了性命。

② 含：旧约圣经中，诺亚的儿子、雅弗和闪的兄弟。

③ 《创世记》（9：18—27）。——原译者注

④ Odessey xx，135，等等。——原译者注

⑤ 他是尼基弗鲁斯·布林纽斯的长子，前者在米哈伊尔七世和伯塔尼亚特斯统治期间，曾是皇位的竞争者。安娜原先与君士坦丁·杜卡斯订婚，但他过早地去世之后，在1097年与尼基弗鲁斯结婚。——原译者注

他并听他讲话是一件令人愉快的事情。但是此时此刻,为了防止叙述偏离主题,让我们集中关注后来发生的事情。我的丈夫是这个时代最杰出的男人之一,他与我的弟弟,即约翰皇帝①,一起出征作战。当时他(约翰)率领一支军队攻打蛮族人,进攻叙利亚人,重新征服了安条克城。即使在这些令人疲倦的征程中,凯撒也没有放弃写作。在其受人尊敬的作品中,(按照皇后的旨意)他特意选择写阿莱科休斯皇帝也就是我的父亲的历史,在几卷中记录了他统治期间的事件。当时战争中的间歇使他有时间将精力转向历史和文学研究。他的确开始写作历史——在这件事上,他是受了皇后的旨意——提到了阿莱科休斯之前的历史,从罗马皇帝迪奥根尼斯②开始,一直写到自己作品的主题开始的时期。在迪奥根尼斯统治期间,我的父亲还是一个年轻人。如果童年时期的事情也被作为颂扬的主题的话,他没有做值得记录的事情。

就像我已描述的那样,凯撒的计划在他的作品中体现得非常明显。但是,他的愿望没有实现,历史作品没有完成。在记述到尼基弗鲁斯·伯塔尼亚特斯(Nicephorus Botaniates)③皇帝的统治之后,由于客观形势的限制,他停止了写作,没有最终完成著作。这令读者很失望。这就是我为什么要亲自记述有关我父亲的事迹的一个原因,是为了后代能够了解它们。看过凯撒的文学作品的人都知道他的作品措词优美并且富有逻辑性。在到达我前面提到的那个地方之后,他从外地给我们带回了一部匆忙拼凑在一起刚刚完成一半的作品。令我难过的是,他也带回了一种致命的疾病。它是由长久的军旅生活、太过疲劳和思虑过度引起的。他在本性上是一个多愁善感和勤奋的人,不能闲下来。糟糕的气候变化加速了

20

---

① 生于 1088 年,1118—1143 年为皇帝。安娜不喜欢他,对他的评价有欠公正。——原译者注

② 罗曼努斯四世·迪奥根尼斯(Romanus Ⅳ Diogenes, 1068—1071 年),布林纽斯的四卷书比不上《阿莱科休斯传》,但并非没有价值。——原译者注

③ 1078 年 1 月 7 日在圣索菲亚教堂被宣布为皇帝,当时他仍在小亚细亚,当年 7 月被加冕,1081 年 3 月退位。——原译者注

他的死亡。当他出发去叙利亚和奇里乞亚(Cilicia)作战时,已经病得很严重了。他的病情在叙利亚继续恶化,继叙利亚之后,他又去了奇里乞亚、潘非里亚(Pamphylia)、里迪亚(Lydia)和卑斯尼亚(Bithynia),最后返回都城。在这些地区,他一直病着,由于过度劳累深受浮肿之苦。在病体虚弱的情况下,尽管他打算详细叙述自己的冒险经历,但因为疾病却无法做到。此外,我们也不允许他这样做——谈话的张力有可能撕裂他的伤口。

写到这里,我的心情难以平复,一想到罗马的重大损失,我就不禁热泪盈眶。他的智慧、丰富的实战经验、广博的知识,他的文学修养,他在国内外学到的各种知识——这些都是重大损失。他的气质优雅,就如某人所说,其尊贵的威严不仅配得上皇位,而且配得上更加崇高和神圣的东西。自从在紫色产房出生以来,好运就一直远离我——尽管不可否认,我有身为皇帝和皇后的父母并出生在紫色产房,但后来的生活却充满了麻烦和动荡。俄耳普斯(Orpheus)①用他的歌声感动了岩石和森林,甚至没有生命的大自然。长笛手提摩太(Timotheus)曾经用他耳提亚(Orthian)式的曲调②激励马其顿的亚历山大立刻拿起剑武装自己投入战斗。我的不幸的故事不会感动任何人拿起武器进行战斗,但它至少会让读者陪我一起哭泣,并博得同情。

凯撒英年早逝③和它带来的苦难让我痛彻心扉。面对无穷的灾难,在我看来,相比较整个大西洋或者亚得里亚海的海浪而言,过去的不幸只不过是一个雨滴。它们似乎是后来这些苦难的前奏,是预示熊熊大火的烟雾。巨大的热浪是无法言说的大火的前兆,是可怕的葬礼柴堆的信号——它点燃了内心深处的某个秘密角

21

---

① 太阳神阿波罗之子,善弹竖琴,其琴声能感动草木、禽兽和顽石。

② Timotheus 来自底比斯(Thebes),他为雅典娜所做的耳提亚曲调(the Orthian Nome)的表演对年轻的亚历山大产生了强烈的影响。但这个故事可能是杜撰的。有几个男人叫这个名字,耳提亚(曲调)是高昂和鼓舞人心的。它在古希腊作为民族颂歌为人所熟知。——原译者注

③ 1137 年,布林纽斯在君士坦丁堡去世。——原译者注

落,但没有持续燃烧。它不知不觉地烘烤着我的心,火焰穿透了我的骨髓和心脏。

我发现这些情绪已经让我偏离了主题。凯撒在旁边陪着我,他的悲伤也激起了我内心的伤痛。我擦干眼泪,从悲伤中回过神来,继续写我的故事,变得更加伤心,就像戏剧家所说的[①],因为一种灾难引发了另一种。把皇帝的生平公布于众,让我想起了他非凡的美德和品质——当我与世人一起哭泣的时候,再次热泪盈眶。回忆他并让他的统治为人所了解,对我而言是一件痛苦的事情,同时也会让其他人意识到他们的损失。为了让叙述更加清晰准确,我最好从这里开始写我父亲的历史。

---

① 欧里庇得斯(Euripides),《赫克犹巴》(*Hecuba*),第 513 页。——原译者注

第一卷 从阿莱科休斯的少年时代到伯塔尼亚特斯统治的最后月份

我的父亲,即阿莱科休斯皇帝,在夺取皇位之前已经为罗马帝国做出了重大贡献。事实上,他的军事生涯开始于迪奥根尼斯·罗曼努斯时代,当时他因为勇敢给皇帝的朋友们留下了深刻印象。尽管当时只有 14 岁①,但他想在迪奥根尼斯的帐下服役,后者指挥了一次对波斯人的远征②——一次非常重要的战役——年轻的阿莱科休斯雄心勃勃,声称要与蛮族人进行较量,到时他的剑将沾满鲜血。尽管这个年轻人充满了好战的热情,但皇帝不让他参加这次战争,因为他的母亲最近遭遇了丧子之痛,她的长子曼努埃尔(Manuel)刚刚去世,让她悲痛不已。他的英雄事迹让他闻名于帝国。为了安慰她,这个年轻人被迫回到她的身边。她的母亲当时面临非常艰难的抉择,儿子的墓地仍旧悬而未决,如果另一个儿子被送去战场,她害怕他可能会死在某个不为人知的地方。因此,他被他的战友们留了下来。这显然违背了他的意愿。但是,未来将逐渐为他提供建功立业的大好机会。在米哈伊尔·杜卡斯

---

① 罗曼努斯四世·迪奥根尼斯在 1070 年进行远征,这表明阿莱科休斯出生于 1056 年。Zonaras 告诉我们,当他在 1118 年去世时,大约 70 岁 当然这与安娜给出的日期矛盾。或许,当他去世时,看起来像 70 岁左右(参见 Buckler, p. 264)。——原译者注

② 即土耳其人。罗曼努斯正在与由阿尔普·阿尔斯兰(Alp Arslan)率领的塞尔柱人(Seljuqs)作战,直到 1071 年他在曼兹克特(Manzikert)战败被俘。——原译者注

(Michael Ducas)①统治期间,迪奥根尼斯皇帝下台之后,卢塞尔
(Roussel)事件将证明他是多么英勇果敢。卢塞尔②是凯尔特人,以
前曾在罗马军队服役。好运让他非常自负,他召集了一支由自己
的种族和其他种族的人组成的庞大军队。他是一个令人敬畏的叛
乱者,对罗马帝国发起进攻时,突厥人已经确立了自己的优势,帝
国的领导地位和威望遭到了众多挑战。像以前一样,领土正在他
们的脚下撤退。不管怎样,卢塞尔是一个野心勃勃的人。在帝国
的形势恶化的危急时刻,他公开叛乱,几乎掠夺了所有东部行省。
许多勇敢的将领被派去与他作战,这些人虽然拥有丰富的战争经
验,但是很明显,都不是他的对手。有时他会亲自进攻,旋风般地
冲向敌人将他们打败,有时他会向突厥人寻求帮助。抵挡他的进
攻是不可能的,他俘获了一些非常知名的将领并击溃了他们的军
队。我的父亲当时正在他哥哥③的帐下服役,后者统帅了东西部的
所有军队,阿莱科休斯是副指挥官。当时蛮族人正在各地急速进
攻,在罗马帝国的关键时刻,受人拥戴的阿莱科休斯被米哈伊尔皇
帝提升为军队的最高指挥官。他与卢塞尔是旗鼓相当的对手,(在
较短的时间内)利用了作为将军和士兵的所有经验和智慧。尽管
他很年轻——最近才长出"第一缕胡须"——但由于长期艰苦作战
和敏锐的警惕性,罗马将领们认为他已经成长为一个优秀的指挥
官。对他们而言,他堪比罗马著名的埃米利乌斯(Aemilius)④,或者
西庇阿(Scipio)⑤,或者迦太基人汉尼拔(Hannibal)。当卢塞尔像巨
大的洪流压向我们时,阿莱科休斯将他俘虏,东部事务在几天内就

---

① 即米哈伊尔七世(Michael Ⅶ Parapinaces,1071—8 年在位)。——原译者注
② 巴约勒的卢塞尔(Roussel of Bailleul,被安娜称为'Urselius')是一个诺曼人雇佣军,1073 年在小亚细亚宣布独立。——原译者注
③ 即依沙克·科穆宁(Issac Comnenus)。——原译者注
④ 有许多埃米利(Aemilii),安娜可能指埃米利·保卢斯(L. Aemilius Paullus),公元前 168 年,他在皮德纳(Pydna)结束了第三次马其顿战争。——原译者注
⑤ 克尼利乌斯·西比奥·阿弗里卡纳斯(P. Cornelius Scipio Africanus),是公元前 202 年扎马(Zama)的胜利者和汉尼拔的征服者。

得到解决，因为阿莱科休斯迅速抓住了行动的良机。对于卢塞尔被俘的方式，凯撒在他的作品中的第二卷进行了记载。在此，我也要记述这件事。

　　不久前，蛮族人突突什（Tutush）带着一支强大军队从安纳托利亚（Anatolia）的偏远地区出发，洗劫罗马领土。同时，卢塞尔正在被罗马将领步步紧逼，尽管他领导着一支装备精良的庞大军队，但其据点正在一个接一个地陷落。我的父亲几乎彻底打败了他。因为已经走到了穷途末路，为了自救，卢塞尔决定采取新的策略。他会见了突突什，与他成为朋友并要求结盟。阿莱科休斯试图通过友好的赠与、劝说、礼物和各种方法阻挠他的计划，并成功地让突突什站到我们这边。论灵活机智，没有人能比得上我的父亲，即使在最困难的情况下，他也能找到解决办法。他在劝说突突什的过程中，说得最令人信服的一段话是："你的苏丹①和我的皇帝是好友，蛮族人卢塞尔准备进攻他们，他的确是一个可怕的敌人。他对皇帝的进攻正在持续不断地蚕食罗马帝国的部分领土。同时，波斯正在被剥夺可能得到的一切。他认真设计了整个作战计划。目前，他正在你的帮助下追赶我，之后，当他认为已经脱离危险，时机成熟时，将改变策略，抛下我，向你开战。我给你的建议是当他回到你那里后，你抓住他并将他送到我们这里。为此，我们将给你丰厚的报酬。你将会因此在三个方面获益。首先，你会得到一笔巨款；其次，你会得到皇帝的友谊，并因此很快享有荣华富贵；最后，苏丹得知一个率领军队与突厥人和罗马人作战的可怕敌人被铲除会很高兴。"这就是当时担任罗马军队总司令的我的父亲派人告诉突突什的主要内容。同时，他派了一些身份尊贵的人作为人质，并劝说突突什的朋友在预先约定的那一天抓住卢塞尔，为此给了他们大量金钱。卢塞尔立刻被带走并被送到在阿马西亚（Amaseia）的罗马将军这里。此后，出现了一件麻烦事。许诺的钱迟迟未到，阿莱科休斯不能支付全部数额。皇帝对这件事不感兴趣，就像悲

34

────────────

①　马里克·沙（Malik-Shah）。

剧作家①所说的,钱没有"按照规定的步伐"到来。突突什的人开始施加压力,要么全额付款,要么归还已经被买来的战俘,允许他返回被抓的地方。由于无法支付约定的数目,经过了整晚的深思熟虑之后,阿莱科休斯决定向阿马西亚的居民征集约定的钱。他知道这不是一件容易的事情。但是第二天早上,他仍旧召集了大家,尤其是那些富有权势和相对富裕的人。他看着他们,"你们都知道,"他说,"这个蛮族人是如何对待亚美尼亚行省的所有城市的,他已经洗劫了多少城镇,残忍地迫害了多少居民,从你们那里榨取了多少钱财。现在你们有一个从他邪恶的行动中解救自己的机会——如果你们真的希望这样的话。我们绝对不能放他走。就像你们已经看到的,完全由于上帝的意愿和我们的努力,他成了我们的战俘。但是,突突什抓住了他并要求我们支付报酬。我们的确无力支付这些钱,因为身处异地他乡,对蛮族人的长期战争早已耗尽了我们的钱财。当然,如果皇帝不是远离此地,如果突厥人能给一些缓冲的时间,我将迅速去君士坦丁堡取钱,但是,这都是完全不可能的(你们知道这一点)。所以,你们必须捐赠这些钱。我许诺皇帝将全额归还你们。"他的话音刚落,阿马西亚人的人群中就爆发了巨大的骚乱。他们公然反抗,给他喝倒彩,一些罪犯和擅长鼓动暴民的煽动者让局面变得更加糟糕。不管怎样,出现了巨大的骚动,有些人希望留下卢塞尔并煽动暴民们抓住他,有些人想趁乱(这种混乱正是人群中的坏蛋们所希望看到的)抓住他并敲掉他的镣铐。看到人们情绪狂热,阿莱科休斯意识到自己的处境非常危险,但没有就此退缩。稍加振作之后,他打手势示意大家安静。经过了很长时间,他好不容易才平息了骚乱并继续向他们讲话,"各位阿马西亚人,"他说,"让我感到震惊的是,你们完全没有看透那些欺骗你们的人的诡计。他们以你们的鲜血为代价换来了自己的安全,并试图将你们彻底毁灭。除了屠杀、瞽目和伤残之外,你们能从卢塞尔的叛乱中得到什么呢?但是,为你们密谋策划这些

35

① 欧里庇得斯(Euripides)。——原译者注

4

事的人,通过乞求这个蛮族人的庇护确保自己的利益不受影响。同时,他们一直贪图皇帝的赏赐,向他保证不会把你们或城市交给敌人。到目前为止,他们从未为你们着想过。他们想在卢塞尔的叛乱中帮助他并竭力讨好他,由此确保自己的财产完好无损,但同时又继续向皇帝索求赏赐。如果他们的好运因为某种原因发生了改变,他们就不会再管这件事,而是设法将皇帝的愤怒转移到你们身上。请接受我的建议,让制造麻烦的人去死吧。现在,你们都回家,考虑一下我说的话,就会明白到底谁在维护你们的利益。"

　　听到这些话,就像陶器莫名其妙地落地一般,他们改变了主意,回家去了。阿莱科休斯意识到普通民众会以最轻微的借口改变决定,尤其是受到无赖们的影响时更是如此。他担心煽动者们会在晚上劝说他们攻击他并把卢塞尔从监狱中救走。因为抵挡数量如此巨大的人群是不可能的,因此他设计了一个配得上帕拉墨迪斯(Palamedes)①的计划。他假装刺瞎了卢塞尔。后者被摁在地面上,执刑者把烙铁靠近他的脸,他像一头咆哮的狮子一样大声嚎叫和呻吟。从所有的表象看,他正在被刺瞎双眼,但事实上,貌似的受刑者只是被命令大声喊叫。执刑者看似正在挖他的眼睛,但早已被告知要令人恐怖地盯着平卧的卢塞尔,动作看起来要像一个狂乱的疯子——换言之,一定要假装行刑。他就这样被刺瞎,但事实并非如此。卢塞尔已经失去双眼的消息很快传遍了整个城市,人们鼓掌欢庆。这个有点戏剧性的计划说服了所有暴民、市民和外来者同意捐助金钱。他们蜂拥而来。我父亲的主要目的是,那些不愿捐助和正在策划从他那里劫走卢塞尔的人在计划受挫后,能彻底放弃原来的想法,尽快与他站在同一条战线上。这样就能消除皇帝的不满。因此,他抓住了卢塞尔,将他像狮子一样关在笼子里,给他的眼睛蒙上绷带,作为被刺瞎的证据。

　　尽管赢得了荣誉,但他并不满足,其他任务仍旧在等着他。许

36

---

① 帕拉墨得斯(Palamedes,"狡猾的人")传统上被认为是聪明的英雄,在智力上甚至超过奥德赛。——原译者注

多城市和据点被攻陷,在卢塞尔的控制下发展得很糟糕的一些地区也被并入了帝国。此后,他掉转马头直接向都城进发,沿途在他祖父曾经居住的城市①,让所有士兵进行了短暂的休整。正是在这里,他后来完成了一件典型的赫拉克勒斯(Hercules)式的功绩,后者解救了阿得墨托斯(Admetus)②的妻子阿尔塞斯蒂斯(Alcestis)。杜塞亚努斯(Doceianus)是前皇帝依沙克·科穆宁(Issac Comnenus)的侄子,阿莱科休斯的堂兄弟。不管是论家世还是人品,他都是一个非常优秀的人。他看见卢塞尔蒙着绷带,被人牵着,看上去已经被刺瞎了,深深地叹了口气,流着泪谴责我的父亲很残忍,甚至指责他让一个出身高贵的真正英雄失去了视力。他大声喊到卢塞尔应该被完全免除惩罚。当时,阿莱科休斯只是说:"亲爱的朋友,你很快将听到他被刺瞎的原因。"不久,他把他领到一个小房间,取下了蒙在卢塞尔头上的布,露出了他亮晶晶的双眼。杜塞亚努斯被眼前的事情惊呆了,简直不敢相信这是真的。他一次次地把手放在卢塞尔的眼睛上,确信这不是梦或神奇的把戏或其他类似的新发明。当得知他的堂兄弟对卢塞尔很宽厚,使用了很人性化的计谋后,他喜不自禁,不断地拥抱和亲吻阿莱科休斯,感染了在场的所有人。

后来,尼基弗鲁斯皇帝把阿莱科休斯派到西部,处理尼基弗鲁斯·布林纽斯事件,后者正在使整个西部陷入混乱。尽管伯塔尼亚特斯在米哈伊尔·杜卡斯③退位之后即刻登位并娶了玛利亚皇后,④正在统治帝国,他还是觊觎皇位并宣告称帝。在米哈伊尔统治期间,尼基弗鲁斯·布林纽斯被任命为第拉休姆公爵。在伯塔尼亚特斯登位之前,他已经开始以皇帝自居并谋划反叛米哈伊尔。

---

① 卡斯塔穆尼(Kastamouni),这个家族起源自哈德里亚诺堡(Hadrianople)附近的科穆尼(Comne)。——原译者注
② 希腊神话中的塞萨利(Thessaly)国王,到海外觅取金羊毛的阿尔戈英雄之一,娶阿尔塞斯蒂斯为妻。
③ 他把皇帝的皇冠和斗篷换成了高级教士的帽子和长袍。(A.C.)。——著者注
④ 我将在后面详细叙述这一婚姻。——著者注

第一卷　从阿莱科休斯的少年时代到伯塔尼亚特斯统治的最后月份

因为凯撒的历史已经解释了叛乱的原因,因此我没有必要解释这是为什么以及如何发生的。但我必须简要说明——因为这非常重要——他如何利用第拉休姆城作为基地侵占和征服整个西部行省和如何被俘。希望了解叛乱细节的人可以查阅凯撒的记载。布林纽斯是一个勇猛的战士和非常优秀的男人——身材高大、出身贵族世家、英俊潇洒、举止尊贵、心思缜密、身体健壮——是那个时代非常杰出的皇位候选人。他的演说很有感染力,能够影响所有人,即使是初次见面和认识初期,士兵和平民百姓就会一致拥戴他,相信他能够统治包括东部和西部地区在内的整个帝国。事实上,所有城市都举双手祈求他的到来并在他从一个城市到另一个城市的路上欢送他。倍感忧虑的伯塔尼亚特斯的军队处于极度混乱之中,引起了整个帝国的不安。因此,他们决定派我的父亲阿莱科休斯·科穆宁与布林纽斯作战。阿莱科休斯最近被提升为骑兵部队总司令(Domestic of the Scholae)①,立刻召集了现有军队。事实上,在这个地区,帝国的臣民已经所剩无几。突厥人从各地驱散了东部军队,几乎完全控制了黑海和赫勒斯滂海峡之间、叙利亚和爱琴海之间、沙罗(Saros)河和其他河流尤其是沿着潘菲里亚和奇里乞亚边界注入埃及海的河流之间的地区。这就是东部军队的情况。西部军队投靠了布林纽斯。罗马帝国剩下的军队不仅数量很少,而且战斗力微乎其微。一些"不朽者"(Immortals)②被留下来继续战斗,但他们只是在不久之前才接触剑和矛。也有一些来自乔马(Choma③)的士兵和力量微弱的凯尔特人军团。不管怎样,这些就是他们派给我父亲与布林纽斯作战的兵力。同时,他们(皇帝的建议者们)请求突厥人的援助。相比较军队而言,他们对将领本人的才智和作战才能更有信心。当听到敌人正在迅速前进时,阿莱科

39

休斯没有等援军到达,便立刻全副武装地离开了都城,在色雷斯的哈米洛斯(Halmyros)河附近扎营,但没有构筑壕沟或防御墙。他发现布林纽斯正在凯多克图斯(Kedoktos)平原临时露营,便打算与敌人保持相当远的距离。正面进攻布林纽斯是不可能的,如果这样做,自己军队的状态和数量上的劣势就可能被发现。他必须带着大量没有经验的士兵,与一支由经验丰富的老兵组成的庞大军队作战。因此,他放弃了公开进攻的想法,谋划通过偷袭取胜。

历史让布林纽斯和我的父亲阿莱科休斯·科穆宁两个英雄在战场上相见,让他们相互对立,看看谁的运气更好。两人在勇气和经验方面不相上下,都是英俊和勇敢的人,能力和体力相仿。我们的任务是看运气更偏向谁。布林纽斯对他的军队充满信心,可以依靠自己的才能和纪律严明的军队。但是对阿莱科休斯而言,如果只靠军队,他取胜的希望非常渺茫,只能凭借自己作为一名将领所拥有的聪明才智和作战技能。当他们发现彼此后,认为作战的时机成熟。布林纽斯得知阿莱科休斯在卡劳拉(Kalaura)附近扎营,正在截断他的行军路线,便带着军队前去进攻。他将军队做了以下安排,他的弟弟约翰[1]指挥右翼,共有5000人,包括意大利人、著名的马尼亚塞斯(Maniaces)支队的成员[2]、来自塞萨利(Thessaly)的骑兵和一个来自赫塔雷亚(Hetaireia)的令人厌恶的分队[3]。在左翼,塔查尼奥提斯·卡塔卡隆(Tarchaniotis Catacalon)指挥马其顿人和色雷斯人,共3000人,装备优良。布林纽斯亲自指挥中部,这里配置了马其顿人和色雷人以及所有贵族精英。所有塞萨利人都骑在马上,穿着铁甲,带着头盔,浑身上下像灯光一样闪闪发亮。他们的马惊醒地竖着耳朵,矛相互碰撞,盔甲和头盔散

40

---

① 像阿莱科休斯一样,他是骑兵部队总司令。——原译者注
② 马尼亚塞斯在这个世纪的前半个世纪作为一名将领而知名。这些人无疑已经被他征募。关于乔治·马尼亚塞斯的生涯,参见《十四位拜占庭统治者》,附录三(Fourteen Byzantine Rulers, Appendix Ⅲ)。——原译者注
③ 皇帝的自卫队,由外族人组成。(Hetairos是"战友"的希腊语)。——原译者注

发的耀眼光芒让敌人感到震颤。布林纽斯就像阿瑞斯（Ares）[1]或一个头和肩膀都高出其他人一个肘尺的巨人一样站在他们中间，被环环围住。在他人眼中，他是一个令人敬畏的非凡人物。距离主力部队大约 2 斯塔得[2]的地方，是装备了蛮族人武器的斯基泰人盟军。他们的任务是只要敌人出现和军号吹响进攻的信号，就从后面进攻，不停地射箭。其他人将盾挨着盾，队形紧凑地进攻对方阵线中力量最强的部分。这就是布林纽斯的阵形。他的对手在视察了地形之后将军队的一部分驻扎在溪谷中，其他人则对阵布林纽斯的军队。在把军队都安置好之后，阿莱科休斯向他们训话，逐个鼓励他们勇立战功。他命令已经设好埋伏的那部分人只要发现自己殿后，就向毫无防备的敌人进攻，要以最猛烈的方式冲向敌人的右翼。他留下了所谓的"不朽者"和一些凯尔特人，亲自指挥他们。卡塔卡隆负责指挥来自乔马的人和突厥人，负责监督斯基泰人并击退他们的偷袭。

41

　　这就是阿莱科休斯军队的布置情况。现在叙述战斗情况。布林纽斯的军队一到达山谷，我的父亲立刻给出信号，埋伏的支队高喊战斗口号冲向敌人，击杀刚好碰见的人。突然进攻吓坏了其他人，他们仓皇逃窜。但是，将军的弟弟约翰·布林纽斯"充满了愤怒的力量"[3]，依然勇敢无畏，调转马头，向攻击他的"不朽者"击去，试图重建正在被打破的阵线，恢复纪律，击退伏击者。"不朽者"在混乱中开始仓皇逃跑，任由一些人被无情的追赶者俘虏。我的父亲冲进敌人中间，勇敢作战，横冲直撞，到处击杀攻击他的敌人。他希望一些人能跟随和保护他，他则继续奋不顾身地作战。但是，当看到他的军队被完全击溃并四散逃窜时，他召集了 6 个相对更勇敢的人，命令他们拿着剑，当靠近布林纽斯时，全力以赴地向他冲去，如果形势需要，就与他同归于尽。这个计划被一个名为塞奥

---

① 希腊战神（马尔斯）。——原译者注
② 参见词汇表。——原译者注
③ 荷马作品中的普遍措词。——原译者注

多图斯(Theodotos)的普通士兵阻止,他从少年时代起就服侍我的父亲,认为这是一个草率的决定。阿莱科休斯被说服,采取了相反的计划,决定撤离,远离敌人一段路程后,从被驱散的队伍中召集一些熟悉的人,重新组织,再次投入战斗。但是,在他能摆脱敌人之前,斯基泰人大声叫喊着开始袭击卡塔卡隆和他指挥的由乔马的人组成的支队毫不费力地将其击退,然后按照斯基泰人的习惯开始抢劫。他们经常在尚未完全确定敌人失败和巩固自己的优势之前,因为掠夺战利品而损害了自己的胜利。现在,所有营地侍从因为害怕会被这些斯基泰人杀害,赶上了布林纽斯的后卫部队并与士兵们混在一起。当其他人(从斯基泰人兵团逃跑的人)陆续加入他们时,队伍中产生了极大的混乱,旗帜被扔进了混乱的人群中。就像我们前面已经提到的,此时,我的父亲被孤立。当他在敌人的阵营中四处冲撞时,看到一个马夫正从皇帝的马厩中牵了一匹马出来。它装饰着紫色马鞍布和镀金的圆盘。在它旁边跑着的人,手里拿着巨大的铁剑①。正常情况下,它们应该不离皇帝左右。看到这一切,阿莱科休斯蒙住脸,把系在头盔边缘的面罩拉下来,带着我前面提到的 6 个人向他们猛冲过去。他击倒马夫,夺走了皇帝的马和巨大的铁剑,然后趁人不注意从敌人那里溜走。到了一个安全的地方,他便送出了那匹装饰着镀金浮雕的马和挥舞在皇帝身边的剑。他也派出了一个使节,让他跑遍整个军队大声宣布布林纽斯已经死亡。这个消息将已经被击溃的人(骑兵部队总司令即我父亲的士兵)重新聚集在一起。他们从各个方向赶来,返回他们的将领那里。这个消息也鼓舞了其他人(还没有逃跑的人)坚守阵地。不管碰巧在什么地方,他们都一动不动地站着,转向后面,对看到的东西惊讶地难以置信。这的确是一个奇特的景象,他们骑的马注视着前方,但骑手们都把脸转向后面,既不向前走,也不打算转身,只是停在那里,目瞪口呆,完全不能理解发生了什么事情。斯基泰人思念家园,早已在回去的路上。他们没有继续追

---

① 著名的罗姆法亚剑(*rhomphaia*)。——原译者注

赶的兴趣,而是远离双方军队,带着战利品四处游荡。布林纽斯被俘和死亡的消息,给那些此前不久还是懦夫和逃兵的人注入了勇气。他们亲眼看到了皇帝的马及其配饰以及巨大的剑(不言自明),因此确信被剑保护的布林纽斯已落入了他的敌人手中。

随后,机会来了。突厥人盟军的一支分队发现了军队总司令阿莱科休斯,知道了战斗的情况之后,询问敌人去了哪里。阿莱科休斯与他们一起爬上了一个小山头,指给他们看布林纽斯军队所在的地方。他们就像从一个瞭望塔向下俯瞰一样,对下面的情形一览无余。他的军队尚未重新整好队形,秩序混乱,很显然以为危险已经过去了,确信自己取得了胜利,因此轻视敌人。事实上,我父亲军队中的法兰克人支队在首次溃败之后叛逃到他们那里,才使他们产生了这种想法。法兰克人跳下马,伸出右手(这是他们宣誓效忠的方式)。一群人立即从四面聚集去看正在发生的事情,因为整个军队中传遍了一个谣言,说法兰克人已经抛弃了他们的最高指挥官阿莱科休斯,加入了布林纽斯。我的父亲和他的人看到他们正处于这样一种混乱的状态,决定将突厥人编入军队后分成三组,两组潜伏在山附近的某个地方,第三组负责进攻敌人。我的父亲负责指挥战斗。突厥人不是按照通常的队形整队进攻,而是以彼此相隔一段距离的独立分队进攻。阿莱科休斯在马背上向每个军团发出了进攻和发射密集箭雨的信号。他本人策划了整个计划,打算只要形势需要,就立刻带着从被驱散的队伍那里召集的士兵跟随在他们后面。这时,在他帐下服役的一个"不朽者",一个鲁莽草率的家伙,策马冲到其他人的前面,放松缰绳,直接冲向布林纽斯。他将矛狠狠地刺向布林纽斯的胸膛,但后者迅速抽出剑,在矛被收回之前在上方将它切断并刺向进攻者的锁骨,因为用了全力,所以刚好穿透了他的胸甲,切断了他的整根胳膊。此时,突厥人陆续骑马赶上来,连续向敌人放箭。布林纽斯的军队被这次出乎意料的攻击打败,但他们重整阵形,互相鼓励要顶住猛烈的进攻。但是,突厥人和我的父亲坚守阵地,抵抗了敌人一段时间之后,假装有秩序地撤退,巧妙地将他们逐渐引入了埋伏圈。当到达

44

自己人埋伏的第一个地方时,他们回转身,面对敌人。看到约定的信号,伏击者突然从各个方向穿过阿莱科休斯的军队,像胡蜂群一样呼喊着战斗口号,不间断地向敌人放箭。呼喊声震耳欲聋,敌人的眼睛被从四面八方射来的流星般的标枪刺瞎。因为无力抵抗,布林纽斯的军队(到现在为止,马和人都已受伤)折转战旗撤退,听任敌人从后面攻击他们。即使此时被战事紧逼和被主力军队向前推,布林纽斯仍旧展现了勇敢和高贵的精神。他时而转身刺向某个攻击者,随后接着勇敢沉着地监督军队撤退。他的两侧是他的
45 弟弟和儿子①,他们与他并肩作战。在危机中,他们因为英勇的抵抗赢得了敌人的敬佩。当他的马变得疲惫,既不能逃跑也不能追赶时(因为连续的进攻,它几乎奄奄一息),布林纽斯勒住马,像一个站在那里准备搏斗的高贵的竞技者一样,向两个出身高贵的突厥人发起进攻。一个人用矛刺向他,但没能迅速地给与全力一击。相反,他受到了布林纽斯的右臂更沉重的打击。对他而言,这一击太快了,他的手被剑砍断,手和矛都滚到了地上。另一个突厥人跳下马,像豹子一样跳上了布林纽斯的马,使自己固定在侧翼。他不顾一切地粘在那里,试图爬上马背。布林纽斯像一只疯狂的野兽一样,不断地转圈,试图用剑把他刺下马,但没有成功,因为突厥人在他的后面不断摇摆以摆脱他的攻击。最后,他的右臂厌倦了向空中击打并且他也因为战斗而筋疲力尽,便向敌人的主力部队投降。他们抓住他,就像赢得了重大胜利一般,将他带到阿莱科休斯面前。后者当时站在离布林纽斯被抓的地方的不远处,正在指挥突厥人和自己的军队作战。他早已通过信使得知了布林纽斯被俘获的消息。现在,布林纽斯被押到将军本人面前,不管是在战斗中还是作为战俘,他的确都是一个令人敬畏的人。这就是他被打败的经过。阿莱科休斯把他作为战利品送到伯塔尼亚特斯皇帝那里,但是不管怎样,阿莱科休斯都没有打算刺瞎他的眼睛,因为伤

---

① 即小尼基弗鲁斯·布林纽斯,安娜·科穆宁娜未来的丈夫。将他对战斗的叙述与我们这里相当有戏剧性的叙述进行比较是一件有趣的事情。——英译者注

害那些与他作战但已经投降的人，违背他的本性。他认为对于一个敌人而言，被俘已经是足够的惩罚了。他对他们非常友善和慷慨，充满了人性化，对待布林纽斯也是这样。在他被俘之后，阿莱科休斯陪他走了一段路，当他们到达一个名为……①的地方时，为了安抚心情抑郁的布林纽斯，鼓励他不要对未来丧失信心，就对他说："我们下马休息一会儿吧。"布林纽斯担心自己有性命之忧，看起来六神无主，并不想休息。当他已经对生命绝望时，还能如何呢？但他立刻服从了将军的提议——一个奴隶愿意服从任何命令，即使他碰巧是战俘。两位将领下马，阿莱科休斯马上躺到了一片绿色的草地上，好像它是一个长榻一般。但是，布林纽斯离开他，把头靠在"一棵枝叶繁茂的橡树上"②。前者睡着了，但是"香甜的睡眠"③（就像充满魅力的诗人所说的那样）没有造访布林纽斯。当他抬头时，看到阿莱科休斯的剑正悬挂在树枝上。因为四处无人，他从沮丧的心情中恢复过来，变得镇定。他要杀死我的父亲。如果不是上帝的某种神圣力量平息了这个人的愤怒，并迫使他友善地对待将军，从而阻止了他的话，我的父亲或许就死在他的剑下了。我经常听阿莱科休斯讲这个故事。人们从中能够看到，上帝是如何像对待某个珍贵的物品一样，为了更加重大的使命保护着科穆宁，希望通过他实现罗马帝国的复兴。此后，不管什么糟糕的命运降临到了布林纽斯身上，那一定是朝廷的某些人所为，我的父亲是无可指摘的。

46

　　布林纽斯的叛乱就这样结束了。但是，军队总司令没有休息。战争此起彼伏，接连不断。一个名叫伯里罗斯（Borilos）的蛮族人是伯塔尼亚特斯的好友，从都城赶来会见阿莱科休斯，带走了布林纽斯，完成了他的任务④。他也带来了皇帝的口谕，让阿莱科休斯前

---

① 安娜似乎打算给出名字，但因为忘记或者从未修改原文，此处有空白。——原译者注
② 荷马：《伊利亚德》，xiv，398.——原译者注
③ 荷马作品中经常出现的表述。——原译者注
④ 布林纽斯被刺瞎。——原译者注

去攻打巴斯拉西乌斯（Basilacius）。巴斯拉西乌斯像之前的布林纽斯一样，自称皇帝并成功地在西部煽起了叛乱。现在，他因其勇敢大胆的精神和惊人的体力而深受拥戴。他非常专横，篡取了国家的高级官职，还觊觎并篡夺了一些头衔。当布林纽斯被驱逐后，他作为其后继者，成为整个叛乱的首领。他从埃皮丹努斯[①]（Epidamnos，伊利里亚的都城）出发，远至塞萨利的首府，沿途粉碎了所有抵抗并自我宣布为皇帝。他把布林纽斯的散兵游勇随意流放。他令人赞叹的身材、惊人的体力和威严的仪表，让他身上的其他品质更加突出——所有这些对农民和军人都产生了不同寻常的吸引力。他们没有透过这些表象去看一个人的内在，也不在乎他的人品，只是因为他的巨大体力、胆识、大丈夫气概、奔跑的速度和个头，就对他充满了敬畏。他们认为这些东西就配得上紫色皇袍和皇冠。他完全具备这些特质，拥有勇敢和不可战胜的精神。简而言之，巴斯拉西乌斯身上有一种王者般的光环。他看起来很配得上这个位置。他巨雷一般的叫喊声使整个军队充满恐惧，足以震慑最勇敢的人。他在辩论中无人能敌，擅长激励他的军队勇敢战斗或者防止他们逃跑。这就是他在战争中的先天优势。正如我们已经提到的，他带着一支不可战胜的军队占领了塞萨利人的城市。我的父亲就像要去抵抗巨大的堤福（Typhon）[②]或一个百手巨人一样，做好了反击的充分准备。他要与一个与自己相匹敌的对手作战。上次战斗的尘土尚未抖落，双手和剑上的血迹尚未清洗干净，他便又像一只可怕的狮子一样，背负着很高的期望去与这只长牙豹巴斯拉西乌斯作战。他当时到了被当地人称为瓦尔达尔河（Vardar）的地方，这条河顺着米西亚（Mysia）附近的山脉流下来，途经许多地方之后，将比罗伊（Berroea）和塞萨洛尼基（Thessalonike）

---

① 即亚得里亚海东岸的杜拉斯（Durrës），是今阿尔巴尼亚的第二大城市，公元前627年，由希腊移民建立。

② 也称为堤福俄斯（Typhoeus），是传说中的一个百头巨怪，甚至与宙斯作战。据说他有一百个头和许多手脚（可能是100双）。

周围的地区分成东西两部分,最后注入南海。这就是所有著名河流的情况。当巨大面积的地平面被沉淀物堆积起来后,它们便流向更低的地面,好像废弃了最初的河床,使原来的河道干涸,然后用充足的水流填充新的河床。在瓦尔达尔河的两条河道之间是旧的沟壑和新形成的水道。善于谋略的阿莱科休斯发现了一块地面并在那里扎营。他认为新河道能在一侧提供保护,旧河道(距离不到 2 或 3 斯塔得)因为水的作用变成了一道很深的鸿沟,可以用来作为天然的战壕。他命令整支军队在白天休息,以恢复精神和体力,并且把马喂饱,但晚上必须保持清醒,准备应对敌人的突袭。我推测我的父亲怀疑那天晚上会有危险,所以做了这些安排。或者因为长期经验带来的预感,或者因为某些其他原因,他猜想他们会进攻。他有种不祥的预感,便立刻采取行动,率领全副武装的军队,带着马匹和战斗需要的所有供给离开营地。营地中到处灯火通明。我父亲的一个名叫"小约翰"的侍从,以前当过僧侣,被留下来照看他的帐篷,里面有他所有的凌乱装备和其他行李。阿莱科休斯远离营地后,和士兵们一起坐下,全副武装地等待接下来发生的事情。他的想法是瓦西拉西乌斯看到到处点着营火,我父亲的帐篷亮着灯,自然会以为他正在那里休息,必定要将其擒拿。

事实证明阿莱科休斯的预测是正确的,因为瓦西拉西乌斯正如预期的那样袭击了营地。他带着总数达 10000 人的骑兵和步兵突然到达,发现士兵的住处全部亮着灯,当看到将军的帐篷闪着灯光时,伴着令人毛骨悚然的恐怖叫声,冲了进去。但他到处都没有找到想找的人,而且根本没有士兵和将军因此而惊起。事实上,除了几个不体面的侍从外,没有任何人。他大声地吼道:"那个大舌头究竟在哪里?"他是在嘲笑军队总司令,因为尽管我的父亲是一个优秀的演说家和天生的雄辩家,在举证和辩论方面无人能及,但在"r"的发音上轻微有些结巴和几乎察觉不到的咬舌。然而,他可以毫无困难地拼出其他所有字母。瓦西拉西乌斯大声辱骂,进行了彻底搜查,掀翻了每件东西,包括胸甲、行李床、家具甚至我父亲的睡椅,看将军是否藏在它们中间。他不时地盯着名叫"小约翰"的

48

49

僧侣。阿莱科休斯的母亲极力坚持,让他在所有的远征中带着一个受人尊敬的僧侣陪伴左右。她的孝顺儿子不仅在小时候并且在长大之后,都一直顺从她的意愿——直到结婚,一直如此。瓦西拉西乌斯在帐篷中进行了彻底搜查,就像阿里斯托芬(Aristophanes)所说,从未放松"在下面的黑暗中搜寻"[①]。同时,他审问"小约翰"他的主人去了哪里。这个僧侣始终坚持说不久之前,阿莱科休斯已经带着所有军队离开了营地。瓦西拉西乌斯意识到自己完全被欺骗。万般无奈之下,他改变了语调,喊道:"我们被骗了,敌人就在外面。"话音未落,他们正要离开营地时,我的父亲已经来到他们面前,带着几个随从风驰电掣般地骑在军队的前面。当时他看到有人正在整理队形(因为瓦西拉西乌斯的大部分人已经开始抢劫战利品,这是我父亲之前计划好的)。在队列尚未准备好,士兵们还没有按战斗次序排列好时,他突然出现在他们面前。或者因为个头,或者因为盔甲反射了星光而非常耀眼,他认为正在整理队列的人是巴西拉西乌斯本人,便迅速向他的手击去,手和手中的剑立刻滚到了地上——这一幕让敌人非常震惊。但是,被攻击的人并不是巴西拉西乌斯,而是他的一个非常勇敢的随从,就勇气而言,绝不亚于他。此后,阿莱科休斯继续飞速进攻,用箭向他们射击,用矛击伤他们,大声喊着战斗口号。他拥有无所畏惧的精神和不屈不挠的意志,充分利用一切要素——时间、地点、武器——来赢得胜利,使他们在黑暗中陷入一片混乱。他在阻截四面逃窜的敌人时,从未混淆过敌友。有一个名叫古勒斯(Goules)的卡帕多西亚人,是我父亲的忠实随从,也是一个刚毅无畏的战士,看到了巴西拉西乌斯,确任他的身份之后,便向他的头盔击去。不幸的是,他的剑"碎成了三四片"[②],从手中滑落,仅有剑柄留在手中(像斯巴达王与亚历山大作战时的情况一样)。将军看到他丢了剑,嘲笑他是懦夫,当古勒斯给他看了留在手中的剑柄后,立刻得到了他的安慰。一

50

---

① Clouds,192.——原译者注
② 荷马:《伊利亚德》,iii,363。——原译者注

个姓托尼西乌斯（Tornicius）名叫彼得罗斯（Petros）的马其顿人，冲到敌人中间，杀死了许多人。事实上，军队跟随着阿莱科休斯，在黑暗中摸索，并不了解正在发生的实际情况，因为战斗开始于黑夜中，并非所有人都能看清它的进展情况。科穆宁冲向尚未处于混乱状态的阵线中，攻击敌人，然后返回到他的人那里，要求他们冲破巴西拉西乌斯仍旧连贯的阵线。他给殿后部队送去消息，命令他们不要拖延，迅速赶上。当战斗正在进行时，一个凯尔特人，他是阿莱科休斯的一个卫兵（一个充满了战斗激情的勇敢士兵），刚好看见我的父亲拿着沾满鲜血的剑从敌人中间出来，以为他是敌人中的一员，便立刻进攻，用矛刺向他的胸膛。如果将军没有牢牢地坐在马鞍上并喊出了他的名字，威胁当场用剑砍下他的头的话，可能早已被打下马。这个凯尔特人说了某些借口（在黑暗和战斗的混乱中无法辨认身份）后，就被赦免了。 51

　　这就是那天晚上军队总司令带着一群士兵取得的战绩。当黎明破晓，太阳隐约地越过地平线时，巴西拉西乌斯的军官们开始集中精力聚集离开战场忙于收集战利品的士兵们。阿莱科休斯恢复了军队秩序，重新进攻。他的士兵从远处看到一些敌人，便发起了猛烈的进攻，击溃他们后带回了一些战俘。巴西拉西乌斯的弟弟曼努埃尔（Manuel）爬上了一座小山，大声叫喊："今天是巴西拉西乌斯的胜利日！"以此激励他的军队。一个名叫巴西雷奥斯（Basileios）的人，绰号为库尔提西乌斯（Curticius），一个坚强不屈的战士，也是我的历史中早已提到的尼基弗鲁斯·布林纽斯的熟人和密友。他立刻从科穆宁的战线中冲到前面，爬上了小山。曼努埃尔抽出剑全速猛烈地向他冲去。库尔提西乌斯没有用剑，而是抓住挂在马鞍布上的棍子，击向他的头部，把他从马上打落，将他俘获，作为战利品拖回我的父亲那里。当这一切正在发生时，巴西拉西乌斯的剩余部队看到科穆宁的军队后，经过短暂的抵抗，便逃跑了。巴西拉西乌斯也与其他人一起逃跑，阿莱科休斯在后面追赶。当他们到达塞萨洛尼基时，城中居民立刻放巴西拉西乌斯进入，但禁止他的敌人进城。即使如此，我的父亲也没有休息，没有脱掉胸甲、摘掉头盔、解下护肩和收起剑。实际上,他安营扎寨,警告城中的居民要攻打城墙,完全摧毁城市。但他希望饶恕巴西拉西乌斯,便通过他的随从僧侣"小约翰"提出和平建议,此人拥有正直无私的良好声誉。阿莱科休斯承诺,如果巴西拉西乌斯投降,交出城市,将不会受到虐待,但后者拒不投降。但是塞萨洛尼基的居民害怕城市被攻占后发生可怕的事情,便允许阿莱科休斯进入。巴西拉西乌斯得知了他们所做的事情,就去了卫城——"逃出虎口又入狼窝"。尽管军队总司令向巴西拉西乌斯承诺不会让他遭受无法挽救的伤害,但他仍旧拒绝放弃战斗。虽然危机重重和被步步紧逼,他仍旧表现得像一个真正的英雄,坚定果敢、无所畏惧,丝毫都不退让,直到要塞的居民和士兵用暴力将他赶走并转交给了阿莱科休斯。皇帝立刻得知了这一消息。在胜利返回都城之前,阿莱科休斯在塞萨洛尼基住了一段时间,处理政务。在腓立比(Philippi)和安菲波利斯(Amphipolis)之间,来自皇帝的使节带着有关巴西拉西乌斯的书面命令遇到他,并转交了命令。他们把巴西拉西乌斯带到了一个被称为科莱穆皮那(Chlempina)的地方并在那里的温泉附近挖出了他的双眼。从那时直到今天,它一直被称为"巴西拉西乌斯泉"。这是阿莱科休斯在成为皇帝之前,像又一个赫拉克勒斯(Hercules)一样承担的第三项任务。我们完全可以把巴西拉西乌斯比作厄律曼托斯山的野猪(Erymanthian Boar)①,把我的父亲比作当代最高贵的赫拉克勒斯。这就是他当时取得的胜利和战绩。作为酬劳,他从皇帝那里得到了贵族(sebastos)的荣誉头衔并由元老院在全席会议上宣布。

在我看来,身体的虚弱有时会因外部原因而加重,但疾病的原因也会源自器官本身出了问题。我们经常抱怨气候的变化莫测和食物的质量是发烧的原因,有时甚至考虑到腐坏的体液。同样,罗马帝国当时的糟糕状况招致了致命的祸患——我是指前面提到的卢塞尔、巴西拉西乌斯以及所有皇位觊觎者。但是,有时是命运之

---

① 传说中十二项艰难任务中的第三项。希腊神话中踩躏阿卡狄亚的一头野猪。

第一卷 从阿莱科休斯的少年时代到伯塔尼亚特斯统治的最后月份

神将外族的王位觊觎者从外面引进来——这是难以对付的邪恶力量，难以治愈的疾病。吹牛大王罗伯特①就是这样的人。他出生在诺曼底，深受不良环境的影响，因为贪图权力而臭名昭著。当罗马帝国给了这个人发动战争的借口时，便为自己招致了祸患——在我们看来，与一个外族人和蛮族人通婚是非常不合理的决定。②更准确地说，在位皇帝的不慎重行为应该受到谴责。因为他将我们的家族和杜卡斯家族联系在一起，现在，如果我要谴责一个血缘亲属的错误（因为按照我母亲一方，我与杜卡斯也是亲戚），估计大家也不会怪我。最重要的是，我选择写出事实。就此人的行为而言，我对他的谴责不算过分。这位米哈伊尔·杜卡斯皇帝，许诺自己的儿子君士坦丁与蛮族人罗伯特的女儿联姻，后者的敌对正是起源于这件事。我将叙述自己的不幸，选择适当的时候，讲述关于君士坦丁的婚约和外族联姻、他的英俊外表和身材、他的外在和内在品质。在此之前，我将叙述计划中的婚礼、整个蛮族军队的失败和来自诺曼底的王位觊觎者的毁灭——米哈伊尔的愚蠢行为为这些人进攻罗马帝国提供了借口。但是，我需要先倒退一点，描述罗伯特这个人以及他的世系和运气。我必须说明机遇让他获得了多大的权力，或者更客气地讲，上帝允许他不怀好意的野心和计划实现到了什么程度。

54

罗伯特是一个出身模糊的诺曼人，为人专横跋扈。他是一个勇敢的战士，拥有坚韧不拔的意志和良好的辩才，为了达到目的不惜一切手段，因此攫取了许多名人的权力和财富。他的身材伟岸，甚至超过最高大的人，拥有健康红润的肤色、金色的头发、宽阔的肩膀和炯炯有神的眼睛。一个体格健美的人会拥有健硕强壮的身

① 罗伯特·吉斯卡尔（Robert Guiscard），被称为"狡猾的人"，是阿普利亚（Apulia）和卡拉布里亚（Calabria）的公爵，塔克雷得（Tancred）的儿子。——原译者注

② 米哈伊尔七世建议罗伯特的女儿海伦娜与他幼小的儿子结婚——试图以此安抚诺曼人，（1071年）以攻占巴里（Bari）为标志，他们在南意大利取得了一系列战役的胜利。巴里是拜占庭帝国在这一地区的最后飞地。即使普塞罗斯也发现很难支持他宠爱的学生米哈伊尔的这种软弱和无效的政策。——原译者注

材,身上不会有一丝赘肉。他的身材的协调和优雅令人敬慕。总之,这个人浑身散发着魅力(我经常听到许多目击者这样说)。荷马提到阿喀琉斯(Achilles)叫喊时,听众会以为是人群在喧嚣。他们说罗伯特的吼叫能让成千上万人逃跑。在运气、天赋和体质方面都拥有优势的情况下,他不会服从世界上的任何人,做任何人的奴隶。人们经常说拥有强势性格的人就是如此,即使他们出身比较卑微。

罗伯特就是这样的人,根本不会屈从于别人。他带着 5 个骑士和 30 个步兵从诺曼底出发,离开本土后,又率领一伙海盗,流窜在伦巴第的山峰、洞穴和小山头中,袭击徒步旅行者。他有时得到马,有时得到其他财产和武器。他的发家史充满了流血和谋杀。他在伦巴第地区游荡期间,古列穆斯·马斯卡伯里斯(Guliemus Mascabeles)注意到了他。古列穆斯当时是与伦巴第相邻的大部分地区的统治者,每年从此地得到一笔丰厚的收入,也能征募充足的兵力,因此成为了一个强大的独裁者。在全面了解了罗伯特的为人之后,他不明智地将他收归门下并把一个女儿许配了给他,为此举行了隆重婚礼。古列穆斯欣赏他的女婿的体力和杰出的军事才能,但事情并没有按照他的心意进行。他送给他一座城市作为婚礼的礼物并处处向他示好。但是,阴险狡诈的罗伯特恩将仇报,策划了针对他的叛乱。在逐步增强实力期间,他假装心怀感激,设法使他的骑兵人数增加了两倍,步兵人数增加了一倍。此后,他不再示好,表现出了越来越多的敌意。他利用一切机会制造争端,不断创造会引发争吵、战斗和战争的机会。因为罗伯特很清楚古列穆斯在财富和权力方面都远远超过他,自己在任何直接冲突中都不会有获胜的希望,便策划了一个邪恶的阴谋。在假装友善和悔改的同时,他正在秘密准备一个十分隐秘的可怕陷阱,以便夺取马斯卡伯里斯的城市,成为其所有财产的主人。他派人去请古列穆斯亲自前来协商和平事宜。后者因为非常爱自己的女儿,便同意了他的提议。会议定在次日。罗伯特推荐了一个比较方便见面的地方,他们可以在那里进行商讨。两座高度相同、方向相对的山头之间有一片沼泽地,长满了各种树木和植物。狡猾的罗伯特在这个地区埋伏了 4 个全副武装的勇士。他要求他们时刻保持警惕,只要看到他与古列穆斯作战,便立刻冲向他。提前做了这些安排之后,这个恶棍离开了他此前向古列穆斯建议的会议地点,占据了另外一个山头。他召集了 15 名骑兵和 56 名步兵,一起爬上山头,将他们安置在那里。他向自己相对比较信任的人解释了整个计划,并命令他们中的一个人带着(罗伯特的)盔甲、矛、头盔和短剑,以便他更容易武装自己。埋伏的 4 个人接到的任务是,当看到他与马斯卡伯里斯扭打时,要迅速跑上山帮助他。在约定的那一天,为了签订协议,古列穆斯去了与罗伯特约定的山顶,罗伯特在不远处看见了他,骑在马背上迎接他,非常热情地与他握手问候。当渐渐走到山顶下的斜坡时,他们停下来,谈论约定的事情。罗伯特尽量拖延时间,不断地找借口闲聊,然后对他说:"我们为什么要让自己疲倦地坐在马背上呢?何不下马坐在地上呢?这样就可以舒服地讨论事情。"马斯卡伯里斯像一个可怜的傻瓜一样,没有意识到他的诡计和自己的危险处境,便同意了。当他看到罗伯特下马后,也立刻这样做了。他用肘部斜靠在地上,重新开始讨论。罗伯特坦言自己今后将是马斯卡伯里斯的奴隶并称他为"恩人"和"主人"。马斯卡伯里斯的人看到两个人下马并重新开始谈判。当时正值夏天,太阳从头顶上直射下来,气温正在变得令人难以忍受,由于天气炎热,又缺少食物和水,他们感到非常疲倦。因此,他们中的一些人也下马,把缰绳绑在树枝上,然后躺到马和树的荫凉处凉快,另一些人则直接回家了。这就是他们当时的情况。既然一切都准备妥当,狡猾的罗伯特突然抓住了马斯卡伯里斯,温和的表情变得狰狞,开始凶残地攻击他,后者反抗,两个人相互推着,一起滚下斜坡。4 个伏兵看到了他们,便从沼泽地中站起来,冲向古列穆斯。他们将他牢牢地捆绑,然后跑回去加入罗伯特的骑兵,后者被安置在另一个山头上,已向他们飞奔而来,后面是古列穆斯的人。罗伯特骑上马,戴上头盔,迅速将矛塞到腋下,用盾保护着自己,然后回转身,用矛击向古列穆斯的一个士兵,杀死了他。这使他的岳父的

56

57

骑兵放弃了解救古列姆斯的打算。事实上，当其他人看到罗伯特的骑兵借助较高的地形优势从上面向他们冲下来时，立刻转身逃跑。罗伯特就这样结束了战斗。马斯卡伯里斯作为战俘被绑着带到城堡，这正是他把女儿嫁给罗伯特时，作为礼物送给他的。这座城堡就这样将它的主人变成了战俘，此后被人称为"要塞(Phrourion)"①。罗伯特的残忍行为是极为令人恐怖的。当他俘获了马斯卡伯里斯后，首先拔出了他的所有牙齿，用每一颗牙索要巨额数量的金钱，同时不断审问他把钱藏到了哪里。在拔光了他的所有牙齿，诈光了他所有的钱之后，罗伯特又将他刺瞎，让他的双眼失去了光明。

他现在成了一切的主人。从那时起，他的权势日益增长。随着野心的膨胀，他不断地增加城市，积累财富。长话短说，他得到了高级军衔，被称为"整个伦巴第地区的公爵"，从而招致了很多人的嫉妒。但他机警谨慎地平息了反对他的民众行动，通过哄骗和贿赂的手段摆平了政敌，凭借聪明机敏平息了贵族们对他的嫉妒，有时也会付诸武力。他通过这些方式把整个伦巴第和周围地区置于自己的控制之下。他总在谋划一些野心勃勃的计划，抓住与米哈伊尔皇帝联姻的借口，掀起与罗马人的战争，梦想自己登位称帝。我们前面已经提到，为了一些特殊的原因，米哈伊尔同意了自己的儿子君士坦丁和罗伯特的女儿（她的名字叫海伦娜）的婚事。当我再次回想起这个年轻人时，变得精神恍惚、思绪混乱。②关于他的生涯，我将在适当的地方详细叙述。但是，即使时机不太成熟，我也忍不住要说君士坦丁是大自然的杰作，是上帝创造的杰出作品。只要见过他的人就会觉得，他是希腊人传说中的黄金时代的后裔，光彩照人。许多年后，当我回忆起这个年轻人时，仍旧忍不住泪流

58

---

① "卫戍要塞"的希腊语。——原译者注
② 他后来与安娜·科穆宁娜订婚。——原译者注

满面。但我忍住了悲伤,应该把它留到"尊敬的地方"①,以防个人的悲伤和历史叙述混同起来,使历史陷入混乱。我在这里或者其他地方提及的这个年轻人,比我年长。他是一个贞洁的男孩子,曾是海伦娜的未婚夫。尽管他当时尚未成年,但婚约已经被写成文书,尼基弗鲁斯·伯塔尼亚特斯成为皇帝之后,婚约被取消。我已经偏离了主题,必须回到原来的地方。罗伯特从非常卑微的出身迅速崛起后,身边聚集了强大军队,试图成为罗马皇帝,为了师出有名,便开始为挑起与罗马人的战争制造合理的借口。关于这一点,存在两个不同的版本。根据我们首先听到并广泛流传的版本,事情是这样的。一个叫雷克托(Raiktor)的僧侣冒充米哈伊尔皇帝,逃到他的(假定的)儿媳的父亲罗伯特那里,讲了自己的不幸遭遇。大家知道,米哈伊尔在迪奥根尼斯之后夺取皇位并进行了短暂的辉煌统治,但很快便被叛乱者伯塔尼亚特斯剥夺了皇权,成了僧侣,穿戴着主教的白长袍、主教冠以及天主教教士做弥撒时用的披肩②。正是他的叔叔凯撒约翰建议他这样做的,因为他了解新皇帝反复无常的性格,害怕他会有更可怕的遭遇。先前提到的僧侣雷克托自称是米哈伊尔,或许我最好称他为莱克特斯(Rektes),因为他是他们中间最厚颜无耻的"实干家"。③ 因为姻亲关系,他去了罗伯特那里,杜撰了自己遭遇的不幸,如何被剥夺了皇位,沦落到当前罗伯特亲眼看到的状况。因为这些原因,他请求罗伯特的帮助。他宣称他的儿子年轻貌美的妻子海伦娜与新郎完全失去联系,变得孤立无援,因为他的儿子和玛利亚皇后,已被迫成为伯塔尼亚特斯的人。他想通过这些话激起这个蛮族人的愤怒,驱使他发动与罗马人的战争。这就是我听到的故事。一些出身低微的人

59

---

① 引自德摩斯梯尼(Demosthenes,公元前384—322,古希腊的政治家、雄辩家)的引文,234,14。——原译者注
② 米哈伊尔在1078年3月的最后一天退位,被允许进入斯图迪特(Studite)修道院,后来成为以弗所(Ephesus)的大主教。——原译者注
③ 这个希腊语双关语很难在英语中找到匹配语,它暗示"做"或者"谋划"的人。伊丽莎白·道斯(Elizabeth Dawes)译为"伪造者"。——原译者注

冒充出身高贵的知名人士，并不是什么新鲜事。但是，我也听到了关于这一事件的另一个版本，并且觉得它相对而言更可信。根据第二个版本，不是一个僧侣冒充米哈伊尔，也不是任何指控促使罗伯特发动对罗马人的战争，而是这个非常多才多艺的蛮族人按照自己的意愿编造了整个故事，接下来发生的事情完全是他设计的。他们说罗伯特是一个毫无礼仪廉耻的无赖，长期以来一直都在为与罗马人的战争做准备，但受到他的一些具有良好声誉的朋友和自己的妻子盖塔（Gaita）的劝阻，因为他要发动的是一场对基督教徒的非正义战争。他几次试图开始战争，但都遭到反对，因此决定为战争制造一个合理的借口。他将一些人派往科特罗内（Cotrone。

60 他已经提前将秘密计划告诉了他们），给他们的任务是如果遇到外表看起来不像出身低层的僧侣，并愿意为了去两个著名的使徒即罗马守护神的圣殿朝拜而横渡到意大利，他们要设法与他成为朋友，将他带到罗伯特这里来。他们找到了之前提到的雷克托，他是一个聪明的家伙，也是一个无耻之徒。他们写信给罗伯特送去了消息（当时他正呆在萨勒诺），信中说："你的亲戚米哈伊尔被罢黜皇位，已经到达这里请求你的帮助。"这是罗伯特命令他们使用的秘密暗号。罗伯特立刻拿着这封信去找他的妻子并私下里大声读了信的内容。然后，他聚集了所有伯爵并再次私下里给他们看了这封信。他认为毫无疑问自己已经找到了一个很好的借口，他们不会再反对他的计划。既然得到了他们的一致支持，他便将雷克托带回来，进一步了解他的相关情况。此后，随着这个僧侣站到舞台中央，整个事件开始变得戏剧化。他说他是米哈伊尔皇帝，已被剥夺皇位，他的妻子、儿子和所有财产被皇位觊觎者伯塔尼亚特斯夺走。他被剥夺了皇冠和皇帝的头饰带，被迫穿上了僧侣的服饰，这件事违背了正义。"现在"，罗伯特说，"他来到这里请求我们的帮助。"罗伯特公开宣称因为自己与他的亲戚关系，帮助他复位是目前最重要的事情。他对这位僧侣十分尊敬，好像他真的是米哈伊尔皇帝一样，吃饭时给他安排了更好的坐席，为他设置了御座，处处体现自己对他的尊敬。罗伯特的公开演讲也应时应景。他有时自怨自艾,悲叹自己女儿的不幸,有时对他的亲戚的遭遇深表同情,并通过巧妙地承诺周围的蛮族人会从罗马帝国得到成堆的金币,诱使他们投入战争。他牵着所有人的鼻子走。当他出发时,吸引了大批的富人和穷人追随他——更加准确地说,当他占领了阿马尔菲(Amalfi)的都城萨勒诺时,他事实上已经控制了整个伦巴第。在那里,他在准备战斗之前,很好地安排了其他女儿的婚事。当时两个女儿与他在一起,三女儿被扣押在君士坦丁堡,从订婚的那天起已经变得很不幸。她的年轻的订婚者,当时仍旧是一个小男孩,就像婴儿被怪物(Mormo)①吓着一样,从一开始就因为害怕而逃避这一联姻。他把一个女儿许配给了巴西诺(Barcinon)伯爵的儿子雷蒙德(Raymond),另一个女儿许配给了著名伯爵伊布鲁斯(Eubulus)。对于罗伯特来说,这些联姻都是有利可图的。事实上,他通过各种手段攫取和巩固权力——通过他的家庭、统治、继承权以及其他人想不到的所有方式。

　　其间,发生了一件值得记录的事情,这件事也给罗伯特带来了好运。我认为所有西方统治者无力向他进攻,大大有助于他的事业平稳发展。命运之神在每一件事情上都眷顾他,为他创造了一切有利条件,将他推上权力的宝座。例如,罗马教皇②(一个高贵的职位,受到许多国家士兵的保护)与日耳曼国王亨利(Henry)③发生争吵,希望与罗伯特结成联盟(罗伯特当时已经变得很出名并拥有重大权力)。教皇和国王争吵的原因是,教皇谴责亨利没有免费任命教区牧师,而是收受用于教会生计的钱财,也谴责他经常任命不合适的人担任大主教,还进行了其他类似的指控。日耳曼国王则指责教皇傲慢专横,没有经过他的同意便篡取了教皇职位。同时,他还说了一些极具侮辱性和冷酷无情的话,表示如果他不从自己

61

62

①　一个被保姆用来吓唬孩子们的可怕怪物或鬼怪。——原译者注
②　格里高利七世(Gregory Ⅶ,1073-85)。——原译者注
③　亨利四世(Henry Ⅳ),他与格里高利的关系参见 CMH vol. ⅳ, pt. Ⅰ, p, 464.——原译者注

任命的职位上退下来,就把他赶下来。教皇听说了这些话之后,立刻迁怒于亨利派来的使节。他首先野蛮地侮辱他们,然后用剪刀剪掉了他们的头发,用剃须刀剃掉了他们的胡子。最后,他做了一件非常不合礼仪的事情后,将他们送走。蛮族人的这种无礼的粗野行为完全超出了人们的想象。我原本应该写出这种暴行的名字,但身为女性和公主应具有的矜持禁止我这样做。按照他的命令所做的事情,不是一个高级教士或者任何基督教徒应该做的事情。仅仅是这位蛮族人的目的,就让我充满了厌恶,更不用提行为本身了。如果我详细描述这件事,将玷污我的芦苇笔和纸。事实上,我甚至无法忍受揭露或描述这件事情的一个小片段。这便足以证明这一暴行的野蛮和犯罪者的大胆,也充分证明世界上的确存在这种人。这就是(以正义之神的名义!)一个高级教士的所作所为,并且他是一个最高级别的教士,控制着有人居住的整个世界(根据拉丁人的宣言和信仰是这样——体现他们傲慢的另一个例子)。事实上,当权力从罗马转移到我们的国家和都城时,大主教的职位也转移到这里,更不用提元老院和整个行政机构了。从一开始,皇帝们就已经承认君士坦丁堡主教的优先权,察尔西顿会议(Council of Chalcedon)①专门将主教提升到最高位置并让全世界的教区臣属于他。惩罚使节们的方式是教皇自己发明的,其新奇性让我怀疑它是为了针对派他们去的人。他试图通过这种行为暗示国王是非常卑劣的人,好像某个半神半人或者一个半驴半人。我认为这就是这些令人羞耻的暴行的目的。通过残害这些使节并把他们送回国王那里,教皇挑起了一场可怕的战争。尽管教皇以前与罗伯特并没有什么友好的往来,但为了阻止亨利通过与罗伯特联手变得更加难以对付,他率先向罗伯特示好。得知他占领了萨

① 著名的第四次宗教会议。在第 28 条教会法规中,它规定大主教和教皇应该拥有平等的特权。因为会议通过了多个具有重大宗教和政治意义的其他决定,这使 451 年(这次宗教会议的日期)成为东西方历史中的一个转折点。参见 *CMH* vol. Ⅳ, pt. Ⅰ, p. 18ff; Ostrogorsky, p. 55; Vasiliev, p. 106; Hussey, *Byzantine World*, pp. 17 - 18。安娜在此处似乎有所夸大。——原译者注

勒诺，教皇从罗马出发去了贝内文托（Benevento）。在通过使节进行了沟通之后，他们以下面的方式会面。教皇带着卫兵从贝内文托出发，罗伯特带着军队从萨勒诺出发，当两支军队相距合理的距离之后，双方领导人离开各自的军队见面。两个人交换了承诺和誓言之后返回。教皇许诺授予罗伯特国王头衔，并在他需要时，给与他进攻罗马人的军事援助。后者则许诺无论教皇在什么地方传唤，他都会随叫随到。但事实上，承诺没有任何价值，因为格里高利教皇对日耳曼国王非常愤怒，正在匆忙准备对他的进攻。而罗伯特关注的是罗马帝国，像一只疯狂的豹子一样张牙舞爪，对罗马人充满了仇恨。因此，誓言实际上变成了一纸空文，这些蛮族人很快将彼此的承诺抛置脑后。罗伯特公爵扭转马头，迅速赶向萨勒诺，而可恶的教皇（想到他非人性的行为，我找不到适用于他的其他词汇），暴君，带着神圣的善意和和平的福音，倾尽全力去与自己的同胞作战——这就是宣扬和平的人，和平之神的信徒！他立刻派人去请萨克逊人（Saxons）及其首领兰道夫（Landulphus）和韦尔夫（Velcus）。[①] 他承诺会让他们成为整个西部的国王，从而赢得了他们的支持。他似乎误解了保罗的话："给人行按手的礼，不可急促"[②]，因为他的右手只准备放在相关国王的手上，他为伦巴第公爵系上了国王的丝带，为这些萨克逊人加冕。双方（即日耳曼的亨利国王和教皇）聚集军队并布置好了战线，进攻的号角一吹响，战斗顷刻爆发，尽管双方均有死伤，但都表现得非常顽强勇猛，他们脚下的平原很快便洒满了死者的鲜血。幸存者像正在漂在血的海洋上的船只里作战，到处陷入死人堆中，摔倒的人被淹死在血泊之中。如果他们说的都是真的，超过 30000 人死于那场战斗，那么，肯定是血流成河，大面积的土地被鲜血污染。萨克逊人的首领兰道夫指挥战斗时，双方的士气都很高昂。当他受了致命伤当场毙

64

---

① 斯瓦比亚（Swabia）公爵鲁道夫（Rudolf）；巴伐利亚（Bavaria）公爵韦尔夫（Welf）。——原译者注

② 《提摩太前书》，5：22。

命后,教皇的阵线被打破。逃跑的过程充满了血腥和杀戮。亨利
疯狂地追赶他们,当听到兰道夫已经死亡时更加振奋。后来他放
弃了追赶,命令士兵们休息,重新装备,匆忙赶往罗马,打算进行围
攻。此时教皇想起了与罗伯特的约定和他的誓言,便派了一名使
节向他求助。当亨利向古罗马进发时,也通过使节要求与罗伯特
65 结盟。在罗伯特看来,在这个时候,他们每个人都是傻瓜。他对国
王作了口头上的答复,但给教皇写了一封信。信的概要如下:"罗
伯特公爵以上帝的名义,写信给伟大的教皇和我的领主。听说你
遭到了敌人的进攻,但我不以为然,因为我知道没有人敢反对你,
除非他疯了,否则谁会进攻一个如此伟大的父亲呢? 我正在准备
进攻一个很难对付的民族,因为罗马人是我的敌人,他们已经征服
了每一块陆地和海洋。我从内心效忠于你并将在需要的时候证明
它。"在双方的使节请求他的帮助时,他就这样打发了他们,给了前
者一封信,给了后者某些合理的借口,然后将他们送走。

　　但是,我们需要了解他带军队去阿弗罗拉(Avlona)之前在伦巴
第做的事情。罗伯特是一个专横残忍的人,他的疯狂行为甚至比
得上希律王(Herod)[1]。觉得由长期在他的军队中服役并拥有战争
经验人构成的军队难以满足需要,他又组建了一支由没有年龄限
制的新兵组成的新军队。他从伦巴第和阿普利亚(Apulia)的所有
地区召集了他们,包括超龄的和未成年人在内。可怜的人们,他们
甚至在梦中都从未见过盔甲,但是此时却穿上了胸甲,拿起了盾
牌,笨拙地拉开从未用过的弓箭,被命令前进时却跌倒在地。这些
事自然成为伦巴第麻烦不断的导火索。人们在各个地方都能听到
男人的悲叹,女人的哭叫。她们为男人们的不幸而哭泣,有人为不
适合服兵役的丈夫悲伤,有人为对战争一无所知的儿子悲伤,也有
人为身为农夫或从事其他工作的兄弟悲伤。在我看来,相比较希
律王,罗伯特的这种做法是有过之而无不及,因为希律王只是残忍

---

[1]　犹太王(公元前 40—4 年),据《新约》讲,他命令杀死伯利恒所有两岁以下的儿
　　童,想借以杀死尚处于襁褓中的耶稣。

地对待婴儿，但罗伯特也这样对待男孩子和老人。他们不习惯军旅生活（现在却必须这样做），他就每天训练他们，打算将这支新兵打造成纪律严明的部队。这是他到达奥特朗托（Otranto）之前，在萨勒诺做的事情。在伦巴第地区处理所有事务并给了使节们恰当的答复期间，他已经派了一支训练有素的军队先到那里等他。但他的确额外给教皇送去了一封信，说不管何时有需要，他都会命令自己的儿子罗杰（Roger。他与弟弟伯利提拉斯［Boritylas］一起被任命为整个阿普利亚的统治者），竭尽所能地提供帮助，自己则带着一支强大的军队进攻亨利国王。他派他的幼子博希蒙德（Bohemond）带着一支强大的军队到我们国家，突袭了阿弗罗拉周围的地区。博希蒙德在胆识、体力、贵族气质和不屈不挠的精神等方面都类似于他的父亲。简而言之，博希蒙德就是他父亲活生生的翻版。他以迅雷不及掩耳之势夺取了卡尼纳（Canina）、埃里克（Hiericho）和阿弗罗拉，并继续推进，一点点地攻占了周围地区，然后放火烧毁了它们。事实上，博希蒙德是大火之前刺鼻的浓烟，是更大规模进攻的先兆。你可以把父亲和儿子比作毛虫和蝗虫，因为罗伯特剩余的东西被他的儿子吞食掉了。让我们看一下他去阿弗罗拉之前在对面陆地上做了些什么。

　　罗伯特从萨勒诺出发，到了奥特朗托。他在此住了几天，等他的妻子盖塔①（她与丈夫一起上战场，当她身披盔甲时，非常令人敬畏）。她如期到达，两个人拥抱后，带着全部军队一起重新向布林迪西（Brindisi）进军，它在整个杰帕基亚（Japygia）地区拥有最优良的港口。他突袭了这个城市，希望从这里驶向海岸，因此在此焦急地等待所有军队和包括运输船、长船和战舰在内的船只集合。在萨勒诺时，他已经派了一个叫拉乌尔（Raoul）的使节到伯塔尼亚特斯皇帝那里，后者继杜卡斯之后夺取了皇权。拉乌尔是他的一个随从，也是一个贵族。罗伯特正在焦急地等待新皇帝的答复。拉乌尔的任务是发一顿牢骚，为即将爆发的战争提出一些看似合理

---

① 或者译为萨勒诺的斯格尔盖塔（Sigelgaita of Salerno）。——原译者注

的借口,要指责伯塔尼亚特斯把罗伯特的女儿和她未来的丈夫君士坦丁分开(正如历史已经阐明的那样)并从他那里窃取了皇冠。因此,罗伯特打算要为这件非正义的事情复仇。他给当时的军队总司令和西部军队指挥官(即我的父亲阿莱科休斯)送去了一些礼物和示好的信件。现在,他正在布林迪西等待他的答复。在所有军队被召集和大部分船只开动之前,拉乌尔从从拜占庭回来了,但没有带回回复罗伯特的书信——这使这个蛮族人更加愤怒。让事情更加糟糕的是,拉乌尔强烈反对发动对罗马人的战争。他提出了两个理由,一是罗伯特军队中的僧侣是一个冒充米哈伊尔皇帝的骗子,有关他的全部故事都是杜撰的。他说自己在君士坦丁堡看到了被罢黜皇位后的米哈伊尔,他穿着一件寒碜的黑色长袍,住在一座修道院中。他亲自非常仔细地看了这位退位的皇帝。其次,他汇报了在回来的路上听说的事情。我的父亲已经把伯塔尼亚特斯赶下皇位,夺取了皇权(我将在后面详细叙述),同时让杜卡斯的儿子君士坦丁与他共享统治权,后者是世界上最杰出的人之一。拉乌尔在旅途中听说了这个消息,为了劝说罗伯特放弃对战争的准备,于是将这件事告诉了他。他说:“是伯塔尼亚特斯犯了错误并剥夺了你的女儿海伦娜的罗马皇位,我们如何以正义的名义发动对阿莱科休斯的战争呢?我们不应该因为其他人对我们做的事情,而给那些没有做错事的人带来战争。如果战争没有正当的借口,就有可能失去一切——船、武器、人和为战争所做的其他准备。”这些话更加激怒了罗伯特。他破口大骂并差点对这位使节施以暴力。那个假杜卡斯,所谓的米哈伊尔皇帝(我们称之为雷克托)也非常愤慨和懊恼。当被明确证实不是皇帝而是一个冒牌货时,他不知道如何控制自己的情绪。不管怎样,罗伯特对拉乌尔非常不满,当得知拉乌尔的弟弟罗杰叛逃到罗马人那里并详细叙述了他为战争进行的所有准备后,罗伯特打算杀了他。但是,拉乌尔立刻逃到了博希蒙德那里寻求庇护,自此变成了一个逃犯。雷克托也歇斯里底地威胁叛逃者即拉乌尔的弟弟。他大声哭喊,用右手拍打着大腿,对罗伯特说:“我只请求你一件事,如果我得到皇

68

冠,重新坐上皇位,请把罗杰交给我。如果我不把他在城市中心钉死在十字架上,让他以最恐怖的方式死亡,就让我在上帝的手中遭受这种苦难。"在讲述这件事情的过程中,我不禁嘲笑这些人愚蠢荒谬的行为以及他们相互之间的吹嘘。当然,对罗伯特而言,这个恶棍只是他的皇亲的影子,是他的一个诱饵。他经常让他在城中抛头露面,以鼓动他能影响和说服的人进行叛乱。当运气比较好,战争进展得比较顺利时,他就打算拎着他的脖子将他送走。正所谓兔死狗烹、鸟尽弓藏。但那个僧侣一直幻想着如果这件事成为现实,他就可以分享一些权力——这种出人意料的事情经常发生。因为他确信罗马人和军队将永远不会让蛮族人罗伯特坐上皇位,因此他想当然地认为自己将牢牢控制皇权。他只是利用罗伯特作为实现自己邪恶计划的工具。当我在灯光下慢慢移动笔时,想到这一点,一抹微笑浮上我的嘴角。

69

　　罗伯特把所有军队、船只和人集中到布林迪西,船只总数为150艘,士兵总计30000人,每只船负责运载装备了盔甲和马匹的200人。远征队伍如此装备,是因为他们可能遇到全副武装的敌人,登陆后,他们便可以骑上马。他打算在埃皮丹努斯下船,按照现代的称呼,我们称此城为都拉基乌姆(Dyrrachium)。他计划从奥特朗托横渡到尼科波利斯(Nicopolis),攻占那帕克托斯(Naupaktos)及其周围的所有村庄和要塞。但是,如果走海路的话,这两个城市之间的距离比从布林迪西到都拉基乌姆要远得多。因此,他选择了后者。这不仅是最快的路线,而且更适宜于军队航行。因为当时正值冬季,太阳正在移向南半球,到达南回归线(Tropic of Capricorn),白天的时间缩短。因此罗伯特没有选择黎明时离开奥特朗托,冒着严寒天气在晚上航行,而是全速从布林迪西横渡。亚得里亚海在此处并不是很宽,因此,航行距离相应更短。罗伯特改变了对儿子罗杰的安排,原先任命他为阿普利亚伯爵并打算将他留下,但为了某些不为人知的原因,又让他跟随着自己。他们在去都拉基乌姆的航行中,顺带攻占了防御牢固的科孚岛(Corfu)和其他要塞。他收到了来自伦巴第和阿普利亚的抵押品，并从整个农村地区收集钱财，榨取贡物，希望在都拉基乌姆顺利登陆。

当时整个伊利里库姆（Illyricum）地区的公爵碰巧是乔治·莫诺马查托斯（George Monomachatos）。起初，伯塔尼亚特斯皇帝派他到那里去时，他曾拒绝，说服他担任这个职务绝非易事，但后来发生的一件事情迫使他接受了任命。皇帝有两个仆人是斯基泰人，名为伯里罗斯（Borilos）和哲曼诺斯（Germanos）。他们讨厌莫诺马查托斯，总是在皇帝面前编造一些针对他的令人恐怖的指控，通过把情节串联在一起，激起了后者对莫诺马查托斯的不满。有一天，他转向玛利亚皇后说："我怀疑莫诺马查托斯是罗马帝国的敌人。"一个名为约翰的阿兰人是莫诺马查托斯的朋友，并且知道这两个斯基泰人不断地恶意中伤他，就把听到的话全部告诉了他，建议他为自己早做打算。莫诺马查托斯不动声色地去见了伯塔尼亚特斯，通过阿谀奉承消除了他的戒心，并且同意去都拉基乌姆任职。他被安排去埃皮丹努斯，很快收到了关于任命他为公爵的书面命令。第二天，他离开君士坦丁堡，去了埃皮丹努斯和伊利里亚（Illyrian），斯基泰人哲曼诺斯和伯里罗斯都非常高兴地催他离开。在皮吉（Pege，又写为Pighi）附近的某个地方，他遇见了我的父亲。①当他们看见彼此时，莫诺马查托斯先开口讲话，情绪激动地告诉阿莱科休斯，自己如何因为对他的友谊正在被流放，斯基泰人伯里罗斯和哲曼诺斯如何满腹妒忌地诬陷他，并且以子无虚有的借口将他驱逐，使他与朋友和亲爱的城市分离。他戏剧性地详细叙述了他们私底下在皇帝面前对他的中伤以及他在这些仆人手中忍受的苦难。阿莱科休斯善于激励遭遇不幸的人，觉得应该尽力安慰他。他说上帝会惩罚做这些错事的人并且向他保证会记住他们之间的友情。随后，他们一个人出发去都拉基乌姆，另一个人返回都城。

到达都拉基乌姆之后，莫诺马查托斯得知了专横的罗伯特的军

---

① 在皮吉，为纪念我们的女主人圣母玛利亚建造了一座教堂。在拜占庭的教堂中，它多次被提及。（A.C.）——著者注

事准备和阿莱科休斯的叛乱。他仔细权衡了自己在这种危急形势中应该做的事情。表面上，他跟双方都是敌对的。但实际上，他正在筹划比公开冲突更好的办法。军队总司令已写信告诉他发生的事情，因为遭受了刺瞎双眼的威胁和权势者的残忍行为，他正在反抗那些暴虐专横的人。作为朋友，莫诺马查托斯必须参与叛乱并通过任何可能的渠道收集钱财给他送来。他写道："我们需要钱"，"没有钱，应该做的事情都不能做"。莫诺马查托斯没有送钱，但友善地对待使节并交给他们一封信，信的大体内容是，他仍旧珍惜他们原来的友谊并许诺将来也这样做。对于他要求的钱，他非常乐意给他想要的数量。"但是，"他补充道，"我不能。这是一个原则问题。我被伯塔尼亚特斯皇帝委派到此，已经向他宣誓忠诚。如果我立刻答应你的要求，你也不会把我视为一个忠于统治者并受人敬重的人。但是，如果上帝认为你配得上皇位，就像我以前是你的忠诚朋友一样，将来我也会是你的忠诚仆人。"莫诺马查托斯匆忙写好了给我父亲的这封信。他正在竭力赢得双方的好感——我的意思是我的父亲和伯塔尼亚特斯。另外，他向蛮族人罗伯特提出了更加明确的建议，公开叛乱。在我看来，他要为此受到谴责。不知何故，这种性格的人似乎本性多变，总是根据形势变化不断地改变主张。所有这样的人都无视大众的利益，对自己的利益却非常重视，会周到地安排符合自己利益的事情。但他们通常会失算。这些思考已经偏离了历史主题，我们必须让思路重新回到正在叙述的事情上——它脱离了控制。在这些事情发生之前，罗伯特就已经焦急万分地要横渡到我们国家，梦想得到都拉基乌姆。现在，他打算进行海上远征的欲望更加不可遏制。他催促士兵们并用激昂的演说鼓励他们。莫诺马查托斯计划在别处建立一个类似的避难所。他写信赢得了达尔马提亚（Dalmatia）总督博丁（Bodin）和迈克拉斯（Michaelas）的友谊并用礼物影响了他们的判断。至此，他秘密地为自己找好了各种退路。如果与罗伯特和阿莱科休斯的关系破裂，与两个人都闹僵了，他就立刻骑马去达尔马提亚，投奔博丁和迈克拉斯①。事实上，如果前两个人公开敌对，迈克拉斯和博丁仍旧可以利用。他把希望寄托在他们身上。一旦来自另一方（我的意思是来自阿莱科休斯和罗伯特）的消息对他不利，他也能确保自己的安全。这就是这些人的情况。现在该叙述我的父亲利用什么资源和如何进行统治了。我不打算提及在此之前他经历的事情，而是详细叙述他作为皇帝的功过得失——如果在旅程中，我们打算找一些临时性的过失。如果我发现他的一些行为不值得称赞，我不会因为他是我的父亲就不加以指责；也不会因为可能有人怀疑女儿写关于父亲的事情会存在偏见，就对他的胜利轻描淡写。因为在这两种情况下，我们都没有尊重事实。就像我之前屡次所说的，我的目的是陈述事实，历史主题是我的父亲，也就是皇帝。让我们将罗伯特留在历史已经将他带入到的地方，现在开始关注阿莱科休斯的活动。关于他与罗伯特的战争，我们将留到另外一卷中。

---

① 君士坦丁·博丁是迈克拉斯的儿子，1075年被加冕为一个独立泽塔（Zeta，即塞尔维亚公国）的沙皇。他和迈克拉斯从格里高利七世教皇那里得到国王的头衔。博丁征服了拉西亚（Rascia）和波斯尼亚（Bosnia），但科穆宁家族统治下复兴的罗马很快削弱了他的权威并迫使他承认皇帝的最高地位。此时（1080年），这些塞尔维亚国王正在试图将亚得里亚海岸的大部分地区脱离拜占庭的控制。——原译者注

第二卷 科穆宁家族的叛乱

　　如果读者想知道阿莱科休斯皇帝的出生地和祖先，我将向他推荐我的丈夫、凯撒的著作。从这一部著作中，他也能够了解关于尼基弗鲁斯·伯塔尼亚特斯的信息。依沙克和阿莱科休斯有一位兄长叫曼努埃尔（Manuel），是我的祖父约翰·科穆宁的长子。他被先前的统治者罗曼努斯·迪奥根尼斯任命为整个亚洲军队的总指挥官。依沙克通过抽签的方式被选举为安条克公爵。^① 他们身经百战，赢得了许多胜利。继他们之后，我的父亲被目前的统治者米哈伊尔·杜卡斯提升为最高将领并派去与卢塞尔作战。尼基弗鲁斯皇帝认为他是一个非常有才能的将领。他听说了我的父亲在东部与他的哥哥依沙克一起服役期间，已经在不同的战役中表现出了远超出自己年龄的英勇，听说了他打败卢塞尔的经过。之后，尼基弗鲁斯皇帝对他的疼爱一点都不亚于依沙克。两个人在他的心中都有一个特殊的位置，他时常邀请他们共餐，对他们非常友善。这引起了别人的嫉妒，尤其是前面提到的斯拉夫人波里罗斯和哲曼努斯。他们看到皇帝对两个年轻人很友好——尽管经常成为嫉妒的目标，但他们没有受到伤害。这两个斯基泰人正在枉费心机，因为尼基弗鲁斯意识到阿莱科休斯享有良好声誉，便任命他为西部军队的指挥官并赐予他元老院高级官员的头衔（proedros）——尽管他仍旧只是一个年轻人。我们已经记述了他在西部取得的大量胜利，提到了被平息的叛乱和作为战俘被带到皇帝那里的人。有

---

① 从 1074 到 1078 年。——原译者注

关这方面的事情已经讲得够多了。但是,这些事件并没有让出身蛮族的奴隶感到高兴,反而进一步点燃了他们炽热的嫉妒之火。他们悄悄策划了针对阿莱科休斯和依沙克的阴谋,私下里告诉了皇帝许多事情,一些事是在公开场合讲的,一些事是通过别人代为转达的。在急于除掉兄弟俩的过程中,他们使用了各种让受害者非常难堪的手段。科穆宁兄弟认为他们必须赢得负责妇女居所的官员们的支持,通过他们博得皇后更多的同情。他们有足够的魅力和智慧去软化一颗铁石心肠。事实上,依沙克已经成功,因为他已经被选中与她的堂妹①结婚。他在言谈举止方面是一个真正的贵族,在许多方面让人想起我的父亲。既然他自己的事情已经搞定,接下来便更多地关注他的弟弟的事。因为阿莱科休斯在他的婚姻大事上帮了他许多忙,因此,他认为阿莱科休斯也应该得到皇后的宠爱。根据传说,俄瑞斯忒斯(Orestes)②和皮拉得斯(Pylades)是好朋友,彼此的感情非常深厚,因此在战斗中的危险时刻,都无视攻击自己的敌人,而是用自己的胸膛为对方抵挡如雨的箭头。人们可以在依沙克和阿莱科休斯身上看到类似的感情,因为他们都愿意为对方面对危险,并且分享因为勇敢而得到的奖赏和荣誉以及各自的好运。他们彼此非常依赖。由于天意,依沙克的事情率先解决。此后不久,女眷内室(gynaeconitis)③的官员们在依沙克的建议下,劝说皇后收养阿莱科休斯为养子。她听从了他们的建议。当兄弟俩在提前约定的一天来到皇宫后,她按照长期以来制定的礼仪收养了他。这样,西部军队的统领(军队总司令)便免除了后顾之忧。从那天起,他们经常造访皇宫,问候了统治者夫妇之后,稍微等一会儿,就会去拜访皇后。此后,他们遭到了更多的嫉恨——许多人表现得很明显。因为害怕两个人同时陷入敌人的陷

---

① 阿拉尼亚的伊琳妮(Irene of Alania)。——原译者注
② 阿伽门农和克莱德姆内斯特拉的儿子,和其姐姐埃勒克特拉通过杀其母及其母情人艾吉其塞斯而为其父报仇。
③ 宫殿中的妇女居住区。——原译者注

阱,没有人能提供保护,所以他们在上帝的帮助下,试图寻找确保自身安全的办法。他们多次与母亲一起讨论,最终找到了确保安全的计划(就人力而言)——当合适的时机出现时,向皇后说出他们的秘密。但是,他们暂时将计划保密,没有告诉任何人。他们像渔夫一样,在做好准备之前小心谨慎地不吓走任何猎物。事实上,他们打算逃跑,但不敢告诉她。因为她可能会把他们的计划泄露给皇帝,她对皇帝和他们两个人都很关心。后来,原来的计划被新的计划取代(他们准备抓住可能出现的任何机会)。

　　皇帝如今年事已高,不能再生育子女。因为害怕死神将最终夺走他的生命,他正在寻找一位继承人。有一个名为西纳得诺斯(Synadenos)的人,出身于黎凡特(Levantine),拥有显赫的血统和英俊的相貌,是一个拥有强健体质和富有思想的年轻人,即将成年。除了其他因素,他还是尼基弗鲁斯家族的亲戚①。因为他比其他人都有优先权,皇帝打算将皇位作为一种家族遗产传给他。这是一个糟糕的决定。他原本应该把皇冠留给皇后的儿子君士坦丁。在某种意义上,因为他的祖父和父亲的缘故,这是他应有的权利。如果皇帝这样做了,可能最终会确保自己的安全。这原本是解决皇位继承问题的一种合理的方式。此外,皇后也会对他更有信心,更加忠诚。但这位老人没有意识到由于自己的打算缺乏公正和不合时宜,正在自取其祸。皇后听说了这些谣言,想到威胁她的儿子的危险非常难过。尽管她心灰意冷,但没有向任何人透露自己的心事。这没有逃过科穆宁兄弟的眼睛,他们一直在等待这样的机会,决定去看她。他们的母亲为依沙克找了一个见面的借口,他的弟弟阿莱科休斯将与他一同前往。他们来到她的寝宫后,依沙克说:"陛下,你最近几天看上去变化很大。我们斗胆猜测你正在受到一些私事的困扰,但又不能向别人透露自己的想法,所以变得心灰意冷。"她仍旧不愿泄露任何事情,只是深深地叹了口气,说道:"没有

76

---

① 据推测,这个西纳得诺斯是塞奥都罗斯·西纳得诺斯(Theodoulos Synadenos)的儿子,后者娶了伯塔尼亚特斯的妹妹。——原译者注

必要询问一个外族人①这样的问题。对于外族人而言，生活在异地他乡就足以成为悲伤的原因。上帝知道我遇到的接连不断的麻烦——很明显，很快我将会有更多的麻烦。"兄弟俩站在远处，眼睛盯着地面，双手交叉，什么也没说。他们在那里站了一会儿，陷入沉思，表示了惯常的礼节之后，非常沮丧地返回家。第二天，他们又来与她聊天，看到她的心情比之前愉悦，就靠近她的身边。"你是我们的皇后，"他们说，"我们是你最忠诚的仆人，时刻准备为陛下做任何事情。我们请求你不要被任何忧虑所困扰。"通过这些话，他们给了她信心并解除了她的怀疑。其实，他们已经猜到了她的秘密，因为他们非常机智，善于从简短的评论中发现人们内心深处隐藏的想法。在表达了忠诚之后，他们勇敢地承诺会答应她提出的任何要求，愿意（按照使徒的命令②）与她同喜同悲、福祸与共。他们请她把自己视为同胞、朋友和亲戚，并请求如果嫉妒他们的敌人在她或者皇帝面前，散布对他们不利的消息，要立刻告知他们。否则，他们可能毫无察觉地落入敌人设置的陷阱中。他们请求她给与这些帮助，恳求她要坚强，并许诺将在上帝的帮助下，尽其所能地帮她。至少就他们而言，她的儿子君士坦丁将不会失去皇位。他们愿意就此进行宣誓。他们认为鉴于诽谤者的行为，已经没有时间可以浪费。事实上，这让他们大大松了一口气，后来在跟皇帝谈话时，喜悦之情溢于言表。他们两个人尤其是阿莱科休斯，善于把秘密想法和计划隐藏在假装的表象之后。这两个拥有强大权力的奴隶从未停止对他们强烈的嫉妒。但是从现在开始，因为与皇后的约定，在皇帝面前对他们的任何指控都会在他们的掌控之中。他们知道敌人正在阴谋策划铲除他们，因此不再像往常一样一起

①　皇后原本是格鲁吉亚的玛莎（Martha of Georgia），巴格拉特四世（Bagrat Ⅳ）的女儿。1065 年，她成为米哈伊尔·杜卡斯（Michael Ducas）的妻子，名字改为阿兰的玛丽（Mary of Alania）。米哈伊尔在 1078 年退位时，她与尼基弗鲁斯·伯塔尼亚特斯结婚。普塞罗斯（Psellus）非常尊敬地写了有关她的事情（*Chronographia*，Ⅶ，97）。——原译者注
②　Romans Ⅻ，15.——原译者注

去皇宫,而是轮流去。这是一种明智的防备措施,可以与帕拉墨得斯(Palamedes)①相匹敌。如果一个人意外地被斯基泰人通过狡猾的阴谋诡计抓住,另一个人可以幸存,从而不会一起落入陷阱。这就是他们采取的防范措施。但事情并没有像他们预测的那样发生,因为就像现在将要叙述的那样,事实证明对于阴谋策划者而言,他们太强大了。

当皇帝得知基济科斯城(Cyzicus)被突厥人占领时,立刻派人请来阿莱科休斯·科穆宁。在那个特殊的日子,依沙克正在造访皇宫。当他看到弟弟进来(与他们的安排相反),便走到他面前,询问他为什么到这里来。阿莱科休斯立刻告诉他原因,"皇帝召我来的。"因此,两个人一起进去,像往常一样行了礼。因为正是吃饭时间,皇帝邀请他们一起进餐。两人被分开,一个坐在右边,一个坐在左边,彼此相对。停了一会儿,他们开始观察客人,注意到他们正在闷闷不乐地低声私语。两个年轻人认为奴隶们一定针对他们设计了某种诡计,害怕突然遭到袭击,绝望地偷偷看着对方。长期以来,他们一直在通过友善的话、谦恭有礼的行为和各种献殷勤,博得皇帝侍从们的欢心。他们的这些努力赢得了厨师的友谊。依沙克的一个随从靠近这个人说道:"告诉我的主人,基济科斯已经沦陷。报告这个消息的信件已经到达。"他立刻将食物端到桌子上,同时低声将这些话告诉了依沙克。依沙克轻动嘴唇将这个消息告诉阿莱科休斯。后者看着他的嘴唇,很容易就理解了他的意思。忧虑一扫而光,两个人重新安下心来,恢复心神之后,开始考虑如果有人向他们询问这件事,应该怎么作答,如果皇帝向他们征求意见,应该提出什么合适的建议。在考虑这些事情的过程中,他向他们看去,确信他们对基济科斯已经被占领的消息一无所知。他们——现在准备安慰皇上,他因为城市被劫掠而深感忧虑——要让他重新振作,向他保证基济科斯将很容易被收复。他们说:"重

①　希腊神话中的英雄,希腊联军中最有见识者,国王瑙普利俄斯和克吕墨涅的儿子。

要的是,陛下应该保重身体。城市的围攻者必将为他们所做的事情付出代价。"当时,皇帝听到他们的话很高兴,允许他们离开筵席,度过这一天的剩余时间。此后,科穆宁兄弟定期到皇宫去,始终维持与皇帝随从的友好关系,不给敌人提供反对和憎恨他们的任何机会与借口。他们逐渐赢得了所有人的喜爱、同情和公开的

79 支持。他们尤其讨好玛利亚皇后,使她确信他们全身心地效忠于她。因为是亲戚(他已和她的堂妹结婚),依沙克能随意地与她交谈。我的父亲因为与她的亲密关系,也拥有同样的自由。尤其是他的养子身份为去她那里提供了一个极佳的理由。谴责他是不可能的,恶人们不再公开嫉妒他——他意识到他们隐藏的愤怒和尼基弗鲁斯的懦弱。兄弟俩自然不希望失去玛利亚的友情,如果失去了,他们将成为敌人的囊中之物,因为意志薄弱的人(皇帝就是这样的人)非常不坚定,往往随波逐流,开始时这样,然后又那样,如同尤里普斯海峡(Euripus)①一样。

两个奴仆②看到这一切,意识到自己的计划没有任何进展——像依沙克和阿莱科休斯这样的人无法被轻易毁灭,并且皇帝对他们的信任日益增加。经过多次争论和反复思量之后,他们制定了一个新的计划。他们的想法是,找一天晚上,在皇帝不知情的情况下,把年轻人召进宫来,捏造一个借口挖出他们的眼睛,除掉他们。科穆宁兄弟听说了这件事,意识到自己正处于逼近的危险之中。尽管非常不情愿,但他们不得不发动叛乱以确保自己的安全。迫切的危险正在逼迫他们这样做。他们为什么要等待行刑者刺伤自己的眼睛,夺走自己的光明呢?但是,他们仍旧严守了秘密。不久之后,阿莱科休斯接到了召集部分军队,准备与攻占了基济科斯的阿加里尼人③作战的命令。当时他是西部军队总司令(Domestic of

---

① 尤里普斯海峡是埃维厄岛(Euboea,希腊东部的岛)和希腊大陆之间的狭长海峡,因其水流而臭名远扬。——原译者注

② 安娜经常称波里罗斯和日耳曼努斯为"奴仆",不能从字面上理解这个词,"奴仆"在这里是一个带有侮辱性的词语。——原译者注

③ 突厥人。——原译者注

the West），现在正是通过信件召集所有效忠于他的军官和部队的最佳时机。他抓住了这个机会。于是，他们都警觉地匆忙赶往都城。同时，一个斯基泰人（波里罗斯）催促另一个人到皇帝那里，询问是不是他要求总司令（军队总司令）把所有部队都带到都城。尼基弗鲁斯立刻把阿莱科休斯叫来，质问这是否真的。阿莱科休斯毫不否认一支部队正在他的命令下赶往都城，但令人信服地辩驳了所有部队正在从帝国各地聚集到都城的说法。"军队事实上被分散，"他说，"个人接到我的命令之后已经从各个行省来到这里，那些看到他们成群结队地从帝国各地来到这里的人们认为所有军队正在集结。他们被表面现象所蒙骗，其实并不是这样。"波里罗斯强烈抗议，但阿莱科休斯的解释更有说服力，得到了皇帝的赞同。哲曼努斯是一个相对更单纯的人，根本没有攻击阿莱科休斯。从那时起，这些谴责没有再激起皇帝对阿莱科休斯采取行动。两个奴仆趁着夜色的保护（正是晚上），给科穆宁兄弟设置了埋伏。事实上不管怎样，奴隶在本性上都是敌视主人的。如果不能攻击主人，他们就抓住机会让彼此变得难以忍受。这至少是阿莱科休斯关于这些人的精神和性格的看法。他们当然不是因为皇帝的缘故而对科穆宁兄弟充满了仇恨。据一些人所说，波里罗斯觊觎皇位。至于哲曼努斯，他在这次阴谋中只是充当了波里罗斯的帮凶，认真协助他设置了埋伏，与他一起制定计划并商讨事情如何才能顺利进行。现在，他们公开谈论过去秘密筹划的事情。一个阿兰人听到了他们的谈话，他拥有 magistros 头衔①，长期以来受到皇帝的喜爱，是他的朋友之一。他在午夜离开家，跑到科穆宁兄弟那里，将所有事情都告诉了阿莱科休斯。有些人说皇后知道他去找兄弟俩的事情。阿莱科休斯将这个人带到母亲和依沙克那里。

　　当听到这个可怕的消息之后，他们认为是时候实施自己的秘密计划了。他们必须在上帝的帮助下确保自己的安全。两天后，阿莱科休斯听说军队到了特祖鲁罗斯（Tzouroulos，色雷斯边界附近

---

① 一种尊贵的头衔。

的一个小地方）。大约一更天时，他去拜访了帕库里亚努斯（Pakourianus），后者就像诗人所说是一个"身材瘦小的强壮战士"[1]，出身于亚美尼亚的一个贵族家族。阿莱科休斯把所有事情都告诉了他——奴隶们的愤怒、嫉妒，对他和他的哥哥长期以来的仇恨，突然要刺瞎他们的阴谋。他说如果必须要做选择的话，一个有志气的人与其像奴隶一样遭受苦难，不如轰轰烈烈地死去。帕库里亚努斯听他讲完了所有事情，知道此事刻不容缓，必须立刻果断地采取行动。他说："如果你在明天黎明时离开这里，我愿意追随你，为你而战。但是如果你把计划推迟到第二天，我必须警告你，我会立刻去皇帝那里告发你和你的人。""既然知道你关心我的安危——那真得是上帝的事情——我不会拒绝你的建议"，阿莱科休斯说，"我们必须再做一件事情——宣誓确保我们的约定。"他们交换了誓言。阿莱科休斯宣誓如果上帝让他登上皇位，他将把帕库里亚努斯提升为自己现在担任的总司令。此后他离开帕库里亚努斯，到了另外一个优秀士兵胡伯特普罗斯（Humbertopoulos）那里，将自己的计划告诉了他并解释了原因，请求他的帮助。他立刻同意。"我会全身心地支持你，"他说，"愿意为你付出生命。"存在一些其他原因促使他们为阿莱科休斯服役，但最重要的是，他的勇气和智慧赢得了他们的忠诚。他们非常喜欢他，因为他是一个非常慷慨的人，总是乐意分发礼物（尽管他并不非常富裕）。他不像一个守财奴那样喜欢聚集钱财。通常而言，我们不应该通过分发钱财的数量来评判一个人是否慷慨，而应该通过动机来衡量。如果一个人拥有少量财产但在财力范围内施与别人，他应该被视为慷慨的人。另一方面，如果一个有钱人把钱埋在地下，或者不尽其能地为需要者提供所需，他应该被视为第二个克罗伊斯（Croesus）[2]

---

① 《伊利亚特》（*Iliad*）Ⅴ，801。——原译者注
② 吕底亚王国的末代国王（560—546 年），以富有著称，他的王国在他统治期间曾一度兴盛，后被居鲁士率领的波斯军队攻占。

和对黄金疯狂的米达斯（Midas）①，一个贪婪吝啬的小气鬼②。帕库里亚努斯和胡伯特普罗斯③很久之前便知道阿莱科休斯德才兼备，因此希望他登上皇位并为此祈祷。在与胡伯特普罗斯也交换了誓言之后，阿莱科休斯跑回家中，告诉他的朋友们发生的事情。正是在奶酪周（Cheese-Week）④的星期天晚上，我的父亲做了这些安排。第二天，就在太阳正在升起的时候，他和朋友们离开都城。因为这件事，敬佩阿莱科休斯的果敢和智慧的那些人编了一首短歌作为纪念。它用大众化的语言，巧妙地抓住了这一事件的大意，强调他提前知道了阴谋并采取了反击措施。短歌的歌词如下：

> 在奶酪周的星期天，他们的计划破灭！
> 阿莱科休斯（他是你的孩子）能屈能伸，
> 阿莱科休斯，他是你的孩子。
> 在星期一的黎明，老鹰没有看见，
> 阿莱科休斯（你是我的孩子）已经逃跑，
> 阿莱科休斯，你是我的孩子。万岁！

这首通俗两行诗歌⑤的大概意思是："在奶酪周的星期六，阿莱科休斯，因为你的智慧，你做得非常出色；但是星期天，你逃跑了，就像一只在高空中翱翔的猎鹰一样，逃离了密谋的蛮族人。"

83

科穆宁兄弟的母亲安娜·达拉西妮已经安排了伯塔尼亚特斯的孙子和她的长子曼努埃尔的女儿联姻。她担心这个年轻人的家

---

① 希腊神话中的佛里吉亚国王，相传贪财，曾求酒神狄俄尼索斯赐给他一种力量使他能够把他用手触摸的任何东西变成金子。
② 不管迈达斯是怎样的国王，人们很难将克罗伊斯描述为吝啬的人。——原译者注
③ 他是罗伯特·吉斯卡尔的侄子，在罗马军队中服役的诺曼人。——原译者注
④ Tyrophagy 或 Cheese-Week，紧跟在四旬斋（Lent）之前，在此期间，人们要吃奶酪、黄油、牛奶、鸡蛋和鱼，但不能吃肉。——原译者注
⑤ 希腊语的两行诗，用英语表达是不可能的。这种翻译并不比大部分通俗小调或校歌更有新意——它们听起来比音乐更好！希腊语也相当陈腐。——原译者注

庭教师如果知道了这项计划,可能会告诉皇帝。为了避免这种情况发生,她设计了一个绝妙的计划。她命令所有家眷在晚上集合去教堂做礼拜。定期去圣殿是她的习惯。命令被执行。所有人都到场,像往常一样从马厩中牵出马,精心布置了适合女性的马鞍布。伯塔尼亚特斯的孙子与他的私人教师正在睡觉(为他们专门安排了一个房间)。大约一更天时,科穆宁兄弟准备了装备,从都城逃跑,他们关闭大门并把钥匙交给了母亲,也静悄悄地关闭了小伯塔尼亚特斯正在睡觉的房门。事实上,门没有被完全关紧(它们是双重门),以防将他吵醒。做完这些事情,大半个晚上已经过去了。在第一遍鸡鸣之前,他们打开大门,带着母亲、姐妹、妻子和孩子,步行去了君士坦丁广场,并在那里与她们告别,迅速赶往布雷契耐宫(the Palace of Blachernae),妇女们则急忙赶往圣马利亚教堂。伯塔尼亚特斯的家庭教师被叫醒,意识到发生了什么之后,举着一支火把出去寻找他们,并在到达四十圣徒教堂之前,追上了妇女们。达拉西妮看见了他。"我确信有人向皇帝告发了我们,"她说,"我要去圣殿寻求帮助。天亮时,我会返回皇宫。(她对家庭教师说)你走吧,看门人打开大门时,告诉他我们来了。"他立刻匆忙离开去做这件事。她们继续前行去了尼古拉斯(Nicolas)主教圣殿,直到今天,它仍旧被称为"避难所",位于大教堂附近,很久之前就被建造,用来保护因为被指控犯罪而遭逮捕的人。事实上,它是圣索非亚的一个附属建筑物。我猜想,它是我们的祖先为了所有被指控的人有意建造的,因为他们一旦进了它的大门,便能免除法律的惩罚。你们看,以前的皇帝和凯撒多么关注臣民的福祉。住在此处的教堂司事没有急着为她们开门而是询问她们是谁,从哪里来。她们中有人回答:"我们来自东部,购买必需品时花光了所有的钱,想在回家之前快点做礼拜。"他没有再多问,打开门,让她们进去。第二天早上,皇帝召开元老院会议(他听说了关于阿莱科休斯和依沙克的事情),抨击了阿莱科休斯的行为,同时,派斯特拉伯罗曼努斯(Straboromanos)和尤弗米亚诺斯(Euphemianos)去妇女那里,传召她们进宫。达拉西妮回答道:"把下面的话告诉陛下:

我的儿子们是陛下忠诚的仆人，他们在所有事情上都竭尽全力地效忠于陛下。在为你的帝国英勇作战时，面对危险时总是身先士卒。但是，嫉妒者不能容忍陛下对他们的亲善和友好，总是想置他们于死地。当敌人计划挖出我的儿子们的眼睛时，他们发觉了这个阴谋，认为这种行为是令人无法容忍的，就离开了都城，不是作为反叛者而是作为忠诚的仆人，他们有三个明确的目标，即逃避迫近的危险；让陛下相信针对他们的阴谋；请求陛下的保护。"皇帝派去的人强迫她们返回，达拉西妮变得很生气。"允许我，"她说，"进入上帝的教堂做礼拜。当我已经到达了门口，却被阻止为上帝和皇帝的灵魂向我们的圣母玛利亚祷告，这是十分荒唐的。"这是一个合理的请求，他们便允许她进入。她看上去年老体衰、悲伤过度，因此走得很慢（事实上，她假装很疲倦）。来到圣殿门口后，她行了两个屈膝礼，在行第三个时，突然倒在地上并紧紧抓住教堂的门，大声哭喊道："除非双手被砍掉，或者收到皇帝的十字架作为确保安全的信物，否则我不会离开这个地方。"斯特拉伯罗曼努斯摘下佩戴在胸前的十字架给她。"不是你的，"她说，"我要求来自皇帝本人的保护。我不会要任何小十字架，它必须很大。"她的目的是当对着它宣誓时，所有人都能看见。如果对一个小十字架宣誓，大部分旁观者将看不到证物。"我请求皇帝的审判和宽恕。把这些话转告给他。"她的儿媳，即依沙克的妻子（当大门为早祷打开时，她进入了教堂）取下了遮脸的面纱，告诉他们："如果她愿意，让她走。但是如果无法确保安全的话，即使必须死，我们也不会离开这里。"他们回到皇宫向皇帝汇报这些妇女们的意志多么坚定，她们的行为如何变得不顾一切，因此，担心引发骚乱。尼基弗鲁斯宅心仁厚，被这个女人的话所打动，派人送去了她要求的十字架，让她完全放心。这样，她才离开了教堂。皇帝将她和她的女儿儿媳们监禁在西德拉（Sidera）附近的皮特隆（Petrion）修女院①。她的女亲属，即凯撒约翰的儿媳（她拥有 protovestiaria 的头

85

---

① 铁门（the Iron Gate），离布雷契耐宫不远。——原译者注

衔①）也被从布雷契耐的圣所请来，此圣所为了纪念我们的圣母而建。按照皇帝的命令，她也被监禁在同一所修女院。但她们的酒窖、谷仓和所有仓库都幸免于难。每天早上，两个妇女到卫兵那里询问是否有来自她们儿子的消息。卫兵们非常坦诚，把听到的一切都告诉她们。这个服饰管理者为人慷慨，希望博得狱吏的友善，便让他们从她们的食物供应中随意挑选自己中意的东西（妇女们被允许带入需要的一切东西）。此后，卫兵们更愿意提供消息，她们知道了关于他们正在进行的一切活动。

我将不再说关于她们的事情。叛乱者们②到达布雷契耐宫门口③，用力打开门栓后，顺利进入皇帝的马厩，用剑砍断了一些马的后腿，将它们留在那里，然后带走了所有看起来更有用的马。从那里，他们飞快到达都城郊区的科斯米迪（Kosmidion）修道院④。在此我将中断叙述，以使故事更加清楚。他们在那里找到了我前面提及的服饰管理者（在她被皇帝传唤之前）。当他们与她告别时，劝说乔治·帕列奥略格（George Palaeologus）与他们一起走。事实上，他们强迫他这样做。他们因为怀疑他所以没有向他透露自己的计划——源于一个充分的理由，即乔治的父亲对尼基弗鲁斯极度忠诚，告诉他有关叛乱的事情会有危险。起初，帕列奥略格不听劝告，提出了许多反对意见，谴责他们不忠诚，劝说他们要三思，最好改变主意，请求皇帝的帮助。当帕列奥略格的岳母即服饰管理者强烈要求他必须和他们一起走，甚至进行了可怕的威胁时，他才同意这样做，但不放心他的妻子安娜和岳母玛利亚。后者是一个保

---

① 服饰管理者（Mistress of the Wardrobe），约翰·杜卡斯是君士坦丁十世的哥哥，米哈伊尔七世的叔叔。——原译者注

② 阿莱科休斯和依沙克——原译者注

③ 希腊语中存在一些困难，它直译为在布雷契耐的"手镯"（bracelet）附近；伊丽莎白·道斯翻译为："布雷契耐圆墙的城门"，但令人不清楚的是城墙为何是"圆的"。——原译者注

④ 距离布雷契耐不远处的哥斯马斯（Cosmas）和达米安（Damian）圣徒修道院。——原译者注

加利亚人，天生丽质，脸形和身材的比例趋于完美，在那个时代，似乎没有别的妇女比她更美丽可爱。帕列奥略格和阿莱科休斯都很关心她。阿莱科休斯的一些随从认为应该将这些妇女一起带走，一些人则建议把她们带到一个要塞中去，但帕列奥略格认为她们应该去布雷契耐宫的塞奥米特（Theometor）教堂。他的建议被采纳。他们立刻将她们带走，托付给了庇护所有人的圣母照顾。此后，这些人返回原来出发的地方，考虑接下来做什么。"你们必须走，"帕列奥略格说，"我会带着钱很快追上你们。"（他所有的可移动财产碰巧都储存在那里）其他人立刻沿着商定的路线出发，他则把钱袋放到驮运僧侣行李的牲畜上，尾随他们而来。他和这些牲畜安全到达了色雷斯的特祖鲁罗斯，加入了按照阿莱科休斯的命令聚集在那里的军队。想到应该把这次冒险活动通知凯撒约翰·杜卡斯，他们便派了一名信使去告诉他有关叛乱的事情。约翰正住在莫罗布多斯（Moroboundos）。信使在午后到达那里，站在门外要求见凯撒。凯撒的孙子约翰，当时只是一个小男孩，因此经常与他住在一起，看见了他，便跑进去叫醒祖父（他正在睡觉），说爆发了一次叛乱。约翰听到这些话很震惊，打了他一个耳光，斥责他不要胡言乱语，便把他赶了出去。过了一会儿，这个小男孩重新返回，重复了刚才的话并转交了科穆宁兄弟给他的信。信中的一个地方，非常巧妙地暗指了叛乱："我们已经准备了非常丰盛的食物，富含美味可口的调味酱。如果你愿意分享盛宴，请尽快来我们这里。"斜倚着右肘躺下之后，约翰立刻下令把信使带进来。这个人讲述了整个事件。凯撒的第一个反应是用双手捂住眼睛，惊叫："真是可怜啊！"像陷入沉思的人一样，在抚摸了胡子一会儿之后，他下定了决心——与他们一起参加叛乱。他立刻叫来侍从武官，骑马去找科穆宁兄弟。他在路上遇到了一个叫拜占丢斯（Byzantios）的人，正驮着大量金币返回都城。约翰以荷马式的惯常方式问他："你是谁？来自哪里？"当他得知这个人正带着征收的大量金币返回国库时，便要求他与自己住在那里，并许诺黎明时他可以去想去的任何地方。这个人生气地表示抗议，但约翰极力劝说他，最终将

88

他说服。这就是约翰的特点,像埃斯基涅斯(Aeschines)或德摩斯梯尼(Demosthenes)①一样,能言善辩,头脑敏捷,极具辩才。他带着这个人,在一个小屋里度过了那个晚上。为了表示友好,他邀请拜占丢斯一起吃饭,答应让他住在那里好好休息。大约黎明时分,当太阳跃上地平线时,拜占丢斯套上马鞍,焦急地向都城骑去。凯撒看见了他,"等一等",他说,"与我们一起走。"拜占丢斯既不知道约翰要去哪里,也根本不知道自己为什么会受到他的款待。他再次变得愤怒,开始怀疑凯撒示好的目的。约翰赶上去挡住了他的去路。因为拜占丢斯固执己见,他改变了策略,用非常严厉的语气说,如果他不服从,就胁迫他这样做。当他依旧表示拒绝时,约翰命人将他的所有行李装到自己的牲畜上,然后下令沿路出发,但允许拜占丢斯去他想去的任何地方。拜占丢斯放弃了返回皇宫的打算,担心国库的官员看到他两手空空时,会将他投入监狱。他也不愿按原路返回,因为自从科穆宁兄弟公开叛乱以来,到处变得非常混乱。因此,他不情愿地跟着凯撒。约翰当时非常幸运,因为当他出发时,遇到了一些刚越过欧罗斯河(Euros River)的突厥人。他勒住马,问他们从哪里来,打算去什么地方,并表示如果他们愿意与他一起去科穆宁兄弟那里,就会给他们许多钱和各种恩惠。突厥人立刻同意。约翰想巩固这项约定,便要求他们的首领宣誓。他们马上以自己的方式宣誓尽其所能地站在阿莱科休斯一方作战。这样,约翰在这些突厥人的陪同下继续赶路。科穆宁兄弟在很远处便看见了他们,更为得到了新的战利品感到高兴。我的父亲尤其喜不自禁。他跑到其他人的前面,向约翰张开双臂,不停地拥抱他。此后,在心急如焚的约翰的催促下,他们向都城进发。除了奥勒斯塔斯(Orestias)②的居民,沿途所有小城镇的居民都自发地迎

---

① 埃斯基涅斯(B. C. 390 - B. C. 330)和德摩斯梯尼(B. C. 384 - B. C. 322)是公元前4世纪相匹敌的演说家和政治家。——原译者注
② 指亚得里亚堡的周围地区。尼基弗鲁斯·布林纽斯来自这个地区。安娜在此指她的公公。——原译者注

接他们,欢呼阿莱科休斯为皇帝。奥勒斯塔斯对伯塔尼亚特斯非常忠诚,因为布林纽斯的被俘[1],他们长期以来对阿莱科休斯心怀怨恨。当他们到达阿西拉(Athyra)后,在此休息,第二天继续行军,到达了色雷斯的一个小村庄西扎(Schiza)后,在此安营扎寨。

　　每个人都很兴奋,焦急地等待结果,希望看到自己欣赏的人成为皇帝。大部分人都希望阿莱科休斯登上皇位,但是依沙克的支持者并没有放弃,而是竭尽所能地为自己拥护的人赢得支持。从表面上看,这种分歧是无法调和的,有些人希望依沙克成为帝国的统治者,有些人则希望是阿莱科休斯。当时在场的人中有阿莱科休斯最亲密的亲戚,他们包括前面提到的凯撒约翰·杜卡斯,他能提出好的建议并能以最有效的方式付诸实践(我本人在过去经常见到他);凯撒的孙子米哈伊尔和约翰;他们的姐夫乔治·帕列奥略格。就像他们所说的,这些人竭力为阿莱科休斯拉票,暗中施加影响并巧妙地利用各种策略帮助他成为皇帝。他们试图让每个人都改变想法,依沙克的支持者正在逐渐变少。凯撒约翰是无人能敌的,没有人比得上他杰出的智慧、伟岸的身材和王者风范。杜卡斯家族尽了一切努力,向军官和普通士兵许诺阿莱科休斯登上皇位后的种种好处。他们声称,"他将论功行赏——决不会像毫无经验的无知将领一样随意。阿莱科休斯长期以来一直是你们的指挥官,担任西部军队总司令。他与你们同甘共苦,在伏击战和阵地战中勇敢地与你们并肩作战,为了你们的安全不惜付出自己的身体、四肢甚至生命,无数次地与你们一起跨越高山和平原,深知战争的艰辛,对于每个人或者整支军队都非常了解。他是一个真正的战士,对士兵怀有深厚的感情。"当杜卡斯家族忙于做这些事时,阿莱科休斯本人则对依沙克毕恭毕敬,总是处处礼让,不管这是因为兄弟之情还是其他原因(这一点也必须说明)。整支军队都支持他,希望他能胜出,而完全忽略了依沙克的要求。因此,阿莱科休斯拥有更大的优势。他看到对皇位的争夺出乎意料地正在变得对自己

90

---

[1]　正如在第一卷描述的那样,参见原著第45页。——原译者注

有利,但是他鼓励哥哥争取皇位。对于个人而言,如果军队决定将他推上最高位置,就不会有任何问题。他奉承依沙克并假装把权力让给他。时间一直被耗费在这些明争暗斗中,直到有一天整支军队被集结在总部周围。氛围令人紧张又兴奋,每个人都祈祷自己的愿望会实现。依沙克站起来,拿着紫色鞋子,试图把它们穿在弟弟的脚上。阿莱科休斯一再拒绝。"来吧",依沙克说,"上帝希望通过你恢复我们家族的权力。"他让他回忆起了一个人曾经对他讲过的预言,这个人在他们从皇宫返回家中的路上,在卡皮亚诺斯(Karpianos)附近与他们相遇——也许他是一个不同寻常的人,不管怎样他的确拥有超乎寻常的力量。当他来到他们面前时,没有戴帽子,头发花白,胡子蓬乱,看上去像个传教士。他抓住阿莱科休斯的胳膊,把他拉到自己面前(他步行,阿莱科休斯在马背上),在他耳边耳语了《圣经》中《诗篇》(Psalms of David)的诗句:"要认真,成功,依据真理、仁慈和正义进行统治。"他接着说,"阿莱科休斯皇帝。"说完这些预言之后他便消失了。尽管阿莱科休斯四处张望寻找,并疾驰追赶,想知道他是谁,来自哪里,但没有找到。这个幻影已经完全消失。阿莱科休斯返回时,依沙克询问了关于这个幻影的许多问题,请求他说出那个人究竟说了什么。他一直坚持问,尽管阿莱科休斯最初不愿回答,但后来还是说出了关于自己的秘密预言。在向哥哥公开讲这件事情时,他只是把它解释为一种幻觉,认为是一种骗人的把戏。但在他的心中,当回想起那个僧侣般的幻影时,他认为那个老人是雷霆之子神学家(Theologian)。[①] 如今,依沙克看到预言正在变成现实(语言变成了行动),尤其是意识到整支军队都支持阿莱科休斯后,便主动采取行动,强行让阿莱科休斯穿上了紫色鞋子。看到这一幕,杜卡斯家族的人率先欢呼致敬。他们的支持出于各种原因,其中之一是他们的女亲属伊琳妮(我的母亲)是我父亲的合法妻子。他们的血亲愿意追随他们,军队中的其他人开始叫喊——喊声震天。

---

① 即圣约翰。——原译者注

这的确是一个奇特的景象，有一些人，由于之前效忠的对象不同，宁愿死也不愿让自己的希望破灭。现在，为了消除所有的内讧痕迹，他们瞬间团结在一起，人们可能会认为他们从未有过意见分歧。

当这些事件发生时，有谣言散布说迈里西努斯（Melissenus）[①]带着一支强大军队在大马里斯（Damalis）附近，身穿紫色皇袍，宣布称帝。当时，科穆宁兄弟不太相信这件事。但是，迈里西努斯听说了他们的行动后，很快派来了信使。信使到达后转交了信件。它的内容大体如下："在上帝的庇佑下，我的军队平安到达大马里斯。我已经听说了你们的冒险行动，知道你们如何在上帝的庇佑下从那些奴仆的邪恶计谋中逃脱，保全了性命，躲过了可怕的灾祸。因为按照上帝的意愿，我们是亲戚，从情感上来说，我愿意与你们结盟。就像评判所有人的上帝所了解的那样，尽管我是你们的多年好友，但我不会臣服于你们血亲中的任何人。如果我们想得到有利的地位和绝对安全，必须采取共同的政策，否则将会受到各种变化的影响，无法为帝国的良好统治奠定坚实的基础。如果你们在上帝的保佑下攻占了都城，就负责管理西部事务（你们中的一个人会称帝），我则负责治理亚洲行省，头戴皇冠，身穿紫袍，按照皇帝通常做的那样与你们中的一个人一起接受朝拜。在这种情况下，帝国无疑将会得到良好的统治。尽管我们利用各自的行政机构统治不同的领土，但仍旧实行相同的政策。这样被我们两个人统治的帝国将免受党派纷争。"[②]信使们没有立刻得到明确答复。第二天，科穆宁兄弟将他们叫来，说经过长时间的讨论之后，认为迈里西努斯的建议是不可能的，但是许诺乔治·曼格尼斯（George

93

[①] 尼基弗鲁斯·迈里西努斯（Nicephorus Melissenus）到 1080 年末，作为一个皇位觊觎者出现在尼西亚。他与阿莱科休斯的妹妹尤多吉亚（Eudocia）结婚。——原译者注

[②] 权力的分割已经不是首次被提议。在"保加利亚人的屠夫"瓦西里二世（Basil Ⅱ Bulgaroktonos）牢固确立自己的皇位之前，巴尔达斯·福卡斯（Bardas Phocas）和斯科莱鲁斯（Sclerus）在 985—986 年的内战中同意分割帝国。——原译者注

Manganes)隔天会将最终的决定告诉他们，他会全权负责这件事。同时，围攻战决不能松懈。只要可能，对城墙的小规模进攻继续进行。在约定的那天，信使们被通知了他们的决定，即迈里西努斯将被赐予凯撒头衔，并拥有与头衔相匹配的王冠、朝拜和其他特权。他还将得到塞萨洛尼基①。因为提出的条件没有被满足，信使们对这一答复并不满意。但他们看到叛乱者为夺取城市进行了充分的准备，更不用提他领导下的庞大军队和不断对他们施加的压力了。他们担心一旦君士坦丁堡陷落，信心大增的科穆宁兄弟可能会拒绝兑现现在的承诺，于是向他要求一份金玺诏书（用紫色墨水写）作为书面保证。刚被宣布为皇帝的阿莱科休斯同意了他们的要求，立刻委托文书大臣乔治·曼格尼斯去写。三天来，曼格尼斯相继以各种借口推迟这项任务。有一次，他说由于白天劳累过度，晚上无法完成这项任务。另一次，他说一个火星在晚上落到了文件上，将它烧成了灰烬。曼格尼斯以这样或那样的借口，一天天地推迟。他的绰号是"骗子"（Cheater）②，的确名副其实。科穆宁兄弟现在离开西扎，很快到达君士坦丁堡附近的阿里泰（Aretai），俯瞰平原。如果从下面看，它看似一座小山，一边面向大海，一边面向拜占庭，北部和西部毫无屏障。这里的水一直很清澈，可以饮用，但此地完全没有植物和树木。你可以想象伐木者已经砍光了整座小山。因为它的适宜地形和温润气候，罗曼努斯·迪奥根尼斯皇帝已经在那里建造了一些符合皇帝规格的优美建筑物，用于短期休假。现在，科穆宁兄弟正是来到了这个地方，从这里对都城的城墙发动进攻，他们没有使用木质塔楼③、机器或石弩（因为时间不允许

94

---

① 一座著名的城市，城里建造了一座纪念著名的殉道者德米特里乌斯（Demetrius）的漂亮教堂。他的坟墓备受尊敬，流淌出一种油，对那些带着虔诚信仰到它那里去的人而言，总能够起到最神奇的治疗作用。——著者注
② 希腊语动词 manganeuo，意思是"谋划策略"、"耍花招"。——原译者注
③ 在滚轴上或轮子上移动的一种木质塔楼，被用来进攻敌人的城墙。——原译者注

这样做），而是使用了轻盾兵①、弓箭手、长矛兵和重骑兵②。

　　伯塔尼亚特斯意识到科穆宁兄弟的叛军数量巨大，成分相当混杂，匆忙赶到都城门口。他也得知同样觊觎皇位的尼基弗鲁斯·迈里西努斯正带着一支强大的军队呆在大马里斯附近。因为在两条战线上同时作战是不可能的，再加上年老体衰，伯塔尼亚特斯的处境令人绝望。尽管他年轻时很勇敢，但现在只有当城墙围绕着他时，他才能安心。他感到越来越害怕。其实他早有退位的打算，这让他的所有支持者们感到恐惧，陷入了混乱，一切都显示了一种即将完全崩溃的迹象。但是，科穆宁兄弟认为君士坦丁堡不容易被攻占。他们的军队由不同的本族人和外族人组成。在任何存在成分复杂的群体的地方，都会出现不和谐的声音。阿莱科休斯意识到任务的艰巨性，也怀疑他的人的可信赖性，因此采取了一个新的计划，即通过引诱一些守城者，在他们的协助下夺取城市。整个晚上，他都在考虑这个计划。黎明时，他走进凯撒的帐篷，将计划告诉了他，同时请求约翰帮助他研究城墙和察看城垛及其防卫者（因为他们也来自不同种族）。然后，他将决定如何攻占都城。听到这个命令，约翰很愤怒，因为他最近已经穿上了僧侣的长袍。③他知道如果穿着这样的衣服走近城墙和防卫墙上的士兵，会遭到嘲笑。事情正是这样发生了。当他被迫跟随阿莱科休斯时，他们立刻从城墙上看到了他，用一些粗俗的话嘲笑他："修道院长。"约翰生气地皱着眉，尽管内心感到羞辱，但他并不加以理会，而是把所有注意力都集中在手头的任务上。这就是性格坚定的人的处事方式，不管外部环境如何，他们都坚持自己的决定。他询问各个塔楼上的守卫是什么人，了解到一个地方的守卫是所谓的"不朽者"（Immortals，罗马军队的一个特殊军团），另一个地方的守卫是来自

95

---

① 　拿着一个圆盾的轻装士兵。——原译者注
② 　从头到脚被武装的士兵，有时骑在马上，有类似的保护装备。——原译者注
③ 　约翰·杜卡斯忠诚地为米哈伊尔七世服役，但当尼基弗里泽斯（Nicephoritzes）受到宠爱并逐渐变得强大时，他对这个年轻人的影响力减弱，被迫成为僧侣。对于凯撒品质的精彩描写参见 Psellus, *Chronographia* Ⅶ, 16-17。——原译者注

图勒（Thule）①的瓦兰吉亚人（Varangians）②（我的意思是那些扛着剑的蛮族人），其他地方的守卫是尼米兹人（Nemitzi）③（这些人也是蛮族人，长期以来在帝国的军队中服役）。他建议阿莱科休斯不要进攻瓦兰吉亚人或者"不朽者"，因为后者是本族人，必然对皇帝非常忠诚，他们宁愿丢掉性命，也不会被说服策划反对他的任何叛乱。至于肩上扛着沉重铁剑的瓦兰吉亚人，他们把对皇帝的忠诚及其对臣民的保护视为家族的传统、一种神圣的信任和代代相传的遗产，并且认为这种效忠不可侵犯，决不允许丝毫的背叛。但是，如果阿莱科休斯劝诱尼米兹人，可能会达到目标。从他们守卫的塔楼，他会获得进入都城的入口。阿莱科休斯听从了凯撒的建议，像对待来自上帝的神谕一样。随后，他派一个人到城墙下，小心谨慎地喊尼米兹人的首领，后者斜靠在防卫墙上。两人进行了长时间的交谈，他同意背叛城市。士兵带着这个消息回到了阿莱科休斯那里。他（阿莱科休斯）和他的参谋对这个意想不到的消息感到很高兴，心情愉悦地准备上马。

此时，来自迈里西努斯的信使非常坚决地要求拿到皇帝承诺的金玺诏书。曼格尼斯立刻被请来。他说金玺诏书已经写好了，但是皇帝用来签名包括笔在内的必需的工具，都丢失了。曼格尼斯是一个善于伪装的人，拥有洞悉未来和从过去获取某种利益的杰出才能。他擅长准确评估当前形势，并灵活利用它达到自己的目的，有时只是为了自娱自乐而隐瞒一些事情。正是为了使迈里西努斯的希望处于悬而未决的状态，他才推迟写金玺诏书。因为他担心如果时机未到就把金玺诏书给他，赐予他凯撒头衔，迈里西努

---

① Thule 被相当模糊地用来指北方国家，此处可能指英格兰岛。——原译者注（古希腊地理学家们认为的世界上有人居住的最北地区。据推断可能是不列颠北部的冰岛、挪威或席德兰群岛，人们对此有不同看法。）

② 瓦兰吉亚人士兵被在斯堪的纳维亚（Scandinavia）、英格兰（England）和罗斯（Russia）征募。——原译者注

③ 日耳曼人（今天斯拉夫人国家仍旧保留了这个称呼）传统上守卫查里修斯大门（the Gate of Charisius）。——原译者注

斯可能会毫无商量的余地（像他已经告诉科穆宁兄弟的那样）就拒绝并坚决要求皇位，进而可能会谋划更大胆的行动。这正是曼格尼斯机智地进行欺骗的原因。当这件事正在进行时，强行攻入城市正在变得势在必行。怀疑这种鬼把戏的信使们更加强烈地催要金玺诏书。科穆宁兄弟对他们说："既然我们已经控制了城市，并将在上帝的帮助下完全占据它。去告诉你们的主人，如果一切按照我们的意愿进行，他只要支持我们，一切安排都会让他和我们如愿以偿。"这样答复了信使们之后，他们派乔治·帕列奥略格去了尼米兹人的首领吉尔普拉克特（Gilpractus）那里，看他是否遵守约定，像已经许诺的那样，在给出信号之后，便允许他们入城。他们制定的计划是，他迅速登上塔楼打开城门，他们看到信号之后，就急速入城。乔治·帕列奥略格非常高兴地受领了任务——他向来愿意参加战争和洗劫城市。荷马称阿瑞斯（Ares）[1]是"城墙的重击者"，这一称呼非常适合乔治。同时，科穆宁兄弟全副武装并迅速整顿了整支军队之后，全体向都城慢速进发。乔治·帕列奥略格在晚上到达城墙，接到信号后，带着他的人爬上塔楼。其间，阿莱科休斯的军队到达城墙不远处。他们搭起栅栏，公然扎营，晚上在此露营了短暂的时间。后来，科穆宁兄弟带着精良骑兵和更优良的步兵呆在阵线的中部，轻装兵被分别整队。天亮时，他们步速行军，在城墙前集结。为了震慑防卫者，每个士兵都全副武装，所有人都处于备战状态。当帕列奥略格从塔楼上发出信号并打开城门后，装备着盾、弓箭和矛的叛乱者们一窝蜂地冲了进去。他们不管到了什么地方，完全不守纪律。这天正是神圣的星期四（这一天，我们献祭神秘的逾越节羔羊[2]和盛宴），4月的第四个税收财政日。[3]整支军队是从君士坦丁堡周围的乡村和附近地区召集来的，由外族人和本族人组成，他们经过克里斯提安（Charisian）城门，非

97

---

① 希腊神话中的战神。——原译者注
② 指犹太人在逾越节时屠杀用以食用的小羊。
③ 指 1081 年 4 月 1 日。——原译者注

98　常迅速地冲进了都城。他们知道都城长期以来储备了各种供给品，并经常经由海陆得到补充，一进入城市，便分散在主要街道、十字路口、小巷胡同等各处，在残暴的行动中，没有放过任何房子、教堂，甚至是圣殿的内殿，从那里收集了成堆的战利品。他们的确没有进行杀戮，①但完全无视道德约束地无情地犯下了其他罪行。更糟糕地是，甚至本族士兵们也加入了这种暴行，他们似乎忘记了自己是谁，降低了道德标准，毫无羞耻地追随蛮族人的行为。

　　在这种情况下，伯塔尼亚特斯更倾向于退位，支持迈里西努斯。他现在面临的形势非常严峻，城市正在遭到来自西部的进攻，同时在东部，尼基弗鲁斯·迈里西努斯早已在大马里斯附近扎营。皇帝别无他法，当都城已被科穆宁兄弟控制之后，他派了一个自己非常信任的奴仆去请迈里西努斯并命令他在舰队的帮助下，把迈里西努斯带到皇宫里来。皇帝身边的一个卫兵是一个非常优秀的战士，陪同这个信使一起去。但在他们完成这项任务之前，城市已经被占领。帕列奥略格和一个士兵走到海边，立刻坐上在那里找到的一只小船，命令桨手们划向船队通常抛锚的地方。当他看到伯塔尼亚特斯的信使正在准备舰队时，几乎已在他的对面了。信使的卫兵正站在一条战舰上，帕列奥略格在远处便认出了他（他是一个老熟人）。当他经过时，便与他打招呼，问了一些惯常的问题，他从哪里来，要去哪里，然后要求被带上船。这个士兵看到帕列奥略格的剑和圆盾（因为他担心），便说："如果你没有全副武装，我会很高兴带你上船。"为了被允许登船，帕列奥略格同意放下盾、剑和

99　头盔。这个卫兵看到他照做了，立刻将他带上船，把他的武器放在自己身边，高兴地拥抱他。但是，帕列奥略格是一个务实的人，没有在这上面浪费时间，而是继续执行任务。他斜靠在船头，问桨手："你们的任务是什么？要去哪里？你们将要大祸临头了。你们可以看到城市已经被攻占，曾经的军队总司令现在已经被宣布为皇帝。你们看见了他的军队，听见了欢呼声。皇宫将不会再为其

---

①　仲纳拉斯（Zonaras，xviii，20）宣称存在杀戮。——原译者注

他任何人留有位置。伯塔尼亚特斯是一个好人，但对他而言科穆宁兄弟太强大了，他的军队虽然数量庞大，但我们的军队轻易便超过了它。因此，你们不应该愚蠢地丢掉性命和抛弃妻子儿女。回去看看城市——确信整个军队都已经在城墙里面。看看军旗，听听巨大的欢呼声，看看已经被赋予皇权的阿莱科休斯正在去皇宫的路上。请调转船头，承认阿莱科休斯已经获胜并支持他。"除了那个卫兵不以为然之外，所有人都立刻被这些话说服了。帕列奥略格当场威胁要把他绑在甲板上或扔到船外，并立刻带头欢呼，桨手们照着做，但这个卫兵依旧生气地拒绝，便被捆到了甲板的下面。短暂的航行之后，帕列奥略格重新拿起剑和圆盾并把船停泊在舰队抛锚的地方。他在那里公开对阿莱科休斯欢呼致敬。他遇见了伯塔尼亚特斯的信使（被派去夺取舰队并运送迈里西努斯到皇宫），立刻将他抓住并命令水手们松开船尾的缆绳。然后，他与舰队一起航行到了卫城，大声为新皇帝欢呼致敬。桨手们被命令停驶，安静地等着阻拦任何人从东部穿行。不久之后，他看到一艘船冲向大皇宫，便迅速将它拦截，看到自己的父亲在船上，就像人们通常向父亲做的那样，立刻站起来向他鞠躬，但并没有得到高兴的回应。他的父亲不像伊萨卡岛的奥德修斯（Ithacan Odysseus）看到忒勒马科斯（Telemachos）一样，称帕列奥略格为"他的甜蜜的光"。当然，在荷马的笔下，有宴会、求婚者、游戏、弓、箭以及给胜利者的奖品——慎重的珀涅罗珀（Penelope）①，而且忒勒马科斯不是敌人而是前来帮助父亲的儿子。此时此刻的场景则有所不同，这里有战斗和战争，父亲和儿子处在对立面，效忠的对象不同。尽管意图尚未变为行动，但双方都意识到了另一方的忠诚。斜视着帕列奥略格并称他为"傻瓜"，父亲问他："你到这里干什么？""既然是你问我——不干什么。""等一会儿，如果皇帝听从我的建议，你就会知道应该做什么。"尼基弗鲁斯·帕列奥略格（Nicephorus Palaeologus）立刻去了皇宫。当他看到军队分散各处忙于掠夺时，

100

---

① 奥德赛的忠实妻子，丈夫远征 20 年，其间她拒绝了无数求婚者。

认为打败他们是很容易的事,便请求伯塔尼亚特斯将来自图勒岛的蛮族人①交给他,让他们与自己一起把科穆宁兄弟赶出都城。但是,已经放弃了所有希望的伯塔尼亚特斯推托说希望避免内战。"尼基弗鲁斯,如果你服从我的命令",他说,"既然科穆宁兄弟正在都城,你就去与他们进行和平谈判吧。"尼基弗鲁斯非常不情愿地离开了。

已经进入都城的科穆宁兄弟在伟大的殉道者乔治·西科特斯(George Sykeotes)广场自信地等着。他们尚未决定是否按照惯例,先去拜访和问候母亲,然后再去皇宫。凯撒听说了这件事,便派一个奴仆严厉地谴责他们磨蹭。于是他们立刻出发。尼基弗鲁斯·帕列奥略格在以伯里兹(Iberitzes)的房子附近追上了他们。"这是皇帝带给你们的口谕",他说,"我是一个孤独的老人,没有儿子、兄弟或亲戚。如果你同意(在此他亲自对新皇帝说),可以做我的养子。我将不会剥夺由你赐予你的战友们的任何特权,也不会以任何方式分享你作为皇帝的权威,而只是与你一起享有这个头衔和欢呼致敬,享有穿紫色鞋子和在皇宫平静生活的权利。你则全权负责帝国的治理。"科穆宁兄弟表示同意。凯撒听说了这件事,很快怒气冲冲地赶到皇宫。当他步行进入庭院的右边时,遇上了正走出来的科穆宁兄弟。他严厉地指责了他们。就在这时,他看到了从左边重新返回的尼基弗鲁斯·帕列奥略格。"你在这里做什么?"他说,"你想要什么,亲戚?""很明显,我将在这里一无所获",尼基弗鲁斯说,"我来见科穆宁兄弟,带来了与之前同样的口谕,皇帝决定遵守承诺,把阿莱科休斯当作自己的儿子。阿莱科休斯将被赋予皇帝的权力并按照自己的意愿治理帝国。伯塔尼亚特斯只分享皇帝的头衔、红色鞋子和紫袍,平静地住在皇宫中,因为他现在是一个老人,需要休息。"凯撒愤怒地盯着尼基弗鲁斯,皱着眉头说:"去告诉皇帝,在都城被攻占之前,这些条件是有用的。但从现在开始,再也没有进行进一步谈判的任何余地。既然他现在是一

①　即英格兰人。——原译者注

个老人，就让他让出皇位，安享晚年吧。"同时，波里罗斯听说科穆宁兄弟已经进城，军队正分散各处寻找战利品（事实上是完全忙于抢劫），便决定进攻。他认为既然他们分散各处，制服他们应该是一件容易的事情，因为只有近亲或者远亲以及小群外族人与科穆宁兄弟在一起。因此，他把全部瓦拉几亚人卫兵和来自乔马的士兵召集起来，将他们秩序井然地安置在从君士坦丁广场远至米利翁（Milion）①甚至更远的路上。他们按照紧密的队形站立，准备战斗，但暂时无法移动。当时在位的大主教②是一个圣洁的人。事实上，他践行了那些早年居住在沙漠和大山里的神父们所知晓的各种形式的苦行主义，并且没有任何财产，同时，他还被赋予了神圣的预言天赋，多次进行预测，从未出过错。他为后代树立了品德方面的榜样和典范。他无疑知道伯塔尼亚特斯遭遇的不幸。也许，他是受到了上帝的启示，也许只是按照凯撒的建议行事（这也被断言，由于这位大主教的高贵品德，凯撒与他是多年的老友），不管怎样，他建议伯塔尼亚特斯退位。"不要陷入内战，"他说，"不要违背上帝的意愿，不要让城市被基督教徒的鲜血玷污，而是服从上帝的安排，放弃世俗生活。"皇帝听从了他的建议，害怕遭到军队的羞辱，便用衣服遮住脸，低着头向大教堂走去。在普遍的混乱中，他没有注意到自己仍旧穿着皇袍。波里罗斯突然袭击了他，碰到了用珍珠固定在他的胳膊上的刺绣品，将它扯下来并以他特有的嘲讽方式挖苦地评论道："现在，这件东西真正属于我们了。"伯塔尼亚特斯进入神圣的圣索非亚教堂，在那里住了一段时间③。

102

---

① 设计精致的一个胜利拱门，是从君士坦丁堡延伸出来的路的起点，有时称迈尔斯通（Milliarium、Milestone）。——原译者注
② 哥斯马斯，在1075年接任著名的约翰·西非里努斯（John Xiphilinus）。——原译者注
③ 退位发生在1081年4月4日。——原译者注

第三卷　阿莱科休斯登位;杜卡斯家族和科穆宁家族之间的斗争

　　夺取了皇宫之后,科穆宁兄弟立刻派他们侄女的丈夫米哈伊尔到伯塔尼亚特斯那里,陪他同去的是当时任都城守护官(eparch)①的拉得诺斯(Rhadenos)。后来,米哈伊尔成为身居高位的财政官员(logothete of the *secreta*②)。米哈伊尔带着皇帝坐上一只小船,一起去了著名的佩里波利图斯(Peribleptos)修道院。在那里,他和拉得诺斯要求皇帝削发为僧,但后者想推迟到第二天再决定。因为他们担心,在依旧随处可见的混乱和无序中,两个奴仆和来自乔马的人可能会再次试图叛乱,便强迫他接受削发仪式。他最终同意,被授予一件僧袍③。这就是命运女神的处事方式,当她要对一个人微笑时,便把他提升到很高的位置,为他加冕王冠,给他穿上紫色鞋子;当她要对一个人皱眉时,不会给与他紫色衣服和王冠,而是给他穿上破烂的黑色长袍。这就是伯塔尼亚特斯现在的命运。当他的一个朋友问他,觉得这种改变是否可以忍受时,他回答:"禁止吃肉是唯一让我烦恼的事情,其他几乎没有什么。"在这期间,玛利亚皇后和她的儿子依旧住在皇宫,后者是她与前任皇帝米哈伊尔·杜卡斯所生的孩子。就像诗人所说,她为她"金发白

---

①　"eparch"是都城守护官,普塞罗斯描述这一官职仅次于皇位:"尽管它没有穿紫色衣服的特权,但拥有皇帝的尊贵。"——原译者注

②　"A logothete"是一个会计的意思。"the *secreta*"是被各种文职部门使用的官职。米哈伊尔是一个位居高位的财政显贵。——原译者注

③　希腊语称为"天使的衣服"——委婉语。——原译者注

肤的墨涅拉俄斯(Menelaus)"①担心。她有一个非常合理的理由继 104
续住在皇宫——亲戚关系。尽管有些人出于嫉妒，认为她有某些其
他原因。他们认为，科穆宁兄弟一个通过婚姻与她有亲戚关系，一
个是她的养子。但事实上，她之所以这样做的真正原因并不是被
世人普遍谴责的那个原因，也不是这两人的魅力和友善，②而是因
为她生活在异地他乡，没有亲戚朋友和任何亲人，因此，自然不想
匆忙离开皇宫。如果在无法确保安全的情况下就离开，她担心孩
子会遭遇不测。当皇帝失去皇位时，这种事情经常发生。除了这
些顾虑，这个可爱的小男孩③尚且年幼(他还不满 7 岁)。如果我实
事求是地称赞自己的亲人④，就不应该受到指责。听他讲话令人非
常愉快，但这并非全部。据他当时的同伴们后来回忆，因为他杰出
的灵活性和柔韧性，没有人能在游戏中赢得了他。他长得金发白
肤，皮肤像牛奶一样白皙，两颊透着红晕，像刚刚绽放的玫瑰，他的
双眼不是淡淡的颜色，而是像雄鹰的眼睛，在双眉下面闪闪发亮，
犹如镶嵌在金戒指中的珍贵宝石。他被赋予了超凡脱俗的容貌，
各个方面都让看到他的人赞叹不已。简言之，任何见到他的人都
会说："他像是画家笔下的丘比特(Cupid)⑤。"这就是皇后继续留在
皇宫中的真正原因。不管怎样，就个人而言，我反对杜撰故事和编
造历史，但我知道这种事情在嫉妒者和怀恨者中间普遍存在。我
没有受到暴民们诽谤的影响。事实上，我有其他理由相信我了解
这件事情的真相。我在 8 岁之前，由皇后抚养。她非常喜欢我，与 105
我分享她的所有秘密。我听到许多人提到这些事情时说法各异，
因为有些人用这种方式解释，有些人则用另一种方式，每个人都按

---

① 希腊神话中，特洛伊战争期间的斯巴达王，海伦之夫及阿加门农之弟。
② 即阿莱科休斯和依沙克。一些人暗示阿莱科休斯是皇后(阿兰的玛利亚)的情
　人。——原译者注
③ 普塞罗斯更是满腔热情地描述了小君士坦丁的迷人特征，(*Chronographia* Ⅶ，
　12-3)。——原译者注
④ 参见导论，第 12 页(边页码)。安娜曾与君士坦丁订婚。
⑤ 希腊神话中的爱神，裸体、有双翼、持弓箭的美少年，纳爱斯的儿子。

照自己的意愿，受到同情或憎恨的影响。我感到他们的想法根本不同。我也多次听到皇后亲自详细叙述当尼基弗鲁斯皇帝退位时，发生在她身上的所有事情和她如何害怕，尤其为她的儿子担心。在我看来，对于大部分关注事实和最有资格做出判断的人而言，正是因为她对儿子的爱，使她当时在皇宫中继续住了一段时间。在此我结束对玛利亚皇后的评论。我的父亲阿莱科休斯当时已经夺取皇权。他到皇宫中居住，把他当时 15 岁的妻子和她的姐妹、母亲以及父方的祖父凯撒一起留在"较低的"宫殿，这个宫殿因为位置较低被如此称呼。阿莱科休斯和他的兄弟、母亲和近亲去了较高的宫殿，它也被称为布克隆宫（Boucoleon）。①

　　就像我已经讲的，当皇后继续住在那里时，许多人心怀疑问。他们隐秘地暗示新皇帝打算与她结婚。杜卡斯家族不相信这件事（他们没有被偶尔传出的谣言冲昏头脑），但是他们知道长期以来科穆宁兄弟的母亲公然对他们怀有敌意。就像我经常听他们讲的，这种怀疑使他们非常担心。当乔治·帕列奥略格带着舰队到达并开始欢呼时，科穆宁兄弟的支持者们倚靠在城墙上，试图让他106 安静，命令他不要把伊琳妮的名字和阿莱科休斯的名字放在一起欢呼。他非常愤怒。"不是因为你的缘故，"他喊道，"我赢得了伟大的胜利，而是因为你提及的伊琳妮。"同时，他命令他的水手们为阿莱科休斯和伊琳妮一起欢呼。所有这些事情让杜卡斯家族心烦意乱。当然，它们也为吹毛求疵者提供了痛斥玛利亚皇后的机会。事实上，阿莱科休斯皇帝没有这种想法（他如何能有呢？）。作为一个实干家，一成为帝国的皇帝，他就立刻投入到国家政务中。他成为了最高权力的中心。日出时分，他走进皇宫，抖落了战斗的尘土和让身体得到休息之后，便立刻投入到军务中。他让哥哥依沙克

---

① 因为下面的原因它被称为布克隆：在它的城墙附近，用大理石和混凝土建造了一个避难所，在那里，一个石狮子正在捕捉一头牛。狮子攫住牛的角，拧断了它的脖子，牙齿嵌入了它的喉咙。整个地方（地面上的建筑物和避难所本身）因此被称为布克隆。——著者注

参与所有政务（他像对待父亲一样尊敬依沙克）并且与母亲商量他的计划。他们帮助他治理帝国。事实上，他杰出的才智和充沛的精力治理一个帝国绰绰有余，他原本能治理不同类型的几个帝国。他将精力放在一件更紧急的事情上，白天的剩余时间和整个晚上，他都在思考如何在不引发兵变的情况下，结束士兵们的纪律涣散和放纵行为。他也想消除都城民众对未来的忧虑。数量巨大的士兵分散在拜占庭，行为完全像街头恶棍。他害怕他们的野蛮行径。更重要的是他们的来源混杂，因此存在爆发政变的危险。约翰·杜卡斯凯撒有自己的想法。为了消除公众毫无根据的怀疑，他设法督促玛利亚皇后离开，把她从皇宫中赶走。因此，他继续想尽办法赢得哥斯马斯大主教的支持，让他拒绝倾听玛利亚的理由。随后，他巧妙地向她建议，她应该为了自己和孩子的利益，向皇帝要求一份确保安全的书面保证，然后离开皇宫。这是一个类似帕特洛克鲁斯（Patroclus）①的计划。② 在米哈伊尔·杜卡斯皇帝退位时，他就控制了她，他建议米哈伊尔的继位者尼基弗鲁斯·伯塔尼亚特斯娶这个女人，因为她是外族人，没有成群的亲戚来打扰皇帝。他向皇帝详细地介绍了她的高贵出身和迷人的外表，不断地称赞她。她个子高挑，身体像柏树一样笔直，鹅蛋脸，肤色雪白，气色让人想起春天的花朵或玫瑰，世间没有什么东西能描述她的双眼的光芒，橘红色的眉毛拱悬在淡蓝色的眼睛上方。画家已经无数次地重现了在时令季节绽放的所有花朵的颜色，但是皇后的美丽，身上散发的优雅气息，举手投足体现出来的迷人魅力，似乎远非艺术家所能描述。阿佩利斯（Apelles）③、菲迪亚斯（Pheidias）或

107

---

① 荷马史诗《伊利亚特》中的一个希腊勇士，阿基里斯的仆从和朋友，在特洛伊战争中为赫克托所杀。
② 荷马，《伊利亚特》，xix，302。妇女们为死去的帕特洛克鲁斯悲伤，但这只是一个借口——她们实际上是为自己的命运悲伤。——原译者注
③ 公元前4世纪的著名画家，曾给马其顿的腓力二世及亚历山大大帝充当宫廷画师。菲迪亚斯是雅典的雕塑家，帕台农神庙（Parthenon）雕像的设计者（公元前5世纪）。——原译者注

者其他任何雕塑家都从未创造出这样一个作品。传说戈耳贡
(Gorgon)①的头②把看她的男人变成了一块石头。如果一个男人看
到皇后正在散步或突然遇见了她,也会目瞪口呆,站在原地说不出
话来,很明显他在那一刻失去了所有感情和理智。她的身体比例
堪称完美,每一部分都与其他部分保持协调,在当时,没有人曾在
人类中看见与她类似的人——爱美者渴望得到的一件逼真的艺术
品。她似乎是正在造访尘世的爱神的化身。尽管很多人建议皇帝
与尤多西娅(Eudocia)皇后③结婚,但凯撒用这些赞美软化了皇帝的
108 心并说服了他。有些人私下里说,她(尤多西娅)希望再次成为皇
后,当伯塔尼亚特斯到达大马里斯,将要夺取皇位时,她曾写信向
他求婚。有人说她不是为了自己,而是为了她的女儿邹伊公主(the
Porphyrogenita Zoe)。如果不是皇帝的一个奴仆破坏了她的企图,
或许她就得逞了,宦官利奥·西多尼亚特斯(Leo Cydoniates)及时
给了她许多建议。我没有时间详细叙述他说了些什么,因为我非
常厌恶诽谤,并且专门写这种事情的编年史家一定会写这些东西
的。约翰凯撒在千方百计地进行劝说之后,最终达到了目的。就
像此前我已经详细阐明的,伯塔尼亚特斯与玛利亚皇后结婚。此
后,约翰对她的生活拥有更大的影响力。这些事件发生在几天之
内。因为两个原因,科穆宁兄弟完全拒绝把她驱逐出宫。一是在
身为皇后期间,她对他们非常友善;二是(同样重要的是)因为把他
们联系在一起的双重亲戚关系,他们与她相处得很好。那时,接连
不断的谣言四起。它们明显代表了不同的倾向。对于事件的不同

---

① 希腊神话中的戈耳贡:斯塞诺、尤里安勒和化为人形的可怕的梅杜萨三姐妹中
   的任何一个,梅杜萨以毒蛇为头发,凡看到她眼睛的人都会变为石头。
② 戈耳贡(Gorgo)或者美杜莎(Medusa),是一个神秘的怪物和普遍用以避邪的符
   号。珀尔修斯(Perseus,希腊神话中的宙斯之子,杀蛇发女妖美杜莎的英雄)杀
   死了她。——原译者注
③ 尤多吉娅(Eudocia Macrembolitissa)与君士坦丁十世(Constantine Ⅹ, 1059 -
   1067 年在位)结婚,后来又嫁给罗曼努斯四世·迪奥根尼斯(Romanus Ⅳ
   Diogenes, 1067—71 年在位)。她与前一位皇帝所生的女儿邹伊,与阿莱科休斯
   的弟弟阿德里安(Adrian)结婚。——原译者注

解释源自个人的态度，有些人同情她，有些人则充满仇恨。双方都心存偏见，不愿按照事情的是非曲直做出判断。其间，阿莱科休斯被哥斯马斯大主教单独加冕。[①]皇后仍旧被认为配不上皇冠的想法，前所未有地吓坏了杜卡斯家族。他们坚持认为伊琳妮应该被加冕。碰巧一个叫尤斯特拉休斯（Eustratios）的僧侣，绰号为加里达斯（Garidas），住在上帝的大教堂附近，因为品德出众而浪得虚名。这个人过去经常拜访科穆宁兄弟的母亲并预言了皇权。她对僧侣充满好感，这些话让她很受用，对他的信任明显地日益增长。最后，她打算将他推上大主教的职位。她宣称现任大主教是一个性情单纯的人，不干实事，便让一些人劝说他隐退，因为这的确也最符合他的利益。但是，这位圣人没有被这个借口所欺骗。"以哥斯马斯的名义，"他用自己的名字发誓，"以哥斯马斯的名义，如果不能亲自为伊琳妮加冕，我将永远不会辞去大主教的职位。"他们返回"最高统治者"那里，将这些话转告给她（到现在为止，他们都用这个名字称呼她，因为皇帝爱他的母亲，希望她被如此称呼）。因此，在阿莱科休斯公开宣布登位后的第七天，他的妻子伊琳妮被大主教哥斯马斯加冕。

　　两个统治者阿莱科休斯和伊琳妮外表出众，无人能及。画家永远都不可能复制如此美丽的原型，雕塑家也不能把没有生命的石头雕刻得如此完美。如果有人第一眼看见这些逼真的雕像（我的意思是新加冕的统治者），然后再去看波利克里托斯（Polyclitus）[②]的作品的话，即使著名的波利克里托斯法则对他们也似乎完全不适用。阿莱科休斯的个头不是很高，但是肩膀宽阔，比例协调。在旁观者看来，当他站着时，并不特别引人注目。但当他坐在御座上时，他的双眼露出的严厉眼神，使人想到猛烈的旋风。他的面容和

[①]　在米哈伊尔·杜卡斯统治的第四年，君士坦丁皇帝的儿子，大主教约翰·西非里努斯（John Xiphilinus）去世，在第三个税收财政年度八月的第二天，拥有优秀品质和受人尊敬的哥斯马斯，接替了他的位置。——著者注

[②]　（公元前5世纪）一个拥有巨大声誉的希腊雕刻家。——原译者注

整个仪表散发的光彩压倒了一切。他的黑色眉毛是弧形的,眼神既令人畏惧,又很友善。仅是瞥一眼他泛着红晕、散发着高贵气息的脸颊,就会让旁观者产生敬畏。他的宽阔的肩膀,强有力的胳膊,厚实的胸膛,都符合一个英雄的标准,博得了人们的惊叹和喜爱。总之,他的外表散发着美丽、优雅、尊贵和一种无可指摘的威严。当他参加会议,开始讲话时,你会立刻见识到他雄辩的口才,他会用一连串的辩论抓住广大听众的心。他的舌头和手都是不可战胜的,一个用来设计新的魔法,一个用来投掷矛。我的母亲伊琳妮皇后,当时还是一个不到 15 岁的孩子。她是凯撒的长子安德罗尼库斯(Andronicus)的女儿,出身显赫,来自著名的安德罗尼库斯家族和君士坦丁·杜卡斯家族。她站直了像一棵笔直的小常青树,四肢和身体的其他部分完全对称,彼此协调。因为可爱的外表和迷人的嗓音,她总是让所有看见她和听见她说话的人为之倾倒。她的脸不像亚述(Assyrian)妇女的圆脸,也不像斯基泰人的长脸,而是稍微有点椭圆形,脸上闪烁着月亮般的温柔光辉。她的脸颊上有玫瑰花似的红晕,在远处便能看见,淡蓝色的眼睛透出欢快严厉的眼神,人们被它们的迷人和美丽所吸引,但也惧怕它们的严厉。我不知道古代是否真正有一个雅典娜(Athena),她被诗人和作家所赞美,我经常听到这个神话般的人被复述和讽刺。在当时,人们可以说皇后是尘世间的雅典娜,或者说她带着某种天堂般无法接近的光辉突然降落人间。令人吃惊得是——在这一点上,她不同于其他妇女——她可以让狂妄自大者变得谦卑,但当他们屈服,感到害怕时,她又可以让他们恢复勇气。她在大部分时间里都沉默寡言,就像一尊真正的美神雕像、和谐女神的活的纪念碑。她说话时,通常伴有优雅的手势,偶尔会露出手腕,有人会认为是某个手工艺人把象牙变成了手指和手。她的瞳孔是大海深处的耀眼蓝色,让人想起平稳宁静的海洋,相比较而言,围绕它们的眼白则闪闪发亮,双眼看起来拥有难以描述的特殊光彩和魅力。这就是伊琳妮和阿莱科休斯的相貌。至于我的叔叔,他与他的弟弟差不多高,在其他方面也没有太多差异,但他的脸色非常苍白，胡子也不太浓密，下巴周围的胡子比阿莱科休斯的稀疏。在政务不是很繁忙的时候，兄弟俩经常狩猎。但是，他们发现战争比狩猎更令人振奋。在战场上，即使亲自担任指挥官，也没有人能超过依沙克的速度，他一看到敌人的队形，不管其他人，便如一道闪电般地冲到他们中间，迅速打乱他们的队列——这种习惯导致他在亚洲与阿格莱纳人[①]的战斗中不止一次被俘。鲁莽是依沙克战败的一个重要原因——这是他在战斗中应该被谴责的一个缺点。

阿莱科休斯已经许诺尼基弗鲁斯·迈里西努斯（他的妹夫）凯撒头衔。他的长兄依沙克[②]必须被赐予更尊贵的地位。因为在皇帝和凯撒之间不存在这样的等级，一个新的官阶被创造，它是由贵族（sebastos）和专制君主（autocrator）组成的一个合成词。依沙克被封为首席大贵族（sebastocrator），地位仅次于皇帝，位于凯撒之上，后者在第三个位置接受欢呼致敬。此外，阿莱科休斯下令首席大贵族和凯撒在公共节日必须佩戴王冠，但王冠的华丽程度远不如他自己的。皇帝的王冠似半圆球状，紧紧地固定在头上，全部装饰着成串的珍珠和珍贵的宝石，它们一些镶饰在表面，一些悬垂在太阳穴的两边，轻轻触及脸颊。这个王冠成为皇帝服饰的一个独特饰品。首席大贵族和凯撒的王冠不是帽状，上面装饰的珍珠和宝石的数量也更少。塔罗尼特斯（Taronites）已经与皇帝的姐姐玛利亚结婚，被赐予首席贵族（protosebastos）和服饰管理者（protovestiarius）头衔，不久之后被提升为上等大贵族（panhypersebastos），拥有与凯撒坐在一起的权利。阿莱科休斯的弟弟阿得里安（Adrian）被赐予最杰出的首席贵族（Most Illustrious protosebastos）头衔。他最小的弟弟尼基弗鲁斯曾是舰队总司令（Great Drungarius of the Fleet），也被提升到贵族（sebastos）等级。

112

① 指突厥人。——原译者注
② 即仍旧在世的年龄最大的哥哥，曼努埃尔已经在战斗中阵亡（比较第31页）。——原译者注

我的父亲亲自创造了这些荣誉头衔，有些是通过组合名称（像上面引用的例子），有些是赋予原来的头衔新的含义，像 panhypersebastos、sebastocrator 等是组合成的，但 sebastos 的尊贵则呈现了新的意义。在过去，修饰词 sebastos 仅适用于皇帝，是一个独特的头衔，但阿莱科休斯首次广泛地使用它。如果有人将统治技能视为一门科学，一门最高的哲学（所有艺术中的艺术，可以说是所有科学中的最高科学），那么他一定会在某种程度上称赞他是一个科学家和伟大的思想家，因为他创造了这些头衔和职务。这两者当然存在区别，因为伟大的逻辑学家是为了把事情讲得清晰易懂而创造名称，但阿莱科休斯作为优秀的统治者，是为了帝国的利益进行创造，改变了职责的分配和头衔的赐予。

让我们回到圣洁的哥斯马斯大主教那里，他在赫伯都蒙（Hebdomon）[①]，以他的名字命名的教堂里，主持了纪念神学家约翰（Hierarch John the Theologian）的神圣仪式，几天之后便辞去主教职位（他在位 5 年零 9 个月，政绩突出），隐退到卡利亚斯（Callias）修道院。[②] 宦官尤斯特拉休斯·加里达斯继任大主教职位。玛利亚皇后的儿子君士坦丁在父亲米哈伊尔·杜卡斯退位之后，自愿收起了紫色鞋子，穿上了普通的黑色鞋子，但是新皇帝（尼基弗鲁斯·伯塔尼亚特斯）让他穿着颜色纷呈的丝靴。他可怜这个年轻人，欣赏他的英俊外表和高贵出身，虽然不准他穿纯绯红色的华丽鞋子，但允许他的鞋子的材料中掺杂几道红色线条。后来，当阿莱科休斯·科穆宁成为皇帝后，玛利亚按照凯撒的建议要求一项书面承诺，用红色字母和金印确保她与儿子安全地在一起。后者将是阿莱科休斯的共治皇帝，有权穿紫色鞋和佩戴王冠，有权作为共治皇帝与他一起接受朝拜。皇帝颁布了一份金玺诏书批准了她所有要求。君士坦丁的丝绸鞋子被取走，代之以全红的鞋

113

---

① 距离黄金门西面大约 3 米左右。——原译者注
② 1081 年 5 月 8 日，哥斯马斯退位可能是因为他对科穆宁兄弟的财政政策不满。——原译者注

子。在签署捐赠或金玺诏书时，他的签名紧跟在阿莱科休斯之后，在游行队伍中，他带着皇冠跟随着他。有些人宣称甚至在叛乱之前，皇后已经与科穆宁兄弟达成协议，她的儿子应该被如此对待。不管这是否属实，如今，在首席大贵族依沙克的陪同下，她带着与她的等级地位相匹配的护卫队离开皇宫，隐退到已故皇帝君士坦丁·莫诺马库斯（Constantine Monomachus）建造的住所中，它位于伟大的殉道者乔治（仍旧通常作为 Mangana 为人所知）修道院附近。

　　这就是尊敬玛利亚皇后的科穆宁兄弟所做的安排。阿莱科休斯从很小的时候起，便接受良好的教育，服从母亲的教诲，对深深根植于灵魂中的上帝心怀敬畏。他对刚到达都城时影响了所有居民的抢劫深感不安。连续的成功有时会引导一个从未遇到挫折的人做愚蠢的事情。但如果他是一个谨慎理智的人，从内心深处敬畏上帝，尤其是如果他做了重要的事情并获得了尊贵的地位，那么，他将很快为自己的过错感到懊悔和惊慌。他会有一种潜在的恐惧，担心自己某种无知、鲁莽或傲慢的行为，会招致上帝的愤怒，被从皇位上拉下来，失去目前拥有的一切。这就是所罗王（Saul）曾经的经历，上帝因为国王愚蠢的傲慢，粉碎肢解了他的王国。阿莱科休斯因为这些想法而心神不宁，害怕自己会成为上帝报复的目标，莫名其妙地成为替罪羊。即使整个城市遭遇的灾祸完全是个别士兵以及那些大量涌进君士坦丁堡的暴民干的事情，但皇帝把它视为自己的责任。他心里非常羞愧，仿佛自己犯下了这些可怕的罪行。威严和权力、皇帝的紫袍和镶嵌着宝石的王冠、装饰着黄金和宝石的长袍，相比较当时使都城饱受苦难的灾难而言，他（非常正确地）认为它们都毫无价值。没有作者能够完整地叙述都城被包围的那些日子里发生的恐惧事件。教堂、圣殿、公共和私人财产，都遭到抢劫。响彻各地的叫喊声震耳欲聋，一个旁观者可能认为正在发生地震。回想起这些事，阿莱科休斯遭受着自责的痛苦和无法承受的悲伤。他总是对错事极度敏感，尽管知道到对城市犯下的这些罪行是其他人干的，是由其他人策划的，但良知告诉

114

他,自己的确为这场灾难提供了借口,给了它原始推动力。(当然,真正要为这次叛乱负责的是我之前提到的奴仆)但即使如此,他还是承担了罪行的全部责任,深感忧虑,愿意进行弥补,认为只有在
115　治愈和清洗了罪行之后,他才能接手统治帝国的任务,或令人满意地制定关于军队和战争的计划。因此,他到母亲那里,把他的忧虑告诉她(这种忧虑的确给他带来了声誉),询问如何才能从啃噬他的良知的忧虑中解脱出来。她拥抱了儿子,高兴地聆听了他的话。两人达成一致意见之后,传唤了大主教哥斯马斯(他当时尚未退位)以及一些圣议会和修道院的主要成员。皇帝作为受审者来到他们面前,就像一个无足轻重的人,"受派在人权下的"①人一样准备接收谴责,紧张地等待法庭的宣判。他坦白了一切,包括面对的诱惑、对诱惑的屈从以及犯下的罪行,表示愿意对发生的事情负责。他恐惧和坦诚地承认了一切,恳求他们提出补救他的罪行的办法,表示愿意赎罪。他们谴责了阿莱科休斯、他的血亲以及那些与他一起参加了叛乱的人。所有人都自愿接受了同样的惩罚——斋戒、睡在地面上、举行平息上帝愤怒的适当仪式。事实上,他们的妻子没有袖手旁观(因为她们爱自己的丈夫,她们如何能这样做呢?),也自愿为了赎罪苦修。皇宫变成了哭泣哀悼的地方——这种哀悼不应受到谴责,也不是懦弱的表现,而应该受到称赞,因为这是为了更永久的快乐。这也体现了皇帝的虔诚。他让自己承受了更多的惩罚,在四十个日夜里,他在皇袍的里面贴身穿着麻布衣服,晚上睡在光光的地面上,枕着一块石头入睡。赎罪的苦修结束以后,他便把精力转到帝国的治理上。

116　　　　他希望由他的母亲而不是自己进行统治。但到目前为止,他隐瞒了这个计划,因为担心她知道后会离开皇宫(阿莱科休斯知道她打算隐退到修道院)。但在所有事情中,不管如何普通,他都按照她的建议做。在帝国的治理中,她成为了他的密友和合作伙伴。他悄悄地逐渐把她卷入了国家事务中。有时,他甚至公开宣称没

---

① 参见《路加福音》7:8。——原译者注

有她的智慧和良好的判断力，帝国将不能幸存。通过这些方式，他把她和自己更加紧密地捆绑在一起，阻止她隐退。她已经为生命的最后阶段制定好了计划，希望在修道院里度过余生。这就是她经常祈祷的目标。尽管内心渴望能完全过上更神圣的生活，但她也深爱着自己的儿子并希望以某种方式与他一起承受反复猛击帝国的暴风雨（如果把面临多方面麻烦和混乱的帝国比喻为航海中的航船的话）。在晴朗的天气或暴风雨中（海浪从四面八方冲向它），她希望把国家的航船引上最佳路线，尤其因为这个年轻人刚刚在船尾就座并拿到舵柄，缺乏应对暴风雨和这种狂暴的海浪和大风的经验。因此，她被母亲对儿子的爱所束缚，与他一起进行统治，有时甚至抓住缰绳（改变比喻）单独驾驭权力的马车——没有意外或错误。事实上，不管怎样，安娜·达拉西妮被赋予了杰出的智慧，并且拥有一流的治国才能。另一方面，她对上帝的爱分散了她的一部分精力。8月份（在同一个财政税收年度①），罗伯特横渡到伊庇鲁斯（Epirus），阿莱科休斯被迫离开都城，便把隐藏的计划公开实施，即把所有行政权力都委托给他的母亲。一份金玺诏书公开批准了这个决定。因为历史学家的职责不仅要概括优秀者的业绩和法令，而且要尽可能地叙述业绩的某些细节，完整地记载法令。所以，我将列出这份文件的条款，只略去了抄书吏在细节上的修饰。它的内容如下："如果预见到危险或者即将发生其他可怕的事情，没有任何预防措施比一位理解和深爱自己儿子的母亲更有用。如果她提出建议，那么建议将是可靠的；如果她祈祷，它们将提供某种力量和保护。这是我本人，你们的皇帝的经历。我可敬的母亲，从我年幼的时候起，就一直教育、引导和支持我。她名列贵族阶层，深爱着她的儿子，后者对她也完全信任。尽管我们在身体上是分离的，但我们拥有共同的灵魂。承蒙上帝眷顾，这种和谐的状态到今天仍旧如此。我们之间从来不会说"我的"或者"你的"之类冰冷的词语。更重要的是，她的祈祷被上帝听到，从而使我成

117

---

① 参见词汇表。——原译者注

为帝国的君主。在我掌握了帝国的权杖之后,为了你们的皇帝和帝国的利益,她决定分担我的辛劳。现在我正在上帝的帮助下准备与罗马的敌人作战,全力征集和装备军队,但我认为民政和财政事务也同等重要。幸运的是,我已经找到了进行良好统治的坚不可摧的力量——任命我可敬的母亲为整个行政机构的管理者,她是所有妇女中最值得尊敬的。因此,我,你们的皇帝,在这份金玺诏书中明确规定以下内容:由于她对世事(尽管她很不在意这些事情)拥有丰富的经验,她颁布的任何书面法令(不管是财政官员或者他的下属官员提交给她的,还是由负责与免除公共债务相关的备忘录、请愿或判决的人提交给她的),都将永远有效,就像我本人,你们的皇帝,亲自颁布了它们,或者口述之后,付诸了书面形式。不管她发布什么命令,书面的或口头的,合理的或不合理的,只要上面有她的印章(耶稣变容和圣母升天(Assumption)),写着现任财政官"在……月",都将如同我的亲笔手谕。此外,在有关法官和国库人员的提升和换任,荣誉头衔、官职和不动产的捐赠等事宜上,我圣洁的母亲有全权做出对她有利的任何决定。不管她任命谁为法官或继任国库官职和赐予谁最高、中等或最低级别的高级职位,这些人此后将永久地拥有这些职位。提高俸禄、增加礼物、减免税收、缩减费用等事务,将都由她定夺。总之,她通过书面或口头命令的事情,将来都不会被认为无效,因为她的话和决定都将被视为与我本人的一样,将永远不会被废除,将来也会永远具有法律效力。不管现在还是未来,她都不会被任何人质询或审查。同样的条款也适用于她在任期间的公使和大臣们,不管他们的行为是合理的还是愚蠢的,只要是在这份诏书涉及的范围内所做的任何事情,将来绝对不需要解释。"

读者可能会对皇帝在这份文件中赋予他的母亲的权力感到吃惊,因为他在每件事情上都尊重她的优先权,就像他已经交出了统治的缰绳,当她驱赶着帝国的马车时,跑在她的身边一样。尽管他已经不再是一个少年,而是正处在渴求权力的年龄,但他只是以皇帝的头衔,与她分享他的特权。对蛮族人的战争伴随着艰难困苦,他准备亲自应对。但是，他将行政事务的管理、文官的挑选、帝国的税收和开支管理，都交给他的母亲负责。在这一点上，读者可能因为他把帝国的统治权转交给 gynaeconitis 而谴责他，但是如果了解这个妇女的勇气、卓越的品德、智慧和精力，他的指责将变为赞赏。我的祖母对公共事务有非凡的理解力，并拥有组织和统治的天赋。事实上，她不仅能管理罗马帝国，而且能管理世界上的任何其他帝国。她对于各种行为的动机、最终结果和利弊的相互关系拥有丰富的经验，能够迅速找到正确的解决方法并灵活安全地付诸实施。她对语言同样具有很强的掌控能力，她的演说非常具有说服力，但并不长篇大论和喋喋不休。她从未丧失进行论辩的灵感，如果她开始解释，也能成功地以正确的言词结束。当她被要求行使帝国的权力时，已经是一个成熟的女人，在生命的这个阶段，一个人的心智处于最佳状态，判断力也得到了充分发展，能够全面地了解事务——所有这些品质都有助于她进行有效的管理和统治。这个年龄阶段的人不仅讲话比年轻人更有智慧（就像悲剧作家[①]所说的），而且行为也更为妥当。过去，当安娜·达拉西妮是一个年轻女人时，已经因为"少年老成"给人们留下了深刻印象。对于善于观察的人来说，仅是脸庞便体现出安娜天生的美德和庄重。就像我正在讲的，一旦夺取了政权，我的父亲便致力于艰苦的战争，她则成了一个旁观者。但他让她成为最高统治者，并像一个奴仆一样做她命令的任何事情。他非常爱她并对她言听计从（这就是他对她的爱）。他在所有事情上，都完全遵从她的意愿。可以这样说，在理论上他是皇帝，但真正掌控权力的人是她。她是立法者、组织者和统治者，而他则以书面或非书面的形式批准她的决定，或者通过签名，或者通过口头上的同意。有人可能会说他是她的权力工具——他不是一个皇帝，因为他同意母亲的所有决定和法令，不仅是顺从的儿子，而且是她教授统治技能时专心的听众。他相

120

---

① 埃斯库罗斯（Aeschylus，希腊的悲剧作家）：《波斯人》（Persae），782。——原译者注

信她在所有事情上都臻于完美,在慎重和事物的理解力方面远远超过那个时代的其他人。

这就是标志着他的统治开始的事件。在那个时期,因为阿莱科休斯将最高权力委托给了她,人们便很难将他视为皇帝。有人可能按照颂词的要求,赞美这位杰出女性的家族,将她的出身追溯到阿得里安·达拉西妮(Adriani Dalasseni)和卡戎(Charon),[①]着手写他们的大量成就。但我正在写历史,我的任务不是讲述她的家族和亲属,而是她的性格、品质以及符合历史主题的适宜事件。再次回到我的祖母这里,我必须说,她不仅是女人的骄傲,对于男人也是如此。她的确对维护整个人类的荣誉做出了贡献。自从声名狼藉的君士坦丁·莫诺马查斯(Constantine Monomachos)登上皇位,皇宫中的妇女居所到处充斥着堕落行为,到我的父亲成为皇帝时,已经因为荒唐的奸情而臭名昭著。安娜进行了改革,恢复了令人称赞的皇室礼仪和纪律。她分别规定了唱圣诗、吃早餐和挑选地方法官的时间。她本人为其他人树立了严格的榜样,在这个杰出女人真正圣洁的人格力量的影响下,皇宫呈现出了类似修道院的样子。就像太阳比所有星星更明亮一样,她在自制力方面,超过了古代的许多著名妇女和传奇中的女英雄,至于她对穷人的同情和对贫困者的慷慨,我们无法用语言对它们作出公正的评价。她的住所对于身无分文的亲戚而言是一个避难所,对于陌生人也是如此。她尤其尊敬教士和僧侣,经常与他们共餐,他们中的一些人是她的餐桌上的常客。端庄的外表体现了她的真实性格,她受到善良的人的尊敬,但坏人都怕她。那些沉溺于玩乐的傻瓜会发现她的眼神非常严厉。但在圣洁者看来,她非常温柔和善。她善于把握内敛和威严的尺度。她的寡言少语从未给人严厉或者残忍的印

---

① 安娜·达拉西妮是卡戎(如此称呼他是因为每次敌人去哈迪斯时,他都攻击他们)的女儿。按照母方来讲,她是阿德里安和达拉西努斯(Theophylactus Dalassenus)的后代,他们都是著名的人。这个家族在 11 世纪中期很出名。——原译者注

象,她的温和看起来也不是过分温柔或没有底线——我认为得体的真正含义是维持温和仁慈与严格的道德准则之间恰到好处的界限。她是一个很有思想的人,总会有许多想法,就像有些人私底下说的,它们都对国家有益,能使衰弱的帝国恢复活力和恢复人们丧失的财富。尽管她全心贯注于帝国的政务,但也没有忽略一个虔诚的妇女应有的责任。她的大半个晚上都在吟唱圣诗中度过,因为持续祈祷和守夜而筋疲力尽。但是黎明时分,有时甚至在第二遍鸡鸣时,她已经开始处理国事,在秘书格里高利·吉尼修斯(Gregory Genesius)的帮助下,挑选地方法官和答复恳求者的请愿。如果有演说家打算把这一点作为一篇颂词的主题,因为她的言行、思想和相比较其他人的优势,他无疑会把她捧上天(这就是写颂词的人的方式)。在过去因其品德而闻名的男人和女人,都将在她的面前黯然失色。但写历史的人不能这样做。因此,如果我没有公正地评价她的优秀品质,那些了解她的美德、高尚人格、睿智和高贵精神的人,一定不会指责我。

122

　　现在,我们必须回到已经偏离的地方,简短地谈论有关她的事情。正如我所说,她掌握着帝国的命运,但并没有把所有时间和精力都花费在世俗事务上,而是仍旧在供奉殉道者塞克拉(Thecla)的教堂里定时参加礼拜。现在,我要讲述她的丈夫的哥哥依沙克·科穆宁①皇帝建造这个教堂的经过。当达契亚人(Dacians)②蓄意打破与罗马人签订的条约时,撒尔马提亚人(Sarmatians)③(过去经常被称为米希亚人)听说了他们的行动,也开始变得不安分。他们不

① 依沙克·科穆宁(Isaac Comnenus, 1057—1059 年在位),是科穆宁家族的第一个皇帝。其在位统治情况,参见陈志强:《拜占庭帝国史》,商务印书馆,2003年,第 273 页。

② 匈牙利人(达契亚,Dacia,古代的一个地区和罗马一个省份,大至相当于今天的罗马尼亚地区,在基督教时代之前居住着色雷斯族群的一个民族,有着发达的物质文明,公元 270 年,这个地区被哥特族侵占)——原译者注

③ 撒尔马提亚人作为帕臣涅格人(Patzinaks)更为人们所知。安娜正在叙述 1059年的战役,她随意引用普塞罗斯的记述(Chronographia VII, 67 ff.)。——原译者注

满足于呆在自己的土地上（被伊斯特河与帝国分开），趁着一次动乱爆发，跨过这条河来到我们的土地上。迁移的原因是盖塔人（Getae）的敌对，他们是达契亚人的邻居并抢劫了撒尔马提亚人的居住地。后者等待适当的机会，当伊斯特河结冰后，整个部落越过干燥的河面，压向我们的领土。他们连续蹂躏了那一带的地区和城市。听到这个消息，依沙克皇帝决定占领特里亚迪扎（Triaditza）。既然他已经遏制了东部蛮族人的野心，这件事似乎没有多大困难。为了将他们从罗马土地上驱赶出去，他聚集了全部军队，沿路向北方进发。罗马军队整装待命，依沙克亲自指挥进攻。敌人内部爆发了争吵。依沙克有充足的理由不信任他们，对他们军队中最强大和勇敢的部分发动了猛烈进攻。当他和他的人靠近时，撒尔马提亚人惊慌失措。看到"雷电的使者"和排列密集的军队远远超过自己的军队，他们便丧失了作战的勇气。因此，他们撤退了一段距离，向他挑战说三天之后再战，之后立刻放弃帐篷，逃跑了。依沙克到达他们的营地，摧毁帐篷并带走了在那里找到的战利品，但他走到洛比托（Lobitzos）山脚下时，一场不合节令的巨大暴风雪降落（当时是 12 月 24 日）[①]。河的水面升高，漫过了河岸。皇帝和军队扎营的整个平原变成了一片汪洋。所有供给品都被河流冲走，人和驮行李的动物都冻得麻木了。天空中电闪雷鸣，好像要将整个乡村点燃。皇帝不知道该怎么办。在暴风雪短暂停止的间歇，他的许多人被旋转的河水冲走，他与一些精良的士兵逃到一棵橡树下避难。他能听到来自树的巨大轰鸣声，当时风变得更加猛烈，他担心这棵橡树可能会被吹倒，便离开橡树，走到足以躲避它的远处，站在那里，一言不发。好像看到了信号一样，这棵树顷刻间就被连根拔起，完全倒在地上。依沙克站在它的面前，对上帝的庇护惊叹不已。后来，东方正在发生叛乱的消息传来，他返回皇宫。正是在这个时候，为了纪念塞克拉，依沙克斥巨资建造了一座美丽的教堂，装饰了华丽的饰品和艺术品，以基督教

---

① 这一天，纪念著名的殉道者塞克拉。——原译者注

徒的方式表达了他的感激，并且有生之年都在此做礼拜。这就是这座教堂的由来。就像我已经提到的，皇后（阿莱科休斯的母亲）定期在那里祈祷。我曾与她在一起小住了一段时间，十分敬重她。任何对事实不存偏见的目击者都知道这一点，只要他愿意，就会承认我讲的关于她的事情不是空洞的吹捧。如果我更喜欢编写一篇颂词而不是历史，我会写地更加详细，增加有关她的更多的故事。但现在，我必须回到主体叙述上来。

　　阿莱科休斯知道帝国已经奄奄一息，突厥人正在恐怖地蹂躏东部地区，西部也正处于糟糕的状态，罗伯特正在全力以赴地把到他那里避难的假米哈伊尔推上皇位。在我看来，这其实是一个借口。罗伯特酷爱权力，从未安分守己。找到米哈伊尔之后，他拥有了一个类似帕特洛克鲁斯的借口。迄今为止，一直隐藏的野心逐渐暴露无遗。他用一种令人恐惧的方式武装自己与罗马帝国作战，准备了巨大数量的大型快速帆船、三层桨战船、双层桨战船、小船（*sermones*）[1]和其他运输船，并在沿海地区装备它们。同时，来自陆地的强大军队正在聚集，准备在即将到来的战斗中帮助他。勇敢的年轻皇帝身陷困境，非常忧虑，不知道应该首先对付哪个敌人。罗马帝国无兵可用，都城的士兵不超过 300 人，都来自乔马，缺乏战斗经验，根本不能上战场。还有一些雇佣军和蛮族人，后者有把剑抗在肩上的传统。[2]　国库也没有他能用来召集国外联盟军的储备金。在他之前的皇帝们，对战争和军务所知甚少，已经把罗马帝国的威望降到了最低点。我听那些曾经当过兵的人和一些老人说过，在记忆中，没有其他国家达到过如此悲惨的程度。对皇帝而言，当时的形势是令人绝望的，他被各种忧虑弄得心烦意乱。但是，他不仅是一个勇敢和无所畏惧的人，而且拥有丰富的战争经验。他希望恢复帝国的实力，在它经历了沉重的打击之后，使它重振雄风，并在上帝的帮助下，像海浪冲到岩石上一样，粉碎那些阴

125

---

①　参见附录二。——原译者注
②　即瓦兰吉亚卫兵。——原译者注

谋叛乱的敌人。他意识到必须迅速召集东部所有的城镇总督（toparch）①，他们作为要塞或城市的总督正在勇敢地抵御突厥人。因此，他立刻迅速给下面的人送去了重要急件，他们是蓬特（Pontic）、赫拉克利亚（Heracleia）和帕夫拉戈尼亚（Paphlagonia）的临时总督②达巴特努斯（Dabatenus）、卡帕多西亚（Cappadocia）和乔马的总督布尔泽斯（Burtzes）以及其他军官。他向他们解释了发生在他身上的一切，如何由于天意，他出人意料地逃离了迫近的危险成为皇帝。他命令他们留下足够的士兵确保自己行省的安全，然后与其他人一起去君士坦丁堡并尽可能多地带来健壮的募兵。他认为必须要在抵御罗伯特的战争中夺取主动权，改变那些正在加入罗伯特的首领和伯爵们的心意，便派了一个信使到莫诺马查托斯那里寻求帮助，要求他提供金钱（阿莱科休斯在成为都城的主人之前）。但是信使只带了一封信返回，莫诺马查托斯在信中编造了一系列借口（就像我先前提到的）。他说只要伯塔尼亚特斯仍旧在统治帝国，他就不会提供帮助。阿莱科休斯读了信，担心一旦莫诺马查托斯得知伯塔尼亚特斯退位，可能会站到罗伯特一边，陷入了绝望。因此，他将他的姐夫乔治·帕列奥略格派到都拉基乌姆③（Dyrrachium）④，命令他兵不血刃地将莫诺马查托斯驱逐（因为他没有足够强大的军队把他强行赶走），并且要尽其所能地抵制罗伯特的进攻。同时，阿莱科休斯决定以一种新的方式建造防御墙，拔掉了大部分木板上的钉子，这样的话，如果拉丁人从梯子上爬上来，只要踩在木板上，就会踩翻，与木板一起摔到地上。此外，他写信鼓励沿海城市的地方长官和岛民不要丧失勇气和放松警戒，一定要保持警醒，做好自我防御，时刻警惕罗伯特的进攻。因为导致所有沿海城镇甚至岛屿被攻占的一次突袭，有可能会给罗马帝国

---

① 城镇总督。——原译者注
② 安娜使用了 *topoteretes* 这个词（一个通常守卫要塞或据点的人）。——原译者注
③ 都拉斯的旧称。——原译者注
④ 伊利里亚的一个城市。——著者注

第三卷 阿莱科休斯登位：杜卡斯家族和科穆宁家族之间的斗争

带来麻烦。

这就是皇帝在伊利里亚采取的防御措施，它使位于敌人直接路线上和离他最近的地区受到了很好的防御。同时，他很快便在罗伯特的后方挑起了麻烦，因为信件已经被先后陆续送给了伦巴第公爵赫尔曼（Hermann）、罗马教皇、卡普阿的赫尔夫大主教（Archbishop Hervé of Capua）、王子们和凯尔特人土地上的所有军事首领，通过适量的礼物和许诺将来给与大量赏赐和荣誉，设法获得他们的支持，激起他们对罗伯特的敌意。他们中的一些人立刻背弃了与后者的友谊，其他人表示如果能得到更多的钱，也同意这样做。阿莱科休斯知道日耳曼国王①比其他所有人都更强大。不管他采取什么措施，只要罗伯特反对，就会成功。因此皇帝多次派人给他送去了充满修好言词和各种许诺的信件。当他确信这位国王打算答应他的要求时，便派考洛斯发克特斯（Choerosphaktes）再次带着一封信去他那里，信的内容如下："最高贵忠诚的基督教兄弟，祝愿你的强大王国更加繁荣富足。为什么不呢？我本人对上帝充满了敬畏并在你这里看到了同样的尊敬。因此，应该以你的名义祈祷一个充满美好前景的未来。你的决定，你对我的态度，与我一起分担对这个恶魔的战争的辛劳，以与他的邪恶相匹配的方式惩罚上帝和基督教徒的这个凶残邪恶的敌人——这些事情都充分证明了你的友善和虔诚。尽管我在其他方面进展顺利，但在罗伯特的事情上略显无序和混乱。如果我们信任上帝和他的判断的话，必须尽快打败这个极为邪恶的人。上帝不可能因为遗产遭受邪恶的惩罚。至于我们约定的礼物我会派人给你送去，它们会由地方总督（Catepan②）普罗特普罗得罗斯·君士坦丁（Protoproedros Constantine）交付，包括 144000 金币和 100 件紫色的丝绸衣服。这是根据与深得你信任的高贵的伯查德（Burchard）伯爵签订的协议给与的。送给你的钱已经被制成没有贬值的银币，上面印有罗曼

127

---

① 指亨利四世（Henry Ⅳ）。——原译者注
② 参见词汇表。——原译者注

努斯的头像。① 当你宣誓后,再给你剩余的 216000 金币,并支付 20 名显贵的薪俸。当你到达伦巴第之后,你最信任的亚伯拉尔 (Abelard)将转交它们。对于宣誓的方式,以前已经详细地向你解释过,但是普罗特普罗得罗斯·君士坦丁会更清楚地说明。对你提出的要求和需要你通过誓言保证的每一个要点,他可以全权代表我。当我和你派来的使节签署协定时,提到了一些更重要的条款,但是你的人说,他们没有在这些事情上得到授权,所以我让他们推迟宣誓。就像忠诚的亚伯拉尔向我许诺的,以及像我在更重要的附录中要求你的那样,请宣誓。你信任的高贵的伯查德伯爵的归期被推迟是我的责任,我想让他见见我最喜爱的侄子,就是我亲爱的兄长(一个幸福的男人!)首席大贵族的儿子,以便于当他返回时,能告诉你这个男孩尽管年纪尚幼,但是非常聪明伶俐(在我看来,外表和身体的特征相对不那么重要,尽管他在这些方面也是最好的)。你的使节将告诉你,他在访问都城期间,如何看到一个小男孩并与他进行了交谈。因为上帝尚未赐予我一个儿子,这个亲爱的侄子有可能会成为我的继承人。如果这是上帝的意愿,将没有什么能阻止我们通过亲戚的纽带结成联盟。你和我作为基督教教徒能成为朋友,作为亲戚关系会更亲密。我们互相帮助,对于敌人而言,我们将令人敬畏,在上帝的帮助下将是不可战胜的。现在,为了表达我的友善,我送给你以下礼物,它们包括一个佩戴于胸前镶嵌着珍珠的金十字架;一个装有不同圣人的碎片的嵌金圣骨盒,每一片都有一个小标记;一杯红玛瑙和一个水晶高脚酒杯;一个系在一条金链子上的饰品(astropelekis)②;一些香脂木③。愿上帝保佑你万寿无疆,不断地开疆拓土,让你的所有敌人都臣服在你的脚下。愿你的王国享受和平,太阳的安宁之光普照你的国民。

---

① 自从罗曼努斯·迪奥根尼斯统治以来,货币已经开始贬值。——原译者注
② 即 A *fulmen*(或者 thunderbolt),一种用金子镶边的装饰品。——原译者注
③ 麦加香脂(*Opobalsamum*),闻起来气味芬芳。道斯翻译为"麦加(Mecca)的香脂"。在臭气冲天的中世纪城市中,燃烧这种木头的气味相当受欢迎。——原译者注

愿你的敌人被上帝的力量击败，上帝会保佑你在所有战争中战无不胜，因为你虔诚地维护他的名誉并武装自己进攻他的敌人。"

在西部作了这些安排之后，阿莱科休斯准备应对东部的紧迫危险。期间，他留在都城，研究反击敌人的各种策略。就像我在前一章所讲的，不信奉上帝的突厥人居住在普洛彭提斯（Propontis）地区。苏莱曼（Sulayman）控制了整个东部，目前在尼西亚附近扎营。他的苏丹国就在那个城市（我们称它为他的皇宫）。卑斯尼亚和提尼亚（Thynia）的整个乡村地区不断遭受苏莱曼的抢劫。骑马和步行的抢劫者远至博斯普鲁斯海峡（Bosphorus）上现在被称为大马里斯的城镇劫掠。他们带走了大量战利品并试图跨越海峡。拜占庭人看到他们完全毫不畏惧地随意居住在海岸上的小村庄和圣殿里，充满了恐惧，不知道应该怎么办。皇帝得知了这一切，一时想不出什么对策。考虑了许多计划之后，鉴于以往的应变经验，他选择了相对更有利的计划。他从那些被匆忙征募的人（罗马人和原先来自乔马的一些募兵）中任命了指挥官（decarchs），命令他们轻装简从，仅带着弓和盾，登上小船。其余人（有一些使用其他装备的经验）装备着头盔、盾和矛。他们的任务是晚上秘密绕过靠近海的海岬，如果确信敌人的数量没有远远超过自己，便跳下船突袭他们，然后立刻重新上船返回基地。他知道这些人缺乏战争经验，因此警告他们要禁止划手们的橹发出噪音，而且要警惕潜伏在岩石嶙峋的水湾处的蛮族人。这些做法被重复了许多天之后，突厥人逐渐从沿海地区撤离到更远处。皇帝得知了正在发生的事情后，命令他的人夺取敌人之前占领的建筑物并且整晚都呆在那里。大约在日升时分，当敌人像往常一样外出寻找粮草或为了其他原因必须出去时，他们要进行突袭，如果取得成功，即使是很小的成功，也要立刻返回据点。因为如果冒险，企图寻求更大的成功，可能会遭到突厥人的反击。不久之后，蛮族人再次撤退，这使阿莱科休斯信心倍增。直到那时为止，他仍旧命令那些步兵骑上马，拿着标枪，短途进攻敌人，但不再在黑暗中秘密进攻，而是在白天公开进

129

130

攻。原来指挥 10 人的指挥官（decarchs）现在开始指挥 50 人（pentekontarchs）①，他们也不再在晚上带着极大的恐惧步行作战，而是开始在早上进攻，到了正午时分，会取得一些胜利。因此，当局面对突厥人而言变得糟糕时，罗马人的威望日益提升。科穆宁不仅把敌人驱逐到远离博斯普鲁斯海峡和沿海附近的地方，并且从卑斯尼亚和提尼亚地区追赶他们，更不用提尼科米底亚（Nicomedia）边界了。苏丹被迫急切地请求休战，阿莱科休斯高兴地接受了谈判的提议。他已经多次听到关于罗伯特的无限野心的可靠消息，并且知道庞大的军队已被召集，罗伯特正在匆忙赶往伦巴第海岸。毕竟，就像谚语所说的，即使是赫拉克勒斯（Hercules）②也不能同时与两个敌人作战，更何况是一个年轻的将领呢？他最近刚刚得到了一个既没有军队也没有金钱的衰败帝国，它长期以来慢慢衰亡，所有财富都被挥霍殆尽，现在已是奄奄一息。他已经通过不同的方式把突厥人从大马里斯及其附近海岸地区驱逐，同时用礼物赢得了他们的友谊，强迫他们接受了和平协定。现在，德拉古河（Drakon）成为他们与帝国之间的边界，附加条件是突厥人绝对不能跨越此河入侵卑斯尼亚边界。

131　　东部就这样被平定。帕列奥略格到达都拉基乌姆，紧跟着，莫诺马查托斯叛逃到伯丁努斯和米哈伊拉斯那里。帕列奥略格派了一个快信使将这个消息报告给皇帝。由于曾拒绝听从阿莱科休斯信使的建议，在他要钱时，让他空手离开（这是在计划的叛乱公开之前），所以莫诺马查托斯担心自己的安危。事实上，皇帝不打算进行任何报复，只是要剥夺他的领导权（原因已经被陈述）。得知了他的行为，皇帝给他送去了一份确保他的人身安全的金玺诏书。莫诺马查托斯拿着这份诏书，回到皇宫。其间，罗伯特到达奥特朗托，将所有权力（包括对伦巴第的统治）转交给他的儿子罗杰之后，

①　一个 decarch 领导 10 个人，一个 pentekontarch 领导 50 个人。——原译者注
②　希腊罗马神话中的赫拉克勒斯是宙斯与阿尔克墨涅之子，力大无比的英雄，因完成赫拉要求的十二项任务而获得永生。

继续去了布林迪西港口。在那里，他得知帕列奥略格已经到达都拉基乌姆，便立刻在更大的船上建造了覆盖皮革的木制塔楼。围攻所需要的所有东西都被迅速放到船上，马和武装的骑士登上了大型快速帆船。当来自所有地区的军需品被非常迅速地准备好之后，罗伯特急着横渡。他的计划是一到达那里，就用攻城机械从陆地和海洋同时包围都拉基乌姆——这样做有两个目的，一是恐吓居民，二是把他们完全隔离之后，一举攻占这座城市。这些消息让岛民们充满了恐惧，居住在都拉基乌姆附近海岸上的人们也非常惊慌。当他满意地看到一切准备就绪后，船尾的缆绳被松开，由大型快速帆船、三层桨船和单层桨船组成的整个舰队，按照海军的惯例，以战斗序列排列，秩序井然地起航。罗伯特刚好顺风，经过对面的阿弗罗拉（Avlona），沿海航行至布特林托（Butrinto），他的儿子博希蒙德在那里加入了他，后者在他之前已经横渡并轻易占领了阿弗罗拉。整个军队现在一分为二，一半由罗伯特本人指挥，将通过海路去都拉基乌姆（这是罗伯特的目的地）；另一半被交给了博希蒙德，将从陆路向这个城市进军。当罗伯特离开格洛萨（Glossa）海岬时，突然遭遇了一场巨大的暴风雨，便经过科孚岛（Corfu）[①]，改变了去都拉基乌姆的路线。一场大雪降落，来自高山的劲风冲向大海，海浪冲天，狂风怒吼。当划船手把桨放进水中时，便被折断，船帆被疾风撕成了碎片，桁端被粉碎散落到甲板上。船只、船员等都正在被吞没。但是，此时是夏天，太阳已经经过了北回归线（Tropic of Cancer），正在去狮子座的路上——他们说这是天狗星升起的季节。所有人都不知所措，惊慌沮丧，不知该做什么，无力抵抗。当他们呻吟悲叹时，一声可怕的哭喊声响起，请求上帝的帮助，祈祷可以看见大陆。但是，暴风雨没有平息，好像因为罗伯特的顽固和专横傲慢，上帝正在发泄对他的愤怒，仿佛从一开始就要通过一种迹象表明他的行动的结局将是灾难性的。在这个过程中，有些船只下沉，船上的船员被淹死，其他船只被冲到海

132

---

① 克基拉岛的旧称。

岬上被碰碎。盖在塔楼上的皮革因为雨变松散,钉子散落,皮革变得更加沉重,它们的重量使木制塔楼塌陷为废墟,导致船只沉没。罗伯特的船尽管被破坏过半,但最终到达了安全的地方。有些运输船也逃脱,令人难以置信地没有丢失上面的船只。许多尸体被海浪抛起,大量钱包和由罗伯特的舰队的水手们带来的其他物品被撒在沙滩上。幸存者按照应有的仪式埋葬了他们的尸体,但是埋葬这么多人不是一件容易的事情,他们由此遭遇了恐怖的恶臭。因为所有供给品已经丢失,如果庄稼尚未成熟并且田地和菜园里没有水果的话,他们将很快死于饥饿。已经发生的这些事情对有正常判断力的人都会产生重要影响,但对罗伯特则不会。

133 没有什么使他感到害怕或影响他钢铁般的意志。如果他祈祷自己应该得到宽恕,我认为那只是为了能对选定的敌人发动战争。这场灾难根本没有让他放弃当前的目标。他和幸存者们(一些人被上帝战无不胜的力量从危险中解救出来)一起,在格拉比尼扎(Glabinitza)住了一周让船员们休息以恢复体力,同时等待那些被留在布林迪西的士兵和来自另一地区的人从海上到达。他也在等待重装骑兵和步兵与轻装部队一起经由陆上到达(他们在他之前早已出发)。当来自陆地和海洋的所有队伍会合后,他全力占领了伊利里亚平原。向我提供这个信息的拉丁人向我保证说,自己当时与他在平原上一起度过了那段时间,他们在以前被称为埃皮丹努斯的残破城墙里搭建了临时营房。根据他的说法,当时来自巴里(Bari)主教的一个使节被派到了罗伯特那里。伊庇鲁斯国王(King of Epirus)皮洛士(Pyrrhus)①曾经住在这个地方,与他林敦(Tarentum)的人一起进攻罗马人。他们在阿普利亚(Apulia)进行了一场激烈的战斗,结果生灵涂炭,全部人口无一幸免,城市变成了一座没有人烟的空城。但是后来,根据希腊传统和那里被雕

---

① 皮洛士(319—272B. C.)在公元前280年于赫拉克利亚(Heraclea)打败罗马人之后,取得了著名的“皮洛士式的胜利”。——原译者注

刻的铭文，安菲翁（Amphion）[1]和泽索斯（Zethos）[2]把它恢复到了现在的模样，名字也被改为都拉基乌姆。关于这个地方我说了许多题外话，以此结束第三卷。我将在第四卷叙述其后发生的事情。

---

[1] 宙斯之子，泽萨斯的孪生兄弟，曾用其七弦竖琴的魔力把石头变成底比斯城墙。

[2] 这里存在一些混乱。没有其他历史学家提到一次如此严酷的人口灭绝。安菲翁和泽萨斯是希腊神话中的著名人物，被认为建造了底比斯城。——原译者注

第四卷　与诺曼人的战争

在第四个财政税收年的 6 月 17 日，罗伯特已经在陆上扎营。来自四面八方的军队再次聚集在一处，骑兵和步兵的数量巨大，军队的阵容和士气令人敬畏。他的舰队在海上巡游，舰队由各种船只组成并配备了拥有长期海战经验的士兵。被从两面（陆地和海上）包围的都拉基乌姆的居民看到罗伯特不计其数的军队感到异常恐惧。但是，乔治·帕列奥略格是一个勇敢的人，深谙领导艺术。他在东部身经百战并且战无不胜。现在，他镇定地继续加强城市的防御，根据皇帝的建议修建了城垛，在城墙上到处布满了投石机，为士气低落的士兵加油打气，沿着防御城墙布置侦察兵。他还亲自日夜不停地巡视，督促哨兵们要格外警惕。同时，他写信通知皇帝有关罗伯特进攻的消息，后者出现在都拉基乌姆附近以及为围攻所作的准备等。攻城机械停在城外，一个巨大的木制塔楼被建造，甚至比城墙还高，四面均由皮革保护，顶部放着投掷石块的机械。整个城墙被包围。同盟军队从不同驻地聚集到罗伯特这里，附近的城镇遭到突袭和劫掠，帐篷的数量每天都成倍地增加。所有这些都使都拉基乌姆的居民感到恐慌，因为他们知道罗伯特公爵的真实目的，并非像他通常所宣称的那样，是为了抢劫城市和
土地，收集大量战利品，然后返回阿普利亚。他并不是因为这些占领了伊利里亚平原，而是因为觊觎罗马帝国的皇位。也就是说，对都拉基乌姆的匆忙围攻只是第一轮回合的较量。帕列奥略格让士兵们从城墙上询问他来这里的原因。"我的亲戚米哈伊尔已经被自己的帝国驱逐，为了惩罚向他施加暴行的人，帮他恢复应有的尊

贵地位。总之，为了替他报仇。"帕列奥略格的人回答："如果我们看见了米哈伊尔并确认是他，我们将毫不犹豫地向他臣服并献出此城。"听到这些话，罗伯特立刻命令"米哈伊尔"穿上华丽的礼袍，出现在市民面前。他在隆重的护卫下走出来，伴随着各种乐器和铙钹，被大声欢呼。他们一看见他，便从城墙上对他进行各种羞辱，大声叫喊他完全是一个陌生人。罗伯特没有理会，继续手头的事情。但是，在谈话进行期间，有些人出其不意地进行了一次迅速出击，与拉丁人作战，给他们造成轻微的损失后便返回了城里。对于陪伴罗伯特的僧侣，大家众说纷纭。有人宣称他是米哈伊尔·杜卡斯皇帝的持杯者；有人确信他就是罗伯特的亲家米哈伊尔皇帝，因为这个缘故，后者才发动了这场可怕的战争；有人则确信整个事件是由罗伯特杜撰的，因为这个僧侣并不是自愿来这里的。凭借天生的精力和傲慢的精神，他（罗伯特）从极端贫穷和卑微的出身崛起为伦巴第和阿普利亚所有城市和土地的主人。如前所述，他已经巩固了自己最高统治者的地位。不久之后，他的野心膨胀——这是贪婪的正常反映——试探性地对伊利里亚的城市发起了进攻。如果成功，他将进一步扩大战争。一个人一旦攫取了权力，他对金钱的热爱就会表现出像溃疡一样的特征。因为溃疡一旦进入身体，就不会停止活动，直到侵入和摧毁整个身体为止。

　　这就是帕列奥略格汇报的所有内容。皇帝得知了罗伯特如何在六月份越境；如何受到暴风雨和船只失事的阻挠，受到上帝的惩罚但仍然毫不气馁；如何和他的军队一起一举攻占了阿弗罗拉；无数军队如何像冬天的雪片一样正从四面八方聚集到他身边，更多盲从的民众相信冒充者米哈伊尔真的是皇帝，正在加入他的军队。阿莱科休斯看到了任务的艰巨，甚为忧虑。他知道自己军队的数量被拉丁人大大超过，决定向东部的突厥人求助。他立刻让苏丹知道了自己的想法，也通过许诺和贿赂请求威尼斯人（Venetians①）

137

---

① 　一种传统观点认为罗马人赛马团体"蓝党"（Blues，*Veneti*）的名字起源于威尼斯（Venice）。——著者注

的帮助,向他们许诺了一些报酬并且立刻兑现了一部分,条件是威尼斯人同意装备所有舰队,立刻驶向都拉基乌姆保护城市,并与罗伯特的海军作战。如果他们按照他的要求做了,可能会在上帝的帮助下赢得胜利,也有可能战败。但是不管结果如何,他们都会像大获全胜一样得到被许诺的报酬。只要不损害罗马帝国的利益,他们的所有要求都会被满足并得到金玺诏书的确认。威尼斯人表示同意,通过使节讲明了自己的要求并得到了明确的承诺。一支由各种类型的船只组成的舰队被立即装备并井然有序地驶向都拉基乌姆。经过长时间的航行之后,威尼斯人驶进了一个被称为帕利亚(Pallia)的地方,附近有"圣洁的上帝之母"(Immaculate Mother of God)的圣殿,距离罗伯特在都拉基乌姆城外的营地约 18 斯塔得。当他们看到在距离城市较远处的蛮族人舰队被各种战争机器保护着,就没有发起进攻。罗伯特听说他们到来的消息后,派儿子博希蒙德带着一支海军中队到他们那里去,命令他们向米哈伊尔皇帝及自己臣服。他们表示第二天再做决定。夜幕降临时,因为不能靠近海岸并且海风已经减弱,他们便把较大的船只用铁链捆绑在一起,形成了所谓的"海港",然后在桅顶上建造了木制塔楼,并在缆索的帮助下将由每艘船拖曳的轻舟吊在它们中间。这些轻舟里安置了全副武装的士兵,厚木头被切割成不超过一立方米的形状并被嵌入了锋利的铁钉。然后,他们等着法兰克人舰队到来。当博希蒙德到达并要求他们向皇帝和他的父亲欢呼致敬时,天已破晓,他们嘲笑他的胡子。博希蒙德无法忍受这种羞辱,亲自指挥军队向最大的船冲去,其余的人紧随其后。战斗进行得非常激烈。当博希蒙德正在勇猛作战时,他们从桅杆顶部投掷了一块巨木,碰巧将他所在的船只砸出了洞。船上的人处于被海水吞没的危险中,一些人跳离船被淹死了;一些人继续与威尼斯人作战,被杀死了。博希蒙德在生命危在旦夕的时刻跳入另一艘船得以逃命。威尼斯人士气大振,更加自信地继续进攻,彻底击溃了敌人,一直将他们追赶到罗伯特的营地。一到达干燥的陆地,他们便跳上岸与敌人开始了另一场战斗。帕列奥略格看到正在发生的战事后,也出城参战。激烈的战斗一直扩散到罗伯特的营地，许多法兰克人被从营地驱逐，许多人被杀。[①] 威尼斯人回到装满战利品的船上，帕列奥略格返回都拉基乌姆。休整了几天之后，胜利者向皇帝派去信使，详细汇报了战斗的情况，得到了嘉奖和酬劳。最后，皇帝允许他们带着给威尼斯公爵[②]及其官员的大量金钱离开。

　　罗伯特的好战本性促使他继续浴血奋战，但是面临一定的困难。因为正值冬季，船只无法下水；罗马人和威尼斯人的舰队在海峡上不停地巡逻，阻止来自伦巴第的增援部队跨越海面，也切断了来自这个地区的必需品供应。当春天到来，冬天的暴风雪减弱后，威尼斯人先发制人，起锚发动了进攻。莫里斯率领罗马舰队跟随在他们后面。随后双方爆发激战，罗伯特的人再次被击溃。这使他决定把所有船只都拖到陆地上。岛民、大陆沿岸小地方的居民和正在向罗伯特纳贡的其他人，因为他遭遇的灾难而变得勇敢，听到他在海上的战败之后，都不愿再忍受他强加给他们的沉重义务。很明显，要筹划一次新的海陆战役，他需要更加谨慎。他有很多想法，但实现它们是不可能的。那时强风劲吹，因为害怕船只失事，他在埃里克逗留了两个月。但是，他一直都在为战斗做准备和组织军队，打算海陆两线作战。威尼斯人和罗马人竭尽所能地维持海上封锁，天气出现好转时——足以鼓励船员们航行——他们挫败了来自西部试图横跨海面的所有努力。罗伯特的人在格里吉斯河（River Glykys）边露营，发现要从陆地得到供给品非常困难，因为当他们离开营地去搜寻或带回其他必需品时，就会受到来自都拉基乌姆城的干扰。他们开始忍饥挨饿，也面临其他的麻烦，难以适应气候使他们很痛苦，据说在三个月以内，共有 10000 人死亡。疾病也袭击了罗伯特的骑兵，共有 500 名公爵和精兵成为疾病和饥荒的牺牲品，较低军阶的骑兵更是死伤无数。就像我已经讲到的，他的船只被拖到了格里吉斯河边的陆地上。冬去春来，天气变得更

139

140

加炎热无雨,水平面下降,山上的溪流也没有像通常那样流下来,现在船只无法下水。因此,他陷入了尴尬的境地。尽管存在这些困难,但罗伯特是一个足智多谋的人,他下令在桥的两端打上桥桩,然后将它们和柳树牢固地捆绑在一起。许多高大的树木被砍伐,放在桥桩的后面并铺上沙子,以便引导河流进入由木桩铺成的河道中。水塘逐渐形成,河水填充了整个人工渠道,直到足以使船只浮起来为止,这些原本停靠在陆地上的船现在都漂浮起来。此后只要有充足的水流,船只便很容易下水。

　　皇帝得知了罗伯特的行动,立刻给帕库里亚努斯写信,告诉他这个人毫无限制的野心如何导致了阿弗罗拉的陷落,如何无视在海陆上遭遇的灾难,更不用提在战争初期遭到的失败了。他写道"一定不要耽搁",要求帕库里亚努斯必须集结军队,以最快的速度与自己会合。因此,在第四个财政税收年的 8 月,帕库里亚努斯迅速离开君士坦丁堡,依沙克则留守都城维持秩序,负责平息敌人散布的谣言(通常是坏消息),守卫宫殿和城市,同时安慰容易哭泣的妇女们。至于他的母亲,我认为她不需要帮助——她的意志坚如磐石,无论在什么情况下,都是一个高明的统治者。读完信之后,帕库里亚努斯立刻任命尼古拉斯·布拉纳斯(Nicolas Branas)为副指挥官(hypostrategus①),后者是一个拥有丰富战争经验的勇士。他
141 本人则与所有重装步兵以及贵族们匆忙离开俄瑞斯提亚斯(Orestias)②去与皇帝会合。后者任命相对更勇敢的军官担任指挥官,按照战斗队形排列了军队,命令他们在地形允许的地方按照这种队形行军,以便使每个人都很好地熟悉军队的整体安排和确认自己在队形中的位置,因此在战斗的时候就不会慌乱,也不会在不同的情况下随意改变位置。骑兵军团(*excuhitae*)③由君士坦丁·奥普斯(Canstantine Opus)指挥,马其顿军团由安条库斯

①　副指挥官(Second-in-command)。——原译者注
②　亚德里亚纳堡及其周围地区。——原译者注
③　通常驻守在君士坦丁堡的骑兵军队,由一位军团司令指挥。——原译者注

(Antiochus)指挥,塞萨利军团由亚历山大·卡巴西拉斯(Alexander Cabasilas)指挥。当时担任 Grand Primicerius① 的塔提西乌斯(Taticius)指挥来自阿克里达(Achrida)地区的突厥人,他是一个勇敢的战士,在战斗中能保持头脑冷静,但他的家人并不是自由人。他的父亲实际上是撒拉逊人(Saracen),在一次抢劫战中被我的祖父约翰·科穆宁(John Comnenus)俘虏。2800 名魔尼教徒(Manichaean)士兵的指挥官是罕塔斯(Xantas)和库莱昂,他们是拥有相同信仰的异教徒。这些人都是优秀的战士,只要机会出现,随时准备与敌人浴血奋战。我还应补充一点,他们都是不服管束和没有羞耻心的人。皇室家族的士兵(通常被称为 vestiaritae)和法兰克人军团由帕努科米特斯(Panoukomites)和君士坦丁·胡伯特普鲁斯(Constantine Humbertopoulos。如此称呼是因为他的出身)指挥。军队部署完毕之后,阿莱科休斯启程向罗伯特全力进军,在途中遇到了一个来自都拉基乌姆的人,询问过他之后,对那里正在发生的事情有了比较清楚的了解。罗伯特已经把围攻所需要的全部机器移到了城墙附近,帕列奥略格日夜反击,挫败了他的多次进攻,已经变得筋疲力尽。他曾出城与敌人进行了一次决战,身体各处都受了重伤,最严重的伤是一支箭刺穿了他的太阳穴附近的部位。他试图强行将它拔出,却不能这样做。一个专家被叫来,切除了箭的尾部——即羽毛黏附的尾端——但剩余部分仍留在伤口中。帕列奥略格尽力包扎了头部,重新回到敌人中间,一直战斗到晚上很晚。听说了这些情况之后,皇帝意识到帕列奥略格迫切需要帮助。他加快行军,到达塞萨洛尼卡时,许多侦察员更详细地确认了关于罗伯特的消息。当罗伯特准备就绪,鼓舞士气之后,在都拉基乌姆平原上收集了大量木头并在距离城墙约一箭射程的地方扎营。也有关于帕列奥略格的消息,皇帝从几个渠道听说他进行了精心准备,决定烧毁罗伯特建造的木制塔楼,城墙上放置了投石

142

---

① 皇室家族的官员之一,这一高级职位为宦官保留。参见 CMH, vol. iv, pt. ii, p. 20。——原译者注

机、石油、沥青和小块干木,等待敌人的进攻。因为他预测进攻可能发生在第二天,便及时在城中建造了自己的木制塔楼,和罗伯特的塔楼直接相对。事实上,他整个晚上都在试验放在塔楼顶端的榍条,打算当罗伯特的塔楼推到城墙边时,投射这根榍条撞击他的塔楼门。他一直都在试验,查看它能否毫无困难地被移动并且恰好落在敌人的塔楼门所经过的路线上,以便阻止它们像通常那样打开。在确信榍条能很容易被投射,成功完成它的使命之后,他对即将发生的战斗不再过多地担心。第二天,罗伯特命令所有士兵拿起武器,大约 500 名步兵和全副武装的骑兵进入塔楼,后者被带到城墙附近。他们急忙打开顶部的门,打算利用它作为渡桥进入城堡。但就在这时,帕列奥略格在许多勇士的帮助下,利用提前准备好的机械装置投射了巨大榍条。因为榍条导致门完全无法打开,所以罗伯特的计谋被挫败。随后,密集的箭雨射向塔楼顶部的凯尔特人(Kelt),他们招架不住便躲起来。罗伯特下令降落塔楼。但是语音未落,塔楼已经着火。上面的凯尔特人摔了下来,下面的人则打开底层的门逃跑了。看到这种情况,帕列奥略格立刻率领在后门的一些全副武装的士兵和拿着斧子的士兵冲出来重击塔楼。他再次成功。因为上层起火,下层部分被石器砸碎,塔楼被完全摧毁。

143

据探报,罗伯特正在匆忙建造和第一个塔楼相似的塔楼并准备好了攻打城市的攻城机械。因为帕列奥略格迫切需要帮助,阿莱科休斯日夜兼程。到达都拉基乌姆之后,他让军队在恰赞尼斯河岸(River Charzanes)扎营,并立刻派使节去质问罗伯特为何而来,打算干什么。其间,阿莱科修斯去了尼古拉斯(Nicolas)圣殿,他是最伟大的教皇之一。圣殿距离城市 4 斯塔得。他侦察了地形,希望在罗伯特行动之前挑选出最佳作战路线。当时是 10 月 15 日。一片狭长地带从达尔马提亚(Dalmatia)延伸入海,终端是几乎被海水包围的海岬。圣殿就建在这里。在都拉基乌姆城的对面,有一个缓坡直达平原,左边是大海,右边是高耸的大山。罗马军队集中在这里安营扎寨。随后,乔治·帕列奥略格被传唤。但是,后者对这种事情有长期经验，拒绝前来，让皇帝明白自己离开城市是不明智的。阿莱科休斯再次派人去请他，这次更加急迫，但也无济于事。帕列奥略格的回复是："对我而言，离开正在被围攻的城堡是绝对致命的。除非我看到陛下的戒指印章，否则我不会出城。"戒指被送来，他立刻带着一些战舰到皇帝这里来。阿莱科休斯向他询问了有关罗伯特的行动，在听了详细准确的汇报之后，他问："我应该冒险与他作战吗？"帕列奥略格认为暂时不要。其他一些有长年战争经验的人也强烈反对交战，建议他采取待战策略，通过小规模的战斗和阻止罗伯特的士兵离开营地去搜寻食物或抢劫的方式，尽力消耗罗伯特的兵力。同样的方式也被用来对付伯迪努斯和达尔马提亚人以及周围地区的其他指挥官。他们确信如果采取这些措施，就能轻易打败罗伯特。较为年轻的军官，尤其是君士坦丁·波尔菲罗格尼图斯（Constantine Porphyrogenitus）、尼基弗鲁斯·西纳得努斯（Nicephorus Synadenus）、瓦兰吉亚人的指挥官纳姆彼特斯（Nampites）和前皇帝罗曼努斯·迪奥根尼斯（Romanus Diogenes）的儿子利奥和尼基弗鲁斯，则更倾向于开战。当争论相持不下时，使节从罗伯特那里返回并传达了他的答复："我来此不是与陛下作战的——那根本不是我的目的——而是为了替我的亲家所遭受的不公正待遇报仇。如果你想与我讲和，我表示欢迎，只要你能满足我的使节向你提出的条件。"他提出了完全不可能被接受的条件，它们有损于帝国的利益。他同时许诺，如果得到了他想要的，他将在皇帝的允许下居住在伦巴底，并且如果需要，他将为我们提供帮助。这只是借口。他通过这样做，展现渴望和平的形象，同时提出不可能实现的条件，从而找到发动战争的借口，让罗马皇帝为此负责。他的提议不可能得到满意的答复。于是，他召集了所有公爵并发表演说："你们了解尼基弗鲁斯·伯塔尼亚特斯皇帝对我的亲家所做的事，以及我的女儿海伦娜和他一起被赶出宫时遭受的羞辱。这些事情实在令人无法忍受，为了替他们讨回公道和惩罚伯塔尼亚特斯，我们离开了家乡。但他已经被剥夺了皇位，现在我们必须与一个年轻的皇帝作战，他是一个勇敢的战

144

145

士，军事经验远超出其年龄。与他作战，我们一定不能掉以轻心。一般而言，权力越分散，由于想法不同而引发混乱的可能性就越大。因此，我们中必须有一个人成为唯一的领导者，他要征求所有人的意见，不能独断专行，按照自己的意志自行其是。其他人可以公开阐明自己的观点，但同时要接受被选举的领导人的意见。你们要推选这样一个领导人——我第一个同意。"所有人都赞成这个计划和罗伯特的发言。他们当场毫无异议地选他为领导人。起初他像一个害羞的女孩子一样假装拒绝接受，但他们坚决地恳求他。最后，他妥协了，表面上是为了答复他们的请求，事实上，长期以来他一直都在策划这件事。他通过参与一系列的争论并把各种理由巧妙地联系在一起，使那些不了解他的真实想法的人相信，他接受这个请求并非出于自愿，事实上这正是他真正想要的东西。他这样结束了自己的演讲："公爵们和剩余的军队，请听从我的建议。我们离开自己的家乡来到这里，与一位勇敢的皇帝作战，他虽然最近刚刚夺取了皇权，但在其前任者统治期间已经赢得了许多战争的胜利，平息了许多势力强大的叛乱者。因此，我们必须全力以赴地进行这场战争。如果上帝赐予我们胜利，我们就不会再缺钱。这就是我们今天为什么必须烧毁行李，破釜沉舟，与他决一死战的原因。"所有人都赞同他的话。

这就是罗伯特的想法和计划。皇帝的计划有所不同，但更复杂精细。两个将军在计划他们的策略和行动时，都把军队聚集在一起，打算以最有利的方式投入战斗。皇帝决定从两侧对罗伯特的营地发动突然夜袭，并命令全部盟军从后面突袭。他们要穿越盐碱地，走一条比较远的路线——因为可以出其不意，阿莱科休斯同意这样做。在得知其他人都各就其位时，他打算亲自从前面进攻。罗伯特清空了帐篷，带着所有军队，在晚上过桥（当时是第五个财政税收年的 10 月 18 日），到达了一座圣殿，它是很久之前为了纪念殉道者塞奥多鲁斯在海边建造的。为了祭奠神灵，诺曼人整晚都在进行神秘的祭神仪式。然后，罗伯特安排了作战阵线。他亲自指挥中队；靠近海的侧翼部队交给了勇敢的阿米克塔斯

146

(Amiketas)，他是一个杰出伯爵；另一支侧翼部队交给了他的儿子，绰号为萨尼斯库斯(Saniscus)的博希蒙德。皇帝得知了发生的事情，便调整计划以应对新情况——在危机时刻，他善于随机应变——沿着海边的斜坡排列阵线。他将军队分开，但是没有召回已经去进攻罗伯特营地的蛮族人。肩上扛着双刃剑的其他人和他们的指挥官纳姆皮特斯(Nampites)被留下，他命令他们下马，按照队形在队伍前面向前走了一小段路，像其种族的其他人一样拿着盾牌。剩余军队被分成连队。皇帝亲自领导中队，左右两翼则分别交给了凯撒尼基弗鲁斯·迈里西努斯和近卫军军团司令帕库里亚努斯。在他本人和步行的蛮族人之间是一支箭术熟练的强大弓箭手支队。他打算首先派他们进攻罗伯特，并命令纳姆皮特斯在他们冲出去进攻凯尔特人时，迅速为他们打开横队（左右移动），当他们撤退时，要关闭横队，以紧凑的队列前进。当一切准备就绪，他亲自沿着海岸线进攻凯尔特人的前部。当都拉基乌姆城的居民按照皇帝的命令打开城门时，那些已经穿过盐碱地的蛮族人，便向敌人的营地发起了进攻。两个领导人逐渐靠近时，罗伯特派出了一支骑兵分队，命令他们引诱部分罗马军队脱离阵线。阿莱科休斯没有落入圈套。事实上，大量前来增援的轻盾兵部队正在向他们发动进攻。当时，双方发生了一定规模的战斗。罗伯特正悄悄地跟随在这些骑兵的后面。阿米克塔斯支队的步兵和骑兵冲到主力部队的前面，进攻纳姆皮特斯所在的阵线尾端，两支军队之间的距离正在缩小。我们的士兵勇敢作战，敌人后退（他们并非全是精兵），跳进了与脖颈齐深的海水中，靠近罗马人和威尼斯人的船时，请求救命——但是没人救他们。据说罗伯特的妻子盖塔(Gaita)，看到那些逃兵，愤怒地盯着他们，大声喊道："你们还要逃多远？站住！像个男子汉一样！"——这些不是荷马的话，而是她自己的方言中与之相似的话。她经常在战斗中陪伴他（罗伯特），即使不是第二个雅典娜，也像帕拉斯(Pallas)一样，当看到他们继续逃跑时，她抓住一支长矛，全速冲向他们。这使他们恢复了理智，重新回去战斗。此时，持斧者和他们的指挥官纳姆皮特斯因为缺乏经验和

147

脾气暴躁失去了理智,已经远离了罗马人的阵线。他们前进得过快,急于去和像他们一样急切的凯尔特人作战。纳姆皮特斯的人像凯尔特人一样热衷于战争,在战斗方面绝不比他们逊色。但是,罗伯特注意到由于迅速前进、长途跋涉和武器的重量,他们已经气喘吁吁,疲惫不堪,远比不上凯尔特人的士气,于是命令一支步兵分队向他们进攻。整支蛮族人军队被屠杀,只有逃到大天使米迦勒(Archangel① Michael)圣殿的人幸免于难。能进圣殿的人都一拥而入,剩余的人则爬到了屋顶上,站在那里,以为这样可以逃命。拉丁人点燃了包括圣殿在内的所有东西,试图放火烧死他们。剩余的罗马军队继续勇敢战斗。但是,罗伯特像某个飞行的骑兵一样,与其他士兵一起冲向罗马阵线,将其向后推赶并在多处打破了他们的阵线。最后,一些人战死,一些人逃命。尽管已经失去了许多战友,他们都是一些在出身和战争经验方面相似的优秀男人,但皇帝仍旧像一座不可战胜的塔楼一样坚守阵地。君士丁乌斯在那场战斗中阵亡,他是前皇帝君士坦丁·杜卡斯的儿子,在父亲成为皇帝之后,出生在紫色产房。当时,他被父亲赐予了一顶皇冠。尼基弗鲁斯绰号为西纳德努斯,是一个非常勇敢和英俊的人,在那天的战斗中急于冲在其他人的前面,也战死了,上面提到的君士坦丁乌斯经常和他提及与自己妹妹的婚姻。其他战死的贵族还有帕列奥略格的父亲尼基弗鲁斯,②扎查里亚斯(Zachalias)的胸部受了致命伤当场死亡,阿斯皮特斯(Aspietes)和其他许多优秀士兵也被杀。战斗仍未结束,当三个拉丁人看到皇帝依旧坚持与敌人作战时,便离开其他人,拿着准备好的长矛全速向他冲去。其中一个是我提到过的阿米克塔斯,第二个是彼得,自称是亚里发斯(Aliphas)的儿子,第三个是与他们类似的人。阿米克塔斯因为马轻微转向而错过了皇帝。阿莱科休斯用剑挡开了第二个人的矛并用护肩全

---

① 希腊文为 *archistrategus*,"最高长官"。——原译者注
② 他一直忠诚于伯塔尼亚特斯,直到他退位。现在,他为后者的竞争者作战。——原译者注

力击伤了他,砍掉了他的胳膊。第三个人直接击向了皇帝的前额,后者非常沉着冷静,一点都不惊慌,立即出手反击。当矛击来时,他将身体向马尾弯去,矛头刚好擦过他的皮肤,立刻出现了一个轻微的伤口,但矛被他的头盔边挡住了,穿透了紧系在他下巴上的羽毛带子并把头盔打落在地。这个凯尔特人从他的身边骑过去,以为他已经摔下马。但是阿莱科休斯坐直了身子,稳固地坐在马鞍上,武器都完好无损。他的右手举着拔出鞘的剑,身上满是灰尘和血迹,光着头,闪亮的红发遮在眼睛前面让他很烦躁(他的马因为受到惊吓和无法容忍嚼子的束缚,正在疯狂的暴跳,使他的鬓发披散到了脸上)。尽管如此,他仍旧全力以赴地与敌人对决。但是,他看到突厥人正在逃跑,甚至伯迪努斯也不战而退。伯迪努斯穿着盔甲并将军队排列成战斗队形。一整天,他都在袖手旁观,从表面上看,好像随时准备按照与皇帝的协议提供帮助。事实上,他一直在焦急地观察皇帝是否能取得胜利。如果能,他就进攻凯尔特人,如果不能,他就悄悄撤退。从他的行动看,这就是他的计划。因为当他看到凯尔特人必胜无疑时,便不发一箭,逃跑了。阿莱科休斯知道了这一切,看到没有人前来援助,便也撤退了。这样,拉丁人迫使罗马军队溃逃。

　　罗伯特到了圣尼古拉斯(St Nicolas)圣殿,这里有皇帝的帐篷和罗马人的所有行李。随后,他派出了所有强健的士兵追赶阿莱科休斯,自己则留在那里,一厢情愿地想象着他的对手一定会被俘。正是这种想法激起了他的傲慢精神。他的人将阿莱科休斯持续追赶到被本地人称为卡克·普来拉(Kake Pleura)①的地方。当时的情况是这样的,下面是查尔赞斯河(River Charzannes),另一边是一块高高悬起的岩石。追赶者们在这两者中间追上了他。他们用矛从左边向他进攻(他们共有 9 个人),将他逼到右边。如果他右手中的剑没有牢固地插在地上,无疑已经跌到。他左脚上的靴刺尖端扣在了马鞍布(他们称其为 *hypostroma*)边上,这使他不容

149

150

---

① "Bad Side".——原译者注

易摔下马。他用左手抓住马的鬃毛，让自己坐起来。无疑有一种神圣的力量出人意料地将他从敌人手中救了出来。因为它使其他凯尔特人从右边将矛对准了他，矛头刺向他的右侧，突然使他伸直了身子并保持了平衡。这的确是一个不同寻常的场面。左边的敌人试图将他推开，右边的敌人将矛刺向他的侧面，好像在与第一群人竞赛，双方的矛向相反的方向对刺。这样，皇帝能在他们中间保持直立。他稳当地坐在马鞍上，抓住马，马鞍布和他的腿更紧固地连在一起。正是在这时，这匹马证明了自己的高贵。不管在什么情况下，它都异乎寻常地灵巧和精神抖擞，拥有不寻常的力量，是一匹真正的战马（事实上，这匹马和紫色的马鞍布是在尼基弗鲁斯·伯塔尼亚特斯统治期间，阿莱科休斯俘虏布林纽斯[1]时，从他那里得到的战利品）。布林纽斯过去称它为斯古里泽斯（Sgouritzes，黑马）。简单地说，这匹战马在上帝的帮助下，仿佛插上了翅膀一样，突然腾空跃起，跳到了我前面提到的岩石上——或者借用神话中的话，它好像插上了珀伽索斯（Pegasus）的翅膀。蛮族人的矛有些投空了，从手中滑落，有些刺穿了皇帝的衣服，挂在那里，在马跃起时被带走了。阿莱科休斯迅速砍去了这些拖着的武器。尽管他发现自己处于危险之中，但并没有表现得焦躁忧虑和惊慌失措，而是立刻抓住这个有利时机，出人意料地从敌人那里

151 逃跑了。凯尔特人张大嘴巴站在那里，被看到的事情惊得目瞪口呆。这确实是一件令人非常吃惊的事。他们看见他正朝另外一个方向匆匆逃走，便再次追赶。当距追赶者一段距离时，他回转身，与他们中的一个人迎面相对，用矛刺穿了这个人的胸膛，后者立刻摔下马，仰卧在地。阿莱科休斯转过身，继续赶路，途中遇到了几个一直在追赶罗马人的凯尔特人。他们在远处看见了他，站成一排停住了，盾挨着盾，一方面是为了让马休息，一面是希望活捉他，把他作为战利品送给罗伯特。后有追兵前有堵截，阿莱科休斯

---

① 安娜丈夫的父亲，当他反叛米哈伊尔七世和尼基弗鲁斯·伯塔尼亚特斯时已经称帝。——原译者注

陷入了绝望,但仍旧保持镇静。他看到敌人中有一个人,从身形和闪亮的盔甲判断,好像是罗伯特,便稳住战马向他冲去。他的对手也端平了矛。他们越过彼此之间的空地打在一处。皇帝首先进攻,将矛仔细对准目标。矛刺穿了这个凯尔特人的胸膛,穿透了他的后背。他立刻摔倒在地,当场毙命。于是,阿莱科休斯从他们断开的阵线中部逃走。这个蛮族人被杀解救了他,因为这个人的朋友看到他摔倒在地时,都围过来看他。从后面追来的人,此时也下马,认出了这个死亡的人,悲痛地捶胸顿足。尽管他不是罗伯特,但也是一个杰出的贵族,足以充当罗伯特的左膀右臂。当他们正围在此人四周时,阿莱科休斯可以从容地赶路。

在叙述这件事情的过程中,部分因为历史的本质,部分因为这些事件的重要性,我已经忘记了正在写的是我父亲的胜利。由于我不想招致猜疑,在历史的编纂中,我经常仓促处理与他相关的事件,既不夸大也不增加个人评论。我希望能超然于对他的感情,不受其左右,这样在处理大量资料和讲述重大功绩时,就能做到客观公允。但是,我对他的本能的爱掩盖了我的个人意愿,我不希望公众认为我正在编造关于家人的奇迹。在很多时候,当回忆父亲的伟大功绩时,如果我详细叙述了他经受的所有苦难,可能会哭得筋疲力尽,无法毫不悲伤地将其省略。但就我历史的这个部分而言,我必须避免修辞学的精细,像毫无感情的硬石或大理石一样忽略他的不幸。如果我想赢得热爱他的名声,我应该以誓言的形式写他的灾难,就像荷马《奥德赛》中的那个年轻人一样宣誓:"No, Agelaos, by Zeus and my father's woes."我自以为不比那个年轻人更差。但是,现在,我们不能再关注我父亲遭遇的灾难,我会独自为它们惊奇和哭泣,但读者需要回到叙述中来。

此后,凯尔特人回到了罗伯特那里。当后者看到他们空手而归并得知发生了什么时,严厉地谴责了他们,尤其是其中的一个人,甚至威胁要鞭打他,称他为懦夫和蠢材。这个人以为自己可能会遭受可怕的拷打——因为他没有骑马跳上岩石,攻击和杀死阿莱科休斯,或者将他活捉,带到罗伯特面前。因为这样,罗伯特,这个在

152

各个方面都非常勇敢和大胆的男人，变得满腹怨恨。在对付敌人时，他会选择不是你死就是我活的方式，或者用矛杀死反抗他的人，或者杀死自己。但是，他谴责的那个士兵生动地描述了那块岩石的起伏不平和不可攀援，并且补充说，无论是步行还是骑马，没有上帝的帮助，没有人能爬到上面——更不用提一个正在忙于作战

153 的人了。即使没有战斗，冒险攀援它也是不可能的。"如果你不相信我的话，"他喊道，"请你亲自尝试一下——或者让一个最勇敢的骑士去试试，他也会发现这是不可能的。不管怎样，如果有人，我是说如果有人没有翅膀，或者即使有翅膀，要是能爬上那块岩石的话，我愿意承受你施予的任何惩罚和谴责。"这些话表明这个人对当时发生的事情感到不可思议，由此平息了罗伯特的暴怒。他的愤怒甚至变成了敬佩。至于皇帝，他在附近山区崎岖不平的道路上和那些难以通行的地区穿行了两天两夜之后，到达阿克里达（Achrida）。其间，他穿越查尔赞斯（Charzanes），在一个被称为巴巴格拉（Babagora）的地方做了短暂停留。战败和其他不顺心的事没有让他心烦意乱，他也丝毫不在意受伤的前额引发的疼痛，但在内心为那些在战斗中阵亡，尤其是勇敢战死的战士深感悲痛。他着手解决都拉基乌姆城的问题，它的守卫者帕列奥略格不在城中让他很忧虑（因为他尚未返回——战争进行得太快）。他尽其所能地确保居民的安全，将守卫要塞的任务交给了在移居此地的威尼斯军官。城市的剩余部分由科米斯克尔特斯（Komiskortes）管理，他是一个阿尔巴尼亚人，皇帝后来在信中给了他许多有益的建议。

第五卷 与诺曼人的战争（1082—1083）；阿莱科休斯与异教徒的第一次较量

罗伯特很容易就夺取了所有战利品和皇帝的帐篷，并占领了围攻都拉基乌姆期间曾扎营的平原。他充满自豪地带走了战利品，在那里做了短暂停留之后，研究了未来的计划，是应该重新进攻城墙，还是推迟到第二年春天①，在此期间是否占领格拉彼尼塔（Glabinitza）和约尼纳（Ioannina），并与驻扎在俯瞰都拉基乌姆平原山谷中的所有军队在那里过冬？正如我已经提到的，这个城市的大部分居民都是来自阿马尔菲（Amalfi）和威尼斯的移民。他们听闻了皇帝遭遇的巨大灾难，杰出士兵的阵亡，舰队的撤退和罗伯特来年春天重新围攻的决定，便重新考虑如何拯救自己，避免类似的灾难再度发生。他们召开了会议，每个人都发表了自己的意见，因为不能达成共识，他们准备向罗伯特臣服，放弃城市。在阿马尔菲移民的怂恿下，他们打开城门让他②进城。一成为城市的主人，罗伯特便召集军队，按照种族对他们进行分类，仔细检查了那些受到严重剑伤或被剑擦伤的人，调查了在过去的战斗中被杀的人的兵种和数量。同时，因为冬天即将来临，他便仔细筹划征募另一支雇佣军和集合外族支队，以便春天到来时，能全力以赴地向皇帝发动进攻。罗伯特这样制定了计划并宣扬自己的成就和胜利。但是，

---

① 1082 年春天。——原译者注
② 指罗伯特。——原译者注

并非只有他在为下一次战斗做准备。尽管阿莱科休斯遭遇了令人难以忍受的失败,受了重伤,失去了许多出身高贵的战友,但他决不是那种在令人恐惧的人和事面前会畏缩不前的人。他没有悲观失望或者懈怠,而是将全部精力投入到第二年春天为战败复仇的事情上。两个领导人都在为决战做准备,注重每一处细节,熟悉所有战争谋略;双方都完全熟悉围攻战术,擅长布置伏击战、阵地战和大胆勇敢的白刃战。这两个人都是世界上的优秀将领,在智力和勇敢方面不相上下。但是相比较罗伯特而言,皇帝有自己的优势,因为他仍旧年轻[①],并且在各个方面决不比罗伯特逊色——尽管罗伯特的权势达到了顶点,鼓吹单凭战斗口号就能使地球颤抖,使所有军队感到恐惧。但是,这些事情必须留给其他作品,它们自然会得到颂扬者的关注。在阿克里达休息了一段时间之后,皇帝恢复元气,去了迪亚伯里斯(Diabolis),竭力安慰幸存者和深受战争疲劳之苦的将士们,通过信使命令其他人从各地到塞萨洛尼基会合。因为见过罗伯特及其军队的勇敢无畏,因此他谴责自己的士兵过于懦弱。我无需强调他的士兵完全没有受过训练并且缺乏军旅生活。因此,他必须得到联盟军,但是没有钱的话,这是不可能的。帝国没有钱——他的前任者尼基弗鲁斯三世在位时,国库已经被挥霍一空,并且没有用于有意义的事情。它是如此的空空如也,以至于国库的门都不用上锁,任何想穿过的人都不会受到阻止,因为一切都已经被挥霍殆尽。因此,整个形势很严峻。罗马帝国非常虚弱,完全被贫穷压跨了。年轻的皇帝有什么呢?他最近刚夺取了皇权,能做什么呢?简单地说,他的面前有两条路,或者绝望地放弃一切并退位,以免被指责为无法胜任的无能统治者;或者必须召集能得到的联盟军,从一切可能的地方收集充足的钱以满足他们的需要,并通过慷慨的赏赐重新召回分散在帝国四面八方的

---

① 根据安娜的记载,罗伯特在 1085 年去世时,已经 70 岁,那么他此时的年龄是 67 岁。根据仲纳拉斯的记载,阿莱科休斯出生于 1048 年,那么他此时是 34 岁,但是根据安娜的著作,他出生在 1056 年。两种记载存在较大差距。——原译者注

军队。这样仍旧和他在一起的人就会更加坚定自信，逃离的人会更愿意返回。在这些条件下，他们或许能更勇敢地抵制凯尔特人（Kelt）。不想做没有意义或者自己不熟悉的事情（更不用提自己的勇敢了），皇帝制定了两个目标，首先从各地召集同盟军，许诺慷慨的礼物吸引他们；其次要求他的母亲和哥哥提供金钱——寻找一切可以利用的资源。

因为找不到提供金钱的其他方法，他们首先收集了自己现有的金银财物，将它们送到了帝国的铸币厂，我的母后率先这样做。当皇帝处于极度艰难的境况中时，她非常关心他，拿出了从父母那里继承的一切，希望其他人也能效仿自己。此后，两位统治者（依沙克和皇后）的所有忠诚朋友都自发地捐献了能找到的金银，一部分送给了同盟军，一部分送给了皇帝。即使如此，数量远不能满足军队的迫切需要。一些同盟军要求酬劳，因为他们之前一直与我们一起战斗，一些人（雇佣军）则希望得到更多军饷。皇帝对罗马人的诚意很不满，要求他们竭尽全力地满足他的需求。他的母亲和哥哥现在处于一种窘迫的境地，他们公开或私下里讨论了许多建议——他们知道罗伯特正在重新武装军队——但是似乎无计可施。最后，他们研究了有关圣物转让的古代法律和教会法。在其他的东西中，他们发现为了救赎战俘而征用教会的圣物是合法的（很明显，居住在蛮族人统治下的亚洲地区的所有基督教徒和躲过了屠杀的人，都因为与异教徒交往而被亵渎①）。因此，为了给士兵和同盟军支付军饷，他们决定将一小部分圣物熔铸为钱币，事实上，这些圣物早已长期被闲置不用，只会引诱大部分人犯盗窃圣物罪和渎神罪。作了决定之后，"首席大贵族"依沙克去了上帝大教堂，要在那里召集所有教士召开宗教会议②。神圣教会会议的成员正在

158

---

① 安娜写得很模糊，"被亵渎"可能指幸存的基督教徒与战俘的境遇同样糟糕。——原译者注

② 安娜无疑指"常驻宗教会议"。参见 CMH（指《剑桥中世纪史》，J. M. Hussey：*Cambridge Medieval History IV*，Cambridge，1966.），vol. Ⅳ，pt. ⅱ，pp. 109 - 110。——原译者注

和大教长一起召开有关教会事务的会议,看到他很吃惊,问他为何而来。他回答:"我来这里是为了通知你们一项决议,它能帮助我们度过这段严重的危机并拯救我们的军队。"随后,他引用了与不再使用的圣物相关的教规。详细解释了这件事之后,他补充道:"强迫那些我不想强迫的人,我也是迫于无奈。"他提出的明显论据似乎使大部分人信服,但遭到了梅塔克萨斯(Metaxas)的反对,他提出了一些似是而非、冠冕堂皇的反对意见并奚落依沙克。但是,原始决议被通过。这在当时,甚至在我们所处的整个时代,一直都成为对皇帝们(尽管依沙克不穿紫袍,我仍旧称他为皇帝①)进行严厉谴责的借口。一个名为利奥(Leo)的人当时是察尔西顿(Chalcedon)主教。他既不博学多才,也没有多少智慧,但是品德高尚,遗憾地是,为人处世粗鲁无礼。当察尔科普拉提亚(Chalcopratia)门上的金银②正在被带走时,利奥出现在公众场合,肆无忌惮地演讲,完全不考虑公共财政或者与圣器相关的法律。他的行为举止充满了让人无法容忍的傲慢,甚至故意冒犯依沙克,因为他(利奥)每次回到都城,都无视后者的耐性与礼貌。在阿莱科休斯首次离开君士坦丁堡去与罗伯特作战时,他的哥哥"首席大贵族"依沙克,在得到广泛赞同和符合法律与正义的前提下,向他提供能筹集到的所有金钱。利奥相当无耻的行为激起了依沙克的愤怒。在经历了无数次失败和对凯尔特人的多次进攻之后,皇帝在上帝的眷顾下,戴着胜利的桂冠返回。但是,新的敌人(斯基泰人)正准备向他进攻。因为与以前一样的理由,他匆忙征收金钱。利奥主教对皇帝进行了猛烈的攻击,后者当时正住在都城。随后进行了一场有关圣器的冗长辩论。利奥认为我们应该真正崇拜圣

159

---

① 安娜在著作中始终将依沙克视为皇帝,后者曾和弟弟阿莱科休斯一起进行军事叛乱,后来在皇位竞争中失利。但阿莱科休斯登位后,赐予他宫廷等级中的最高头衔,在其统治的前十年,他协助母亲镇守都城,是科穆宁家族中的重要人物。

② 在圣索非亚教堂附近的卖铜者的居住区。安娜指那里的圣玛利亚教堂,大约建于 500 年之前。——原译者注

器,而不是仅仅尊敬地对待它们。是因为好争论的精神和对皇帝的憎恨,还是因为我不知道的无知,在某些方面,他的论据是合理的并且符合一个主教的身份,但在某些方面,他的观点不符合正统信仰。因为完全缺乏逻辑学方面的训练,他不能毫无歧义地准确表达自己的观点。在一些心怀叵测的人(他们中的许多人当时拥有行政职务)的鼓动下,他对统治者的攻击变得越来越不计后果。尽管皇帝已经得到了宗教会议的更多有影响力的成员(察尔西顿派①称之为"顺从者")的支持,但他们的鼓动使他变得傲慢无礼,沉浸在愚蠢的诽谤之中。皇帝要求利奥改变关于圣像的看法并停止 160 对他的敌视行为,另外许诺向教堂归还比原物更华丽的圣器并进行一切必要的补偿。最后,利奥受到谴责,失去了主教职位。但他并没有在判决面前退缩或保持安静,而是继续在教会中制造更多的麻烦。不妥协的态度和正直清廉的名声为他赢得了大量的追随者。许多年后,他被判处流放,隐退到本都(Pontus)②的索佐波利斯(Sozopolis)。阿莱科休斯为他的舒适生活提供了所有供给,但他因为对皇帝怀恨在心而拒绝接受这些恩惠。这个故事在这里必须结束了。

当新招募的士兵听说皇帝已经安全时,便重新聚集到他的身边。他们在精良的马术、准确的射击、武器演练和伏击战等方面都受到了严格训练。由迈西姆纳斯(Methymnes)率领下的使节被再次派到德意志国王③那里。阿莱科休斯在信中要求他不要再拖延,

---

① 察尔西顿派(Chalcedon Faction)是指在帝国早期的基督教会的教义争论中确立的代表正统信仰的宗教派系。451 年在察尔西顿召开的第四次基督教全体主教会议,确定了基督教的正统教义——《察尔西顿信经》,强调:统一基督是子、是主、是独生的、具有二性、不相混淆、不可改变、不可离散;二性结合,不失区别,各性特点,反得保存,并存于一个位格(prosopon)和一个实质(hypostasis)之中。这一信经是在批判阿里乌派、聂斯脱利派和一性派的基础上确立的,在一个混乱的神学领域确立了正统教义的一个规范。详细内容参见,徐家玲:《论早期拜占庭的宗教争论问题》,《史学集刊》,2000 年第 3 期,第 56—63 页。

② 黑海南岸古王国。

③ 指亨利四世(Henry Ⅳ)。

按照他们签订的条约立刻入侵伦巴第。这样,当罗伯特忙于应付他时,他(皇帝)就能毫无后顾之忧地召集本国和外族军队,将罗伯特驱赶出伊利里亚。他说如果国王这样做,他不仅深怀感激,并且会履行由使节许诺的联姻。做了这些安排之后,阿莱科休斯把军队总司令(帕库里亚努斯)留在了那个地区的一个地方,自己返回君士坦丁堡去招募来自各个地区的外族人,并采取了一些其他必要措施以应对出现的危机和重大事件。魔尼教教徒韩塔斯(Xantas)和库莱昂(Kouleon)带着他们的 2500 人混乱无序地返回了家园。[①] 皇帝多次想召回他们,尽管做了承诺,他们却一直在推迟日期。他仍旧没有放弃,以书面形式向他们许诺了礼物和荣誉,但都无济于事。当罗马人正在备战时,有人到罗伯特那里,带去了德意志国王即将到达伦巴第的消息。现在罗伯特处于一种尴尬的境地。在准备跨海到伊利里亚时,他留守罗杰控制他的领地,但至今没有分配给他的小儿子博希蒙德任何土地。现在,他反复思量,考虑了许多可行的策略之后,召集整个军队中的所有伯爵和军官开会。博希蒙德·萨尼斯库也被邀请参加会议。罗伯特坐在他们前面做了一次演讲:"伯爵们,你们知道,当准备跨海到伊利里亚时,我任命了我亲爱的长子罗杰为我的领地的领主。进行如此重要的战争而不为自己的国家留一个领导人是不明智的,否则它将成为任何想夺取它的人的牺牲品。现在,既然德意志国王正在准备进攻它,我们必须尽其所能地击退他。因为忽视自己的东西而觊觎别人的财产是错误的,这就是我为什么要亲自保护我的国家与亨利作战的原因。我把都拉基乌姆、阿瓦罗纳和在战争中已经夺取的其他岛屿和城市委托给我的小儿子。我命令并且要求你们要像对待我一样对待他,全心全意地为他作战。(转向博希蒙德)对于你,我亲爱的儿子,我给你的建议是,要在各个方面尊重这些伯爵们,在任何时候都要倾听他们的意见,不要独断专行,要始终与他们合作。至于你,一定要继续与罗马皇帝的战争。尽管他已

---

① 根据仲纳拉斯的记载,魔尼教徒被禁止在军队中服役。——原译者注

经遭遇了重大失败,侥幸逃脱了性命;尽管他的大部分军队已经在战争中被歼灭,他本人也几乎被活捉——作为一个伤员,他从我们的手中侥幸逃脱——但你绝对不能大意。短暂的休整可能会给他恢复元气的机会,重振旗鼓。他不是一般的对手。从未成年的时候起,他就在战争和战斗中成长。他穿越了整个东部和西部,俘虏了反对前皇帝的所有叛乱者——你经常亲耳听到这些事情。总之,如果你丧失了勇气,如果你没有全力以赴地向他进攻,我的所有成就和努力将会化为泡影,你自己也会因为麻痹大意而自食其果。我现在要去与国王作战,将他从我们的领土上驱赶出去,以确保我已经给予我亲爱的罗杰的权力。"讲完这些话,罗伯特离开他,登上一艘单桅杆船,跨海去了伦巴第。他很快到达萨勒诺①,此城长期以来被留作要求公爵职位的人的居住地。他在那里住了很久,以便召集精兵强将并尽可能地从其他地方召集雇佣军。其间,德意志国王信守对皇帝的承诺,赶去占领伦巴第。罗伯特得知后,立刻去了罗马,希望与教皇②结盟,挫败国王的目标。教皇表示乐意合作,两人出发向亨利进军。就在后者加速入侵伦巴第时,听说了皇帝的不幸遭遇,他在一次重大战役中战败,军队中的许多士兵被歼灭,其余的人四散逃窜,本人陷入重重危险之中,勇敢作战,身体多处身受重伤,由于大胆和勇敢才被神奇地解救。结果,国王沿着来路调转马头,他认为不能为了无益的目的而以身犯险,便沿路返回。罗伯特进入国王的营地后,不愿亲自追赶,但派出一支部队前去追赶。掠夺了所有战利品之后,罗伯特和教皇返回罗马。教皇被罗伯特授予显赫特权,作为回报,后者被欢呼致敬。此后,为了从屡次战斗中恢复元气,罗伯特返回萨勒诺。

不久之后,博希蒙德回到他那里。人们能够从他的脸上明显地

162

163

---

① 意大利西南部的一个港口城市,位于萨勒诺湾边,该湾是第勒尼安海的一个水湾,最初是希腊人居住地,后来成为罗马殖民地(公元前197年建立),中世纪时期,是一所著名医学校的所在地。

② 格里高利七世(Gregory Ⅶ, 1073 - 1085)。——原译者注

看到他遭受了战败。现在,我将解释这是如何发生的。博希蒙德是一个好战和喜欢冒险的人,他谨记父亲的教诲,一直顽强地与阿莱科休斯交战。他有自己的军队,陪同他的还有曾在罗马军队服役的优秀军官和被罗伯特征服的农村和城市的总督。这些人对阿莱科休斯不再抱有希望,便投降了博希蒙德。后者现在穿过巴格尼提亚(Bagenetia),去了约尼纳,在城镇外围的葡萄园附近挖掘了壕沟,所有士兵都被安置在有利位置,博希蒙德则在里面设了指挥部。在考察了防御土墙,意识到要塞正处在危险的状态中之后,他尽力进行了修复,并且在看起来更有用的另一处城墙上建造了一个坚固的堡垒。同时,附近的城镇和土地正在遭到劫掠。皇帝得知了博希蒙德的行动后,立刻召集所有军队在 5 月份匆匆离开了君士坦丁堡。当他到达约尼纳后,作战的时机成熟。但他清楚地知道自己的劣势,他的军队在数量上被远远超过,并且以前和罗伯特交战的经验使他确信凯尔特人骑兵的首次进攻是不可抵挡的。因此,他决定在开战之初使用小队精兵进行小规模战斗,以此查探博希蒙德作为一个军事指挥官所具备的才能,而且这些小规模战斗也会使他有机会观察整体形势,以便更有把握地对付凯尔特人。双方军队都很不耐烦,急于开战。但是,皇帝害怕拉丁人的首次进攻,便采取了新的战术,让人准备了比平常更轻便小巧的武器,每一件武器上固定了四个孔,并在它们旁边安置了全副武装的步兵,以便当拉丁人全速向罗马人的阵线进攻时,这些人能从下面推出武器,通过这种方式,打破敌人的阵线。当太阳从地平线上冉冉升起,放射出耀眼的光芒后——战斗的时刻到来——皇帝站在阵线中央,准备战斗。但是当战斗开始时,博希蒙德并没有落入圈套。他好像提前知道了罗马人的计划,已经进行调整以适应战时的变化。他的军队一分为二,突然离开战车,对两翼发起进攻。双方发生正面冲突,爆发了一场混战,双方的损失都很严重,但博希蒙德战胜。阿莱科休斯像一座坚定不移的塔楼一样站着,受到左右攻击,时而在马上和飞奔的凯尔特人作战,与一群人搏斗时,则不断地击打砍杀,同时也遭到反击,时而一边叫喊,一边聚集逃兵。当看到他的军队被打散并四散逃窜时，他认为必须确保自己的安全。并不像某些人所想的那样，他贪生怕死或者吓坏了，而是希望通过逃离危险和恢复体力，以便以后可以有机会与凯尔特人重新开战。他和一小部分人一起逃跑时，遇到了一些敌人，再次展现了一个无所畏惧的领导人的风采。他为战友们加油打气，并在一次生死攸关的进攻中首当其冲，杀死了一个凯尔特人。他的士兵都是真正的战士，击伤了很多人并将其他人赶走了。这样，在逃离了无数次可怕的危险之后，他穿越斯特鲁盖（Strougai），再次安全地到达阿克里达。他在此进行了休整。当大量被打败的军队重新召集起来之后，他将他们和军队总司令全部留在那个地区，自己继续前往瓦尔达尔（Vardar），但并非为了享受休闲时光（他从来不允许自己沉溺于皇室的娱乐和休闲中）。军队被再次聚集，他想到了取得胜利的好办法，在雇佣军做好准备后，便向博希蒙德进军。因为预测战斗在第二天发生，凯尔特人会在这个地点发动猛烈的骑兵进攻，他制作了铁蒺藜，并在天黑之前把它们撒到两军之间的平原上，打算用铁蒺藜刺穿马蹄，挫败敌人的首次（即决定性的）进攻。在他们前面的罗马人长矛队会骑到测定的距离内，避免被蒺藜扎伤，然后分为左右两队，这时弓箭手从远处向凯尔特人连续不断地射箭，两翼军队则从两侧重兵压向敌人。这就是我父亲的计划，但它没能骗过敌人。事情是这样发生的。皇帝在晚上设计了计划，凯尔特人早上便识破了。博希蒙德精明地改变了军队的布阵来挫败这一计划。他积极应战，但没有按照通常的路数进攻，因为皇帝的计划实施之前，敌人的两翼首先发起了猛烈进攻，而中部保持未动。在随后的白刃战中，罗马军队被打败逃窜。不管怎样，因为之前的灾难，在战斗开始前，他们已经惧怕敌人，不敢直接面对他们。尽管阿莱科休斯保持镇定，竭尽全力地勇敢抵抗，我们的军队仍旧陷入了混乱。他击伤了很多人，但自己也受了伤。当他的所有军队都逐渐散去，只剩下他和几个战友时，他认为没有必要再将自己暴露在毫无意义的危险之中（因为当一个人经历了很多苦难之后，让自己陷入显而易见的危险之中是愚蠢的行为）。当皇帝仍旧坚守阵

165

地,并首当其冲勇敢地与博希蒙德的军队战斗时,他的军队的左右
两翼已经撤退,他完全暴露在危险之中。当意识到无力再进行抵
抗后,为了以后有机会再战,阻止博希蒙德全面取胜,他打算逃命。
无论失败还是成功,不管是在战斗中还是被再次追赶,阿莱科休斯
从来都不退缩,从未陷入绝望的泥淖中。他对上帝怀有最崇高的
信仰,让他成为自己所有生活的中心,但是从不以他的名义宣誓。
正如我所说,他知道在这种情况下,胜利已经毫无希望,便逃走了,
但被博希蒙德和精心挑选的伯爵们追赶。在逃跑的过程中,他对
他的父亲的一个仆人古勒斯(Goules)以及与他在一起的人说:"我
们要逃多远?"随后,他调转马头,抽出剑,向第一个追上他的敌人
的脸上击去。凯尔特人看到他如此冷酷无情,便停下来,不再追
赶。长期的战争经验告诉他们这样的人是不可战胜的。他就这样
摆脱追赶者,逃走了。即使在逃跑的途中,他也从未完全丧失信
心,而是集合了逃兵并嘲讽其他人,尽管他们中的大部分人都假装
不认识他。不管怎样,他成功逃脱,返回都城,准备重新招募军队
向博希蒙德进攻。

166

当罗伯特返回伦巴第时,博希蒙德向皇帝开战。他按照父亲的
建议到处挑起战争,派遣彼得·阿尔法(Peter Aliphas)①和普提斯
(Pounteses)②围攻各地。彼得立刻夺取了两个 Polobi,普提斯则成
为斯科皮亚(Skopia)③的主人。在阿克里达居民的要求下,博希蒙
德很快到了那里,短暂停留之后,一事无成地离开(因为阿里比斯
守卫这个要塞),去了奥斯特罗伯斯(Ostrobos),在那里他再次被驱
逐,两手空空地离开,穿越索斯库斯(Soscus)和塞尔维亚(Serbia),
去了伯罗埃亚(Berroea)④。尽管他对城墙四周进行了多次攻打,但
都没有成功,便穿过博登纳(Bodena)去了莫格来纳(Moglena),在

---

① 奥尔普斯的彼得(Peter of Aulps)。——原译者注
② 据说他是拉乌尔(Raoul),蓬图瓦兹的公爵(Count of Pontoise)。——原译者注
③ 指乌斯库伯(Uskub)或者斯科普里(Skoplje),(原)南斯拉夫东南部城市。——
    原译者注
④ 指韦里亚(Verria)。——原译者注

那里重建了一个长期废弃的小要塞。一个绰号为撒拉森努斯(Saracenus)的伯爵和一支强大的卫戍军队被留在那里。博希蒙德去了瓦尔达尔一个被称为阿斯皮拉(Asprae Ecclesiae)的地方。他在那里住了3个月，在此期间，3个优秀的伯爵，即普提斯、雷纳尔多斯(Renaldus)和一个被称为古列尔姆斯(Gulielmus)的人计划叛逃到皇帝那里。他们的密谋暴露，事先得到消息的普提斯叛逃到阿莱科休斯那里，其他两人被捕。按照凯尔特人的习俗，他们被允许自由决斗。古列尔姆斯被打败，因此被判刑，失去了双眼。另一个人雷纳尔多斯被博希蒙德送到了在伦巴第的父亲那里。罗伯特也将他刺瞎。博希蒙德离开阿斯皮拉，去了卡斯托里亚。军队总司令听到这个消息，去了莫格来纳，抓住了撒拉森努斯，将他立即处死并铲平了这个小要塞。其间，博希蒙德离开卡斯托里亚，去了拉里萨(Larissa)，打算在此过冬。至于皇帝，正如我所讲的，到达都城之后，就像人们期望的那样，立刻投入到政务中，他是一个工作狂，几乎没有休息时间。他请求苏丹①提供拥有长期经验的将领率领的军队。这一请求很快得到答复，7000名士兵及其拥有出色军事技能的军官到达，其中包括卡米勒斯(Kamyres)，他富有长期的战争经验。当阿莱科休斯正在做这些准备时，博希蒙德派遣了一部分全副武装的凯尔特人，夺取了帕拉格尼亚(Pelagonia)、特里卡拉(Trikala)和卡斯托里亚。他和所有军队到到特里卡拉，由勇敢的士兵组成的一支分队轻易而举地攻占了齐比斯库斯(Tzibiscus)。随后他向拉里萨进军，在圣乔治殉道日(St George the Martyr's Day)②那天全军到达，包围城墙，开始围攻。利奥·凯发拉斯(Leo Cephalas)是约翰·科穆宁③的仆人的儿子，当时担任拉里萨的总督，勇敢地抵抗博希蒙德的攻城机械长达6个月之久。当时，他写信告诉皇帝有关蛮族人进攻的消息。尽管没有立刻赶

①　指塞尔柱突厥人的统治者苏莱曼(Sulayman)。——原译者注
②　指1083年4月23日。——原译者注
③　指皇帝的父亲。——原译者注

167

去拉里萨,但皇帝很着急。他正在从各地召集雇佣军,行程便被耽搁。一切都准备停当后,他离开君士坦丁堡。当靠近这个城市的附近地区,越过科利隆(Kellion)①山脉后,他离开了右边的大路和被当地人称为吉萨伯斯(Kissabos)的山头,到了瓦拉吉人(Vlach)②居住的村庄埃兹坂(Ezeban),它靠近安德罗尼亚(Andronia)。他从这里取道去了另一个通常被称为普拉比扎(Plabitza)的小地方,它离河很近……在那里挖掘了壕沟并安营扎寨。从那里,他匆忙赶往德尔菲纳斯(Delphinas)的加登斯(Gardens),然后去了特里卡拉。在这里,一个信使带来了上面我已经提到过的利奥·凯发拉斯的信。信写得有些直率,内容如下:"陛下,我希望让你知道,到目前为止,我已经通过自己的努力保护要塞免于沦陷。但是,现在我们已经找不到基督教徒可以吃的任何食物,甚至已经接触了不被教法所允许的东西。即使这些东西,我们现在也得不到了。如果你愿意赶来帮助我们并能驱逐围攻者,那么感谢上帝。如果不能,我已经履行了我的职责。从现在起,我们将屈从于自然需求——一个人如何能抵制本性强加的暴虐呢?我们打算向正在紧逼和扼杀我们的敌人投降。这或许将是我们不幸的命运——如果你愿意,就诅咒我吧。但是我斗胆和坦诚地告诉陛下,如果你不全速赶来将我们从危险之中解救出来(因为我们再也不能忍受战争和饥荒带来的沉重负担),你,我们的皇帝,如果你有能力,却没有迅速为我们提供援助的话,你将第一个被指控犯有叛国罪。"皇帝认为必须找到其他的办法打败敌人,由此陷入了冥思苦想中,一整天都在计划如何设计伏击,请求上帝的帮助。他最终通过以下方式得到了帮助。他从拉里萨叫来一个老人,询问此地的地形,并四处查看,仔细询问哪里的地形被沟壑打断,哪里浓密的灌木丛靠近这种地形。他之所以询问这位拉里萨人这些问题,是想寻找合适的地点设置埋伏,通过计谋打败拉丁人,因为他已经放弃了公开进行肉搏战的想

① 之所以被这样称呼是因为这个地区有很多修道院。——原译者注
② 中世纪居住在东欧南部讲罗曼语土语的民族。

法。在多次经历了这种冲突——和失败——之后，他获得了有关法 169
兰克人①的战略战术的经验。太阳下山时，他工作了一天后，上床
休息，做了一个梦，好像站在著名的殉道者迪米特里（Demetrius）②
的圣殿中，听到了一个声音："不要折磨自己，不要悲伤，第二天，你
将胜利。"他认为声音来自悬挂在圣殿里的一个圣像，上面有殉道
者的画像。当他醒来时，想起在梦中听到的话非常高兴，他向殉道
者寻求帮助并许诺如果它能确保他征服敌人，他将拜访圣殿并在
距离塞萨洛尼基城几斯塔德③的地方下马慢慢步行以示敬意。随
后，他召开了由将领、军官和他的亲戚们参加的会议。每个人都被
要求发表意见，然后，阿莱科休斯解释了自己的策略。他打算将所
有主力军交给他的亲戚，尼基弗鲁斯·迈里西努斯和瓦西里·库
提西乌斯（Basil Curticius。此人也被称为小约翰④）被任命为军队
总司令。库提西乌斯来自亚得里亚纳堡 Adrianople，是一个著名的
士兵，因其勇敢和作战经验而知名。皇帝把军队和皇旗都交给了
他们，命令他们按照他在以前的战斗中规定的原则布置战线，并建
议他们首先通过小规模战斗试探拉丁人的前锋部队，然后大声喊
着战斗口号向他们全力进攻。但是，两支军队一旦靠近，他们就要
转身，假装向利科斯托米昂（Lykostomion）的方向混乱逃窜。当他
正在下达这些命令时，军队中的马突然引颈长鸣——一个引起普遍
惊慌的声音。但是，对于皇帝和其他充满好奇心的人而言，这似乎
是一个好兆头。会议结束后，他把他们留在了拉里萨的右边。等
到日落，他和一些精选的将士穿越利巴塔尼（Libotanion）的隘路，绕
过来伯尼肯（Rebenikon），穿过被称为阿拉吉（Allage）的地方，到达 170
拉里萨的左边。他彻底侦察了整个乡村，发现了一个低洼地，与士
兵在此设置了埋伏。当皇帝匆忙赶路，准备进入利巴塔尼的隘路

---

① 安娜在著作中提到的凯尔特人、诺曼人、法兰克人，事实上都是她所指的拉丁
　人。——原译者注
② 圣迪米特里的教堂仍旧在塞萨洛尼基。——原译者注
③ 古代的一种长度单位。
④ 参见第49页（边页码）。——原译者注

时,罗马人的将领要派出一支支队进攻凯尔特人。计划是将敌人的注意力转移到他们那里,从而没有机会发现阿莱科休斯的最终目的。这些人在平原上发动了进攻。战斗进行了很长时间,直到夜幕降临才结束。这样,阿莱科休斯能够到达目的地。士兵被命令下马,趴在地上,他自己碰巧跳到了一块布满石蚕属植物的草皮上,手里拿着缰绳趴着,脸朝向地面,在那里度过了晚上的剩余时间。

日出时分,博希蒙德看到了按照战斗阵线排列的罗马人、皇旗、饰银的长矛和配有皇帝紫色马鞍布的马匹。他尽其所能地布置军队抵抗他们,将军队一分为二,一半由自己亲自指挥,一半由布林纽斯指挥,后者是一个杰出的拉丁人,拥有治安官(constable)①的头衔。② 他(博希蒙德)使用了惯常的策略,向有皇旗的地方发动了一次正面进攻,因为他认为皇帝在那里,并像旋风一样冲向敌人。他们抵抗了一会儿,转身逃跑。他疯狂地追赶。皇帝看到这一切并断定博希蒙德现在离自己的营地足够远了,便下令其他人上马,冲向凯尔特人的壕沟。一到里面,他屠杀了许多拉丁人,夺取了战利品,然后寻找博希蒙德和逃兵。后者仍在狼狈逃窜,博希蒙德仍在追赶,他的后面是布林纽斯。皇帝派人去请著名的弓箭手乔治·皮洛士(George Pyrrhus)和其他优秀的战士,命令他们追赶布林纽斯(他们中间有足够的投枪手),但不要近距离作战。他们要从远处大量放箭,射马而不是骑手。因此,赶上凯尔特人之后,他们向其坐骑雨点般地放箭。这使骑手们非常沮丧,因为所有凯尔特人骑在马上时,非常勇猛,在战斗中是不可战胜的。但他们一旦下马,之前的激情消失之后,部分因为巨大的盾牌,部分因为马靴上的马刺和笨拙的步伐,他们很容易成为敌人的猎物。我认为正是因为这一点,皇帝才提议重点射马。布林纽斯的士兵在马倒地之后,开始不断地转圈。当他们聚集为一大群人时,浓重的灰尘一直升到高空,堪比很久之前覆盖埃及的黑暗,一种能感觉

① 中世纪时的高级官员,通常在统治者不在的时候担任军事统帅。——原译者注
② 布里耶纳(Brienne)伯爵,阿普里亚(Apulia)的统帅。——原译者注

到的黑暗。浓厚的灰尘蒙住了他们的双眼，他们无法确定箭从哪里射来和谁在向他们射击。布林纽斯派了3个拉丁人向博希蒙德报告战况。他们看见他正和一小群凯尔特人在被称为萨拉布里亚（Salabria）河的一个小岛上吃葡萄，大声地自吹自擂。他的话直到今天仍被重复和拙劣地模仿，他用利科斯托米昂的粗俗的错误发音说，"我已经将阿莱科休斯扔进了狼的嘴中"[1]。这就是人过度自负以至于不能分辨是非时所发生的事情。当他听到布林纽斯送来的消息，得知皇帝通过计谋赢得了一次胜利时，非常生气。但他是决不轻易言弃的那种人。他把一些穿甲胄的凯尔特人士兵派到拉里萨对面的山脊上，罗马士兵看到他们在那里，展开了激烈讨论，认为应该去与他们交战。皇帝试图阻止他们，但他们中有很多人，组成了一支来自不同支队的混合支队，爬上山脊之后，发动了进攻。凯尔特人立刻反攻，杀死了他们中的500人。此后，阿莱科休斯推测了博希蒙德可能的进军方向，派米吉德努斯（Migidenus）带着一些优秀士兵和一队突厥人前去阻止，但他们一到达，博希蒙德就进攻并打败了他们，将他们一直追到河边。

　　第二天早上太阳升起时，博希蒙德和随从的伯爵们以及布林纽斯沿着河岸骑行，最终在拉里萨郊外发现了一片沼泽地。在两座山岗之间有一片长满树木的平原，一直延伸到起伏不平的狭路（他们称之为 *klisura*[2]）。博希蒙德从此地穿过，在被称为"多米尼库斯宫殿（Palace of Domenicus）"的平原上扎营。第二天早上黎明时分，骑兵总司令即我的舅舅米哈伊尔·杜卡斯（Michael Dukas）带着全部罗马军队在这里追上了他。米哈伊尔因为谨慎而知名，在身高和英俊的相貌方面也超过同时代的其他人。事实上，他在这些方面几乎超过了所有世人，每个见到他的人都对他充满敬慕。他被赋予了不同寻常和无与伦比的预知能力，能够识别主要危险并摧毁它们。皇帝建议他不要让士兵同时进入这条狭路，主力军要留

---

[1]　希腊语中关于这些话的一部戏剧是 *Lykostomion and Lykoustoma*。——原译者注
[2]　希腊语为 κλεισουρα，意思是隘口、狭路。

在路口外面,只让少数突厥人和撒尔马提亚人①士兵以及所有熟练的弓箭手进入,并且只用箭作为武器。当他们进入并向拉丁人发动进攻时,剩余的人开始争吵。他们急于要加入战斗,争论的焦点是让谁去。博希蒙德熟知军事策略,命令他的士兵排成紧凑的队形站稳,盾挨着盾,保护自己。骑兵总司令(protostrator②)看到罗马士兵正在逐个滑进狭路的入口,自己也进去了。当博希蒙德看到米哈伊尔和他的士兵时,"高兴得像一只偶然发现了巨大猎物的狮子"③(引自荷马),发起了猛烈的进攻,全力向他们冲去,后者立刻逃跑。乌扎斯(Ouzas)④,他的名字来自他的种族,因其勇气而知名并且是一个知道如何"将风干的牛皮左右挥动的人"⑤(就像荷马所说)。当他出现在路口时,突然轻轻地转到右边,然后迅速转身,击向身后的拉丁人,后者立刻一头栽倒在地。博希蒙德将他们追赶到了萨拉布里亚河边。在逃跑的过程中,乌扎斯将矛刺向博希蒙德的旗手,从他手中夺取了战旗,到处摇晃了一会儿,将它扔在地上。拉丁人被降下的旗帜所迷惑,混乱地沿着另一条路转回,到达特里卡拉,它已经被一些向利科斯托米逃跑的凯尔特人占领。现在,他们混在一起,在城里⑥露营了一段时间。后来去了卡斯托里亚。其间,阿莱科休斯离开拉里萨去了塞萨洛尼基。根据以往的经验,他立即派使节到追随博希蒙德的伯爵那里,许诺如果他们要求他们的领导人支付曾经许诺的钱,就会得到许多酬劳。如果博希蒙德拿不出钱,他们就劝他亲自跨海,去他的父亲那里拿钱。阿莱科休斯向他们保证,如果他们这样做(即摆脱博希蒙德),将赐予他们荣誉头衔和无数礼物。那些愿意为了军饷在帝国军队中服役的人,将被注

173

---

① 来自古时东欧地区维斯杜拉河和伏尔加河之间地区的人。

② Protostrator 是其头衔,安娜在此用头衔指代职务。———原译者注

③ 《伊利亚德》,ⅲ,23.———原译者注

④ 乌兹人(Uzes)是一个和匈奴人及斯基泰人有血缘关系的部落种族。——原译者注

⑤ 《伊利亚德》,ⅶ,238。这里是指战士的盾牌。——原译者注

⑥ 特里卡拉。——原译者注

册并享有自己决定的优厚待遇。如果他们想回家，他保证他们安全地穿越匈牙利（Hungary）返回。他们听从了他的建议，向博希蒙德要求最近四年的军饷。后者不可能满足他们的要求，便一再推迟，但他们给他施加了更大的压力（他们的要求是合理的）。他绝望地留布林纽斯在那里守卫卡斯托里亚，让彼得·阿里发斯管理两个 Polyboi，自己则去了阿瓦罗纳——于是，皇帝胜利返回君士坦丁堡。

　　阿莱科休斯发现教会事务处于混乱之中，甚至没有进行片刻的休息。他是上帝真正的代表，当看到教会被依塔鲁斯（Italos）的教义扰乱时，尽管正在筹划对布林纽斯的战争（这个凯尔特人占领了卡斯托里亚），但没有忽略教会的事务。依塔鲁斯的教义正是在这个时候兴起的。这个人拥有令人恐慌的影响力。我必须从头叙述他的经历。他来自意大利，长期居住在西西里岛（Sicily）①。西西里人起义反叛罗马人，在决定挑起战争时，请求意大利盟友的帮助，其中便包括依塔鲁斯的父亲。这个男孩当时还不到当兵的年龄，但悄悄地跟随在父亲身边。就像意大利人所说的那样，他正在学习战争技能。这就是他早期的冒险经历和启蒙教育。当著名的乔治·马尼亚塞斯（George Maniaces）②在莫诺马库斯统治期间成为西西里岛的统治者时，父子俩费尽周折地从岛上逃走，到当时仍旧臣属于罗马人的伦巴第避难。通过某种神奇的方式，他从那里来到了所有知识和文学研究的聚集地君士坦丁堡。事实上，从出生于紫色产房的瓦西里（Basil the Porphyrogenitus）③的统治开始，直到莫诺马库斯的统治，文化尽管没有得到大多数民众足够的尊重，

174

----

① 意大利附近的一个岛屿。——原译者注
② 普塞罗斯在其《编年史》（*Chronographia*）（Ⅵ）中对马尼亚塞斯的生涯和叛乱给予了冗长的叙述。君士坦丁九世·莫诺马库斯（Constantine Ⅸ，Monomachos）的统治时间是 1042 至 1055 年。——原译者注
③ "保加利业人的屠于"瓦西里二世（Basil Ⅱ Bulgaroktonos，976—1025 年在位）。很自然，普塞罗斯对这个主题有许多话可说，参见《编年史》，Ⅵ，37。正是他自豪地夸耀他在文学复兴中起了领导者的作用，他被选为新君士坦丁堡大学（1045 年）的修辞学教授（Professor of Rhetoric）（"哲学家领事"，'consul of the philosophers'）。——原译者注

但至少没有消亡。在阿莱科休斯统治下,它们成为那些热爱哲学辩论的人关注的对象,再次在复兴中绽放光芒。在此之前,大部分人都过着奢靡和寻欢作乐的生活。因为毫无约束的生活习惯,他们沉浸于捕捉鹌鹑①和其他不体面的娱乐中。所有的科学和文学知识对他们而言都无足轻重。这就是依塔鲁斯在这里发现的人们的特点。他和学校里那些本性残忍粗俗的人交谈(因为在那些时代,都城里有这种人)并且从他们那里接受了文学教育。后来,他认识了著名的米哈伊尔·普塞罗斯②。因为天资聪慧和敏捷的理解力,普塞罗斯不经常参加这些"学者"们的演讲。因为他的母亲③在上帝圣殿里的塞奥米特④圣像前长期保持贞洁,虔诚地为儿子祈祷。他在上帝的帮助下,远离了那些指导者,获得了所有知识,对希腊科学和占星术学(Chaldaean science)有准确的理解。因此,他因其智慧而闻名于那个时代。尽管依塔鲁斯是普塞罗斯的门徒,但他野蛮愚蠢的性情使他无法理解哲学的深奥。在学习过程中,他完全拒绝老师的指导,充满了鲁莽粗野的愚蠢,甚至自信在学习之前,已经超过了其他所有人,从一开始就站在了著名的普塞罗斯的对立面。他带着对辩论术的狂热激情,连续不断地进行精妙的辩论,每天在公共集会中引发骚乱。精妙的假设由紧随其后的充足论据依次支撑。那时,米哈伊尔·杜卡斯⑤皇帝及其兄弟们都是

① 猎鹌鹑并不是特别不道德的行为。安娜的这种表达是为了表明一种懒散和无聊的生活。——原译者注

② 君士坦丁(米哈伊尔)·普塞罗斯,出生于1081年的一个破落贵族家庭,死于1078年。在其一生中,他在许多统治者的统治期间担任国家高级官职,在大量危机中发挥了决定性的影响,但他还是因为其多卷作品和一部非常重要的文献《编年史》而最为知名。——原译者注

③ 普塞罗斯将大部分成就归功于母亲,后者为他请了最好的家庭教师。——原译者注

④ 上帝之母。——原译者注

⑤ 米哈伊尔七世·杜卡斯(Michael Ⅶ Doukas,1071—1078年在位)来自杜卡斯家族,是君士坦丁十世的长子。在位期间,依靠叔叔约翰·杜卡斯掌控军队,宰相尼基弗利齐斯(Nikephoritzes)治理内政。1078年被叛乱的军官尼基弗鲁斯·伯塔奈特斯罢黜,进入修道院,1090年去世。参见,陈志强:《拜占庭帝国史》,第275页。

他的朋友，尽管他们认为他比不上普塞罗斯，但仍旧为他提供赞助并让他参与文学辩论。杜卡斯家族是著名的文学赞助人（我是指米哈伊尔本人和他的兄弟们）。依塔鲁斯一直非常崇拜普塞罗斯，后者的远见卓识远远超过了依塔鲁斯浅薄的见地。你可能想知道后来发生了什么。在反抗罗马人的斗争中，拉丁人和意大利人打算占领整个伦巴第和意大利。皇帝（指米哈伊尔）把依塔鲁斯视为密友、一个优秀的男人和意大利事务的专家，便把他派往埃皮丹努斯。长话短说，后来发现他正在那里背叛我们的事业，便委派一个使节将他驱赶。依塔鲁斯得知消息后，逃到罗马避难。后来，他真诚地向皇帝悔悟，按照后者的命令居住在君士坦丁堡的皮契（Pighi）修道院和四十圣徒教堂（Church of the Forty Saints）。当普塞罗斯完成削发仪式离开拜占庭①后，依塔鲁斯被提升为哲学教授主席（Chair of General Philosophy），拥有"哲学家领事"的头衔。他把精力投入到对亚里士多德和柏拉图著作的注释中，给人一种学识渊博的印象，似乎没有其他人比他更彻底地研究逍遥学派②的哲学家们的神秘知识，尤其是辩论术。在其他文学研究中，他的能力不是很强，例如，他的语法知识存在缺陷，不能"品味"修辞学的"甘美"。因为这个原因，他的语言缺乏和谐优美，风格简朴，完全没有修饰。他的作品充满了不满，经常抒发怨恨，带有辩论术咄咄逼人的气势。他在争论中比在写作时，语气更具挑战性，在演讲中非常有气势，令人难以辩驳，以至于他的对手不可避免地陷入沉默。他在一个问题的两边设置陷阱，将对话者推入困境之中，所有的反对意见都被无休止的一连串问题所驳倒，这些问题使人的思想陷入混乱。他非常擅长辩论术，一个人一旦陷入与他的争论，就不可能逃出他的迷宫。但他非常欠缺其他方面的知识，并且容易冲动。事实上，性格削弱了他通过学习获得的任何品质。这个人用手和

176

177

---

①　即君士坦丁堡。

②　逍遥学派，又称亚里士多德学派，因为于亚里士多德的哲学思想和教育方法而得名，因为他常在古雅典学园中边来回走动边指导问题讨论。

舌头进行辩论,不仅打败对手——对他而言,让其闭嘴和保持沉默是不够的——并且在不断辱骂的同时,用手抓住对方的胡子和头发。就像无法控制舌头一样,这个人同样无法控制他的手。他攻击对手这一点就足以证明他不适合当一个哲学家。愤怒消失后,他便开始掉眼泪,显得非常懊悔。如果读者想知道他的相貌,我可以进行介绍。他的头很大,前额突出,面部表情丰富,鼻孔宽阔,络腮胡子,胸膛宽厚,四肢结实,远超出平均身高。他的口音让人想到一个来到我们国家,完整学习了希腊语但是没有掌握习语的拉丁青年的口音。他有时会删改音节,大部分人都注意到他存在缺陷的发音和对声音的删减,受过更好教育的人会谴责他的粗俗无礼。他将辩证法的陈词滥调与争辩串连在一起,写的东西到处都是语法漏洞,错误百出。

当时,这个人占据了最高哲学教授的职位,年轻人蜂拥而至听他的演讲。他阐释普罗科鲁斯(Proclus)①和柏拉图的著作,以及波菲利(Porphyry)②和亚姆伯里库斯(Iamblichus)③两位哲学家的教义,最重要的是亚里士多德的科技论文。他为那些希望将亚里士多德的知识体系运用到实践中的人演讲。他对其著作的实用性倍感自豪并为此投入了大量时间。但是,由于他的火爆脾气和变化无常的性格,他无法给学生提供太多的帮助。他的学生有哪些

----

① 普罗科鲁斯(411—485 年),希腊哲学家,活跃在耶稣之后的 5 世纪,曾担任柏拉图学园的园长,因为通常被视为柏拉图的继承人,因此被给予绰号迪雅道古斯(Diadochus)。他出生于小亚细亚西南部的利西亚(Lycia),父母都是当地社会上层的市民,父亲是君士坦丁堡宫廷中的高级法官。他曾被送到亚历山大城学习法律,但后来根据自己的兴趣专门研究哲学和数学,通常被认为是新柏拉图学派的追随者。——原译者注

② 提尔(Tyre,古代腓尼基的著名港口,现在属于黎巴嫩)的波菲利(公元 232—305 年)写了许多卷关于多个主题的著作,但是缺乏原创性,属于新柏拉图派哲学家。——原译者注

③ 亚姆伯里库斯,公元 250 年出生于 Koele-Syria 的哈尔基斯(Chalcis,希腊东南部的一个港口城市),他的主要兴趣是魔术。依塔鲁斯无疑从普塞鲁斯那里继承了一些资料,后者已经研究了这些作家(参见《编年史》vi ,38)。——原译者注

人呢？他们包括了约翰·所罗门（John Solomon）、亚西塔斯（Iasitas）、塞尔伯里亚斯（Serblias）和一些勤奋学习的人。他们中的大部分人是皇宫的常客。后来，我发现他们没有获得任何准确的系统知识，虽然在辩论中混乱使用用词的变化和大量使用暗喻，但并没有准确的理解。他们提出了自己的理论，甚至用相当晦涩的术语提出了有关灵魂转世的观点和其他具有类似性质的问题的观点，但几乎都很荒谬。因为这对虔诚的夫妇（我是指我的父母）非常注重研究《圣经》，因此，学者们经常出入皇宫是很自然的事情。

　　在此，我将偏离一会儿——修辞学的法则不会反对我这样做。记得很多次当膳食准备好时，我看到母亲捧着书，认真阅读神父们的教义，尤其是哲学家和殉道者马克西姆斯（Maximus）①的教义。探究事物的外在特征不能像研究教义那样令她如此感兴趣，因为她渴望获得真正的智慧。我经常对此感到好奇，曾问她："你如何能自愿学习这样深奥的知识？我对此感到害怕，丝毫不敢聆听这些东西。这个人的著作如此深奥和充满智慧，让读者感到头晕脑胀。"她笑着回答说，"我可以理解你的勉为其难"，"我并非毫不打怵地接触这些书，但我无法离开它们。过一段时间，当你看了其他书之后，相信我，你将会品味到这些书的美妙。"对这些话的回忆深深地触动了我的内心并且让我想起了其他事情。但是，历史的规范禁止了我，我们必须回到依塔鲁斯事件。

179

　　我已经提到他的声望在其门徒中达到顶峰，他对所有人都不屑一顾。他劝诱大部分思想单纯的人叛乱，许多人因为受到鼓动而具有煽动性。如果不是岁月模糊了我的记忆，我可能会叫出他们中许多人的名字。你们知道，这些事情发生在我的父亲成为皇帝

---

① 忏悔者马克西姆斯（Maximus the Confessor，580－662年），是一个重要的神学家和一性派异端的坚决反对者。安娜可能发现他是一个很难追随的老师，因为他的风格错综复杂，甚至有时晦涩难懂。——原译者注

之前。当发现人们普遍忽略文化和文学的技能时（因为知识已经
远离都城），他急切地想重新恢复人们对知识的热情。他督促和建
议那些喜欢学习的人（只有少数人和那些粗略地了解亚里士多德
哲学的人）在学习希腊文化之前，集中精力学习《圣经》。他注意到
依塔鲁斯到处引起混乱并将许多人领入歧途，便将这个人交给"首
席大贵族"依沙克进行初步审查，后者是虔诚的博学之士。依沙克
认为依塔鲁斯确实是一个麻烦制造者，审讯时对他进行了公开谴
责。后来，按照他的弟弟（皇帝）的命令，将他送交宗教法庭。依塔
鲁斯无法掩饰自己的无知，甚至在会议上也宣扬不同于传统教义
的学说。在教会显贵面前，他仍旧坚持嘲笑奚落别人，完全无视自
己粗鲁野蛮的形象。那时，尤斯特拉休斯·加里达斯（Eustratios
Garidas）[1]负责教会事务，为了使依塔鲁斯转变思想，把他拘留在圣
索非亚教堂附近。但是，大教长本人很快接受了依塔鲁斯的异端
思想，而不是向他传授更神圣的教义。他们说依塔鲁斯几乎把加
里达斯变成了他的忠实信徒。结果君士坦丁堡的所有人一起到教
堂找他。如果他没有藏到屋顶的一个洞里，可能已经被从走廊扔
到了教堂的中央。他的错误教义成为皇宫中许多人谈论的共同话
题，许多贵族被这些邪恶的思想所毒害。这让皇帝很愤怒。因此，
他的异端学说被概括为 11 项命题，送到皇帝那里。[2] 他命令依塔
鲁斯光着头，站在大教堂的一个布道坛上，会众们则在他的后面反
复念叨着"革出教门[3]，收回这些命题"。尽管做了这一切，但事实
证明依塔鲁斯是不可救药的，他再次在公共场合公开宣讲相同的
教义，并且无法纪地无视皇帝的警告，因此被开除教籍。后来当他
再次公开放弃信仰后，皇帝减轻了惩罚。他的教义遭到教会的谴
责，他的名字以某种隐晦的方式被嵌入和隐匿，不被民众轻易认

180

---

① 1081—1084 年担任大教长。——原译者注
② 对（异端）的审判发生在 1082 年初，据说阿莱科休斯的参与是出于政治动机，因
　为这位哲学家和杜卡斯家族关系友好。参见，*CMH*, vol. Ⅳ, pt. ⅰ, p. 213, p.
　217。——原译者注
③ 逐出教会（Curse）。——原译者注

的信仰并对以前的错误进行了忏悔，批判灵魂转移学说和对圣徒圣像的讽刺，希望重新解释这些理论①以便于它以某种方式成为正统信仰。很明显，他懊悔自己之前偏离了真理。

---

① 柏拉图理论。——原译者注

第六卷 诺曼人战败和罗伯特·吉斯卡尔之死;突厥人

我们之前已经提到,布林纽斯占领了卡斯托里亚。皇帝希望亲自将他驱逐,夺取此城,便重新装备军队,准备打围攻战和在开阔的乡村作战。准备就绪后,阿莱科休斯出发。卡斯托里亚的位置如下:有一个以此地命名的湖,一个在顶部变宽的海岬延伸到布满岩石的悬崖后凸出水面,上面建造了作为防御工事的塔楼和城垛——卡斯托里亚①的名字由此而来。阿莱科休斯发现布林纽斯占领了它们,认为首先要用攻城设施攻打这些防御工事。但是除了某处的底部,士兵们根本无法靠近。他先建造了木栅栏,然后建了木制塔楼。所有建造物被用铁链紧紧连在一起形成一个据点,他从这里对凯尔特人发起进攻。攻城机械和投石机被安置在墙外,战斗日夜进行。城墙周围被攻破,但防御者们进行了更加顽强的抵抗(尽管防御墙已经被攻破,但他们仍旧拒绝投降)。由于没有达到目的,阿莱科休斯决定从陆地和湖上同时两面作战,湖上的进攻由船上的士兵进行。因为没有船,他派人用马车运来了一些小舟并从一个小防波堤上将它们放入水中。他注意到拉丁人很快爬上了海岬的一侧,慢慢地下到了另一边,便命令乔治·帕列奥略格和士兵们上船,将船停靠在岩石脚下,然后通过偏僻的捷径爬到岩石顶上,看到约定的信号后,在敌人后面夺取制高点。当他看到皇帝从陆地上进攻拉丁人时,要尽可能快地迅速前进。因为他们

---

① 安娜从拉丁语要塞(castra)推出了这个名字,表示营地。——原译者注

不可能同样顽强地两线作战，两个阵线中必定有一方的抵抗会相对更薄弱一些，会变得不堪一击。帕列奥略格在悬崖边停住，整装待战，并在高处安排了一个士兵观望皇帝的信号，一看到就通知帕列奥略格。黎明时分，阿莱科休斯和士兵们高喊着战斗口号从陆地上发动进攻。看到信号的侦察兵用另一种信号将消息传递给了帕列奥略格。他们立刻占领了制高点并在此摆开阵形。尽管布林纽斯知道自己正在被从陆地围攻①，也得知帕列奥略格正在从另一边猛烈进攻，但依旧不投降，命令伯爵们更勇敢地反击，但他们的答复是令人沮丧的："你已经看到了我们的艰难处境，从现在开始我们必须确保自己的安全，一些人投靠皇帝，一些人返回家乡。"他们立刻就这样做了，要求皇帝竖起两面旗帜，一面靠近著名殉道者乔治的圣殿（教堂是为了纪念这位圣徒而建的），一面在去阿瓦罗纳的路上。他们说："我们中间那些想为陛下服役的人，会走到靠近圣殿的旗帜那里，那些选择返回家乡的人会到在阿瓦罗纳路上的旗帜那里。"说完这些话，他们立即向阿莱科休斯投降。布林纽斯是一个勇士，不打算投靠他，但宣誓永不与他为敌，条件是将他护送到帝国的边界并允许他自由返回家园。皇帝欣然同意，然后胜利返回拜占庭。②

　　在此，我必须中断叙述，简要描述他是如何战胜保罗派教徒（Paulician）③的。他认为在返回皇宫之前，必须首先镇压这些叛乱者，应该一鼓作气，打败魔尼教教徒，使胜利得以圆满。他无法容忍这些保罗派教徒的后代像以前一样，继续成为他对西方敌人的辉煌胜利史上的一个污点。但他不希望通过战争的方式实现，因为双方都将会有许多人在战斗中被杀。他知道他们是亡命的战

183

---

① 对于这次围攻，安娜是我们唯一的资料来源。——原译者注
② 卡斯托里亚在 1083 年 10 月或 11 月被占领。——原译者注
③ 保罗派教徒（Paulician）的宗教观念起源于古老的魔尼教（Manichaeism），但是这两个派别并不相同。因为他们的好战活动，他们被从帝国的东部边界移民到色雷斯，尤其是非利波波利斯（Philippolis）成为保罗派（Paulicianism）的中心。（比较 p. 160；p. 463）——原译者注

士,对敌人毫不留情。他只是打算惩处叛乱首领,但希望将其他人征募到自己的军队。为此,他策划了一个计谋。他知道他们喜欢冒险,嗜好战争,担心他们面临危机时可能会狗急跳墙。当时,他们一直平静地居住在自己的领土上,尚未进行新的掠夺和抢劫。因此在返回拜占庭的路上,他通过信件传唤他们,信中给出了许多承诺。他们已经听说了皇帝对凯尔特人的胜利,怀疑他只是用美好的希望取悦他们。尽管非常不情愿,但他们仍旧去了他那里。皇帝到达莫西诺伯利斯(Mosynopolis)之后,呆在附近地区,假装因为别的原因住在那里,实际上是在等他们。他们到达时,他亲自会见,将他们的名字登记在册。他器宇轩昂地坐在他们面前,命令他们的首领十人一组到前面来,以免秩序混乱。他们完成注册后进入城门。对剩余的人的检阅被安排在第二天。皇帝派人拿走了他们的马和武器,将他们关押在专门准备的监狱中,但按照一定顺序跟进来的人并不知道发生了什么。他们走了进去,对自己的命运一无所知。他就这样逮捕了他们,剥夺了他们的财产,将其分配给了过去曾和他一起分担战斗中的贫困和危险的勇士们。负责这项工作的官员留下来,把女魔尼教教徒从家中赶走,将其囚禁在要塞中。不久之后,皇帝减轻了对他们的惩罚,允许愿意改变信仰的人接受神圣洗礼。经过彻底调查之后,叛乱首领被查出来——他们要为自己的愚蠢行为负责——皇帝将这些人流放并囚禁在岛上,赦免了其他人,允许他们去想去的任何地方。他们选择了立刻返回自己的家乡。

　　阿莱科休斯返回君士坦丁堡,[①]发现针对他的阴谋蠢蠢欲动,因此心情很沮丧。毕竟,他的行为并非绝对不可饶恕,但谴责他的人数成倍增长。他对教会的冒犯源于环境的压力,当时国家陷入危机,而国库无法向他提供所需要的金钱,并且他只是暂时借用那些钱。对他而言,这种行为既不像诋毁他的人所宣扬的那样是强盗行径,也不是一个暴君的叛逆阴谋。他打算打赢当时威胁他的

---

①　1083 年 12 月 1 日。——原译者注

战争之后，归还从教堂取走的珍贵物品。既然已经返回都城，他决定不再容忍别人以任何借口谴责他的行为。为此，他宣布在布雷契耐宫召开一次重要会议（他打算作为辩护者出席，亲自进行解释）。所有元老院议员、军队将领和教会显贵都出席了会议，每个人都想知道这次正式会议的目的。事实上，只是皇帝想辟谣而已。小修道院的院长也出席了会议，一些账簿（通常被称为 brevia）被写，以便于进行审查，每所圣殿的财产都被收录在内。人们可以想象，皇帝坐在御座上，像法官一样主持会议，但事实上，他准备让自己接受审查。许多人很久之前捐赠给宗教机构的物品被仔细检查，查看它们后来是否被所提到的人或者皇帝本人取走。但结果证明除了著名的邹伊皇后棺木上的金银装饰物①和在礼拜中不再使用的一些其他小物品之外，其余的都没有被取走。因此，皇帝让自己公开被审判，接受在场的愿意充当法官的任何人的判决。短暂的停顿之后，他改变语气继续说："我不幸地发现帝国处于蛮族人的四面包围之中，却缺乏能够抵制威胁它的敌人的相应的防御设施。你们知道我面对的许多危险，我本人险些成为蛮族人剑下的牺牲品。那些从东部和西部向我们进攻的人在数量上大大超过了我们的军队。你们一定知道波斯人的入侵和斯基泰人的掠夺，一定记得伦巴第人锋利的长矛。我们把钱花费在了装备军队上面，帝国的边界大大收缩。你们知道我们的整个军队是如何创建的，如何被从各地征募和训练的。这里没有人不知道这些事情需要巨额开销。被取走的东西都花费在了必须做的事情上（按照著名的伯里克利②的方式），被用来捍卫我们的荣誉。但是，如果挑剔

185

186

①　邹伊去世于 1050 年，享年 72 岁。她是君士坦丁八世的第二个女儿和三个皇帝的妻子，他们是罗曼努斯三世（Romanus Ⅲ），米哈伊尔四世（Michael Ⅳ）和君士坦丁九世（Constantine Ⅸ）。1042 年，她和她的妹妹塞奥多拉曾在较短的时间内分享皇权。读者可以在普塞罗斯的《编年史》中找到有关她的非常有趣和详细的叙述。——原译者注
②　伯里克利（Pericles）在一次危机中打算向雅典娜女神借钱。参见，Thucydides, ⅱ，p. 13。——原译者注

者在我们的行动中看到了违反教会法规的行为，这一点都不令人吃惊。因为我们知道甚至先知——大卫（David）国王，在沦落到同样的境况时，也和他的士兵们一起吃圣餐面包，但对于俗人而言，接触为教士们预留的食物是被禁止的。不管怎样，宗教法规允许为了救赎战俘而卖掉圣器。如果整个国家正在被攻陷，它的城市和君士坦丁堡本身正处在即将沦陷的危险之中，我们在这种危急时刻，使用了不能真正称之为"神圣的"物品，用它们捍卫我们的自由，诽谤者就没有指责我们的理由。"讲完这些，他话锋一转，表示很自责并愿意为已经发生的事情承担责任。然后，他让那些拿着目录名单的人重新读了一遍，以便让大家清楚哪些东西被取走了，并立刻估算了足够数量的黄金，让国库官员每年支付给救世主教堂（Chapter of the Antiphonetes[1]）——这项传统一直延续至今，邹伊皇后的棺木放在那里。至于察尔科普拉提亚（Chalcopratia）[2]教堂，他下令从国库中拨出一份年金支付给那些通常在塞奥米特圣殿唱圣诗的人。

在此期间，一些元老院的重要成员和著名军事将领正在策划反叛皇帝的叛乱。他被立刻告知。反叛者们被押到他的面前，并且

187 罪行确立。按照法律规定他们将受到严厉的惩罚，但阿莱科休斯不愿给所有人判刑，只是剥夺了叛乱首领的财产并将其流放，也没有进一步追究此事。让我们回到偏离的地方。当阿莱科休斯被尼基弗鲁斯·伯塔尼亚特斯提升为军队总司令时，他随身带着一个叫特劳罗斯（Traulos）的魔尼教教徒，是他的一个家仆。这个人被认为配得上神圣的洗礼并娶了皇后的一个女仆。特劳鲁斯有四个姐妹，当他发现她们和其他人被关进监狱并剥夺了所有财产后，怒

---

① Antiphonetes 是救世主（Saviour，希腊语意为"保证人，surety"）。在君士坦丁堡有三座教堂供奉救世主：克拉的圣救世主教堂（St Saviour in Chora）、潘特伯特斯的圣救世主教堂（St Saviour Pantepotes）和潘托克拉托圣救世主教堂（St Saviour Pantocrator）。——原译者注

② 察尔科普拉提亚 是指圣索非亚教堂附近的地区。此处的教堂无疑是指圣玛利亚教堂。——原译者注

气冲天，试图从皇帝那里逃跑。他的妻子发现了他的计划，看见他准备逃走，便告诉了负责监视魔尼教教徒的那个人。特劳鲁斯得知她做的事情后，直接召集密友们在晚上会面。他的所有亲戚都跟随他去了伯里亚托巴（Beliatoba，一个位于俯视同名山谷的山脊上的小地方）。他们发现此地无人居住，便据为己有，在此定居。他们每天进行突袭，远至菲里波波利斯（Philippopolis），带回大量战利品。但是，特劳鲁斯并不满足于此。他与帕里斯特戎（Paristrion）的斯基泰人①签订协议，与格拉比尼扎（Glabinitza）、德里斯特拉（Dristra）和周围地区的首领建立了友好关系，还娶了一个斯基泰人首领的女儿。为了对付皇帝，他想方设法地鼓动斯基泰人入侵。他的日常活动都被报告给了皇帝，后者竭力避免冲突。他预见到可能发生的战事，便写了一封和解信，给出了许多承诺，甚至送去了赦免特劳鲁斯以及确保他完全自由的金玺诏书。但这只螃蟹拒绝学习如何走直路。他仍旧一如既往地与斯基泰人密谋，从他们那里召集了更多的人，抢掠整个邻近地区。

188

　　皇帝认为魔尼教教徒事件是一桩小事，最终重新成功地控制了他们，正在阿瓦罗纳等着。让我们回到他那里。布林纽斯和其他伯爵中的一些人选择为阿莱科休斯服役，其余的人分散到了各个地方。当博希蒙德听说了此事后，便去自己的领地并跨海去了伦巴第。他在萨勒诺与父亲会面（就像我已经叙述的那样），试图通过指控皇帝激起他的怨恨。罗伯特从儿子的脸上看到了糟糕的消息，知道寄予他的厚望已完全化为泡影（就像一枚钱币沿着错误的路线降落）。他沉默无语地站了很久，好像遭到了雷击一般。在了解了所有事情，意识到他的期望已经破灭后，他陷入了深深的绝望中，但并没有就此放弃。相反，他比以前将更多精力投入到对战争的筹划中。罗伯特执著于自己的计划，固执己见，从未放弃曾经做出的决定，总是不屈不挠——因为他相信首次进攻就能获得胜

---

① 帕臣涅格人（Patzinaks）或者像 CMH 所指的 Pechenegs。这些事件发生在 1084年。——原译者注

利。他很快平复了心情,恢复了信心,派使节们前往各地,宣布在伊利里库姆对皇帝发动新的进攻,要求他们加入罗伯特。因此,大量装备精良,一心想参加战斗的士兵、骑兵和步兵从四面八方聚集。他们就像荷马所说的"嗡嗡叫的蜂群一样"从附近的城市和外地汇集到他这里。罗伯特拥有足够的军事实力为儿子的失败报仇。召集了充足的军队后,他派人请来了另外两个儿子罗杰和古伊(Guy)。皇帝已经秘密地向古伊提议,许诺了联姻和不同寻常的荣誉以及慷慨赏赐,希望引诱他背叛父亲。古伊接受了这些建议,但暂时没有公开。罗伯特将全部骑兵交给罗杰和古伊,派他们立刻夺取阿瓦罗纳。此城很快被占领。他们留下一些士兵守卫这个地方,然后带着剩余军队去了布特林托并轻易而举地将其攻占。罗伯特带着整个舰队沿着布特林托对面的海岸航行,到达布林迪西,打算从这里横渡。但当他发现从奥特朗托出发航程更近时,便从那个地方去了阿瓦罗纳。在沿着海岸航行到达布特林托后,他与儿子们会合。以前臣服于他的科孚岛(Corfu)再次爆发叛乱,因此他留罗杰和古伊在布特林托,自己驶向了这个岛屿。在这些战斗中,罗伯特亲自指挥整个舰队。[①] 这就是罗伯特的活动。在此期间,皇帝得知了有关他的所有行动,但没有感到惊慌。他决定进行反击,请求威尼斯人装备一支强大的海军远征队,承诺向他们支付多倍费用。他自己准备了双排桨和三排桨战船以及各种海盗船,船上配备了富有海战经验的士兵,向罗伯特驶去。罗伯特熟悉这些舰队的作战策略,先发制人,带着整个舰队起锚驶向卡西奥皮港(Kassiopi)。威尼斯听到他的行动之前,没有在(抵达)的帕萨隆港(Passaron)做长期停留,便立刻向卡西奥皮港进发。在近距离的大规模战斗中,罗伯特被打败,但丝毫不予妥协,而是准备进行更猛烈的战斗——这是这个男人好战精神的典型体现。联盟海军的将领们得知了他的作战准备,但在赢得胜利后都很自信,三天之后再

---

① 如果我们相信拉丁人的资料,(1084 年秋天)罗伯特大约带了 150 只船。——原译者注

次向他进攻并取得了重大胜利，然后重新撤回帕萨隆港。他们可
能高估了自己的胜利（这种情况下的一种正常反应），或者可能认　　　190
为对手已经走投无路。不管怎样，他们松懈下来，好像战斗已经完
全结束，对罗伯特不屑一顾。一支由快船组成的支队前去威尼斯
汇报这些事件和敌人的彻底失败。一个名为皮特罗·康塔里尼
(Pietro Contarini)的威尼斯人，最近在罗伯特那里避难，把他们所
做的事情告诉了他。这个消息让他陷入了深深的绝望之中，曾一
度丧失了再战的信心，但仍旧策划了更好的作战计划，再次向威尼
斯人进攻。后者因其出其不意的进攻而震惊，立刻将停在科孚港
的较大船只用铁链连接在一起，把小船放入这个结实的圈子中（即
所谓的“海港”）。所有人都处于备战状态，焦急地等待他的进攻。
在随后的战斗中——比前两次更加恐怖和猛烈——双方都全力作
战，互不让步，迎面进行了激烈的战斗。威尼斯人耗尽了供给，但
没有后备军——只有船上的士兵。船因为没有货物，好像被海浪浮
起一样，漂在水面上（海水甚至达不到第二条线），因此当所有人都
冲向一边与敌人作战时，船便立刻下沉。共有13000人被淹死，其
他船只及其船员被俘虏。不幸的是，罗伯特在取得重大胜利之后
极其残忍。许多战俘被残暴地对待，一些人被刺瞎，一些人被割掉
鼻子，一些人失去双手或双脚，或手脚俱失。至于剩下的人，他派
使节到他们的同胞那里广泛宣布卖掉他们的消息，任何人如果想
用一定价格购买一个亲戚，都可以不受惩罚地这样做。同时，他粗
暴无礼地提议进行和平谈判。他们表示拒绝：“罗伯特公爵，你可
以确信，即使我们看到自己的妻子和儿子被割断了喉咙，我们也不
会背弃与阿莱科休斯皇帝的条约，不会停止对他的帮助，将一直站
在他这边勇敢地战斗。”不久之后，他们准备了大型快速帆船、三排
桨战船和其他船只（小型快船），向罗伯特发动了更猛烈的进攻。　　191
他们在布特林托追上了他（他在此扎营）并立即开战。威尼斯人战
胜，杀死了许多人，将许多人扔进了大海。他们差点俘虏了他（罗
伯特）的儿子古伊及其妻子。这次辉煌的胜利被迅速报告给了皇
帝，他奖赏了他们许多礼物和荣誉头衔。威尼斯大公（Doge of

Venice)本人被赐予首席贵族（protosebastos）头衔和相应的年金。主教也得到了最尊贵者（hypertimos）头衔和相应的年金。此外，威尼斯的所有教堂都得到一份——数量庞大的——金币年金，按照皇帝的命令从国库中支取。在君士坦丁堡有手工工场的阿马尔非人（Amalfitani）①要向使徒和福音传道者圣马可（St Mark the Apostle and Evangelist）②教堂纳贡。他将希伯来人远至维格拉（Vigla）的古老码头上的工场，包括这两点之间的港口，作为礼物送给了它。更不用提在都城和都拉基乌姆城中以及威尼斯人要求的其他地方的大量不动产了。但是，最重要的酬劳是向他们开放罗马人控制下的所有行省的自由市场，由此他们能如愿不受干扰地进行贸易，国库将不会以关税或其他任何税收形式征收一个奥卜尔（obol）③。他们完全不受罗马政府的控制。

现在，我们必须回到偏离的地方，重拾叙述的主线。即使在这次失败之后，罗伯特也没有就此休战。他派儿子罗杰带着一些船去夺取凯发罗尼亚（Kephalonia），剩余舰队和军队则驶离沃尼特萨（Vonitsa）。他自己登上了一艘单排桨战舰，驶向凯发罗尼亚。但是，在他加入其他军队和他的儿子之前，仍在亚瑟（Ather，岛上的一个海岬）附近等待时，突发高烧。④ 因为难以忍受，他要求一些凉水。四处找水的人被一个当地人告知："你们看那边的伊萨卡岛（Ithaka），很久之前上面建了一座被称为耶路撒冷（Jerusalem）的著名城市，随着时间的流逝现在已经成为废墟。那里有一处长年流淌清凉饮用水的泉眼。"罗伯特听到这些，立刻被恐惧攫住了。因为很久以前，一些人讲过一个预言（诌媚者通常擅长这种预言）："远至亚瑟，你将征服一切，但是在你从那里到耶路撒冷的路上，你

① 阿马尔非在东方有商贸利益，在威尼斯人变得更加强大时，逐步丧失影响力。——原译者注
② 威尼斯著名的圣马可教堂。——原译者注
③ 古希腊小银币（相当于一个法新：1961 年以前的英国铜币，等于 1/4 便士）。——原译者注
④ 1085 年夏天。——原译者注

将丢掉性命。"我无法确定是高烧还是胸膜炎夺去了他的生命,他苟延残喘了六天之后死去。① 他的妻子盖塔在他奄奄一息时来到他的身边,和儿子一起在他的身侧痛哭。另一个儿子也得知了消息②,他早已被任命为他的领土的继承人。他当时悲痛欲绝,但是保持了理智,恢复镇静之后,召开了一次全体会议。他首先宣布了发生的事情,为父亲的死亡痛哭流涕,然后强迫所有人向他宣誓效忠。他和他们一起跨海去了阿普利亚,但在航程中遭遇了可怕的暴风雨(尽管当时正是夏季)。一些船只沉没,一些船只被冲到海岸上被粉碎。载着死人的船差点被摧毁,他的朋友们吃力地救出了装着尸体的棺木并将它带到了维努西亚(Venusia)。他被葬在很久之前为了纪念复活主节(Holy Trinity)而建造的修道院中,他的兄弟们在他之前已经长眠在此。罗伯特在担任公爵的第二十五年死去,活了70岁。皇帝听到他猝死的消息之后,松了一口气,像一个人从肩膀上卸去了沉重的负担一样。他立刻着手对付仍旧占领都拉基乌姆的敌人,试图通过信件和其他手段在他们中间挑起分歧,希望通过这样的方式,轻松攻占城市。他也劝说居住在君士坦丁堡的威尼斯人写信给他们在埃皮丹努斯的同胞、阿马尔非人和其他外族人,建议他们听从他的要求,献出此城。他为了达到目的不断地进行贿赂并做出承诺。居民们被说服,因为所有拉丁人都贪图金钱,他们甚至会为了一个奥卜尔,卖掉自己最亲近和最爱的人。为了得到丰厚的酬劳,他们设计了一次阴谋,杀死了那个最先带领他们把此城出卖给罗伯特的人和他的同党。然后他们到了皇帝那里,转交了都拉基乌姆城,作为回报,他们被全部赦免。

　　一个叫塞斯(Seth)③的数学家,大力宣扬占星术知识,在罗伯特跨海到伊利里库姆之后,已经预言了他的死亡。这个预言以神谕

193

---

① 1085 年 7 月 17 日。——原译者注

② 罗杰。——原译者注

③ 西门·塞斯(Symeon Seth)是米哈伊尔·普塞罗斯的同时代人,像他一样写了许多伪科学著作。关于神秘主义和迷信的主题的全部内容参见 *CMH*。——原译者注

的形式写在纸上并封好,送给了皇帝的一些最亲密的朋友。塞斯要他们保留它一段时间。在罗伯特死后,他们按照他的命令将它打开。神谕是这样写的:"一个来自西方的大敌,已经制造了许多麻烦,将会突然死亡。"所有人都对这个人的预言能力感到惊奇,他的确达到了这门科学的顶峰。让我们暂时离开主题,对预言的本质进行简要介绍。

预言术是一种近来的发现,不为古代世界所知。在著名的天文学家欧多克索斯(Eudoxus)①时代,关于它的知识并不存在,柏拉图不了解这门科学,甚至占星家曼尼托(Manetho)②也没有关于这门科学的准确知识。在试图做出预言时,他们缺乏天宫图和关键点的定位,不知道如何观察一个人出生时星星的位置和这种体系的创造者留给后代的所有知识,这些知识被那些爱好这种毫无意义的东西的人所理解。我自己曾经涉猎过这方面的知识,不是为了运用(上帝禁止这样做!),而是为了更好地理解能够用来迷惑行家们的那些无用的行话。我写这一点不是为了自我吹嘘,而是想指出在皇帝统治期间许多科学取得了进步。尽管他反对研究占星术,但他尊敬哲学家和哲学本身。我推测这是因为它让大部分思想单纯的人,从信仰上帝转移到盲目信仰星辰的影响之中。这是阿莱科休斯反对追求占星术的原因。但是,你一定不会相信这一时期没有占星术家——绝非如此。我提到的塞斯在那时负有盛名,这位来自亚历山大里亚(Alexandria)的埃及人③,将大部分时间致力于揭示占星术的神秘。许多人向他咨询,他在许多事件中没有使用星盘却给出了相当准确的预言。他使用某种投掷鹅卵石的方

① 尼多斯的欧多克索斯(Eudoxus of Cnidus,公元前 408—前 355 年),在柏拉图的指导下进行研究并且写了很多有关天文学和数学的著作。他的最杰出成就是有关同轴球体的假说。——原译者注
② 曼尼托(Manetho,公元前 280 在世,生卒年月不详),是一个埃及传教士,曾献给托勒密二世(Ptolemy Ⅱ)一部埃及史。古人归功于他的占星术诗歌几乎都是杜撰。——原译者注
③ 塞斯。

式进行预测。[①] 这里面没有任何魔术，只是亚历山大学派的某种数字技能。皇帝听说年轻人成群结队地去向他请教，好像他是一个预言家一样，便亲自两次向他提出问题，每次都得到了正确答案。担心塞斯可能对许多人带来不利影响，民众可能转向追求无用的占星术，皇帝将他驱逐出城，让他居住在雷德斯托斯（Rhaidestos），但让国库慷慨地为他提供生活所需。当时有一个叫埃留特里奥斯（Eleutherios）的著名辩论家，也是一个埃及人，对这门科学非常精通，技能精湛。他无疑是最优秀的解释者。后来，一个叫卡塔南科斯（Katanankes）的雅典人，从出生地来到君士坦丁堡，雄心勃勃地想超越所有前辈。他被许多人询问有关皇帝的事情："他将在什么时候死亡？"他根据计算预测了日期，结果被证明是错误的。但是，当时一头生活在皇宫中的狮子发烧四天之后死亡，大部分人认为卡塔南科斯的预言是指它。不久之后，他重新错误地预言了皇帝的死亡，但在他提到的那一天，他的母亲，安娜皇后去世。[②] 尽管这个人两次出错，完全是咎由自取，但阿莱科休斯并没有将他驱赶出城，希望避免招致怨恨。现在我们该返回主题了。我不希望因为"凝视星辰"而博得名声，用占星术家们的名字模糊了我的历史主题。

　　大家普遍认为罗伯特是一个杰出的领导人，思维敏捷，相貌英俊，彬彬有礼，声音洪量，谈吐机警，平易近人，身材高大，头发总是长短适度，胡须浓密。他总是严格遵守自己种族的风俗，直到生命的最后，始终保持着年轻人的旺盛精力，这使他的气色和整个人都非常引人注目，他本人也为此感到自豪——他拥有一个真正领导人的体格。他尊敬地对待所有下属，尤其是那些比平常人更忠诚于他的人。另一方面，他极端地吝啬和贪婪，是一个非常优秀的商人，十分贪婪并充满野心。尽管拥有这些品质，但他招致了许多人

195

---

① 或许是盘占术（Lecanomancy），似乎是把三颗鹅卵石以某种方式扔进一个碗中，召唤魔鬼或者灵魂。——原译者注

② 即安娜·达拉西妮。安娜没有给出她的具体去世时间。

的谴责。有人指责皇帝鲁莽,过早地开始了与罗伯特的战争。根据他们的说法,如果他没有如此快地激怒罗伯特,不管怎样,能更容易打败他,因为罗伯特正受到来自各方面的攻击,正在被阿尔巴尼亚人(Albanians)和达尔马提亚(Dalmatia)的伯迪努斯的人进攻。当然,挑错者并没有使用武器,而是将舌头当作锐利的标枪射向对手。事实上,罗伯特的男子汉气概、神奇的战争技能和坚毅的精神受到普遍认可。他是一个不易被征服的对手,一个愈挫愈勇的强大敌人。

196

在第七个财政税收年的 12 月 1 日,皇帝带着胜利的荣耀返回都城,陪同他的是叛逃到他那里的拉丁人,他们原是布林纽斯伯爵的部下。他发现皇后正在辛苦地分娩,产室是一个很久之前为皇后分娩专门设置的房间。我们的祖先称这个房间为紫色产房(*porphyra*)——这就是举世闻名的 *porphyrogenitus* 名字的来源。黎明时分(这天是星期六)[①],一个女婴出生,他们说她在各个方面都像她的父亲。我就是那个婴儿。我几次听母亲讲述,在皇帝返回皇宫的前两天(他在结束了与罗伯特的战争和其他无数战斗之后,正在返回),她如何被分娩的剧痛攫住,一边在子宫上划十字架,一边说,"小东西,等一会儿,等你的父亲回来。"她的母亲,当时的服饰管理官(protovestiaria)训斥她:"如果他在一个月之后回来怎么办? 你知道他何时到达?""你将如何忍受这种疼痛?"她的命令被服从——这一点清楚地表明从在她的子宫里开始,我就已经注定将来非常爱我的父母。此后,当我到了拥有判断力的年龄时,我深爱着他们。许多亲属,当然是那些了解我的历史的人,都是这种深厚感情的见证人。他们见证了我为他们所忍受的无数斗争和劳苦,以及因为这份爱我无视荣誉、金钱和生命而使自己面临的那些危险。我非常爱他们,甚至多次准备为了他们牺牲自己。但是,现在还不是讲这些的时候。我必须告诉读者我出生之后发生的事情。我被告知皇室的孩子出生后通常要举行的所有仪式被举行

————————————

① 1083 年 12 月 1 日。——原译者注

时（我的意思是欢呼致敬，赐予元老院和军队领导人礼物及荣誉头衔），出现了前所未有的欢乐场面，大家都在跳舞，唱赞美歌，尤其是皇后的近亲们，发自内心的高兴。间隔了一段时间之后，我的父母还赐给我一个王冠。当时前皇帝米哈伊尔·杜卡斯①的儿子君士坦丁，他在这部历史中已经多次被提到，仍旧与我的父亲分享皇权，与他一起用紫色墨水签署捐赠布告，在游行中戴着王冠跟随着他并在他之后接受欢呼致敬。因此，我也被欢呼致敬。负责这些仪式的官员们把君士坦丁和安娜的名字放在一起。后来，我经常听我的亲戚和父母说，这种仪式持续了很长一段时间。或许它预示了此后将要发生在我身上的好事或者坏事。在第二个女儿②出生后，他们渴望生个儿子并为此祈祷。这个女儿长得很像她的父母，后来具有的杰出品德和智慧，这时已经表现出了明显迹象。在第11个财政税收年，他们真的生了一个儿子③——一个让人喜出望外的重大事件。他们终于如愿以偿。所有人都与他们的统治者同乐，每个人都很高兴。当时的皇宫成了一个充满幸福的地方，所有悲伤和忧虑都消失，忠诚者是真正发自内心地替他们高兴，其他人则假装分享他们的快乐。因为一般人对他们的统治者没有好感，通常假装忠诚并通过谄媚赢得宠爱。不管怎样，此时到处洋溢着欢乐。这个小男婴皮肤黝黑，前额宽阔，脸颊瘦削，鼻子介于扁平状和鹰钩状之间。黑色的眼睛活泼可爱。这就是人们所能看到的新生婴儿的相貌。我的父母自然希望这个小男孩做皇帝，把罗马帝国作为遗产留给他。因此，在著名的上帝教堂，他被赐予神圣的洗礼仪式并被加冕。这就是从出生的时刻起，降临到我们，即出生于紫色产室的孩子们（porphyrogeniti）的身上的事情。关于我们后来经历的事情，我将在适当的地方讲述。

197

198

---

① 米哈伊尔七世。

② 玛利亚（Maria），后来嫁给了尼基弗鲁斯·卡塔卡隆·尤弗伯努斯（Nicephorus Catacalon Euphorbenus）。——原译者注

③ 约翰后来成为皇帝，称约翰二世（John Ⅱ，1118—1143年在位）。——原译者注

正如我之前所说的,在将突厥人(Turks)从卑斯尼亚的海岸地区、博斯普鲁斯海峡和深入内陆的部分地区驱赶出去之后,皇帝和苏莱曼(Sulayman)签订了一项和平条约。[①] 然后,他转向伊利里库姆,彻底打败了罗伯特和他的儿子博希蒙德(遭受了重大灾难),并将西部行省从灾难中解救出来。从那次战役中返回时,他发现阿布·卡西姆(Abul-Kasim)领导的突厥人不仅重新入侵东部,甚至到达普罗旁提斯(Propontis)及其海岸地区。现在,我必须叙述苏莱曼埃米尔(Emir)如何在离开尼西亚(Nicaea)之后,任命这个阿布·卡西姆为此城总督的;普赞努斯(Pouzanus)是如何被波斯苏丹送到亚洲并被苏丹的弟弟突突什打败的;他如何被他杀死,突突什在胜利后又如何被普赞努斯的堂兄弟们绞死的。一个叫非拉雷托斯(Philaretos)的亚美尼亚人(Armenian),因其勇敢和智慧备受尊敬,曾被前皇帝罗曼努斯·迪奥根尼斯(Romanus Diogenes)[②]提升为军队总司令。他看到迪奥根尼斯垮台并进一步得知他被刺瞎时,[③]因为对他怀有深厚的感情,感到对此无法容忍,便在安条克组织了一次叛乱,夺取了权力。当突厥人每天不停地抢劫此城的周围地区时,非拉雷托斯决定加入他们并按照他们的习俗进行了割礼。他的儿子强烈反对这种荒谬的冲动行为,但他的建议没有被采纳。经过 8 天的旅行之后,他筋疲力尽地到达尼西亚,见到了苏莱曼埃米尔[④],后者刚好被任命为苏丹。他请求苏莱曼围攻安条克,进攻他的父亲。苏莱曼同意这样做,他准备在去安条克之前,

199

---

① 根据条约(1081 年 6 月),伊库尼乌姆苏丹苏莱曼同意不侵扰卑斯尼亚,德拉克河(Dracon river)被确定为边界。——原译者注

② 罗曼努斯四世(Romanus Ⅳ, 1068—1071 年在位)。

③ 罗曼努斯四世·迪奥根尼斯在 1071 年被刺瞎和罢黜。——原译者注

④ 1072 年,阿尔普·阿尔斯兰(在曼兹克特战役中战胜了罗马人)死后,他的儿子马立克·沙(Malik Shah)任命苏莱曼·伊本·库特鲁米斯(Sulayman ibn Kutlumish)为安那托利亚地区的突厥人的司令官。利用罗马人的内战时机,苏莱曼大大扩展了他的领地,从拜占庭人那里夺取了西兹库斯(Cyzicus)和尼西亚(尼西亚成为他的总部)。1081 年条约之后,他将注意力转向东方,1086 年在与突突什的战斗中被杀。——原译者注

任命阿布·卡西姆为尼西亚总督,拥有比其他军队指挥官更重要的权力。经过12天夜行军(白天休息)之后,苏莱曼和非拉雷托斯的儿子悄悄到达安条克并一举将其攻占。同时,查拉提克斯(Charatikes)发现国库的大量黄金和货币储藏在西诺坡(Sinope),便突袭此地,夺取了它。伟大苏丹①的弟弟突突什,是耶路撒冷、整个美索不达米亚(Mesopotamia)、阿勒颇(Aleppo)和巴格达(Bagdad)地区的统治者,也觊觎安条克。当他得知苏莱曼叛乱并要求此城的总督职位时,便带领所有军队占据了阿勒颇和安条克之间的地区。苏莱曼前去迎战,一场激烈的战斗爆发。在近距离作战时,苏莱曼的军队回转身,四散逃窜。尽管他竭尽所能地鼓励他们勇敢作战,但是徒劳无益。看到自己正处于迫近的危险之中,他逃离战场。或许,他感到已经安全了,便把盾放在地上,坐在它的旁边。他的同胞们看见了他,一个地方总督走近他,说他的叔叔突突什正在派人请他去。因为怀疑有危险,他拒绝了邀请,但他们强迫他去。由于无力抵抗突突什(他一个人),他从剑鞘中抽出剑自杀身亡。剑完全穿透了他的身体,这个可怜的人悲惨地死去。他死后,他的剩余军队全部加入了突突什。这个消息让苏丹很惊慌——突突什正在变得过于强大——他派西奥乌斯(Siaous)到皇帝那里,建议联姻,承诺如果就此达成一致,他将强迫突厥人从沿海地区撤退并将设防地转交给皇帝,而且全力支持他。阿莱科休斯接见了西奥乌斯,私下里读了苏丹的信,但是没有提及联姻的事情。他注意到西奥乌斯是一个聪明人,便询问他的出生地和父母。他告诉阿莱科休斯,从母亲一方来说,他是一个伊比利亚人(Iberian)②,但他的父亲是一个突厥人。皇帝非常热情地建议他接受洗礼,西奥乌斯同意这样做。另外,他许诺一旦接受了神圣仪式,将不再回到苏丹那里。他有来自苏丹的书面命令,这使他有权力让所有地方总督从他们占领的沿岸城市撤离。他的任务是如果

200

---

① 罗姆的塞尔柱苏丹(Seljuk of Rum)马立克·沙。——原译者注

② 来自高加索(Caucasus)地区的伊比利亚。——原译者注

皇帝同意签订婚约,就出示这个文件。皇帝建议西奥乌斯利用苏丹的书面命令撤离地方总督之后,返回都城。西奥乌斯兴高采烈地首先去了西诺坡,让查拉提克斯看了苏丹的信,没有花费皇帝一个奥卜尔就让他离开了这个地方。当查拉提克斯离开西诺坡时,摧毁了为了纪念神之母(Mother of God),我们的圣母(Immaculate Lady),建立的圣殿。根据神意(Divine Providence),他就像被交给了一个复仇者,口吐白沫地倒在了地上。他就这样被一个魔鬼缠身后离开了。西奥乌斯把西诺坡转交给了新的守卫者君士坦丁·达拉西努斯(Constantine Dalassenus),他是皇帝为此目的专门派去的。按照同样的方式,西奥乌斯去了其他城市,出示了苏丹的命令,撤离了地方总督,让皇帝任命的人接替。完成了任务之后,他回到阿莱科休斯那里,接受了神圣洗礼,被提升为安吉亚鲁斯(Anchialos)公爵并得到了许多额外的礼物。

201

当苏莱曼埃米尔的谋杀事件①在整个亚洲地区变得众所周知时,那些碰巧担任城市或者要塞管理者的地方总督都为自己夺取地盘。在苏莱曼去安条克之前,已把保护尼西亚的任务交给了阿布·卡西姆,据说其他各个地方总督也被委托保护海岸地区、卡帕多西亚(Cappadocia)和整个亚洲地区,每个人都负责守卫自己的专门地区,直到苏莱曼返回。但当时阿布·卡西姆是尼西亚的最高长官,已经控制了这座城市(它也恰好是苏丹的总驻地),然后将卡帕多西亚的部分地区割让给了他的弟弟普尔查塞斯(Poulchases),并毫无顾忌地宣布自己为苏丹,自信满满地认为已经控制了权力。他是一个聪明人,敢于冒险,野心勃勃。他派出突击队抢劫整个比希尼亚地区,远至普罗旁提斯。皇帝采取了先前的政策,击退了他的突袭,阿布·卡西姆被迫请求休战。但是,阿莱科休斯非常清楚这个人会继续心怀鬼胎,便推迟签订任何条约。很明显,现在必须派出一支强大军队与他作战。塔提西乌斯(前面经常被提到)率领一支强大军队前往尼西亚,接到的命令是如果在城墙外遇到敌人,

① 严格讲是自杀事件。——原译者注

140

交战要慎重。他离开都城，到达城市的外面时，没有遇见突厥人，便将军队排列为战斗队形。一支 200 人的突厥人支队突然骑马冲向他。凯尔特人（在数量上没有被超出太多）装备着长标枪，迎头与他们展开激战，打伤了许多人，把剩余的人赶回了要塞。塔提西乌斯维持同样的战斗队形一直到日落，但没有突厥人再出城门，他便去了巴西雷亚（Basileia），在此扎营，此地距离尼西亚 12 斯塔得。晚上，一个农民送来确切消息，新苏丹巴尔吉亚鲁克（Barkiyaruq）[①]派来的普洛苏克（Prosouch）带着 5 万军队正在来这里的路上。消息被其他人证实。因为塔提西乌斯的军队在人数上远远少于对方，便改变了计划。他认为与其与实力巨大的敌人作战并全军覆没，不如首先确保整个军队的安全。他打算穿过尼科米底亚撤回都城。阿布·卡西姆从城市的防御墙上看到了他的行军方向（他已在去君士坦丁堡的路上），离开城市进行追赶，准备当他在一个对突厥人有利的地方扎营时，发动进攻。他在普雷内托斯（Prenetos）追上了他并主动发起猛烈进攻。塔提西乌斯迅速摆开阵线，为了应对这次进攻，命令凯尔特人骑兵首先向蛮族人进攻。他们立刻举着长标枪闪电般地冲向敌人，切断了他们的战线，敌人匆忙逃窜。这样，塔提西乌斯穿过比希尼亚返回都城。但是阿布·卡西姆仍然保持了昂扬的斗志，觊觎罗马帝国的权杖，放弃了对整个沿海地区甚至岛屿的控制。带着这种想法，夺取了吉奥斯（Kios。一座位于比希尼亚海岸的城镇）后，他决定建造海盗船。在此期间，他的计划进行得很顺利，至少他这样认为，但是皇帝知道了他的行动。一支由两层桨战船、三层桨战船和其他船只组成的舰队在曼努埃尔·布图米特斯（Manuel Boutoumites）的率领下，立刻出发向阿布·卡西姆发动进攻，任务是立即烧毁他建成一半的海船，不管它建成了什么样子。塔提西乌斯也率领一支强大军队从陆地向他进攻。两个指挥官离开都城。阿布·卡西姆看到布图

202

①　马里克·沙死于 1092 年，巴尔吉亚鲁克是他的儿子。安娜的叙述很难理解，这里似乎存在年代错误。——原译者注

米特斯已经在海上行进，全速穿过海洋，而且知道其他敌人正在从陆地到达，便准备拔营离去。他发现原来的地点太崎岖不平和狭窄，非常不利于弓箭手反击罗马骑兵的进攻，打算寻找一个更好的地方。他新选的地方，一些人称为哈里凯（Halykai），一些人称为吉帕里什（Kyparission）。一越过海洋，布图米特斯便烧毁了船只。第二天，塔提西乌斯也从陆地到达，在一个较好的战略位置扎营，连续 15 天，从早到晚地持续进攻阿布·卡西姆。有时是小规模战斗，有时是常规战斗。但阿布·卡西姆没有屈服，而是进行了顽强的抵抗，这让拉丁人非常沮丧。尽管地形不利，拉丁人还是请求塔提西乌斯让他们单独与突厥人作战。在他看来，这不是一个明智的举动，但他知道，突厥人每天都得到增援，便同意了拉丁人的请求。大约在日出时分，他召集军队，加入战斗。许多突厥人在这次战斗中被杀，许多被俘，大部分人丢掉行李后逃跑。阿布·卡西姆直接向尼西亚逃去，侥幸逃命。在返回自己的阵营之前，与塔提西乌斯一起作战的人擅自夺取了大量战利品。皇帝善于赢得人心和软化最顽固的人，立刻给阿布·卡西姆送去一封信，建议他放弃无用的计划，不要再白费力气，与自己（指皇帝）签订和约。为此，他不仅能免受劳苦，还能得到慷慨的礼物和荣誉。阿布·卡西姆知道普洛苏克正在围攻许多地方总督占据的要塞，为了同样的目的，将很快到达尼西亚。因此正如他们所说，他很识时务，为了自保，同意了皇帝的要求，签订了一项和平条约。但是阿莱科休斯希望获得更多的利益，因为没有实现目的的其他方法，便邀请这个突厥人到都城，承诺将给予他金钱，让他尽情地享受这个城市的乐趣，然后返回。阿布·卡西姆接受了邀请，在都城受到了各种友好的接待。控制尼西亚的突厥人也占领了尼科米底亚（比希尼亚城的首府）。皇帝希望驱逐他们。为了达到目的，他决定在靠海的地方建造另外一个要塞。就在"友爱剧情"（love-scene）正在君士坦丁堡上演期间，建造这个要塞所需的所有建筑材料和建筑师们被送上运输船，在舰队总司令（Drungarius of the Fleet）尤斯塔修斯（Eustathios）的率领下离开，他将负责建造工程，皇帝把秘密计划告诉了他。尤斯塔修斯要以最友好的方式接待碰巧路过的任何突厥人，为他们慷慨提供一切所需并告诉他们阿布·卡西姆知道这项计划。来自比希尼亚沿岸地区的所有船只都被阻挡，以防止他[①]得知正在发生的事情。皇帝每天都给阿布·卡西姆金钱，邀请他沐浴，参加马赛和狩猎，参观在公共场所建立的纪念柱。为了取悦他，马车手被命令在很久以前由君士坦丁大帝建造的剧院里组织马术表演，他被邀请每天参观剧院和检阅马队——所有这些都是为了拖延时间，让建造者们能够放开手干。当要塞建成，目的达到之后，阿莱科休斯赠送给了这个突厥人更多的礼物，赐予他"贵族"（sebastos）荣誉头衔，更详细地确定了他们的条约，必恭必敬地把他从海上送回。阿布·卡西姆最终听说了这项工程，尽管非常沮丧，但假装不知道，完全保持了沉默。这件轶事类似于阿尔西比亚德斯（Alcibiades）[②]的故事，当斯巴达人在雅典被波斯人摧毁之后拒绝重建此城时，他以同样的方式欺骗了他们。他劝说雅典人重建城市，然后作为一个使节去了斯巴达。谈判拖延了时间，给了修复者良好的机会。在计策完全成功之后，斯巴达人才听说了雅典城的修复。皮亚尼安（Paeanian）[③]在他的一篇演讲中，回忆了阿尔西比亚德斯的这个绝妙的计谋。我父亲的计策的确与之相似，但必须承认它更配得上一个将军的行为，通过用赛马和其他娱乐迎合这个野蛮人，不断推迟他的离期，当工事全部竣工之后，才让这个人自由离开都城。 205

　　不出所料，就像塔提西乌斯的夜访者所说的那样，普洛苏克带领一支巨大军队围攻尼西亚，连续三个月从未松懈。城中的居民，

---

① 阿布·卡西姆。

② 修昔底得的著作记述了这个故事（Ⅰ,90）。但是安娜把阿尔西比亚德斯和真正的英雄地米斯托克利（Themistocles）混淆。阿尔西比亚德斯同样能够欺骗斯巴达人（Spartans），应该赢得这种赞美。——原译者注

③ 皮亚尼安的德莫斯梯尼（Demosthenes of the Paeanian）在发表于公元前354年的演讲 Against Leptines 中提到了这个故事，但是他正确地将骗局归功于狄密斯托（Themistocles）。很明显，安娜凭借记忆记述了它。——原译者注

甚至阿布·卡西姆本人,看到自己陷入了令人绝望的状况——坚持抵抗普洛苏克已不可能。他们给皇帝送去消息,请求帮助,表示相比向普洛苏克投降,更愿意成为他的奴隶。能召集到的最好军队带着皇旗和银饰的节杖立刻被派去帮助他们。皇帝这样做不是为了直接帮助阿布·卡西姆,而是认为援军将加快他的毁灭。因为对他而言,当罗马帝国的两个敌人正在交战时,明智的做法是支持较弱的一方——不是为了让他变得更强大,而是为了从另一方夺取城市后,更容易驱逐这一方。这座城市当时不受罗马人的管辖,但通过这种方式将被并入罗马的疆域。另一个城市将逐渐被夺取,然后是下一个,罗马的影响力将由此被扩大,尤其是自从突厥人军事力量增长以来,这种影响力已经下降到微乎其微的地步。罗马帝国的东部和西部边界曾经一度是两根柱子——西部是所谓的赫拉克勒斯柱(Pillars of Hercules),东部是离印度边界不远的狄奥尼索斯(Dionysos)柱。就其疆域而言,罗马的国力不可能有多么强大。它包括埃及、麦罗埃(Meroë)、特罗格罗迪特斯(Troglodytes)的所有领土和热带地区附近的国家(Torrid Zone)。在另一端是著名的图勒(Thule)[①]和居住在极北之地的所有人,往北是北极星。但是,当时我们提到的罗马帝国的东部边界是与我们毗邻的博斯普鲁斯海峡,西部边界是亚得里亚纳堡。阿莱科休斯皇帝与从两侧进攻他的蛮族人两手作战,控制着拜占庭的周围地区,好像以拜占庭为中心继续扩展帝国,把西部边界变成了亚得里亚海(Adriatic Sea),东部边界变成了幼发拉底河(Euphrates)和底格里斯河(Tigris)。如果不是一连串的战争、持续不断的危险和麻烦抑制了他的雄心,他将复兴帝国古代的强盛。他总是冒险,让自己陷入险境。不管怎样,正如我在这个事件的开始所记述的那样,当他派一支军队去尼西亚的统治者阿布·卡西姆那里时,不是为了解救他而是让自己赢得胜利。但是,运气并没有垂青于他。事情是这样

[①] 古希腊地理学家们认为的世界上有人居住的最北地区。据推断可能是不列颠北面的冰岛、挪威或设得兰群岛,人们对此有不同看法。——原注者注

发生的。远征军到达被称为圣乔治的地方，突厥人立刻给他们打开城门。士兵们爬上东城门上面的防御墙，将旗帜和节杖一起插在上面，同时制造了巨大的喧闹声并一遍遍高呼战斗口号。这些噪音让城外的围攻者感到恐慌，以为皇帝亲征，便在晚上逃跑了。罗马军队返回都城。他们在人数上被大大超过，无法抵抗来自突厥人帝国腹地的另一次波斯人入侵。

苏丹等待西奥乌斯返回，但他看到后者一直拖延并得知他通过诡计将查拉提克斯赶出了西诺坡，接受了神圣洗礼，带着"安吉亚鲁斯公爵"的头衔被皇帝派到了西部。苏丹气怒交加，认为这次一定要派普赞努斯进攻阿布·卡西姆。同时，他委托他给皇帝带去一封信，试图联姻。信的内容如下："巴塞鲁斯（Basileus），我已经听说了你的麻烦，知道你从统治之初就遇到了许多困难。最近，你解决了拉丁人事件之后，斯基泰人正准备对你发动战争。阿布·卡西姆埃米尔也已经打破了苏莱曼和你签订的条约，正在抢劫远至大马里斯的亚洲地区。因此，如果你希望阿布·卡西姆被从这些地区驱赶，亚洲和安条克臣属于你，那就把你的女儿嫁给我的长子为妻。此后，没有什么会阻挡你的路。在我的帮助下，你将轻易得到一切，不仅在东部，甚至远至伊利里库姆和整个西部。从现在起，有了我给你派去的军队，将没有人能抵抗你。"这就是波斯人苏丹[①]的建议。其间，普赞努斯到达尼西亚，几次尝试对城市进攻，但都没有成功，因为阿布·卡西姆不仅进行了勇敢的抵抗，而且得到了阿莱科休斯的援助。最后，普赞努斯匆忙离开去进攻其他城市和要塞。他在罗颇迪隆（Lopadion）附近的兰普（Lampe）河扎营。他离开之后，阿布·卡西姆装载了 15 匹骡子的黄金，去了波斯苏丹那里，希望这些贿赂能使他不被解除军队领导权。他在斯帕夏（Spacha）附近露营，因为个人拜访被拒绝，他派了一个中间人为他求情。苏丹回复道："我已经将权力永久地交给了普赞努斯埃米

207

---

① 罗姆（伊科尼乌姆）苏丹——在此事件中指巴尔吉亚鲁克（Barkiyaruq）。——原译者注

尔,不能剥夺他的权力。让阿布·卡西姆把钱给普赞努斯并告诉他想要的任何东西。普赞努斯的决定就是我的决定。"因此,在那里等了很久,受了很多苦,一无所获之后,他出发去找普赞努斯。路上,他遇到了被后者派来抓他的 200 名地方总督(阿布·卡西姆离开尼西亚已经引起了注意)。这些人抓住他,用弯曲的弓弦做了一个绞索,绕在他的脖子上,把他勒死了。在我看来,整个事件不是普赞努斯而是苏丹的行为,他下令用这种方式处置阿布·卡西姆。① 这就是有关他的事情。让我们回到皇帝那里。读了苏丹的信之后,他不打算接受他的提议。他怎么能这样做呢? 蛮族人的长子要求娶他的女儿,如果公主真的去了波斯的皇宫,将比过任何贫穷的生活更可怜(自然是这样)。这不是上帝的意愿,迄今为止,皇帝也不想这样做,尽管他面临的形势令人绝望。刚读到这封信时,对于突厥人的痴心妄想,他立刻放声大笑,自言自语道:"一定是魔鬼把这种想法放进了他的大脑。"尽管对待联姻的态度是这样,但他仍旧认为应该通过空头支票让苏丹心存幻想。他叫来了库提吉奥斯(Kourtikios)和其他三个人,派他们作为使节,带去了他的信,他在信中表示了和平的意向并同意苏丹的建议,同时提出了一些拖延谈判的要求。事实上,当使节们听说苏丹被谋杀时,还没有到达克罗斯安(Chorosan)。② 他们返回拜占庭。突突什在杀死从阿拉比亚(Arabia)向他进攻的女婿苏莱曼埃米尔之后,变得傲气十足。他已经听说苏丹即他的同胞兄弟,正在争取与皇帝签订和平条约,便计划谋杀他。为了这个目的,他召集了 12 名波斯方言称为查斯(Chasioi)③的嗜血成性的暴徒,让他们以信使的身份到他

① 对于这时的苏丹是否是巴尔吉亚鲁克存在一些疑问。他可能是(父亲)马立克·沙。所有的基督教徒作家都认为他在处置敌人(包括基督教徒)时非常宽容,他似乎已经是骑士的模范。——原译者注

② 此处存在混乱。安娜似乎正在描述发生在马立克·沙被毒死之前一个月左右(1092 年 11 月 19 日),苏丹的维齐尔(穆斯林政府高官,尤指前土耳其帝国)尼扎姆·阿尔·穆尔克(Nizam-al-Mulk)的谋杀。——原译者注

③ 刺杀者(The Assassins)。——原译者注

那里。他向他们下达了谋杀命令。"去，"他说，"首先宣布有一些秘密消息要告诉苏丹，被允许进入后，好像需要与他私下交谈一样，走到他身边，立刻谋杀他。"信使们好像去参加宴会或节日盛会一样，非常高兴地去进行谋杀活动。他们发现受害人喝醉了，完全能够毫无妨碍地做这件事时（苏丹的卫兵正站在远处），便靠近他，从腋窝下抽出弯刀，直接把这个人剁成了碎片。杀手们喜欢流血的场面，他们的快乐就在于把剑插入人的腹中。如果将来有一天他们遭到反击并被剁成了碎片，他们会将这种死亡视为一种荣誉，将这种嗜血行为像某种家庭财产一样代代相传。不管怎样，他们以死抵罪，没有人返回突突什那里。听到这个消息，普赞努斯带着所有军队撤退到克罗斯安。当他接近目的地时，遇到了被谋杀者的弟弟突突什。一场近距离战斗立刻爆发，两支军队都表现得斗志昂扬，不愿输掉战斗。普赞努斯在战斗中勇敢作战并在敌人的阵线中到处制造混乱，但因为受了致命伤而死亡。他的军队自顾逃命，四散逃窜。突突什胜利返回克罗斯安，好像已经赢得了苏丹的头衔。事实上，他正处于迫近的危险之中。被谋杀的苏丹塔帕拉斯（Taparas）①的儿子巴尔吉亚鲁克遇到了他。就像荷马所说，他像"一只偶然碰到某个巨大猎物的狮子一样高兴"，倾尽全力向他进攻，多次打散了他的军队。以 Nauatus②的傲慢引以为豪的突突什被杀。当阿布·卡西姆带着钱去了克罗斯安的苏丹那里时（就像我已经说过的），他的弟弟普尔查塞斯来到尼西亚并占领了它。皇帝得知了此事，表示只要他转交城市，将给予他大量贿赂。普尔查塞斯同意，但一直拖延，幻想能依靠阿布·卡西姆。他不间断地给皇帝送去消息，让他蒙在鼓里，事实上，这个人正在等他的哥哥回来。当这一切正在进行中时，发生了一件事，我将进行概述。被查斯谋杀的克罗斯安的苏丹拘押着苏莱曼的两个儿子，他死后，他们从克罗斯安逃到了尼西亚。尼西亚的居民兴高采烈地欢迎他

209

210

---

① 马立克·沙的另一个名字。——原译者注
② 很明显，Nauatus 是一个异教徒，他的傲慢成为一种谚语。——原译者注

们,普尔查塞斯像转交家庭遗产一样,高兴地将城市转交给他们。长子基里吉·阿尔斯兰(Kilij Arslan)得到了苏丹的头衔。他派人接来了士兵们定居在尼西亚的妻子和孩子。这个城市变成了苏丹的官方驻地。如此安排了尼西亚的事务之后,基里吉·阿尔斯兰强迫普尔查塞斯辞去总督职务,提升穆罕默德(Muhammad)为总地方总督,将他留在尼西亚的附近地区,自己则去攻打马拉蒂亚(Melitene)。

这就是苏丹们的故事。总地方总督叶尔汉奈斯(Elkhanes)和他的军队占领了阿波罗尼亚斯(Apollonias)和西兹库斯(Cyzicus)(两个城市都在海岸边)并抢劫了所有沿海地区。皇帝准备了相当数量的船(舰队尚未调动),船上装备了攻城器械和优秀战士,他们由亚里山大·尤弗本努斯(Alexander Euphorbenus)指挥,他是一个贵族,因其勇敢而闻名。远征的目的是对付埃尔汉尼斯。他们到达阿颇罗尼亚斯,立刻开始围攻。连续六天中,对城墙的进攻甚至在晚上也在进行。第六天末,尤弗本努斯控制了要塞的外围地区(现在通常被称为 *exopolos*),但是埃尔汉尼斯顽强地守卫卫城,等待援兵。事实上,亚历山大的确看到了一支相当强大的蛮族人军队正在前来增援的路上,因为自己的军队只相当于敌人的一部分,他认为如果不能赢得胜利,更明智的做法是让军队脱离危险。他所在的位置极度危险,根本无法确保安全,便决定到海上去,让军队登船,沿河而下。但是,埃尔汉尼斯已经猜到了他的计划,提前

211　行动,夺取了湖的出口和河上的桥,在那里,为了纪念君士坦丁大帝,圣海伦娜(St Helena)[①]建造了一座圣殿(这就是桥名的由来,直到今天仍然在使用)。然后,他在湖的出口和桥的左右两边派驻了最有经验的士兵,命令他们突袭路过的罗马船队。当他们乘坐小船到达那个地方时,全部落入陷阱。看到危险后,他们绝望地向河岸划去,从船上跳到干燥的陆地上。但是,突厥人赶上了他们,一

---

① 海伦娜是君士坦丁大帝的母亲。她按照习俗到圣地朝圣,找到了真十字架。——原译者注

场激烈的战斗随后爆发。许多军官被俘，许多人掉进河里被水流冲走。皇帝对此次战败非常恼火，派欧普斯（Opus）率领一支强大军队从陆地上进攻突厥人。欧普斯到达西兹库斯并一举将其占领。然后，他从军团中挑出了大约 300 人，他们熟悉围攻战并且不畏惧任何危险，尝试进攻颇伊玛尼农（Poimanenon），轻易将其攻占，一些防御者被杀，一些被送到奥普斯那里，后者迅速将他们运送给阿莱科休斯。之后，他离开颇伊玛尼农，去了阿颇罗尼亚斯并发动了猛烈的围攻。埃尔汉尼斯的人太少，因此无法进行抵抗，便主动交出此城。他的近亲一起叛逃到了皇帝那里，被赐予了无数礼物，包括最重要的礼物——神圣的洗礼仪式。所有不愿追随奥普斯的人，例如斯卡里亚利奥斯（Skaliarios）和后来被赐予 hyperperilampros 头衔的……①（他们是总地方总督和杰出的人），在听说皇帝友好慷慨地对待埃尔汉尼斯后，也投靠阿莱科休斯并得到了想要的东西。因为品德和讲话的方式，皇帝被公认为是一个非常圣洁的人——好像是一个极受尊敬的高级教士一样。他是我们教义的杰出阐述者，拥有一个使徒的信仰和使命，渴望将游牧的斯基泰人、全部波斯人以及居住在埃及或利比亚（Libya）并通过神秘仪式崇拜穆罕默德的所有蛮族人，转化为基督教徒。　212

　　对于这个主题，我无需多讲。我想从头讲述对罗马帝国的一次更可怕的重大入侵，因为这些入侵者像海浪一样接踵而来。一个斯基泰人部落，不断遭到撒尔马提亚人的劫掠，便离开家园，到达多瑙河。因为必须与居住在河附近的人们和平共处，他们便与首领们进行谈判。后者包括也被称为查勒斯（Chales）的塔图斯（Tatos）、塞斯拉沃斯（Sesthlavos）和萨扎斯（Satzas）。（即使破坏了我的历史的基调，我也必须提到他们的首领的名字）他们中的一个人控制了德里斯特拉（Dristra），另外两个人控制了比兹纳（Bitzina）和剩余地区。双方签订了一项条约后，斯基泰人毫无妨碍地越过多瑙河，劫掠周围乡村，甚至夺取了一些要塞。后来，在和平时期，

---

① 此处是空白，文中其他地方也存在这样的情况。

他们便开垦土地,种植粟和小麦。但是臭名昭著的魔尼教教徒特劳鲁斯及其追随者以及一些占领了伯里亚托巴(Beliatoba)山顶的要塞与他们持有相同信仰的人,得知了这些斯基泰人[①]的活动后,将一个长期以来费力构思的计划付诸实施。他们在崎岖不平的小路上和山口布置兵力,召集斯基泰人继续劫掠罗马帝国的领土。魔尼教教徒本性好战,总是像吞噬人血的饿狗一样。阿莱科休斯得知了这件事,命令西部军队总司令(Domestic of the West)帕库里亚努斯带着军队进攻他们。一个叫布拉纳斯(Branas)的上等士兵陪同他一起去。皇帝知道帕库里亚努斯是一个非常能干的将领,在人群众多的地方,不管是在阵线中还是在复杂的军队调遣中,都有非同寻常的组织能力。帕库里亚努斯发现数量巨大的斯基泰人已经穿过隘路,在距离伯里亚托巴不远处扎营。交战是不可能的,仅仅想想就令人害怕。他认为当前更有利的计策是,不冒险战斗,让军队免受损害,这比打一场失败的战争并遭受全军覆没更好。但是,布拉纳斯是一个大胆鲁莽的人,对此表示反对。军队总司令为了避免如果拒绝作战将受到懦弱的指控,便向他冲动的同伴让步,命令所有人整装待命,做好战斗的准备后,向斯基泰人发起进攻。帕库里亚努斯站在阵线中部。[②]罗马人在人数上被大大超过,看到敌人,虽然充满了恐惧,但仍旧发动了进攻。许多人被屠杀,布拉纳斯受了致命伤。军队总司令勇敢战斗,猛烈地进攻斯基泰人,但不幸撞上了一棵橡树,当场毙命。此后,剩余军队四散逃窜。阿莱科休斯为所有死去的人哀悼,尤其为帕库里亚努斯的阵亡感到悲痛,因为登位之前,他就非常尊敬他,因此流了很多泪。皇帝没有就此放弃,他派塔提西乌斯去亚得里亚纳堡,带着大量金钱给士兵们支付年薪,并从各地征募新兵以组建一支能战斗的新军队。胡姆伯特普鲁斯将适量的卫戍部队留在西兹库斯,只带着凯尔特

---

① 安娜对此的叙述是模糊不清的。这里的斯基泰人是帕臣涅格人。当她提到拉丁人、凯尔特人、法兰克人和诺曼人时也是模糊不清。——原译者注

② 战斗发生在 1086 年。——原译者注

人匆忙加入塔提西乌斯。塔提西乌斯因为这些拉丁人及其将领的
到来充满了信心，一旦军队足够强大，便立刻进攻斯基泰人。他在
非里波波利斯附近，靠近流经布里斯诺斯(Blisnos)的河岸边扎营。
但是所有行李被放置在壕沟中之前，他们看见敌人带着大量战利
品和许多战俘正在从一次抢劫中返回。一支强大的分队被派去进
攻他们。塔提西乌斯带着全副武装和按照阵线排列的主力部队紧
随其后。当斯基泰人带着战利品和战俘加入在尤罗斯河(Euros)[①]   214
河岸附近的剩余军队时，罗马军队被一分为二并高呼战斗口号。
伴随巨大的叫喊和喧闹，他们从两翼展开进攻。大部分敌人死于
激烈的战斗，但许多人在四散逃跑中保全了性命。塔提西乌斯带
着所有战利品返回非里波波利斯。在这个新驻地，他计划了一次
新的进攻，问题是在哪里和如何发动进攻，对方有巨大的兵力。塔
提西乌斯意识到这一点，便在四面部署了侦察兵——他希望持续得
知关于他们所有行动的消息。侦察兵报告一支巨大的斯基泰人军
队聚集在伯里亚托巴山附近，此地的邻近地区已经被抢劫。塔提
西乌斯等待着斯基泰人的进攻，他们在人数上被大大超过，他的确
黔驴技穷，处于一种非常尴尬的境地。但是他厉兵秣马，鼓励军队
作战。当有人前来报告蛮族人正在靠近时，他立刻穿上盔甲，下令
拿起武器，立即越过了尤罗斯河。在另一边，战斗阵线被排列，各
个营队各就各位。他亲自指挥中队。斯基泰人按照自己的方式布
置军队，急于开战。即使如此，双方军队都很恐惧，都推迟开战。
罗马人因为斯基泰人的巨大数量感到战栗，斯基泰人因为看到罗
马人的胸甲、旗帜、盔甲的光芒和它反射的星光般的明亮光线而害
怕。这些人中只有拉丁人敢于冒险和大胆地主动进攻，个个摩拳
擦掌。但是塔提西乌斯制止了他们——他是一个头脑冷静的人，清
楚地知道会发生什么事情。这样，双方都坚守原地，等待对方首先
进攻。双方的战线中没有人敢冲入他们之间的无人地带。当太阳
下山时，两位将领返回营地。在随后的两天中，这种情况重复出   215

---

① 指多瑙河。——原译者注

现。将领准备战斗，军队每天都按照战斗队形排列，但是因为没有人敢进攻，在第三天的黎明，斯基泰人撤退。塔提西乌斯立刻出发追赶，但是，正如谚语所说的步行者追赶吕底亚人（Lydian）的战车。斯基泰人首先越过了斯得拉（Sidela，山谷的名字）。塔提西乌斯和整个军队撤退到了亚得里亚纳波里斯（Adrianopolis）。他将凯尔特人留在了那个地区，让士兵们各自回家，自己和一支分队返回都城。

第七卷　与斯基泰人的战争　　

初春①,斯基泰人军队的最高指挥官特尔古(Tzelgu)在一支混合军队的前面越过了多瑙河流域的上游。他的军队包括撒尔马提亚人、斯基泰人和一支由所罗门(Solomon)②领导的巨大达契亚人(Dacian)支队,人数有80000人左右。特尔古开始掠夺查里欧伯里斯(Charioupolis)地区的城镇,到达这个城市,进行了大量抢劫之后,在一个被称为斯库提诺斯(Skotinos)的地方安顿下来。当尼古拉斯·马罗卡塔卡隆(Nicolas Maurocatacalon)听说了这件事,便和伯姆颇兹奥特斯(Bempetziotes。名字表明了他的出生地)③带着军队占领了帕姆非隆(Pamphilon)。但是,当他们看到来自周围地区的村民们都匆忙惊慌地赶往城镇和要塞时,便去了一个名为库勒(Koule)的小城镇。斯基泰人随后赶到,意识到罗马人"无精打采"(使用了士兵们熟知的措词),便紧随其后。当特尔古整好军队向马罗卡塔卡隆进攻时,天已经放亮。后者和一些精选的士兵爬到了一个能够俯瞰平原的狭窄隘口上,从那里观察蛮族人的军队。尽管他渴望开战,但斯基泰人的巨大数量使他推迟了计划,罗马人在数量上明显处于弱势。他一返回营地,就询问军官们和约纳西斯(Joannaces)是否应该进攻。他们同意进攻,他也更倾向于这样　　

---

① 1087 年。——原译者注
② 所罗门在 1063 年成为匈牙利国王,他的皇位被迫让给了盖扎一世(Géza I, 1074 - 1077),后者娶了尼基弗鲁斯·伯塔尼亚特斯的侄女。由于这个原因,他对拜占庭持敌对态度。参见 CMH, vol. iv, pt. i, p. 578。——原译者注
③ 据说在幼发拉底河上有一座被称为此名的城镇。——原译者注

做。罗马军队分成三队,进攻的命令下达后,战斗开始。在战斗中,许多斯基泰人受伤,许多被杀,特尔古就在他们其中。他勇敢战斗,在打破罗马人的阵线时受了致命伤。大部分敌人在逃跑时掉进了斯库提努斯和库勒之间的山洪中,被自己的战友踩踏,淹死了。皇帝的军队在这次辉煌的胜利之后进入君士坦丁堡,得到了相应的酬劳和荣誉。此后,他们与皇帝的弟弟阿得里安·科穆宁(Adrian Comnenus)一起离开都城,后者那时已经被提升为西部军队总司令。

尽管敌人被从马其顿和非里波波利斯的周围地区驱逐,但他们仍旧返回多瑙河并在那里扎营。他们居住在我们的领土旁边,就像居住在自己的地方一样,毫无顾忌地进行劫掠。阿莱科休斯得知了他们正居住在罗马边境的消息,意识到形势非常严峻,担心他们可能会重新越过山口,使态势变得更糟糕。因此,在向亚得里亚纳堡进军之前,他很好地装备了军队,从那里去了拉迪亚(Lardea),它位于迪亚姆波里斯(Diampolis)和戈洛依(Goloë)之间。在拉迪亚,乔治·尤弗本努斯(George Euphorbenus)被任命为将军并被从海路送到德里斯特拉。皇帝本人在这个地区呆了 40 天,从各地召集军队,组建了一支足够和斯基泰人作战的强大军队,然后穿越山口向北行军。阿莱科休斯不愿与斯基泰人达成任何休战协议——这是对待这些蛮族人的正确做法,因为斯基泰人的入侵不是从四季中的一个季节开始,到下一个季节结束,例如从夏天开始,到秋天或者到晚秋和冬季结束。他们不把自己的侵扰活动限制在一年之内,而是长期给罗马带来麻烦,我只提到了他们多次入侵中的几次。虚夸的理由未能分裂他们,尽管皇帝试图通过各种方式诱惑他们,但没有人叛逃到他这里,甚至没有人秘密叛逃,这表明他们的决心异常坚定。尼基弗鲁斯·布林纽斯和格里高利·马罗卡塔卡隆(Gregory Maurocatacalon)①此时坚决反对在帕里斯特里昂(Paristrion)与他们开战。另一方面,乔治·帕列奥略格、尼古拉

① 格里高利曾被他们俘虏,被皇帝用 40000 赎回。——著者注

斯·马罗卡塔卡隆和其他年轻健壮的军官们则赞成皇帝的想法，建议他越过哈姆斯（Haemus）山口，在多瑙河附近和他们一起参加战斗。迪奥根尼斯皇帝[1]的两个儿子尼基弗鲁斯和利奥也持同样的观点。[2] 不管怎样，当战斗的号角吹响，发出越过哈姆斯山口的信号时，布林纽斯竭力劝阻阿莱科休斯不要这样做，当说什么都无济于事时，他神情严肃地说："陛下，我警告你，如果越过了哈姆斯山，你将感谢最快的马。"有人问他是什么意思。他说："因为所有人都会逃跑。"尽管布林纽斯因为一次叛乱失去了双眼，但他被视为战略和战术方面最具权威的专家。如果有人想详细地了解他如何失去了双眼（因为某次反对伯塔尼亚特斯皇帝的叛乱或起义），如何被当时是东部和西部军队总司令的阿莱科休斯·科穆宁俘虏后，视力毫无损伤地被转交给了伯里罗斯，我们必须向他提及杰出的凯撒尼基弗鲁斯，他是布林纽斯的儿子，在阿莱科休斯成为皇帝后，娶了他的（阿莱科休斯）女儿。[3] 但是，这些回忆让我难过，我的心里充满了悲伤。凯撒拥有丰富的学识，他的著作很好地证明了这一点。事实上他具备了思想和身体方面的所有优秀品质——强健、机敏、相貌英俊。上帝创造了一个独一无二的人，他天生具有良好的资质，是同时代人中的佼佼者。就像荷马赞美亚该亚人（Achaeans）中的阿基里斯（Achilles）一样，人们可以说我的凯撒超过了生活在世界上的所有人。他是一个优秀的士兵，但也没有忽

220

---

[1] 指罗曼努斯四世·迪奥根尼斯（Romanus Ⅳ Diogenes，1068—1071 年在位）。

[2] 他们在父亲登位之后出生在紫色产房，因为这个原因，他们拥有 porphyrogeniti 的头衔。紫色产房（Porphyra）是皇宫中专门为在位皇后分娩而设置的一个房间。整个房间的形状是正方形，但天花板是角锥形。房间里描绘了大海和港口的景色，港口处站立着石头狮子和石牛。地面铺着大理石，墙面镶嵌着大理石嵌板。这些石头并非普通的石头，而是由以前的罗马皇帝不定期地得到的。这种大理石一般是通体紫色，但带有紫色斑点，像洒在上面的沙子。或许正是因为这样，我们的先辈们称这个房间为紫色产房。——著者注

[3] 指安娜自己。婚姻从 1097 年至少持续到 1137 年，当时布林纽斯死于亚洲的战役中感染的疾病。他们有四个孩子，两个儿子（阿莱科休斯和约翰）和两个女儿（其中一个名为伊琳妮）。——原译者注

略文学。他阅读所有书籍,通过仔细研究古代和现代的每一门科学,从中汲取智慧。后来,他致力于写作,迅速完成了一部富有价值和值得阅读的历史作品,这是按照我的母亲即伊琳妮皇后的要求写的。书中叙述了我的父亲夺得政权之前的英勇事迹,详细描述了布林纽斯事件,讲述了他充满苦难的经历,同时写了他的岳父的光辉事迹。他与他们中的一个人是姻亲关系,是另一个人的家人,因此关于他们的事情他不会撒谎。我也在这部历史的前面几卷中提到过这些事件。斯基泰人看到乔治·尤弗本努斯在一支强大海军和陆军的陪伴下沿伊斯特河(Ister)①顺流而下进攻他们,也得知皇帝带着一支非常巨大的军队正在陆地上迅速行军。因为不可能两面作战,他们便寻找退路——危险迫在眉睫。150 名斯基泰人作为使节被派去请求签订和平条约,但同时在谈判中提出了某些威胁。他们甚至临时许诺只要皇帝同意他们的要求,不管他何时需要,将为他援助 30000 骑兵。阿莱科休斯看穿了斯基泰人的诡计,他们派遣使节是为了试图避免迫近的危险,如果得到喘息的机会,潜在危险的火苗将燃烧成熊熊大火。因此他拒绝了使节们的要求。谈判正在进行时,副丞相尼古拉斯,来到皇帝身边轻声耳语:"陛下,大约此时可能出现一次日食。"皇帝表示怀疑,但他发誓没有撒谎。凭着一贯敏捷的理解力,阿莱科休斯转向斯基泰人:"我将把决定权留给上帝。如果几个小时之内,天空中出现某种异象,那么我就会有充足的理由拒绝你们不可信任的使节,因为你们的指挥官并没有进行和平谈判的诚意;如果没有异象出现,我的怀疑将被证明是错误的。"果然,不到两个小时,日食出现。当月亮在太阳前面经过时,整个太阳被遮住②。斯基泰人对此非常震惊。阿莱科休斯将他们转交给利奥·尼基里特斯(Leo Nicerites),命令他

221

---

① 这条河从西部的高地流下,经过一系列大瀑布之后流经五个河口,进入黑海。它既长又宽,穿越大片平原,适于通航,甚至最大的商船也能在上面航行。它有两个名字:到达源头的上游部分称为多瑙河,接近河口和下游的部分称为伊斯特河。——著者注

② 时间是 1087 年 8 月 1 日。——原译者注

带着强大的卫队将他们护送到君士坦丁堡。尼基里特斯是一个宦官，从年幼时就过着军旅生活，是一个可靠的人。他满腔热情地踏上了去都城的路，但是蛮族人企图逃跑，当他们到达小尼西亚（Little Nicaea）时，在晚上谋杀了卫兵。哨兵们太粗心大意了。此后，斯基泰人沿着偏僻的小路回到派遣他们的人那里。尼基里特斯侥幸逃得性命，与三个同伴在戈罗依重新加入了皇帝。

　　这个消息让阿莱科休斯很惊慌。他担心斯基泰人的使节会激起他们的整个军队对他的敌视并发动进攻。他不像阿特柔斯（Atreus）①的儿子阿伽门农（Agamemnon）②，进行战斗不需要梦的激励——他正渴望战斗。他带着部队越过斯德拉（Sidera），在比兹纳河（Bitzina）附近扎营，这条河从附近的山上流下来。许多离开营地寻找食物的罗马人因为走得太远而遭到屠杀，许多人被俘。破晓时分，皇帝匆忙赶去波里斯库巴（Pliscoba），从那里登上了一座名为西门的山脊（它在当地被称为"斯基泰人聚集地"）。那些远离防御墙寻找补给的人遭遇了与其同伴们一样的命运。第二天，他到达了一条河的岸边，这条河流经德里斯特拉河附近，在离它大约24斯塔得的地方放下行李并扎营。斯基泰人突然从后面向皇帝的帐篷发起进攻。几个轻装士兵被杀，一些拼命作战的魔尼教教徒被俘。士兵中间充满了混乱和喧嚣，皇帝的帐篷在马慌乱的疾驰时坍塌——对于那些对阿莱科休斯不怀好意的人而言，这显然是厄运的征兆。他带着一队士兵，将偷袭者驱赶到帐篷远处，为了平息骚动，他骑上马，恢复秩序，然后与军队秩序井然地向德里斯特拉进军。他打算用攻城器械围攻这个地方。③围攻开始，城市被从四面包围，某处被打开了一个缺口。皇帝带着全部军队进入环形防线，但是德里斯特拉的两个堡垒仍然控制在塔头（Tatou）的亲戚手中。

222

————————————

①　希腊神话中的迈锡尼之王，堤厄斯忒斯的兄弟，阿伽门农和墨涅拉俄斯的父亲。
②　希腊神话中的迈锡尼的国王，特洛伊战争中的希腊联军统帅，阿特柔斯的儿子，俄瑞斯忒斯、伊莱克特拉以及依菲琴尼亚的父亲。
③　德里斯特拉位于依斯特河附近，是个著名的地方。——著者注

他(塔头)已经离开去争取库曼人(Cumans),希望带他们回来帮助斯基泰人。启程前夕,在向朋友们告别时,他说:"我很清楚皇帝将围攻这个城镇,当你们看到他向平原进军时,要保证在他之前夺取俯瞰平原的山脊,这是扎营的最佳位置。这样,他就不能放手围攻要塞,而被迫顾及后方,以防止你们制造麻烦。同时,你们要替换人员,昼夜不停地连续向他进攻。"皇帝被迫屈服,放弃对堡垒的围攻,离开了德里斯特拉。他命人在依斯特河附近靠近一条溪流处建造一道防御墙并征求意见是否应该进攻斯基泰人。帕列奥略格和格里高利·马罗卡塔卡隆主张推迟与帕臣涅格人的战争,建议占领著名的城镇佩里斯拉巴(Peristhlaba)。"如果斯基泰人看到我们全副武装、秩序井然地行军,"他们说,"他们当然不敢进攻我们。如果他们的骑兵在没有战车的情况下冒险进攻,你肯定能打败他们,我们将永久地占领佩里斯拉巴。它将是一个难以攻克的要塞。"①马罗卡塔卡隆和他的支持者们继续说,"如果我们利用此地作为安全的战争基地,每天通过游击战持续给他们带来损失,他们将永远无法离开营地去寻找供给或搜集生活用品。"当迪奥根尼斯的儿子尼基弗鲁斯和利奥跳下战马,解除缰绳,把它们赶去吃粟时,争论仍在继续。"不要害怕,陛下,"他们说,"我们将抽出剑,把他们剁成碎片。"他们是年轻人,缺乏战争的悲惨经历。皇帝本人喜欢冒险,自然倾向于进行战斗。他完全无视制止战争的理由,将自己的帐篷和所有行李委托给乔治·库佐米特斯(George Koutzomites),派他去了贝特里诺斯(Betrinos)。之后,他下令晚上营地里不要点任何灯火,军队要备好马,醒着等到天亮。大约在第

223

---

① 这个城市非常出名,位于依斯特河附近。它原本有一个希腊语名字"大城市(Great City,的确如此),而不是它现在外来的名字。在保加尔人国王莫克罗斯(Mokros)和他的后裔以及保加尔人王朝的最后一个国王萨姆伊尔(Samuel。像西底家是犹太人王朝的最后一个国王一样)"——他们入侵西部之后,名字被改变。它变成了一个意思为"great"的希腊词的复合词,是一个源自斯拉夫语的单词。这种附加使它成为"大佩里斯拉巴",附近的所有人都用这个名字称呼它。——著者注

一道曙光出现时,他离开营地,分开军队,摆好战斗队形,他迅速检
阅了他们。他和一支由近亲或血亲组成的分队站在阵线中间,他
的弟弟,即当时指挥拉丁人的阿德里安和其他勇敢的战士也在那
里。左翼由娶了他的一个妹妹的凯撒尼基弗鲁斯·迈里西努斯
(Nikephorus Melissenus)①指挥,右翼的指挥官是卡斯塔莫尼特斯
(Castamonites)和塔提西乌斯(Taticius),联盟军由撒尔马提亚人欧
扎斯(Ouzas)和卡拉扎斯(Karatzas)指挥。皇帝挑选了 6 个人作为
私人卫兵,他们负责确保他的安全。被选的人是罗曼努斯·迪奥
根尼斯的两个儿子、尼古拉斯·马罗卡塔卡隆(他拥有长期和丰富
的战争经验)、约纳塞斯(Joannaces)、奈姆皮特斯(Nampites,瓦拉吉
亚人的指挥官)和古莱斯(Goules,一个家仆)。斯基泰人也进行了
战斗准备。战争是他们的天性——他们知道如何排列步兵方阵②。
在设置了埋伏,排列了紧凑队形,用有盖的四轮马车制造了一段防
御墙之后,他们全体向皇帝进军并从远处开始了小规模的战斗。
阿莱科休斯将步兵和骑兵中队连接在一起,命令士兵不要跑到队
列的前面,在罗马人靠近敌人之前,队形必须维持不被打断。当看
到两支作战队伍之间的距离不够勒住一匹马时,他们就靠近斯基
泰人。当敌人带着他们带盖的四轮马车和妻子儿女在远处出现
时,罗马人实际上仍在做准备。战斗开始,从黎明一直持续到深
夜,双方伤亡都很惨重。迪奥根尼斯的儿子利奥勇猛地进攻敌人,
因为朝四轮马车的方向比应该呆的地方冲出了很远,受了致命伤。
皇帝的弟弟和拉丁人的临时指挥官阿德里安,看到不可能阻止斯
基泰人的进攻,便骑马向四轮马车全速冲去。在英勇的战斗之后,
他仅和 7 个幸存者返回,其他人或被杀或被俘。当一些斯基泰人

224

①　他娶了阿莱克休斯的妹妹尤多西亚·科穆宁(Eudoxia Komnene)。1080 年末,
　　他曾在尼西亚发动军事叛乱,自称皇帝。他曾试图与阿莱科休斯平分帝国,实
　　行东西共治。因为科穆宁兄弟首先夺取了君士坦丁堡,阿莱科休斯称帝,他被
　　迫答应接受凯撒头衔,放弃争夺皇位。详细内容可以参见 Alexiad, pp. 92 - 93。
②　举着搭接着的盾牌和长矛的步兵队伍,由马其顿的菲利普二世发明,被亚历山
　　大大帝使用。

军官带着 36000 人出现在远处时,因为双方军队都勇敢作战,战斗
225 仍旧难分胜负。最后,罗马人撤退,因为面对数量如此巨大的敌人
做进一步的抵抗是不可能的。但是,皇帝仍旧手握剑站在阵线前
方。同时,他紧抓着圣母的披肩(Cape of the Mother of the
World)①,好像它是一面旗帜一样。他和 20 个勇敢的骑兵被留在
了后面。他们是迪奥根尼斯的另一个儿子尼基弗鲁斯、皇后的哥
哥军队总司令米哈伊尔·杜卡斯(Michael Ducas)和一些家仆。一
些斯基泰人步兵向他们扑来。两个人(他们共有三个人)分别从两
侧抓住了他的马嚼子,第三个人抓住了他的右腿,阿莱科休斯立刻
砍断了其中一个人的手,举起剑,大声吼叫,迫使另一个人匆忙撤
退。阿莱科休斯向另一个正抓着他的腿的人的头盔击去,但是因
为没有用全力,这一击过轻,没有伤到他。事实上,阿莱科休斯担
心如果用力太猛,剑会急转弯,可能会击中自己的脚或者所骑的
马,因此被俘。他对准目标再次出击。阿莱科休斯的所有言行都
非常理智,从未被愤怒冲昏头脑或被激情所左右。第一击时,斯基
泰人的头盔已经被打到了后面,现在他朝这个人的光头击去,后者
立刻一声未吭地倒地死亡。这时,看到罗马人混乱逃跑的军队总
司令(现在阵线被完全打破,溃败难以控制)对皇帝说:"陛下,为什
么仍然坚守在这里?为什么要白白送命呢?"阿莱科休斯回答:"与
其苟且偷生,不如勇敢战死。"但是,军队总司令坚持说:"如果你
226 只是一个普通的士兵,这样的想法非常好。但是,如果你的死亡会
给其他人带来危险,为什么不做更好的选择呢?如果得救,你可以
重新开始战争并赢得胜利。"阿莱科休斯意识到自己身处险境,斯
基泰人正在大胆进攻,不存在任何战胜的希望。于是他说:"我们
必须在上帝的帮助下寻求自身的安全,但决不能与其他人走同样

---

① 圣母的神圣面纱或披肩(*pallium*),通常被保存在布雷契耐教堂。就像在他之前
的罗曼努斯·利卡番努斯(Romanus I Lecapenus, 920—944 年在位)一样,阿莱
科休斯在战斗中至少带了它的一部分。对于这一圣徒遗物的冗长讨论,参见巴
克尔的《安娜·科穆宁娜:一项研究》(*Anna Comnena: A Study*),第 77—78
页。——原译者注

的路线,敌人可能会在追捕返回的路上遇见我们。"在鼓励了其他人之后,他亲自带路,像闪电一样冲向敌人。他向第一个迎向他的人击去,这个家伙被打下马,立刻死亡。就这样,他们冲出了斯基泰人的阵线,到了他们的后面。皇帝的情况就是这样。军队总司令因为马失足而摔倒在地,他的仆人立刻把自己的坐骑给了他。他与皇帝重新会合。皇帝与小舅子的感情非常深厚,此后再也没有离开他左右,他们之间的距离不超过一尺。在巨大的混乱中,有些人逃跑,有些人追赶,一些斯基泰人再次追上了皇帝。后者迅速回转身,击向他的追赶者,他不是唯一被皇帝杀死的人,据目击者讲,其他人也遭到了同样的命运。一个斯基泰人从后面靠近尼基弗鲁斯·迪奥根尼斯并准备击杀,皇帝看见了这一幕,便朝迪奥根尼斯大喊:"小心你的后面,尼基弗鲁斯!"尼基弗鲁斯迅速回转身,向这个人的脸上重重击去。后来,我们听阿莱科休斯讲过这个故事。他说从未见过这么敏捷迅速的手。"如果那天没有举着战旗,"他继续说,"我将重击和杀死比我的头发还多的斯基泰人。"——他没有吹牛,从来没有人像他一样谦虚。当谈话和讨论的主题结束时,(如果我们强求他的话)有时他会当着亲属们的面讲述他的冒险经历。但没有人曾听到皇帝在公众场合鼓吹任何事情。强风劲吹,帕臣涅格人正在向他进攻,他无力继续紧握战旗[1]。一个斯基泰人双手抓着一根长矛向他的屁股刺去,这一击没有擦伤皮肤,但引起了剧烈的疼痛,它在此后持续了许多年。他忍着疼痛,将战旗藏到了任何人都无法看到的石蚕丛中。晚上,他安全到达古罗依,第二天去了贝罗依(Beroë),在那里赎回战俘[2]。

同一天,罗马人被打败溃逃,帕列奥略格摔下马并将马丢失。对他而言,这是一个危险的时刻。他意识到了危险,四处寻找马。

227

---

[1] The *Omophoros*,或者圣母的披肩。——原译者注
[2] The *Epitome*(指仲纳拉斯的《精粹编年史》)补充道:居民们告诉他:"科穆宁,即使对于一个没有受伤的人而言,从德里斯特拉到古罗依也是一条合适的路线。"——原译者注

这时他看见了①察尔西顿的主教利奥（我们在前面提到过他）。他穿着教士的长袍，把自己的马给了他。帕列奥略格骑着它逃跑了。他从此再也没有见过这位令人尊敬的主教。利奥是一个坦诚的人，是教会真正的领袖，但他心地单纯，他的热情有时以不完整的知识为基础。他甚至不能深刻地理解《圣经》（Holy Scripture）。正是因为这些原因，他遭受了我前面提到的屈辱并被废黜。帕列奥略格一直敬爱他，因为他的杰出品质一直对他充满敬意。我无法确定，是因为帕列奥略格对这个人的坚定信仰使他受到了神圣造访，还是出现了关于这个大主教的某种幻想，或者是因为上帝的神秘行为。不管怎样，帕列奥略格到达了一个遍地树木的沼泽地区，但仍旧被敌人追赶。他在这里发现了被斯基泰人包围处于绝望处境的 150 名士兵。因为无法抵抗这么多敌人，他们向他征求建议。他们早已听闻这个人坚毅无畏的精神。他建议他们奋不顾身地进攻——如果这样做，他们无疑能确保安全。"但是，"他补充道，"我们必须通过誓言确保这个计划，任何人不能逃避对敌人的进攻。现在，我们必须万众一心，将大家的安危视为自己的事情。"他骑马猛烈进攻，击向阻挡他的第一个人，后者立刻被打晕在地。但是，帕列奥略格的战友们三心二意，当一些人战死后，其余的人回到浓密的矮树丛中（它仿佛是一个地洞一般），藏在那里。再次被帕臣涅格人追赶的帕列奥略格在向山顶骑去时，马受伤倒在地。他去了附近的一座山上，四处游荡了 11 天，试图寻找一条安全的道路——不是一件容易的事情——最后遇到了一个士兵的寡妇并和她在一起住了一段时间。她的儿子们已经脱离危险，给他指出了安全返回的路，他便离开了。这就是帕列奥略格的冒险经历。斯基泰人的首领计划杀死战俘，但大部分普通士兵表示反对，而是主张卖掉他们换取赎金，这个想法得到认同。迈里西尼写信向皇帝报告这件事，尽管他自己也是战俘，但做了许多事激怒斯基泰人反对卖掉他们的战俘。皇帝（仍旧在贝罗依）派人从君士坦丁堡带了

228

---

① 或者，更确切地说，他认为他看见了。——原译者注

大量的钱,赎回了这些人。

此时,塔头和他争取的库曼人援兵到达依斯特河。当看到无数的战利品和数量巨大的战俘时,他们对斯基泰人的首领们说:"我们离开自己的家乡,长途跋涉来帮助你,目的是分担你的危险,分享你的胜利。既然我们已经尽其所能,让我们空手而归是不公平的。并不是我们选择参战太晚,我们也不应该为此受到指责。这是皇帝的错误——他发动了进攻。因此,或者与我们平分所有战利品,或者我们不再是联盟军,我们将准备与你们作战。"斯基泰人拒绝,库曼人对此不能容忍。于是,一场可怕的战斗爆发。斯基泰人遭到了彻底惨败,逃到奥佐林姆尼湖(Ozolimne)①命。在那里,他们被库曼人围困了很长时间,不敢有所行动。当供给耗尽时,库曼人便回家了,打算补充供给之后再返回与斯基泰人作战。

在此期间,皇帝正在他的总部贝罗依集结军队,战俘和其他军队都全副武装。在贝罗依,弗兰德尔伯爵(Count of Flanders)在从耶路撒冷回来的路上遇到了阿莱科休斯,并像拉丁人通常所做的那样向他承诺,一到达自己的国家,就向皇帝派遣由 500 名骑兵组

---

① 现在被我们称为奥佐列姆尼的湖,直径和周长都很长,湖面积不小于被地理学家们所描述的任何其他湖。它位于"百山"(Hundred Hills),许多著名的大河都注入其中,许多船和大型运输船在其水域上航行,人们可以从此推断出这个湖有多深。它被称为奥佐列姆尼,不是因为它散发出恶臭的气味(在希腊语中,词根"oz"的意思是"气味","limne"的意思是"湖"),而是因为一支匈奴军队曾经造访过此湖,匈奴人的方言是"Ouzi"。匈奴人在湖岸露营,增加了元音"u",这个湖由此得名 Ouzolimne。匈奴人在这个地区的聚集没有被古代的历史学家所提及,但在阿莱科休斯统治期间,来自各地的人们移居这里的现象很普遍——这就是名字的来源。但是,让我们带着一些这样的解释离开湖的问题。我是第一个在这本书中写到它的人。我这样做的目的是要表明许多地方如何因为皇帝经常和广泛的远征而得到了名字。一些地方以他命名,一些地方以聚集起来与他作战的敌人命名。我知道类似的事情发生在马其顿国王亚历山大时代:埃及的亚历山大里亚和印度的亚历山大里亚都以他命名。我们也知道利斯马吉亚(Lysimachia)的名字来自他的一个将军利斯马库(Lysimachos)。如果阿莱科休斯皇帝与他相匹敌,赋予地方新的名字,或者来自联合反对他的人或由他召集的人,或因为他的功绩给予了它们自己的名字。这就是有关这个奥佐列姆尼湖的事情——处于历史兴趣增补的一些细节。——著者注

成的同盟军。阿莱科休斯尊敬地接待了他并将他满意地送上了旅程23在这段插曲之后，皇帝带着新征集的军队从贝罗依去了亚得里亚纳堡。斯基泰人越过了戈洛依和迪亚姆波里斯之间的山谷，在马塞拉（Marcella）附近扎营。他们行动的消息使皇帝很惊慌，他原本认为他们已经返回。他叫来西奈斯奥斯（Synesios），给了他一份给斯基泰人的金玺诏书，派他去找他们。命令如下：如果敌人被说服进行谈判并给予人质，西奈斯奥斯要阻止他们继续行军，确保他们留在所占领的地区，（如果这些条件被接受）由他出钱向他们提供充足的供应。皇帝的政策是如果库曼人重新到达依斯特河并夺取其上游的土地的话，他将利用斯基泰人进攻他们。另一方面，如果斯基泰人固执己见，西奈斯奥斯就离开他们，返回营地。使节们见面，礼节性的交谈之后，劝说他们与皇帝签订休战协定。他和他们在一起住了一段时间，对所有人都礼貌有加，以避免给他们提供进攻的任何借口。库曼人返回，重新准备与斯基泰人作战。他们没有找到斯基泰人，得知他们已经穿过隘口，在去马塞拉的路上与阿莱科休斯签订了一项条约，便要求追赶和进攻斯基泰人。因为已经签署了和平协议，阿莱科休斯拒绝了他们，答复道："目前，我们不需要你们的帮助，拿着这些礼物，回家去吧。"他们的使节受到了尊敬接待，离开之前收到了慷慨的礼物。在此事的鼓励下，斯基泰人打破条约，破坏了周围的城市和乡村地区。事实上，所有蛮族人通常都变化无常，从不遵守承诺。西奈斯奥斯亲眼见证了他们的行动，返回到皇帝那里汇报了他们不计后果地打破条约的行为。他们已经夺取非里波波利斯的消息令人为难，阿莱科休斯能得到的军队不足以对付数量如此庞大的军队。但是，他总能在困231 境中找到办法，意志坚定地面临任何艰难局面。他决定通过小规模战斗和伏击战打败敌人。他推测他们在早上可能会去占领的地方和城市，便在前一天晚上比他们抢先一步到达。这样，他通过游击战和较好地利用军队在远处与他们交战，使他们无法占领要塞。现在，皇帝和斯基泰人都到达了西普塞拉（Cypsella）。因为预期中的雇佣军尚未到达，阿莱科休斯陷入困境。他知道斯基泰人的行动非常迅速,看见他们已经全速向君士坦丁堡行进。此外,他的军队在数量上被大大超过,战斗是不可能的。他认为应该避免更重大的灾难,便试图再次进行和平谈判。使节们被派去进行协商,蛮族人再次同意。但是,停战协定签订之前,尼泽斯(Neantzes)叛逃到罗马人这里。同时,米吉德乌斯(Migidenus)①正在从周围地区召集庞大的军队。斯基泰人不满足于长久的和平,他们像狗一样"自食其言",从西普塞拉出发,夺取了陶罗科姆斯(Taurocomus),并且整个冬天都在抢劫周围的村庄。

初春②,他们去了查里欧伯里斯。皇帝当时在保加罗非贡(Bulgarophygon),他不再犹豫,将军队中的"敢死队"(Archontopuli)③派了出去。它的成员都是精兵强将,士气非常高昂。阿莱科休斯命令他们从后面进攻斯基泰人(斯基泰人正站在他们的四轮马车上)。新征募的"敢死队"按照战斗队列出发,潜伏在山脚下的敌人看着他们前进,他们冲向四轮马车时,便全力展开进攻。在这次白刃战中,大约有300名"敢死队"队员英勇战死。皇帝非常痛心,为他们悲痛了很久,叫着每个人的名字,好像他只是从队列中缺席而已。打败这些敌人之后,帕臣涅格人穿过查里欧伯里斯,拐弯去了阿斯普拉(Aspra),沿途洗劫了一切。皇帝按

232

---

① 正是他的儿子在后来爆发的战争中在……(原文有空白。——译者注)勇敢地与帕臣涅格人作战。因为他冲到了远处,被一个铁笼子拖到了由一个斯基泰人妇女设置的四轮马车的圈中,因此被俘。在他的父亲的要求下,他的被割下的头颅被阿莱科休斯买回。但是,米吉德乌斯不能承受这种痛苦,用一块巨石敲打自己的胸口三天三夜之后死去。——著者注

② 1090年。——原译者注

③ 敢死队是由阿莱科休斯先招募的。因为前任皇帝们的忽略,罗马人默许免除军役。但他通常招募已经战死的战士们的儿子,将他们武装起来,在战争中训练他们并为他们取了这个名字,好像他们天生是领导人的儿子。这个名字将激励他们模仿他们祖先高贵和勇武的行为。他们将记着"激烈的战斗精神",在要求勇敢和力量的时刻,他们将更加勇敢战斗。简而言之,这就是敢死队,共有2000人,像斯巴达人创建的神圣军(Sacred Band)。——著者注。敢死队的名字的意思是"领导者之子"。安娜将"神圣军团"的创建归功于斯巴达人是错误的,这项荣誉应该归功于底比斯人(Thebes)。——原译者注

照以前的模式,首先到达了阿斯普拉(因为我不止一次地讲过,他的军队不足以打阵地战)。他推测斯基泰人大约在日出时分会离开营地去寻找草料,因此命令塔提西乌斯带着最勇敢的年轻士兵、所有拉丁人和阿莱科休斯私人卫队中的精兵,密切监视斯基泰人黎明前的行动。当他们离开营地去寻找草料时,就迅速进攻。塔提西乌斯执行了命令,杀死300人并带回许多战俘。后来,弗兰德尔派来的精良骑兵到达,大约有500人,并给阿莱科休斯带来了150匹良马作为礼物。更重要的是,他们将自己闲置的其他马匹都

233 卖给了他。他们得到了相应的荣誉和热情的感谢。此后,来自东部的消息说,尼西亚总督阿布·卡西姆正准备进攻尼科米迪亚,皇帝便派他们去保护这个地区。

此时,扎查斯(Tzachas)得知皇帝在西部面临诸多困境以及与帕臣涅格人经常发生冲突,觉得有必要建造一支舰队——征兆很有利。他遇到了一个来自士麦那(Smyrna)的人,此人对建造海盗船富有经验,便把这个任务交给了他。在士麦那附近,一支大型舰队正在被装备,除了海盗船之外,还有40条配备熟练水兵的装甲板船。它们下水驶向克拉佐门尼(Clazomenae),此城立刻被占领。扎查斯从这里去了弗凯亚(Phocaea),将其一举攻占。此后,一个信使被派到阿罗普斯(Alopus)那里,后者负责守卫米提林尼(Mitylene),他受到威胁如果不立刻放弃此城,将受到最可怕的报复。扎查斯补充说因为同情他,因此提前警告他如果不投降将会遭遇可怕的命运。阿罗普斯被这些恐吓完全吓坏了,便在晚上登上一艘船去了君士坦丁堡。扎查斯立刻得知了这个消息,马上登陆,风驰电掣般地夺取了此城。但是,迈斯姆纳(Methymna,位于同一岛屿的海岬之上)没有被扎查斯占领,这一点被阿莱科休斯得知。他立即从海上派遣一支强大军队,牢固地守卫这个地方。与预料的相反,扎查斯忽略了迈斯姆纳,直接去了希俄斯岛(Chios)并轻易而举地夺取了它。但是,他遇到了带着另一支罗马远征军的尼基塔斯·卡斯塔莫尼特斯(Nicetas Castamonites)。尼基塔斯拥有足够的人和船与敌人作战。但是,在随后的战斗中,他被迅速打

败,许多和他一起驶入海中的船只被扎查斯擒获。当这个不幸的 234
消息传来时,皇帝派出了另一支舰队,这次由君士坦丁·达拉西努
斯担任海军将领,他是皇帝母亲一方的亲戚,是一个勇敢的战士。
他一登上希俄斯岛海岸,便全力包围要塞,急于在扎查斯从士麦那
到达之前夺取此城。城墙被大量的攻城器械和投石机猛烈攻打,
两座塔楼之间的防御城墙被摧毁。里面的突厥人得知发生的事情
之后,意识到负隅顽抗是不可能的,便开始用罗马人的语言祈祷,
请求上帝的怜悯。达拉西努斯和欧普斯的军队急于要冲进要塞,
因为指挥官们担心他们一旦涌入,就会夺取扎查斯以前储存在此
的所有战利品和财物,因此尽力制止他们这样做。他们说:"你们
听到突厥人已经明确地向皇帝欢呼致敬,已经向我们投降。在这
种情况下,你们不能冲进去残忍地屠杀他们。"一整天过去了,大约
在黄昏时分,突厥人此时已经砌起了另外一堵城墙代替被毁坏的
雉堞墙。在城墙外面,他们挂起了床垫、兽皮和能收集到的所有衣
服,以减弱轰击力。同时,扎查斯准备好了舰队,征募了大约8000
突厥人,派他们从陆地去希俄斯岛。舰队靠近海滨,跟随着他。达
拉西努斯得知此事,命令船长们带领大量士兵及其将领奥普斯登
船起锚。奥普斯希望不管在海上的什么地方遇见扎查斯,就与他
开战。扎查斯离开大陆,直接驶向希俄斯岛。大约在午夜时分,奥
普斯遇见了他,很明显敌人采用了一种新的抛锚方式。扎查斯用
一条长铁链将所有船只绑在一起,因此那些打算逃跑的人无法这
样做,那些想驶到前面的人也不能打破船队。看到眼前的景象,奥
普斯很恐惧,甚至没有信心靠近他们,就调转船头,驶回了希俄斯 235
岛。扎查斯机智地跟随着他,一刻不停地划行。当他们都靠近希
俄斯岛时,奥普斯首先在港口抛锚(达拉西努斯已经占领了它),扎
查斯行驶过去,把船带到了要塞墙边的陆地上。此时是星期四,他
让所有人下船登岸,清点人数并将名字登录在册。达拉西努斯在
港口附近发现了一个小村庄并以此作为阵地。他首先摧毁了原来
的战壕,重新挖掘了一条更宽阔的沟渠。然后将军队移到这里。
第二天,双方军队都全副武装准备战斗。罗马人站着不动(达拉西

努斯命令战线决不能断裂）。另一方面，扎查斯在一小队骑兵的帮助下，督促大队步兵进攻。拉丁人则用长矛进攻突厥人。但是，敌人用箭射向凯尔特人的马而不是骑手。一些人被矛所伤。伤亡很惨重，骑兵被赶回了战壕。他们惊慌失措地跌进船里。罗马人看到了这种混乱地撤退，惊恐地稍微后撤到村庄的墙边。此后，蛮族人来到岸边，夺取了一些船。船员们滑动船尾舵，离开陆地，重新抛锚，远在一旁焦急地等待将要发生的事情。达拉西努斯命令他们沿着海岸向西航行到伯里索斯（Bolissos，靠近希俄斯岛海岬的一个小地方）等他。但是，一些斯基泰人到扎查斯那里把达拉西努斯的计划告诉了他。扎查斯立即派出 50 名侦察员，命令他们在罗马人准备起航时，立刻给他发出警报。此后，他送信给达拉西努斯，或许他想讨论停战条件。在我看来，当他看到对手准备勇敢地应对危险时，放弃了所有胜利的希望。后者向扎查斯许诺，将在翌日到他的营地边商讨可以被双方接受的条件。扎查斯表示同意。一大早，两个将领会面。扎查斯对达拉西努斯直呼其名，随后开始了谈话："请允许我自我介绍。我是过去入侵亚洲的那个年轻人，曾全力以赴地投入战斗，但是因为缺乏经验，被著名的亚历山大·卡巴里卡（Alexander Kabalika）欺骗和逮捕，他将我作为战俘献给了尼基弗鲁斯·伯塔尼亚特斯，我被赐予了至尊大贵族（protonobilissimus）头衔。在被赏赐大量礼物之后，我许诺臣服于他。但自从阿莱科休斯·科穆宁夺取政权之后，对我而言一切都变得糟糕。这就是我为何现在亲自来解释我的敌对的原因。让皇帝知道这一切，如果他想结束敌对，就让他归还我已经被剥夺的所有合法财产。至于你，如果同意我们家族之间的联姻，便以书面形式签订双方同意的婚约，这是罗马人和我们蛮族人的习俗。此后，当上述所有条件被履行后，我将通过你把我所侵略和夺取的属于罗马帝国的所有岛屿都转交给皇帝。此外，我会遵守与他的约定，返回自己的国家。"达拉西努斯拥有对付突厥人的长期经验，了解他们背信弃义的本性。他认为扎查斯的建议是伪善的，因此，暂时没有同意他的要求，而是表明了自己的怀疑。"你，"他说，"不会像

你说的那样，把岛屿还给我。没有皇帝的同意，我也不能同意你向
他和我提出的条件。但是，皇帝的舅子大公爵约翰（Great Duke
John）很快会带着所有舰队和大量军队从海陆到达，让他倾听你的
建议吧。到那时，你一定能与皇帝签署一项条约——如果约翰①作
为仲裁者带来和平。"在达拉西努斯等待他到来期间，与扎查斯谈
判时，他明确指出整件事情将交给杜卡斯决定。扎查斯给人的印
象是，他正在印证荷马的诗句："黑夜已经来临，注意到黑夜是明智
的。"②他许诺天亮时，将提供大量供给品。但这完全是一个谎言和
骗局。事实上，达拉西努斯没有判断失误。因为天刚蒙蒙亮时，扎
查斯悄悄来到希俄斯岛海岸，当风适于航行时，便驶向士麦那去征
集更多的军队，然后返回岛上。但是，他的对手也是诡计多端的
人，带着他的人登上了可以得到的船，驶向伯里索斯。他得到了一
支舰队并准备了其他攻城机械。让士兵休息和征募了更多的士兵
之后，他返回了原来的出发地。随后发生了与突厥人的激烈冲突，
防御墙被摧毁，城镇落入达拉西努斯手中。扎查斯仍旧呆在士麦
那。此后，在风平浪静时，达拉西努斯带着整个舰队沿着直线驶向
米提林尼。

　　这就是皇帝针对扎查斯采取的行动。接下来，他发现斯基泰人
重新出现在去鲁森（Rousion）的路上并在波里伯托斯（Polybotos）扎

237

----

① 约翰公爵带着大量军队被皇帝派去了埃皮达姆斯（Epidamnos），出于两个目的：
保护第拉休姆和发动对达尔马提亚人的战争。一个叫伯迪努斯的人，是一个好
战和完全没有道德的恶棍，不满足于呆在自己的边界，每天都进攻离达尔马提
亚最近的城镇。他吞并了这些地区。约翰公爵在第拉休姆已经呆了 11 年。他
收复了伯尔干（Bolkan）控制下的许多设防地区，许多达尔马提亚战俘被送到阿
莱科休斯那里。最后，他和伯迪努斯在一次激励的战斗中发生冲突，也将他俘
虏。这样，皇帝有充足的理由赏识约翰·杜卡斯的作战能力。他了解约翰作为
一个战略家的能力，也了解他在任何情况下都不会无视他的命令。既然他需要
这样一个人对付扎查斯，便将他从第拉休姆召回，派他作为舰队总司令带着强
大的海军和陆军与他作战。他与扎查斯进行了多少次战斗和在成为无可争议
的胜利者之前遭遇了什么危险，我将在下面的章节中清楚讲述。——著者注

② Homer, *Iliad*, Ⅶ, 282. 此处指他假装服从必要性。——原译者注

营2258立刻离开君士坦丁堡,亲自到了鲁森。陪同他的有叛徒尼泽斯,后者正在秘密策划一次针对他的可怕叛乱。另外还有坎泽斯(Kantzes)和卡特拉奈斯(Katranes),他们敬爱阿莱科休斯并且忠诚可靠。一支相当庞大的斯基泰人在远处出现,皇帝做好了战斗准备。在战斗中,一些罗马人阵亡,一些人被俘,被俘者后来被杀害,剩余的人远至鲁森。但这只是与斯基泰人的草料搜寻者进行的小规模战斗。马尼亚凯特拉丁人(Maniacate Latin)①的到来给皇帝的兵力注入了新的力量,他决定次日打一场阵地战。因为两军相距很近,他不敢吹响警报,打算突袭敌人。他叫来掌管自己猎鹰的君士坦丁,命令他整个晚上绕着营地敲鼓,告诉所有人做好在日升时分与斯基泰人作战的战斗准备,到时候不会再吹号。来自波里伯托斯的敌人在一个名为哈德斯(Hades)的地方扎营。从晚上开始,罗马人一直在做准备,日出时分,阿莱科休斯按照战斗队列布置了军队。当尼泽斯爬上附近的一座山头时,战斗尚未开始(双方都正在整队)。按照他的说法,他是为了窥视斯基泰人的阵形,给皇帝带回消息,但事实上,他另有企图。他用家乡话建议敌人并行排列四轮马车,不要害怕阿莱科休斯,他以前曾被打败,现在随时准备带着很少的士兵和联盟军逃跑。传达了这样的信息之后,他返回了我们的阵营。但是,一个懂斯基泰人语言的混血儿听懂了尼泽斯和他们的谈话,马上汇报给了阿莱科休斯。尼泽斯听说了此事,要求给出证据。这个混血儿理直气壮地走上前,当众给出了证据。尼泽斯立刻抽出剑,当着皇帝及其两侧士兵的面,砍下了这个人的头。当尼泽斯试图用这种方式(杀死告密者)转移怀疑时,我认为是欲盖弥彰,否则他应该坦然地接受对质。在我看来,他希望消除叛乱证据的想法促使他做出了更加危险大胆的事情,蛮族人向来

239

---

① 马尼亚塞斯1043年已经战死并且他的士兵是希腊人而不是拉丁人或意大利人。如果这些人与乔治·马尼亚塞斯(George Maniaces)一起作战的话,到1088年时,他们一定是老兵。更可能的是这个军团继承了马尼亚塞斯的名字。——原译者注

做事都有勇无谋。皇帝没有立刻对尼泽斯采取行动，也没有因为他的叛逃行为惩罚他，而是暂时控制了自己的愤怒。他不想太快吓走猎物和让士兵们难过，但是，他不会让此事不了了之——因为这个人以前的行为和其他原因，他已经预见到了他的背叛行为。斗争双方势均力敌，因此他暂时抑制了强烈的愤怒，没有处置他。不管怎样，尼泽斯很快来到皇帝这里，跳下马，索要另外一匹马。阿莱科休斯毫不犹豫地送给了他一匹带着皇家马鞍的好马。尼泽斯骑上马，等到两支军队越过阵地开战时，才假装进攻。随后，他掉转矛头去了他的同胞那里，告诉了他们有关我们军队的更多信息。他们采用了他的建议。在随后的战斗中，斯基泰人击溃了罗马人，后者混乱地逃跑，阵线被撕裂。皇帝看到这一切，知道自己正处于危险的境地，因为不愿意冒愚蠢的危险，便调转马头，向流经鲁森附近的河边逃去。他在此停住，与一些精选士兵驱逐了追赶者。他骑在马上杀死了许多人，自己也时而被击中。当乔治·皮洛士（George Pyrrhus）从另一个方向逃向河边时，阿莱科休斯谴 240
责了他并把他叫回来。后来，看到敌人愈战愈勇，敌军的数量也因为增援日益增长，他把乔治和剩余军队留在原地，让他谨慎地抵抗敌人直到他（阿莱科休斯）返回。然后，他迅速调转马头，越过河，进入鲁森。他命令在此找到的所有逃兵、能拿起武器的所有本地人甚至拥有四轮马车的农民立刻离开城市，在河岸建立阵地。这些事发生的速度非我笔力能及。阿莱科休斯按照某种阵形排列他们之后，重新越过河，匆忙赶回乔治那里。此时，他正忍受着每四天发作一次的发烧，他病得非常严重，牙齿因为寒冷不断打颤。现在，整个斯基泰人军队已经集中，但当他们看到双重阵线和皇帝为战斗拼尽全力时，便停在那里，不敢开战。他们知道他做好了面对危险的准备并且能够在胜利和失败中坚定不移，他的进攻也是不可抵挡的。由于不断地打寒颤，逃兵也尚未全部返回，阿莱科休斯便在原来的地方沿着队伍走动，时而骑远一点，在敌人面前展示自己的自信。这样的局面一直持续到晚上，两支军队都站着未动。当夜幕降临时，双方因为担心进行战斗太危险而撤回营地。第一次战斗之后四散逃窜的人逐渐返回鲁森，他们中的大部分人根本没有参加战斗。莫纳斯特拉斯（Monastras）、欧扎斯和西奈斯奥斯，"对阿瑞斯（Ares）而言都是宝贵的人"和优秀的战士。他们此时穿过阿斯普隆（Aspron），也到了鲁森，并没有与敌人交战。

正如我所说的，皇帝正在忍受着发烧的折磨，为了缓解疼痛，不得不躺在床上休息。尽管病了，他仍旧制定了第二天的计划。一个叫塔特拉奈斯（Tatranes）的斯基泰人前来向他献策。这个人多次叛逃到皇帝这里，后来又返回家乡，但每次都被原谅。因为皇帝非凡的容忍力，他非常敬爱皇帝。事实上，塔特拉奈斯在其后半生完全效忠于阿莱科休斯。"陛下，我认为，"他说，"明天，斯基泰人会包围我们，发起进攻。如果这样的话，我们必须在他们到来之前，日出时便在城墙外准备好阵线。"阿莱科休斯称赞了他，采纳了他的计划，同意在黎明时这么做。随后，塔特拉奈斯去了斯基泰人首领那里对他们说："不要太兴高采烈。"他说，"鉴于以前的战败经历，当看到数量上被超过时，皇帝不会自负地投入战斗。他是不可战胜的，现在他正在等待一支强大的雇佣军到达。如果你们不与他签订休战条约，鸟将会吞噬你们的尸体。"这就是关于塔特拉奈斯的事情。同时，皇帝考虑是否有可能夺取他们正在平原上放牧的马（许多马在那里），因为斯基泰人日日夜夜都在劫掠我们的领土。他派人请来欧扎斯和莫纳斯特拉斯，命令他们带着精良骑兵，绕到敌人后面，必须在第一道曙光快要出现时，在平原上抓住所有马匹和其他动物以及放牧者。"不要害怕，"他补充道，"我们将从前面进攻，你们将会很容易地执行这个命令。"他是正确的——这个计划非常成功。那天晚上，因为等着斯基泰人的进攻，他没有睡觉，甚至没有小憩。在几个小时的夜色里，他一直在召集士兵，尤其是熟练的弓箭手，与他们谈论了有关斯基泰人的许多事情，像一个教练在比赛前鼓励运动员一样激励他们进行战斗。对于第二天可能发生的战斗，他给了他们许多有用的建议——如何弯弓射箭，何时勒紧马，何时放松缰绳，何时下马，如果他们必须这样做的话。整个晚上，这一切都在进行。在天慢慢放亮，斯基泰人的整个精英部队过河,迫使罗马人进行战斗之前,他小睡了一会儿。皇帝的预言被证明是正确的。他的确对未来拥有很强的预测能力,这是通过长期连续作战的经验获得的。他立刻上马,命令号手吹响战斗的号角,集合队伍,自己站在前面。看到敌人的进攻比以前更猛烈,他指挥弓箭手下马,步行前进,持续向斯基泰人密集射击,其他人则跟随着他们。阿莱科休斯亲自指挥中部,弓箭手们勇敢向前推进。战斗进行得很激烈。部分因为连续的箭雨,部分因为他们看见罗马人完整的阵线和皇帝亲自参加了激烈的战斗,斯基泰人转身逃跑,惊慌失措地越过身后的河流到他们有盖的四轮马车中避难。罗马军队全速追赶,一些人用矛刺穿了敌人的后背,一些人向他们射箭。许多人在到达河岸之前战死,许多匆忙逃跑的人掉进了湍急的河流中,被河水冲走淹死。在那天,皇帝的随从比其他人都表现得英勇,皇帝则是他们中最勇敢的。这位战场上无可辩驳的胜利者返回了营地。

皇帝在那里休息了三天,然后离开去了特祖鲁罗斯。他认为没有必要迅速行动,便在村庄的东边挖掘了一条对军队而言足够大的壕沟,将自己的帐篷和所有行李放在了里面。斯基泰人也向特祖鲁罗斯进军,但他们听说皇帝已经提前行动后,就越过流经村庄(当地人称此地为赫罗吉皮索斯(Xerogypsos①)附近平原的河流并在河与特祖鲁罗斯之间扎营。他们在它的外面形成一个圆圈,这样皇帝就被隔绝,事实上是被包围了。夜晚来临时,"其他人、神和带着马毛头饰的战士们都睡着了"(引用荷马的诗句),但是"甜蜜的睡眠没有拥抱"阿莱科休斯。②他躺在那里,脑海中勾画着能智胜敌人的计划。他注意到特祖鲁罗斯村庄建在一个陡峭的山头上,全部蛮族人军队都在它下面的平原上扎营。对他而言,近距离作战是不可能的,因为他的军队在数量上被大大超过,于是他想出了一个非常巧妙的计划。他征用了村民的马车,将它们的上部与

---

① "干石灰石"。——原译者注
② *Iliad* Ⅱ,1-2.——原译者注

其轮子和车轴分离,然后把它们放到防御墙上面。它们被绳子从城垛上并排悬挂在城墙外面,绳子则被结实地系在胸墙上。这个计划被立刻付诸实施。一个小时后,轮子和车轴像一组圆形物一样挂在了墙的周围,互相挨着,轮子仍旧连接在车轴上。第二天一大早,皇帝便起床,带领全副武装的军队离开城墙,在斯基泰人前面布阵。我们的军队碰巧在悬挂车轮的一侧占据了阵地,对面是敌人。这时,站在中部的阿莱科休斯命令他的人,进攻的号角吹响时,他们要下马,慢慢地步行前进,不停地向他们射箭,在远处进行小规模战斗,驱使斯基泰人进攻。看到他们向前移动并叫喊着骑马进攻时,就混乱地逃离,逐渐分成两组,分别向左右两边走,给斯基泰人让路直到他们靠近城墙。站在城墙上的士兵看到这一幕时——即当他们看到队形分开时——要用剑切断绳子,让车轮和车轴垂直砸下来。事情就这样发生了。大量斯基泰人骑兵叫喊着冲向我们的阵线。罗马人正在步行缓慢前进,只有皇帝骑在马上。

244 按照皇帝的计划,他们逐渐"膝盖相对地分开",让蛮族人吃惊的是,他们像正在撤退的人一样彼此分离,好像敞开了一扇宽敞的大门让他们进入。事实上,当斯基泰人进入这个空隙,我们的军队站在两侧时,车轮伴随着巨大的噪音砸下来,当弯曲的轮子像子弹一样被从投石机中射出去时,它们好像积聚了额外的动力一般,从城墙上弹跳出超过 1 库比特(cubit)①远的距离,落到了他们的骑兵中间。车轮的正常重量在大量落下时,获得了来自地面的巨大引力。它们重重地砸向斯基泰人,从四面压向他们,像庄稼地里的割草机一样切断了他们的马的腿。由于前腿或后腿被切断(它们受到来自前面和后面的同时进攻),马倒在地上,将骑手摔向了前面或后面。大量骑兵摔倒在地,相互挤压,我们的步兵从两侧向他们进攻。斯基泰人四面受到恐怖的威胁。一些人被流箭所杀,一些人被我们的矛所伤,剩余的大部分人被车轮的猛烈投射扔到了河中,

---

① 库比特,又称肘尺,是古代的一种长度测量单位,等于从中指指尖到肘的前臂长度,或约等于 17 至 22 英寸(43 至 56 厘米)。

淹死在那里。第二天,看到幸存者正准备重新战斗,皇帝调动了所有军队——他知道他们现在士气高昂。他穿上盔甲,排列好阵线之后,去了平原。然后,他让军队面向敌人等着,准备尽其所能地投入战斗。他站在阵形中央。这是一场激烈的战斗,罗马人(出人意料地)赢得了胜利,然后疯狂地追赶斯基泰人。当意识到已追赶得足够远时,阿莱科休斯不止一次地骑马警告士兵们放开缰绳,让马凉快一下。他担心一些设置埋伏的敌人可能突然向他们进攻,从而转败为胜,并且随着逃兵的增援,他们可能会给罗马军队带来重大威胁。不管怎样,这就是两支军队在那天的交战情况,一支军队逃跑,一支军队返回营地为一次重大的胜利庆祝。在毁灭性的失败之后,敌人在保加罗菲格斯(Bulgarophygos)和小尼西亚之间扎营。现在,冬天到来,皇帝认为必须返回君士坦丁堡,他和他的大部分军队在多次战斗之后需要休整。因此,他将军队一分为二,挑选了最勇敢的战士监视敌人,他们由约纳塞斯和尼古拉斯·马罗卡塔卡隆领导。这些军官负责带着足够的士兵保护这个地方,并从整个地区召集带着四轮马车和牛队的步兵。他正在为将来的战斗做必要的准备,打算在春天到来时发动更大规模的战争。完成这些安排之后,他返回拜占庭。

第八卷 斯基泰人战争（1091 年）；列文宁胜利（1091 年 4 月 29 日）；反对皇帝的叛乱

皇帝得知一支斯基泰人分队正在去进攻吉罗瓦奇（Chirovachi）的路上，很快就会到达。很显然，阿莱科休斯已经习惯了随时应对突发状况，他像往常一样迅速召集了卫戍部队和所有新兵，共大约500 人，整个晚上都忙着装备他们。（他在皇宫中甚至没有休息一周，没有来得及抖落战斗的尘土，畅快地沐浴）第二天早上，大约在第一缕曙光出现时，他离开都城。同时通知他的亲属和姻亲以及参军的所有贵族，自己正出发与斯基泰人作战，随后给他们下达了如下命令（当时正是大斋节①前狂欢周的星期五［Friday of Carnival②Week]）③：“我得知斯基泰人正在迅速向吉罗瓦奇进发，现在正准备离开，你们要在四斋节赶来。我允许你们在狂欢节星期五和奶酪周星期一期间，进行短暂的休息——这样，我就不会显得苛刻和不近人情。”然后，他骑马直接去了吉罗瓦奇，进入城门后上锁，亲自保管钥匙。他在城垛上派驻了对他忠心耿耿的所有仆从，命令

---

① 又称为四句斋，封斋期，是指从圣灰星期三（大斋节的第一天）到复活节的四十天，基督徒视之为禁食和为复活节作准备而忏悔的季节。

② 狂欢节是大斋节前的一个节日，人们狂欢作乐并宴饮。

③ 奶酪周（Cheese Week）结束于四旬节星期日（Quadragesima Sunday，四旬斋的第一个星期日），在这一周里，允许吃奶油、鸡蛋和鱼，但禁吃肉（索福克勒斯[Sophocles]的《希腊语词典》(Greek Lexicon)）——它的希腊语名字 Tyrophagia 由此而来。在此之前的这一周是狂欢节（Carnival。这个希腊单词的意思是禁止肉）。因此，阿莱科休斯只允许休息三天。——原译者注

他们要时刻保持警惕，来回巡逻城墙，不允许任何人爬到那里或弯身与斯基泰人交谈。正如预期的那样，敌人在黎明时分到达，并在靠近城墙的一个高地上设立了阵地。他们中的 6000 人被分离出来远至德卡托斯（Dekatos。此地距离君士坦丁堡约 10 斯塔得——我想它因此而得名）进行劫掠，剩余的斯基泰人呆在吉罗瓦奇。皇帝登上胸墙勘查平原和山头，以防另一支军队前来增援他们。或许斯基泰人设置了埋伏以伏击潜在的进攻者，但没有出现任何迹象，大约又过了一个小时，他发现他们没有处于备战状态，事实上，他们正在准备吃饭和休息。因为他们的巨大数量，他知道近距离作战是不可能的，但想到他们可能劫掠农村和到达都城的城墙下，便觉得毛骨悚然——尤其当他离开都城驱赶他们时。因此，他立刻召集士兵，对他们说（他想检验他们的士气）："我们一定不要被斯基泰人的数量吓倒，要信任我们的上帝，与他们作战。如果我们同心协力，我完全有信心取得胜利。"当他们立刻拒绝这种想法和听他讲话时，他进一步恐吓他们，试图让他们能够面对现实，就继续说："如果外出劫掠的人重新返回与这里的斯基泰人会合，那么危险就很明显：或者营地被占领，我们被屠杀，或者他们不会在意我们，而是向都城进军，通过露营在城门附近的某个地方阻止我们进入。我们唯一的希望就是冒险，我们必须这样做，不能像懦夫那样死亡。现在我准备出去，率先冲到敌人的中间。愿意去的人可以跟着我，那些不能或者不想去的人一定不要走出城门。"不管怎样，他没有浪费更多时间，全副武装地从湖对面的城门出去，沿着城墙疾走，然后稍微绕弯路从另一边爬上山头，因为他确信自己的军队不能与敌人近距离作战。他手举长矛率先冲到了斯基泰人的中部，击向迎战他的第一个人。其他人同样积极战斗。他们俘虏了一些人，杀死了一些人。然后，足智多谋的阿莱科休斯让士兵穿上斯基泰人的军服，骑上斯基泰人的马，并将他们的坐骑、战旗和敌人的头颅转交给一些更可靠的人，命令他们将这些东西带回要塞，在那里等他。采取了这些防范措施之后，他带着斯基泰人的战旗和穿着斯基泰人军服的士兵，从山头上到了流经吉罗瓦奇附近的河的河边。他认为敌人在劫掠后返回时将经过这个地点。斯基泰人看到他们站在那里，认为是自己人，没有事先侦察便向他们跑去，结果一些人被杀死，一些人被俘虏。

当夜晚降临时（当时是星期六），皇帝带着战俘返回。他第二天休息，但在星期一的日升时分，便离开了要塞。军队被进行了如下划分：前面的人举着斯基泰人的战旗，后面是各自被当地人看守的战俘，其余的人用矛举着被切下的头颅。这就是行军的顺序。在这些人之后的不远处是皇帝和他的士兵及罗马人的战旗。四旬节前的第二个星期天（Sexagesima Sunday）的早上，帕列奥略格由于渴求战功，在其他军队的前面离开了拜占庭。了解斯基泰人的冲动本性，他小心谨慎地行军，命令一些随从前去侦察此地的平原、树林和道路。如果任何斯基泰人出现，他们要迅速返回向他报告。军队以这种队形在迪米利亚（Dimylia）平原前进时，看到了穿着斯基泰人军服和扛着斯基泰人战旗的军队，因此返回报告斯基泰人正在路上。帕列奥略格立刻拿起武器。但紧随其后的另一个通信员却坚持说，这些人（可能是斯基泰人）后面不远处是罗马战旗和士兵。当然，通信员们的说法部分正确，部分错误，因为后面的军队的确是罗马人，由皇帝率领，穿着斯基泰人服饰的前锋部队的确也是罗马人（按照皇帝的命令，他们一直穿着斯基泰人被骗时所穿的军服）。此时，斯基泰人的军服戏弄和欺骗了咱们的军队。阿莱科休斯这样做是为了让第一个遇到我们军队的人充满恐惧，认为他们是斯基泰人——一个将军开的冷玩笑，但在产生真正的恐慌之前，他们会因为看见自己在斯基泰人的后面而安心，因此"鬼把戏"不会在侦察兵中引起恐慌。其他人对看到的事情感到不安，但帕列奥略格拥有更多的战争经验和了解皇帝的创造天赋，立刻意识到这是他的计谋之一，便恢复镇静并命令其他人保持冷静。

在现在为止，皇帝的所有亲属和亲戚都赶上了他。就像所设想的，他们正在按照之前的安排迅速赶去与他会面——即禁肉的奶酪周（Tyrophagy）之后。事实上，当他胜利返回时，他们尚未离开都城。在这种情况下遇见他，他们简直不能相信他已经如此迅速地

250

赢得胜利并带着战利品返回,直到看到被钉在矛尖上的斯基泰人的头颅和没有被砍头的俘虏,后者双手被绑在身后,带着镣铐,被驱赶着一个接一个地缓慢前行。战役的速战速决引起了轰动。尽管一个人对此并不感到高兴。我听说乔治·帕列奥略格(目击者告诉我们这件事)生气地抱怨,因为去得太迟没能参战而恼火。当皇帝因为出人意料的胜利赢得如此荣耀时,他原本希望能和他在一起。他非常渴望分享这种名声。对于皇帝而言,人们可能会说在这个时刻,《申命记》(Deuteronomy)①的诗句在他身上得以印证:"一个人如何能追逐一千人,两个人如何能使一万人逃跑呢?"因为在那次战争中,阿莱科休斯皇帝通过亲自对抗数量庞大的蛮族人,在整个战斗中总是首当其冲,直到胜利。事实上,当一个人考虑到和他在一起的士兵的数量和素质,然后将他们和皇帝的计谋、智慧、力量和面对所有蛮族人的数量及其势力时的勇气相比较,他得出的结论会是阿莱科休斯独自带来了这次胜利。 251

　　不管怎样,这就是上帝如何赐予的胜利——一次非凡的胜利——那天对于我们的统治者而言是这样。当拜占庭人看到他到达都城时,都欢欣鼓舞。他们对于这次胜利的速度、大胆和计谋以及突然性感到吃惊,他们唱歌,跳舞,感谢上帝赐予他们这样一位救世主和恩人。但是尼基弗鲁斯·迈里西努斯对这些感到不快,不能忍受它们——这是人性的一个方面——认为这次胜利对我们而言不值得一提,对他们而言是一种伤痛。因为尽管取得了胜利,所有斯基泰人仍旧分散在整个西部,成群结队地蹂躏一切降临到他们身上的灾难能阻止他们的无耻行为。他们在西部的几个地区,夺取了一些小城镇,甚至没有放过君士坦丁堡附近较大的地方。他们远至所谓的"深急流(Deep Torrent)",那里有一座为了纪念最伟大的殉道者塞奥多拉建造的教堂。许多人过去每天造访这个地方,向圣者祈祷。在星期天,成群的虔诚者会取道到圣殿,整日整夜地呆在那里,或在教堂的外面,或在前厅,或在后面。但是,

----

① 　是《圣经》旧约中的一卷。

斯基泰人没有被遏制的暴行造成了很大的影响,因为他们经常的进攻,即将朝圣的人甚至不敢打开拜占庭的大门,这就是皇帝在西部面临的可怕灾难。海上也没有幸免于难,因为扎查斯已经组建了一支新舰队并正在攻占所有海岸线。形势极度危险,阿莱科休斯对来自四面八方的进攻深感忧虑。各地都让他烦扰。有消息说251 扎查斯的舰队是从沿海地区征募的,比以前更强大。以前被他占领的岛屿的剩余部分被劫掠。他计划进攻西部行省,他的使节建议斯基泰人占领切尔松尼斯(Chersonese)。更糟糕的是,他打算让雇佣军队(从东部前来帮助皇帝的突厥人)放弃与阿莱科休斯的互不侵犯条约。为了让他们背弃他,站到他这一边,扎查斯许诺一旦得到战利品①,将给予他们优厚的酬劳。阿莱科休斯知道正在发生什么,海陆两方面的事情都进展的很糟糕。严酷的寒冬②堵塞了各处的出口。事实上,厚厚的积雪导致房门都无法打开(在人们的记忆中,那一年的雪比往年下的都多)。他仍旧通过信件尽其所能地从各地召集雇佣军。春分过后,天气对战争的不利影响消失,海洋逐渐恢复平静,尽管敌人从两线进攻,但他认为更明智的做法是首先控制海滨,以此能相对容易地阻止敌人舰队的进攻并有利于陆地作战。因此,他立刻送信给凯撒尼基弗鲁斯·迈里西努斯,命令他夺取埃诺斯(Aenos)。在此之前,他已经给他送去书面命令,让他尽可能地招募士兵,但不要在老兵中征募(因为他已经将他们广泛分散在西部城市中去守卫更重要的地方),而是要从保加尔人和游牧民(通常指瓦兰吉亚人)以及来自任何行省的其他人中招募新兵,包括骑兵和步兵。皇帝本人召集了来自尼科米迪亚的弗兰德尔伯爵的 500 名凯尔特人,然后和他的亲属们一起离开拜占庭到达亚诺斯,从那里登上一只小船,查看整条河的地形,从两岸彻底253 考察河床,以寻找最佳扎营地点,然后返回。晚上,他召集军官会

---

① 有两种可能的解释:如果安娜的话被逐字逐句的翻译,我们必须这样理解:"一旦他收割了大麦",但这可能是谚语,类似"分赃"的意思。——原译者注
② 1090—1091 年的冬天。——原译者注

议,向他们说明河流和两岸的情况。"明天,你们必须过河,"他说,
"仔细勘察整个平原,或许你们将发现我向你们指出的那个地点并
不适合做营地。"所有人都表示同意。黎明时分,皇帝第一个过河,
整支军队尾随其后。他和军官们一起重新勘查了河岸和相连的平
原,向他们指出了已经选择的地方（在被当地人称为基莱尼
[Chireni]的小镇附近,一边是河,另一边是沼泽地）。因为大家对
这个地点都满意,一个壕沟很快被挖掘,整支军队驻扎在里面。阿
莱科休斯带着一支强大的轻盾兵返回亚诺斯,抵抗斯基泰人的
进攻。

　　后来在基莱尼的人听说无数的敌人成群到达,便通知了阿莱科
休斯（他当时仍旧在亚诺斯）。他立刻登上一艘侦察船（scout
boat）①,沿着海岸航行,越过河口之后和其他人重新会合。他看见
他的军队数量甚至比不上斯基泰人的一小部分。没有人能来帮助
他（就人力而言）,他陷入一种令人恐惧的严峻形势中,但并没有丧
失信心和意志消沉。相反,他正在酝酿应对措施。但是四天之后,
一支约 40000 人的军队在远处出现,从另一个方向向他走来。如
果他们加入斯基泰人,他们将对他发动一次可怕的战争,他面临的
结果只能是全军覆没。为了避免这种结局,他认为必须通过计谋
争取他们。库曼人的军队中有众多首领,其中杰出的领导者是托
格尔塔克（Togortak）、马尼亚克（Maniak）和其他一些因其好战而知
名的人。聚集在一起的库曼人的数量是令人恐惧的,因为阿莱科
休斯对他们的摇摆不定拥有长期经验：这些联盟军可能会成为敌
人,作为对手,他们可能会对自己造成重大伤害。他认为更谨慎地
做法是把军队带到河对岸,但首先必须叫来他们的首领。他们很
快接受了邀请,马尼亚克最初拒绝,但最终也来了,尽管比其他人

254

----

① 道斯将这个希腊单词（不常用的单词）翻译成"小圆舟（coracle,一种在枝条或木
制构架上蒙上防水材料做成的圆型小艇）"。他在一艘如此脆弱的小船里沿着
海岸航行是不可能的,但无疑这是一艘小船。参见巴克勒,p.384。——原译者
注

晚到。阿莱科休斯命令厨师为他们准备了丰盛的宴会,当他们酒足饭饱之后,他热情地招待他们,给了他们各种礼物,然后要求他们宣誓并留下人质(因为不信任他们不负责任的本性)。他们欣然服从了他的要求并宣誓,请求被允许与帕臣涅格人作战三天,如果上帝赐予他们胜利,他们许诺分割得到的战利品,为皇帝留一半。后者允许他们进攻敌人,如果他们愿意,时间可以不只三天,而是十天。如果上帝的确赐予他们胜利,他不要求任何战利品,他们可以全部占有。此时,两支军队(斯基泰人和库曼人)原地不动,但后者通过小规模袭击试探对手。在三天过去之前,皇帝派人请来了安条库斯(Antiochus),他是一个贵族,因其头脑灵活在同代人中很杰出,他被命令建造一座桥。通过将小船和格外长的厚木板绑在一起的方式,桥很快被建成。此后,骑兵总司令①和军队总司令②被叫来,他们的任务是在河岸占据阵地,防止步兵和骑兵混乱地过河,步兵带着装行李的马车和驮包裹的骡子首先过河。当步兵过去之后,阿莱科休斯害怕斯基泰人和库曼人的强大军队,怀疑库曼人的秘密计划,迅速挖掘了一条壕沟,将士兵聚集在里面。阿莱科休斯亲自站在岸边,观察整个战役。同时,根据皇帝的书面命令,迈里西尼已经在广大地区召集雇佣军。他从附近地区集拢的步兵将行李和所有必需品一起堆放在牛车上,被迅速送到阿莱科休斯那里。但是,当到了人们可以看见他们的地方时,他们被大部分侦察兵误认为是前来进攻罗马人的斯基泰人分队。一个侦察兵指给阿莱科休斯看并自信地宣称他们是斯基泰人。皇帝相信了他,因为在数量上被大大超过,他不知道应该怎么办。罗德默尔(Rodomer)③立刻被派去监视正在到达的军队。他很快返回,带来的消息是他们是被迈里西尼派来的。皇帝非常高兴,等他们到达

255

---

① 皇帝的舅子米哈伊尔·杜卡斯。——著者注
② 阿莱科休斯的弟弟阿德里安。——著者注
③ 罗德莫尔是一个有保加利亚人血统的贵族,按照他的母亲一方,他是我们的母亲奥古斯塔(Augusta)的亲戚。——著者注

之后，和他们一起跨过桥并立刻扩大了壕沟，因为他们加入了军队中。他在越河之前驻扎的营地很快被库曼人占据。第二天，阿莱科休斯离开，打算夺取河流下游一个被当地人称为非罗卡罗斯（Philokalos）的浅滩，但遇上了一支强大的斯基泰人军队。他立刻进攻，一场激烈的战斗爆发。双方都有许多人阵亡，斯基泰人惨败。这次战斗之后，两支军队分别撤回自己的营地。罗马人整夜都呆在那里，但黎明时，他们去了一个被称为列文宁（Levunium）的地方，那是一个俯瞰平原的山头。阿莱科休斯爬上山，发现山顶不能容纳所有军队，便命人在较低的山坡周围挖掘了一道壕沟，大得足以保护所有人，整支军队被安置在里面。正是此时，叛逃者尼泽斯在一些斯基泰人的陪同下重新出现在皇帝的视野中。看见他，阿莱科休斯想起了这个人以前的忘恩负义，也想起了其他一些事情。尼泽斯和他的陪同者被抓住并被投入监狱。

当皇帝忙于这些事情时，扎营在马乌罗颇塔姆斯（Mavropotamus）的山流边的斯基泰人试图秘密地争取库曼人。尽管如此，他们仍旧继续向阿莱科休斯提出和平建议。他猜到了他们毫无道德的行为，给与了恰当的答复。他希望让他们处于悬而未决的状态，直到期待的雇佣军从罗马到达这里。库曼人发现帕臣涅格人的许诺模棱两可，拒绝与他们合作。一天傍晚，他们告知皇帝：“我们要推迟战斗多久？我们不会再等，打算在日出时分单向决定这件事。”①听了这些话，皇帝因为完全了解库曼人暴躁的本性，便不再推迟战斗。他下令第二天将与敌人开战（他认为那一天将是整场战争的转折点）。将军、连队指挥官和其他军官立刻被命令在整个营地散布明天早上进行战斗的消息。尽管做了这些安排，他仍旧害怕无数的帕臣涅格人和库曼人。他怀疑他们相互勾结。当高地的人②加入他时，他仍旧在研究这种可能性。他们都是“狂热好战”的人，非常勇敢，共有 5000 人叛逃到罗马人一边。不

256

---

① 按照字面的意思是“我们将吃狼和羊的肉”——谚语式的一种表达。——原译者注
② 指苏格兰高地地区的人。

再有拖延的任何借口。阿莱科休斯请求上帝的帮助。日落时分，他主持了祷告，举行了一次壮观的火把游行，为上帝领唱了圣诗。皇帝也没有允许营地的其他人休息，命令他们都这样做。当太阳落下地平线时，人们能看到天空不是被太阳的光线而是被星光照亮，因为每个人都点燃了固定在矛尖上的火把或者蜡绳（按照它们的方式）。军队的祷告无疑到达了苍穹，或者以我看它们直接到达

257 了上帝那里。我认为皇帝相信没有上帝的帮助他不能进攻敌人，这本来就证明了他的虔诚。他的信心既不在人，也不在马和战争机器上，而是完全相信上帝的力量。这些仪式一直进行到午夜。短暂的休息之后，他起身武装轻装部队准备战斗。在某些情况下，他甚至用丝绸做成胸甲和帽子，因为没有足够的铁甲给所有人，丝绸在颜色上与铁相似。他的一些士兵就穿着这样的盔甲。当装备完成，早上的阳光普照大地时，下令吹响警号之后，他离开壕沟。在列文宁（这个地方的名字）山脚下，军队被划分，队伍被集结。他站在前面，"呼吸着强烈的战斗气息"。① 左右两翼分别由乔治·帕列奥略格和君士坦丁·达拉西努斯指挥。在库曼人的右边，莫纳斯特拉斯全副武装地和他的士兵站在更高的地面上。库曼人看到皇帝正在整顿罗马军队，也按照自己的方式武装军队和布置阵线。在他们的左边是欧扎斯，向西是胡伯特普鲁斯和凯尔特人。这样，皇帝的军队就像一个堡垒，步兵被两翼的骑兵队紧紧包围。号手再次被命令吹响战斗的号角。因为害怕斯基泰人的巨大数量和他们令人恐惧的带盖的四轮马车（对他们而言，它们起到防御墙的作用），罗马人一起请求上帝的垂怜，然后全速冲向敌人，②皇帝骑在所有人的前面。当阵线变成了月牙形，仿佛一声令下，整个军队向斯基泰人俯冲过去。指挥精兵的一个敌人，预见了战斗的结果，抓住机会逃命，带着一些人到了库曼人那里，他会讲他们的语言。尽

258 管后者也参加了对他的同胞的残忍战斗，但相比较罗马人，他们更

---

① Homer, *Odyssey*, XXⅣ, 319.——原译者注
② 1091 年 4 月 29 日，星期二。——原译者注

信任库曼人。他投降，希望他们能充当他与皇帝的调解人。阿莱
科休斯知道了这件事，担心其他斯基泰人加入他们，库曼人可能会
被说服加入他们进攻罗马人。感情就像马笼头一样可以改变方
向。他是那种能在危机中迅速决定什么策略有用的人，立刻命令
骑手手举皇帝的战旗和库曼人军队一起占据阵地。此时，斯基泰
人的阵线完全陷入混乱，当双方军队近距离作战时，出现了前所未
有的杀戮。当斯基泰人像已经被全能的上帝抛弃一样正在被恐怖
的屠杀时，他们的屠杀者因为凶残连续的箭击而筋疲力尽。阿莱
科休斯冲到敌人中间，使整个军团陷入了混乱，他砍向就近的敌
人，大声恐吓远处的人。但是到了中午，当他看见太阳当空照射
时，明智地派侦察兵去召集村民，让他们用酒袋装满水，用骡子驮
着，送到军队这里。甚至他们没有被命令这样做的邻居也像他们
一样，一些人用水罐，一些人用酒袋，一些人用随手找到的任何器
皿，热情地给军队送水，以便让他们恢复体力，因为正是他们将自
己从斯基泰人可怕的控制下解救出来。战士们喝一口水，就回去
战斗。这是一个异常壮观的场面。整个民族，不是数以千计的，而
是无数人，包括他们的妇女和孩子，在那一天被彻底灭绝。当时是
4 月 29 日，星期二。因此，拜占庭人吟唱这样的打油诗："所有斯
基泰人因为这一天再也见不到五月。"当太阳即将落山时，大部分
人①被箭杀死（我将孩子和母亲们包括在内），还有许多人成为俘
房。皇帝命令吹响撤退的号角，返回罗马人的营地。当有些人回
忆起在过去我们的士兵如何离开拜占庭去与斯基泰人作战，购买

259

---

① 就像经常做的那样，安娜夸大了事实。她随后就自相矛盾。帕臣涅格人没有
被全部歼灭。根据布瑞（Bury）的研究，他们的灭绝是约翰·科穆宁在 1123 年
做的事情。仲纳拉斯在他的时代（12 世纪）提到了帕臣涅格人在莫格来纳
（Moglena）的定居地。对这种混乱的现代研究参见瓦谢列夫（Vasiliev），p.
385："帕臣涅格人（在利乌尼乌姆）被征服和无情地消灭"；p.413："帕臣涅格
人……在约翰统治初期……从他们的失败中稍微恢复了元气，越过多瑙河，入
侵拜占庭的领土。"我们被告诉，此后他们中的一些人为皇帝作战。——原译
者注

绳子和皮带捆绑斯基泰人俘虏，自己反而被斯基泰人俘虏投入监狱，都觉得这是令人叹为观止的景象。这就是当我们与他们在德里斯特拉作战时发生的事情，因为在那时，上帝使罗马人丧失了自豪感，后来，就在我正在讲述的这个时候，他们充满了恐惧，对安全失去了希望，面对数量如此巨大的军队变得无助。但他赐予了他们意想不到的胜利，他们用铁链捆绑、屠杀和俘虏了敌人。这并非事情的全部，因为在小规模的战斗中，这样的结果或许是普遍存在的。但是，在这件事情中，由无数男人、女人和孩子组成的整个民族仅在一天内便被消灭。

库曼人和罗马人的军队分开，夜幕降临时，皇帝准备吃晚饭。西尼斯奥斯生气地来到他面前："这是什么愚蠢的行为？这是什么意思？"他叫喊道，"每个士兵有 30 甚至更多的斯基泰人战俘。库曼人就在我们附近，如果士兵们睡着了，这是确定无疑的，因为他们疲惫不堪。战俘们将会互相松绑，拔出匕首，杀死他们。然后将发生什么呢？我要求你立刻杀死大部分战俘。"皇帝严厉地看着他。"他们虽然是斯基泰人，"他说，"但仍然是人，敌人也值得同情。我不知道你为什么这样胡说八道。"西尼斯奥斯坚持己见，阿莱科休斯生气地赶走了他，但在整个营地发布公告，带走斯基泰人的所有武器，将它们放在一个地方，战俘必须被安全看守。在发布这项命令之后，他平静地度过了晚上的剩余时间。在午夜执勤的某个时间段，士兵们几乎杀死了所有战俘，好像接到命令一样。我无法确定他们是在神圣的命令下做这件事的，还是如何做的。皇帝在黎明时听说了这件事，怀疑是西尼斯奥斯所为，立刻把他叫来。阿莱科休斯责备他并以暴力相威胁："这就是你做的。"尽管西尼斯奥斯发誓对此一无所知，但阿莱科休斯仍将他逮捕并投入监狱。"让他知道，"他说，"仅是被囚禁便是多么可怕，以便于他再也不会对自己的同胞做这样的事情。"如果不是高级军官、他的近亲为他求情，干涉这件事，或许他将进一步惩罚他。其间，大部分库曼人，担心皇帝的意图（他们认为他可能在晚上阴谋进攻他们），带着所有战利品，趁着夜色向多瑙河进发。至于阿莱科休斯，因为尸

260

体的恶臭，也在黎明时分离开，去了一个被称为卡拉·登得拉（Kala Dendra）的地方，距离基莱尼 18 斯塔得。在去那里的路上，迈里西尼加入了他。因为忙于派遣大量新兵，他一直不能参加战斗。他们相互问候，彼此祝贺，在剩余的行军中一直在谈论导致斯基泰人失败的战役。当到达卡拉·登得拉时，阿莱科休斯听说库曼人大批离去。根据他与库曼人签订的条约，后者有权得到一定财物，这些东西都被装在骡子上给他们送去。他下令必须找到库曼人，如果可能的话，即使远达多瑙河边，也要将财物交给他们。对于阿莱科休斯而言，谎言，即使是貌似谎言，也是一件非常严重的事情，他经常公开谴责撒谎行为。这就是逃亡的库曼人的事情。决定跟随皇帝的库曼人在那天剩余的时间里参加了一次丰盛的宴会。他认为当时不应该给他们酬劳，在他们睡过一觉酒醒之后，完全恢复了理性时，将会对此更加充满感激。第二天，他们被聚集，被给予了远远超出之前所许诺的军饷。皇帝想打发他们回家，但是担心他们会在路上四处游荡掠夺，破坏乡镇，便留下了人质。反过来，他们要求确保安全通行。他把他们交给了非常英勇谨慎的约纳塞斯，后者将安排一切，保证库曼人不受伤害地到达济古姆（Zigum）。感谢上帝的恩惠，皇帝的安排非常成功。当一切都完全解决，5 月下半旬，他作为一个胜利者，返回拜占庭。在此，我必须离开斯基泰人的历史，尽管就应该被讲述的而言，我说得非常少，正如他们所说的，就像将指尖放入了亚得里亚海。对于皇帝辉煌的胜利，他在敌人那里遭遇的部分失败，他个人的英勇战绩，其间发生的事件，他让自己适应每一种环境的方式和通过不同方法打破威胁我们的恐惧，即使另一个德摩斯梯尼（Demosthenes），雄辩家的所有演说，所有学园学派（Academy）①和斯多噶学派（Stoa）②，一起联合起

261

---

① 公元前 385 年由柏拉图在雅典郊区创建，它一直存在到 529 年，最终被查士丁尼解散。学园和柱廊在古代世界起到了大学的作用。——原译者注
② 以雅典的斯多噶（Stoa Poikilē）命名，它是公元前 300 年由西希昂的芝诺（Zeno of Citium）创建的哲学学派，存在了至少五个半世纪。——原译者注

来也不能对皇帝的成就做出公道的评价。

　　他返回皇宫后不久,亚美尼亚人阿里比斯(Ariebes)和凯尔特人胡伯特普鲁斯被发现正在策划推翻他的阴谋,他们都是优秀和勇敢的军官,将大量出身高贵的人拉进了叛乱。证据充分,真相被
262　供认不讳。他们被判刑和流放,财产被剥夺,但皇帝坚决反对法律所规定的极端惩罚。此时,阿莱科休斯得知了关于库曼人入侵的消息。随后传来消息,伯迪努斯和他的达尔马提亚人打算违反条约,向我们的领土进军。他难以决定首先应该抵制哪个敌人。最后,他认为必须首先对付达尔马提亚人,确保他们和我们之间的领土安全。他召开了一次全体会议,在会议上解释了他的目的,所有人都表示同意。他便离开都城去解决西部事务。在到达非里波波利斯后不久,他收到了来自保加利亚主教①的一封信,信件报告了有关约翰的消息。约翰是皇帝的侄子、首席大贵族依沙克的儿子、都拉基乌姆的公爵。他被谴责正在策划反对皇帝的叛乱。阿莱科休斯日夜为此感到忧虑。因为他的父亲,他同意推迟调查此事,但也担心这个谣言是真的。约翰只是一个年轻人,皇帝知道这个年龄段的人通常容易冲动,因此他有理由怀疑可能的确存在叛乱。这个年轻人可能会成为他的父亲和叔叔难以承受的悲伤的根源。因此,他必须不惜一切迅速挫败这个计划,因为他真心疼爱这个孩子。他派人请来了御林军统领(Great Hetaeriarch)阿基鲁斯·卡拉泽斯(Argyrus Karatzes),他有斯基泰人血统,但充满智慧,追求美德和真理。皇帝交给他两封信,一封给约翰,内容如下:"得知蛮族人穿过隘口的敌对行动之后,我,你们的皇帝,离开君士坦丁堡去确保罗马帝国边界的安全。你需要亲自前来汇报你所统治下的行省的情况,并且必须向我汇报达尔马提亚的形势并告诉我伯尔干
263　是否遵守了和平条约(因为我每天听到的关于他的消息并不令人满意,我担心他是敌人,可能正在阴谋反叛我们)。当我们对正在发生的事情有了更加清晰的了解,就能做充分地准备以挫败他的

————————

①　塞奥菲拉科特(Theophylact),阿克里达的大主教。

计划。在与你商量了正确的行动方针之后，我会将你送回伊利里库姆。这样在上帝的帮助下，我们与敌人两线作战才可能会胜利。"这就是写给约翰的信的大意。第二封信写给都拉基乌姆城的行政官员，内容如下："自从得知伯尔干正在试图重新进攻我们，我们便离开拜占庭以确保达尔马提亚和我们边界之间的山谷的安全，并得到了关于这个人及其军队行动的准确消息。因为这些原因，我们认为有必要召来你们的公爵，即你们皇帝的亲爱的侄子。为此，我们派这个人给你们送信并将他提升到公爵的职位。你们一定要亲自接待他并听从他的所有命令。"这些信交到了卡拉泽斯的手中，他随即离开，首先要将信交给约翰，如果约翰自愿服从命令，就平安无事地将他送走。卡拉泽斯接管对这个地区的统治直到约翰返回。但是，如果约翰抗议，不服从命令，卡拉泽斯就召集都拉基乌姆城的重要官员，秘密向他们宣读第二封信，让他们帮助他逮捕约翰。

　　首席大贵族依沙克在君士坦丁堡听说了这些事情，匆忙离开都城，经过两天两夜的行程，到达非里波波利斯。皇帝正在帐篷里睡觉，依沙克悄无声息地走进来，躺在了弟弟的第二张床上。打手势让侍寝者保持安静之后，他也睡着了。当阿莱科休斯醒来时，看见哥哥很吃惊，沉默了一会儿，命令在场的人也不要出声。后来，依沙克醒来，看到阿莱科休斯已经起床，正在看着他。他们拥抱，相互问候。皇帝问他想做什么，为什么来这里。"你，"他说，"是我造访的原因。"阿莱科休斯回答，"你已经因为徒劳无益的努力让自己筋疲力尽。"首席大贵族沉默了一会儿——他正在期待来自第拉休姆的消息。（他一听到有关儿子的谣言，便派一个信使带去了一封短信，让他赶快去见皇帝，自己则与这个信使同时离开都城，急忙赶去非甲波波利斯驳斥对约翰的指控。他打算与阿莱科休斯谈话并提出可信的理由，同时将在这里等约翰）依沙克离开皇帝，回到专门为他安排的帐篷中，此后不久，来自都拉基乌姆的信使急速赶到，带来约翰正在来的路上的消息。首席大贵族立刻消除怀疑，恢复了信心。他对那些最初谴责他的儿子的人满怀愤怒，火冒三丈

264

地出现在皇帝面前。一看见他,阿莱科休斯便知道原因,但只是向他问候。"坏透了!"依沙克回答说,"这是你的错。"事实上他因为难以抑制的愤怒而十分激动,被谣传的只言片语所误导。他继续道:"陛下对我的伤害远比不上他(指阿德里安)的中伤。"皇帝是一个温文尔雅的人,对此没有做任何回应,因为他知道控制哥哥狂怒的更好办法。他们与尼基弗鲁斯·迈里西努斯和其他一些近亲坐在一起,秘密讨论关于约翰的指控。当依沙克看见迈里西努斯和以奸诈虚假的方式攻击他的儿子的阿德里安时,再次无法控制不断上涌的愤怒。他恶狠狠地盯着阿德里安,威胁要撕碎他的胡子,教他不要通过无耻的谎言让皇帝失去亲戚。其间,约翰到达并被直接领进了皇帝的帐篷,听了对他的所有指控,但根本没有受到任何质询。皇帝跟他讲话时,他自由地站着:"考虑到你的父亲,我的哥哥,我不能让自己听信这些谣言。忘记你的顾虑,继续像以前一样生活。"所有这些都是在皇帝的帐篷里说的,只有亲戚们在场,没有外人。因此,所说的内容和打算要做的事情都秘而不宣。但是,皇帝的确派人请来他的哥哥(首席大贵族依沙克)和他的侄子约翰。长时间的交谈之后,他对依沙克说:"现在平心静气地去君士坦丁堡,告诉母亲我们之间曾经发生了什么。至于这个年轻人(他指约翰),就像你所看到的,我将把他重新送回都拉基乌姆,让他忠实地致力于自己行省的事务。"此后,他们告别,依沙克在第二天离开去了拜占庭,约翰被送回都拉基乌姆。

但是,皇帝的麻烦并未结束。塞奥多利·加布拉斯(Theodore Gabras)正住在拜占庭,皇帝了解他充满激情的本性,知道他喜欢招惹是非,打算将他赶出都城。他被提升为特拉佩祖斯公爵(Duke of Trapezus),这个城市是他之前从突厥人那里重新夺回的。塞奥多利·加布拉斯原本来自卡尔迪亚(Chaldaea)①,是一个拥有非凡智力和勇气的贵族,也是一个著名的战士。不管他想做什么,几乎总能成功,在所有的战斗中都是胜利者。夺取了特拉佩祖斯之后,他

---

① 古巴比伦人的一个王国。

将此城视为自己的财产，认为它是牢不可破的。首席大贵族依沙克·科穆宁已经打算让加布拉斯的儿子格里高利与自己的一个女儿结婚，但是因为两人还都是小孩子，联姻只能暂时被承诺。加布拉斯把格里高利委托给皇帝照顾，以便于当孩子们到达法定年龄时，履行婚约。然后，他离开皇帝，返回自己的领地。他的妻子去世不久①，他再婚。新妻子是一个出身高贵的阿兰人，和首席大贵族的妻子碰巧是堂姐妹。这一点被得知后，根据法律和教会法，孩子们的联姻被禁止，婚约失效。皇帝意识到加布拉斯的军事声誉和他可能引起的重大危害，因此不愿意格里高利因为婚约被解除而返回他的父亲那里，而是希望将他留在君士坦丁堡，这出于两个原因：首先，他可以将他作为人质；其次，他能赢得加布拉斯的友谊。如果加布拉斯怀有不轨之心，他能挫败它。他打算让格里高利和我的一个妹妹结婚。② 这就是这个男孩迟迟没有离开的原因。老加布拉斯重新造访君士坦丁堡，因为不知道皇帝的计划，打算想办法偷偷带走儿子。尽管阿莱科休斯已经以一种模棱两可的方式提到了他的想法并部分地澄清了形势，但是还没有公开任何事情。或者因为不知道，或者因为以前的婚约无效后他变得态度很冷淡（我不知道原因是什么），加布拉斯要求自己回去时，皇帝应该将儿子归还他，但遭到拒绝。加布拉斯便假装服从皇帝的命令，同意让儿子留下，允许他（阿莱科休斯）处理这个男孩子的事情。向阿莱科休斯辞行后，将要离开拜占庭时，他受到了依沙克的友好接待，部分因为他们的亲戚关系，部分因为这种关系带来的亲密感。依沙克在普罗旁提斯附近郊区的一座非常漂亮的房子里款待了加布拉斯，著名的殉道者福卡斯的教堂就建在那里。在此享受了丰盛的宴会之后，依沙克要去都城，当时加布拉斯要求第二天与他的儿子在一起。依沙克立刻同意。但是，这个臭名昭著的加布拉斯在

266

---

①　安娜在此使用了更加形象的词组"偿还了我们共同的债务"。——原译者注

②　格里高利·加布拉斯事实上娶了安娜的妹妹玛利亚，但是，根据仲纳拉斯的记载，这一联姻被废除。——原译者注

次日准备与儿子分离时,请求他的家庭教师陪他远至索斯塞尼翁(Sosthenion),因为他打算在那里休息。他们同意,与他一起离开。当他重新准备起程时,又用同样的方式请求他的儿子应该和他一起去法罗斯(Pharos)。他们说:"不行!"因此他编造了很多借口——一个父亲的爱,长期的分离等等——他的坚持打动了家庭教师的心以至于他们再次向他让步,继续旅程。到达法罗斯之后,他将他的计划付诸实施,抱起格里高利,上了一艘商船,驶入了黑海。皇帝听说了这件事,立刻派快船追赶他。水手们被命令给加布拉斯送去一封信并在征得这个男孩的同意下将他带回来。如果加布拉斯拒绝,将会成为皇帝的敌人。他们离开埃吉努斯(Aeginus)城之后,在一个被当地人称为卡拉姆比斯(Karambis)的地方附近追上了他,转交了皇帝的信(阿莱科休斯在信中表示他想让这个男孩和我的一个妹妹结婚)。经过长时间的谈判之后,加布拉斯被说服交还他的儿子。婚约很快被用惯常的法律术语批准——仅此而已——然后,格里高利被委托给了一个家庭教师,后者是宦官米哈伊尔,皇后的一个侍从。他在皇宫中度过了他的时光,被倾注了大量心血,受到了良好的道德教育和军事学完整的基本训练。但是,他完全拒绝服从任何人。他很伤心,因为别人认为他配不上他自己认为应该受到的尊敬。同时,他和他的家庭教师不和,因此决定潜逃到他的父亲那里,尽管他原本应该感激受到的周全照顾。这个计划没有像他希望的那样成功进行,但他的确进行了尝试。他到了一些人那里,向他们透露了秘密。这些贵族是乔治·德卡诺斯(George Dekanos)、尤斯塔休斯·卡米泽斯(Eustathius Kamytzes)和通常被皇宫的朝臣们称为 *pincerna*[①] 的持杯者米哈伊尔(Michael the Cup-bearer)。他们都是著名的战士,皇帝最亲密的朋友。他们中的米哈伊尔到了阿莱科休斯那里,说出了一切。阿莱科休斯简直无法相信这件事。当加布拉斯坚持加快逃跑时,那些仍旧忠于皇帝的人告诉他:"如果你通过宣誓向我们证实你的计

---

① 拉丁语名字为"持杯者"。——原译者注

划，我们将帮助你。"他同意了。他们秘密地向他暗示埋藏圣钉
（Sacred Nail）①的地方，异教徒用它刺穿了救世主身体的一侧。他
们计划把它取出来，以便加布拉斯能以被它所伤的基督的名义发
誓。加布拉斯服从了他们，进入这个地方②偷走了圣钉。这些人中
提前向皇帝告知这次阴谋叛乱的人向他跑去。"证据在这里，"他
说，"这是加布拉斯和藏在他的衣服里的钉子。"皇帝立刻命令将他
带进来，圣物被从他的衣服中搜了出来。他被审问并毫不迟疑地
公认了一切，讲出了协从者的名字并坦白了所有计划。阿莱科休
斯谴责了他，将他交给了非里波波利斯公爵乔治·美索不达米特
斯（George Mesopotamites），命令他看管他并将其囚禁在要塞中。
他派乔治·德卡诺斯带着信到当时担任帕利斯提昂（Paristrion）公
爵的利奥·尼基里特斯（Leo Nicerites）那里。表面上，是要他帮助
后者保护多瑙河地区，但事实上皇帝是为了让尼基里特斯监视他。
尤斯塔休斯·卡米泽斯和其他人则被流放和监禁。

---

① 这里存在很多困难。应该指出是矛头刺穿了救世主身体的一侧，而不是一颗钉
　子。人们相信圣矛很久之前已被带到了拜占庭。尝试将这个希腊单词翻译成
　"矛头"，但是 *belos*（被使用的单词）的意思不是"钉子"。藏一颗钉子比藏一根标
　枪或矛、矛头会更容易。巴克勒用了两页解释这个问题（参见 pp. 467—
　8）。——原译者注
② 可能是法罗斯教堂。——原译者注

第九卷 突厥人战争和达尔马提亚人事件（1092—1094）；尼基弗鲁斯·迪奥根尼斯叛乱

处理了约翰和格里高利·加布拉斯的事件之后，皇帝离开非里波波利斯，去了位于达尔马提亚和我们的领土之间的山谷。他没有骑马而是步行翻越了兹古姆（Zygum）的整个山脊（就像本地人对它的称呼）。这个地区崎岖不平，遍布树林密布的峡谷，几乎难以通行。他亲自视察了所有地方，以防任何据点被忽略，疏于防守，使敌人轻易进入我们的领土。他命令在这个地方挖掘战壕，在那个地方建造塔楼，并命人在地形允许的地方，用砖或石头建造小型要塞，亲自确定它们的面积和它们之间的距离。在一些地方，他命令齐根砍倒高大的树木并将其放置在敌人经过的路上，然后返回君士坦丁堡。我的措词给读者的印象可能是这些事情都很容易。但是，今天仍旧活着的许多目击者见证了那次旅行给阿莱科休斯带来的疲劳。他返回后不久，有关扎查斯的更详细的消息到达。据报告，海陆的失败并没有使他改变目的：他自称皇帝，穿着皇帝的行头，住在士麦那，好像它是皇帝的行宫一样。一支舰队正在装备重新劫掠岛屿，如果可能的话，扎查斯希望到达拜占庭，夺取帝国的最高权力。皇帝每天收到有关这些情况的确切消息。很显然，在这样的情况下，不能表现软弱和偷懒，他必须在这一年的

全部剩余时间里为一场战争做准备——春末至冬末之间——然后率领强大的军队抵制扎查斯，这个人的野心、计划、希望和事业必须被迅速彻底粉碎。他必须被驱逐出士麦那，他在过去夺取的其

第九卷　突厥人战争和达尔马提亚人事件（1092—1094）；尼基弗鲁斯·迪奥根尼斯叛乱

他所有地方必须被从他的控制下解放出来。因此，冬天结束，春天美好的天气开始时，皇帝的舅子约翰·杜卡斯被从埃皮丹努斯召来，被任命为舰队总司令（Grand Duke of the Fleet），率领一支精良陆军，横穿大陆进攻扎查斯，同时君士坦丁·达拉西努斯负责指挥舰队，沿着海岸航行。计划是他们同时到达米提利尼（Mytylene），从海陆围剿扎查斯。杜卡斯一到达此城，就建造了木制塔楼，利用此地作为战斗基地，认真开始了战斗。扎查斯原本留他的哥哥加拉巴泽斯（Galabatzes）指挥那里的卫戍部队，因为知道军队不足以与像约翰这样有经验的人作战，便匆忙赶回，摆好阵线发起进攻。这是一场激烈的战斗，直到晚上才结束。在接下来的阴历三个月，从黎明到日落，米提利尼的城墙每天都受到攻击，扎查斯被持续进攻。战斗场面是壮观的，但相对于杜卡斯的重大努力而言，他没有取得任何进展。皇帝非常苦恼和愤怒。一天，他询问一个从米提利尼回来的士兵，发现杜卡斯除了战斗和开战之外什么都没做，他问这个人："与扎查斯的这些战斗发生在一天中的什么时间？"——"大约日升时分。"——"哪一方朝东？"——"我们的军队。"阿莱科休斯立即意识到了他们失败的原因并立刻找到了补救办法。他迅速给杜卡斯写了一封信，建议他不要在黎明时与敌人作战。他补充道"不要以一抵二"，他是指太阳和蛮族人。他告诉他当太阳经过子午线，正在偏向西方时，再进攻。这封信提出了很多建议，被交给了这个士兵。最后，皇帝强调："如果你在太阳下山时发动进攻，会立刻取得胜利。"杜卡斯从他的士兵那里收到了这封信，因为即使在平常的事务上，他也从来不无视皇帝的建议，因此，第二天当蛮族人像往常一样准备战斗时，没有看见一个敌人。（罗马军队正在按照阿莱科休斯的建议休息）他们放弃了那天进行战斗的希望，堆起了武器，原地未动。但杜卡斯没有休息，到了中午，他和所有人都做好了准备，当太阳开始落山时，他们摆好了战斗队形。他喊着震耳欲聋的战斗口号，突然冲向蛮族人。但是，扎查斯似乎并没有措手不及。他命令他的人拿起武器，立刻展开反攻。当时，强风劲吹，当他们近距离作战时，尘土飞扬。阳光照在蛮族人的脸

271

195

上,他们的眼中被风吹进了灰尘,有些看不清楚。更糟糕的是,罗马人的进攻比以前更猛烈。蛮族人被打败逃跑。此后,扎查斯不能继续维持围攻,兵力太弱不能连续战斗,便请求停战,只是要求被允许安全地驶向士麦那。杜卡斯同意,但将两个最重要的地方长官扣为人质,扎查斯也要人质。杜卡斯表示只要他(扎查斯)离开时,不会伤害任何米提利尼人,不将他们带回士麦那,就给他亚历山大·尤弗本努斯(Alexander Euphorbenus)和曼努埃尔·布图米特斯(Manuel Boutoumites),他们都是优秀和勇敢的战士。就他而言,他保证护送扎查斯安全返回士麦那。他们相互交换了誓言。这样,杜卡斯就不再担心,因为扎查斯离开时,将不会伤害米提利尼人。扎查斯对罗马舰队将不会干扰他的航行的许诺也很满意。但是,螃蟹从来学不会直着走路——扎查斯从未忘记他的邪恶计划。他试图带走包括妻子和孩子在内的所有米提利尼人。当这一切正在进行时,当时担任海军总司令的君士坦丁·达拉西努斯已

272 将船停泊在一个海岬边(杜卡斯命令他来这里,但他尚未到达)。看到扎查斯做的事情,他到杜卡斯那里,请求对扎查斯开战。杜卡斯考虑到自己的誓言,迟迟不做任何决定。但达拉西努斯坚持这样做。"你已经宣誓,"他说,"但我不在现场。就你而言,可以确保不违反誓言。但我将无视它,要去与扎查斯作战,我不在场,没有做出神圣的许诺,我对你们约定的事情一无所知。"扎查斯松开船尾的缆绳,就像之前说过的那样直接驶向士麦那。但达拉西努斯迅速赶上了他,并立刻开始进攻,扎查斯被追赶,剩余舰队在起锚时被拦住。杜卡斯夺取了他们的船只,解救了所有战俘和被他们投入监狱的俘虏。达拉西努斯也夺取了扎查斯的许多海盗船,屠杀了它们的船员和桨手。扎查斯要不是预见了可能发生的事情,登上了一艘快船,未被发觉地安全逃离的话,他本人也几乎被俘。因为已经猜到了结果,他让突厥人站在海岸边看着,直到他平安到达士麦那。如果罗马人拦截他,他将驶向这些突厥人,寻求避难。他如愿在那里抛锚,与突厥人取得联系,最后取道返回士麦那。他的战胜者达拉西努斯重新加入大公爵的队伍,后者正在加强米提

利尼的防御。在达拉西努斯返回之后，杜卡斯派遣了一支巨大的
罗马舰队去解放被扎查斯控制的地方（他已经控制了相当数量的
岛屿）。在杜卡斯撤回君士坦丁堡之前，他迅速夺取了萨摩斯岛
（Samos）和其他一些岛屿。

　　不久之后，皇帝听说卡里克斯（Karykes）发动叛乱并夺取了克
里特岛（Crete）。据报，法普索马特斯（Rhapsomates）也已经夺取塞
浦路斯岛（Cyprus）。约翰·杜卡斯带着一支巨大的舰队被派去进
攻他们。当克里特人得知杜卡斯已经到达距离此地不远的喀帕苏
斯岛（Carpathos）时，便进攻卡里克斯，残忍地谋杀了他，并将岛屿
转交给大公爵。留下足够强大的卫戍部队，确保克里特现在处于
安全之中之后，杜卡斯驶向塞浦路斯。他立刻登陆，一举夺取了凯
里尼亚（Kyrenia），法普索马特斯听到这个消息后，拿起武器向他进
攻。因为做了充分准备，他离开尼科西亚（Nicosia），便占领了凯里
尼亚上面的高地。他在那里扎营，但是暂时没有投入战斗——这证
明他缺乏战争经验和战略技能，因为他应该在罗马人没有做好准
备时发动进攻。他的拖延不是因为他的军队缺乏准备，也不是因
为没有为战斗装备好——事实上，他准备得很充分，只要他愿意，
可以立刻开战。事实是他根本不想让自己陷入战斗中，而是像一
个玩耍的孩子一样，将战争视为一场游戏。他徒劳无益地不断派
使节们到罗马人那里去，希望用抚慰的言辞赢得他们。在我看来，
他因为无知而这样做。因为根据我得到的关于他的信息，他最近
才接触箭和矛，甚至不会骑马。如果他偶尔成功地骑上了马背，试
着骑骑看，便会感到极度恐慌和晕眩。这表明法普索马特斯极度
缺乏军旅经验。不管是由于这些原因还是因为当罗马人进攻时他
完全惊惶失措，他现在变得六神无主。尽管如此，他的确试图战
斗，但事情对他而言进展的并不顺利，因为布图米特斯诱使他的许
多士兵叛逃到自己的军队。第二天，法普索马特斯布置了阵线，向
杜卡斯发出战斗的挑衅，慢慢向一个山头的斜坡下面进军。当两
支军队距离很近时，法普索马特斯的 100 个强壮的士兵脱离阵线，
似乎打算进攻杜卡斯，但他们倒戈，加入了罗马人的军队。看到这

273

274 些,法普索马特斯立刻全速向内梅索斯(Nemesos)飞奔,无疑希望能在那里找到船,逃往叙利亚寻求安全。但是,曼努埃尔·布图米特斯紧追不舍。当曼努埃尔靠近时,他放弃了希望,跑到另一边山上古老的圣十字架教堂(Church of the Holy Cross)避难。布图米特斯(被命令追赶他)在附近追上了他,将他活着带回了大公爵那里。后来,他们到达尼科西亚,臣服了整个岛屿之后,尽可能地加强了它的防御。关于战斗的详细叙述被送到阿莱科休斯那里,他对他们的战果感到很满意,同时意识到此岛的安全需要格外注意。此事刻不容缓。卡里帕利奥斯(Kalliparios)立刻被任命为法官和税收评估员。他不是一个贵族,但言行公正,谦逊廉洁。因为此地也需要一个军事总督,尤马修斯·菲罗卡勒斯(Eumathios Philokales)被任命为军队总指挥(stratopedarch),负责海陆防御。他被给予了战船和骑兵。至于布图米特斯,他带着法普索马特斯以及与他一起叛乱的敢死队返回杜卡斯那里,然后去了君士坦丁堡。

这就是发生在岛屿(塞浦路斯和克里特岛)上的事情。让我们回到扎查斯那里。他是一个好战和富有野心的人,从不安分守己,很快便进攻士麦那并在那里立足。海盗船被完全重新装备,单排桨海船、双排桨海船、三排桨海船以及其他快速船因为同样的目的也在筹划之中。听到这个消息,皇帝没有气馁,也没有耽搁,决定从海陆两路将扎查斯迅速击败。因此,君士坦丁·达拉西努斯被任命为海军总司令,立刻带着所有舰队到海上去。阿莱科休斯认为可以利用苏丹给他制造麻烦。因此,一封信被立刻送出,内容如下:"最尊贵的基里吉·阿尔斯兰(Kilij Arslan)苏丹,尊贵的苏丹地位是你通过继承权得到的,但是你的亲戚扎查斯,尽管表面上正在准备与罗马帝国的战争(因为他自称皇帝),事实上,正在利用这

275 一点作为借口———一个明显的借口,因为他是一个富有经验的人,清楚地知道罗马帝国不会是他的,夺取一个如此尊贵的皇位远非他的能力所及。整个有害的计划是直接针对你的。因此,如果你是明智的,将不会容忍这一点。不过不必对此感到失望,而是应当保持警戒,否则,你将被从你的苏丹国驱逐。至于我,将在上帝的

帮助下,将他从罗马的领土上驱逐。因为担心你的利益,我建议你
考虑自己的权威和权力,迅速通过和平方式将他带到你的面前,如
果他拒绝,就通过武力的方式。"皇帝采取了这些防范措施之后,扎查
斯便带着一支军队出现在阿比杜斯(Abydos)朝陆地的一边并用攻城
机械和各种投石器围攻此地。他不能做更多的事情,因为他的海盗
船尚未完成备战,没有和他在一起。达拉西努斯是一个热爱战斗和
勇敢的人,带着所有军队沿着阿比杜斯行军。基里吉·阿尔斯兰苏
丹收到皇帝的信之后,立刻带着军队沿着这条路向扎查斯进发。他
急于行动——像所有蛮族人一样,总是渴望屠杀和战争。当苏丹靠
近时,扎查斯看见自己受到海陆两面的威胁。他没有船,因为他的海
军仍旧不适宜海航。他的陆军人数被罗马人和他的亲戚基里吉·阿
尔斯兰的军队所超过。在他看来,形势是令人绝望的。他也害怕阿
比杜斯的居民和卫戍部队,认为去苏丹那里更好一些,因为他对皇帝
的阴谋一无所知。苏丹面带喜悦的笑容亲切地接见了他,餐桌按照
惯常的方式准备好之后,与扎查斯同桌共餐,强迫他喝了比平常更多
的酒,看见他喝醉之后,抽出剑,向他刺去。扎查斯当场毙命。随
后,苏丹向皇帝提议休战,得到了阿莱科休斯的赞同,一项条约按
照惯常的方式被签署。沿海行省就这样恢复了和平。

276

　　但是,在稍微松了一口气或者消除由扎查斯引起的坏影响之前
(因为即使扎查斯不总是亲自出现,但他在所有的决定和计划中发
挥了作用并提供帮助),他便遇到了新的麻烦。在斯基泰人被消灭
了两个太阳年之后,伯尔坎(Bolkan)跨越边界,劫掠了周围的城镇
和地区,甚至远至利皮尼乌姆(Lipenium),并蓄意将其烧为平地。
这个伯尔坎是一个优秀的演说家和实干家,统治着整个达尔马提
亚。皇帝得知了他的所作所为,认为必须惩治他,便召集了一支强
大军队,沿着去利皮尼乌姆的路线直接进攻塞尔维亚人(Serhs)。
利皮尼乌姆是位于兹古姆山脚下(它将达尔马提亚和罗马领土分
开)的一个小防御哨所。如果有机会,他打算与伯尔坎[1]作战,如果

---

①　奥斯特罗戈尔斯基称之为武坎(Vukan),拉斯西亚王子。——原译者注

上帝让他胜利,他打算重建利皮尼乌姆和所有其他地方,恢复其重要地位。当伯尔坎听说皇帝到达时,便去了斯奋扎尼乌姆(Sphentzanium),它是兹古姆北面的一个小要塞,位于罗马人和达尔马提亚人领土之间的无人地带。阿莱科休斯到达斯科皮亚(Skopia)之后,伯尔坎派使节要求签订和平条约。同时,他声称自己不为已经发生的事情负责,而是将一切过失都推到了罗马总督身上。"他们不愿呆在自己的边界内,"他说,"而是不断劫掠,给塞尔维亚带来了很大麻烦。就我而言,这种事情将不会再发生,因为我将回家,把自己的家庭成员送给陛下做人质,将来永不越过我的领土边界。"阿莱科休斯接受了这种解释,留下人重建被毁的城市和接受人质之后,返回君士坦丁堡。尽管向伯尔坎要求人质,但他并没有转交他们。他一天天地拖延,不到 12 个月,便重新入侵罗马领土。他从皇帝那里收到几封信,提醒他签订的条约和做出的承诺,但他仍旧不打算履行诺言。因此,皇帝叫来约翰[1],派他带着一支强大的军队去对付这个人。约翰没有战争经验,像所有的年轻人一样,急于与敌人作战。他越过了流经利皮尼乌姆的河流,在斯奋扎尼乌姆对面的兹古姆山脚下扎营。他的行动引起了敌人的注意,他们立刻商谈和平条约。伯尔坎再次许诺会送来人质,严格遵守将来与罗马人的和平条约。事实上,这些只是空头承诺。他正打算突袭我们。当伯尔坎正在行军时,一个僧侣赶到前面,把他的阴谋预先通知了约翰。他强调敌人已经在附近。约翰生气地赶走了他,称他是一个骗子。事实很快证明这个僧侣没有撒谎,因为伯尔坎的确在晚上发动了进攻,许多罗马人被杀死在帐篷中,许多人匆忙逃跑,被卷入下面河流的旋涡中,淹死了。约翰的帐篷更牢固一些,经过艰苦的战斗之后被保住了。当时,大部分罗马军队都被消灭。伯尔坎集合军队,爬上了兹古姆山脊,在斯奋扎尼乌姆安顿下来。约翰的军师建议他重新过河,因为他们的人数太少,不能与伯尔坎作战,他采纳了他的建议,总部被移到大约 12 斯塔得远

277

---

[1] 他的哥哥首席大贵族的儿子。——著者注

的利皮尼乌姆。经过了如此沉重的打击之后，不可能再做抵抗，因
此他沿路去了都城。他的敌人士气大增，因为没有人被留下进行
抵制，他便继续劫掠周围的农村及其城镇，完全摧毁了斯科皮亚的
周围地区，甚至烧毁了城市的部分地区。不满足于此，他继续去了
保罗伯斯（Polobos）并远至布拉内亚（Branea），摧毁一切，带走了大
量战利品，然后返回自己的国家。

　　皇帝认为形势变得令人难以容忍，便立刻装备了另一支远征
军。不像亚历山大等待耳提亚的高声调，不需要长笛手提谟修斯
（Timotheus）的鼓励[①]，他装备了自己和城中能得到的所有军队，然
后直接向达尔马提亚迅速进军。他有两个目标，一是重建被毁的
要塞，将其恢复原貌，二是严厉惩罚伯尔坎的邪恶活动。他从都城
出发，到达了距离都城 40 斯塔得的古老城市达弗努提乌姆
（Daphnutium），在此等待尚未到达的亲戚们。第二天，尼基弗鲁
斯·迪奥根尼斯到达，心情非常糟糕，行为傲慢，但像平常一样，面
带一副快乐的表情。这只狡猾的狐狸正假装认真地和皇帝一起做
事。但是，他没有在离阿莱科休斯休息地惯常的距离，而是在靠近
通向它的过道上搭好了帐篷。当曼努埃尔·非罗卡勒斯（Manuel
Philokales）看到这一点时，像被雷击中一样，目瞪口呆地站在那里
（因为他察觉到了迪奥根尼斯的计划）。他努力恢复心智，立刻向
皇帝报告。"在我看来，"他说，"事情有点不对劲，我担心有人晚上
会企图谋害陛下的性命。不管怎样，我要找他谈谈，看到他搬走。"
但是，阿莱科休斯像往常一样镇静，不允许他干涉此事。非罗卡勒
斯更加坚持。"随他去吧，"阿莱科休斯说，"我们一定不要给他反
对我的借口，他必须独自在上帝和人们面前为他的邪恶计划负
责。"非罗卡勒斯生气地离开了帐篷，背着双手，宣称皇帝已经变愚
蠢了。不久之后，大约午更时分，当阿莱科休斯和皇后都安静地睡
着后，迪奥根尼斯起床，来到他们的帐篷口，站在那里，胳膊下藏着
一把剑。（当皇帝正在睡觉时，门没有上锁，也没有卫兵在外面站

278

_____

① 　参见前言，p. 21（边页码），注②。

岗)这就是当时的情况。但是尼基弗鲁斯此时被某种神圣的力量阻止了罪恶行为。他看到一个小侍女正在给他们打扇驱蚊,就像诗人所说,他马上变得"四肢颤抖,两颊苍白",[1]便将谋杀推迟到明天。尽管没有借口,但他没有停止策划谋杀,他的计划也并非没有被发现。小侍女立刻到皇帝那里,告诉他已经发生的事情。早上,他离开那个地方,开始了这天的行军,假装什么都不知道,但事实上,采取了充分的措施确保自己的安全,同时不给尼基弗鲁斯任何抱怨的正当借口。当他到达塞雷斯(Serres)地区时,出生在紫色产室的君士坦丁·杜卡斯一直陪伴着皇帝,便邀请他住到自己的庄园上。这是一个令人赏心悦目的地方,名为本特格斯提斯(Pentegostis),拥有充足的清凉饮用水和足以招待皇帝的足够大的房间。阿莱科休斯接受了邀请。他想在第二天离开,但王子不同意,请求他继续住,至少要等到他从行军的疲劳中恢复精力和洗去旅行的尘土。事实上,为了欢迎他,一个盛大的宴会已经被准备,阿莱科休斯再次被说服。仍旧贪图权力的尼基弗鲁斯·迪奥根尼斯谨慎地等待亲手杀死皇帝的机会,当他听说阿莱科休斯已经洗浴完离开浴池,便佩戴一柄短剑,走进房子,好像往常从狩猎中返回一样。塔提西乌斯看到他,因为早已知道他正在谋划的事情,便推开他。"这是什么意思?你为什么以这种不礼貌的方式来这里?——佩戴着剑?这是沐浴时间,不是行军、狩猎或战斗的时间。"尼基弗鲁斯失去机会,便离开。他意识到自己现在正在被监视(良心是可怕的谴责者),决定逃到玛利亚皇后在克里斯托波利斯(Christopolis)的庄园,或者逃到颇尼科斯(Pernikos)或颇特里泽斯(Pertritzos),保全自己的性命,[2]以便于以后条件允许时,能够东山再起。玛利亚和他有私交,因为他是她的丈夫前皇帝米哈伊尔·杜卡斯的弟弟,尽管他们的父亲不同。第三天,阿莱科休斯离开本特格斯提斯庄园,但君士坦丁仍在那里休息,皇

---

① Homer, *Iliad*,ⅲ,34-35.——原译者注
② 我们从仲纳拉斯那里知道她至少拥有两座女修道院和一座宫殿。——原译者注

第九卷　突厥人战争和达尔马提亚人事件（1092—1094）；尼基弗鲁斯·迪奥根尼斯叛乱

帝关心这个年轻人纤细的体格——他不适宜军事远征，这是他首次远离本土旅行。他也是母亲的独生子和皇帝特别宠爱的人，皇帝允许他和他的母亲一起休养。皇帝深爱他，就像他是自己的儿子一样。

在此，为了避免历史的混乱，我将从头叙述尼基弗鲁斯·迪奥根尼斯的经历。他的父亲罗曼努斯[①]如何登上皇位和失去皇位的故事已经被几个历史学家[②]叙述，如果有人想阅读关于他的故事，可以在他们的著作中找到详细记录。不管怎样，罗曼努斯死时，尼基弗鲁斯和利奥还是孩子。阿莱科休斯在统治初期，发现他们沦为了平民阶层，因为当米哈伊尔[③]登位时，尽管他是他们的哥哥[④]，但剥夺了他们穿红色靴子和佩戴皇冠的权利，将他们和他们的母亲（尤多西亚皇后）一起流放到西皮鲁得斯（Cyperoudes）修道院。阿莱科休斯认为应该照顾他们，部分原因是同情他们的遭遇，部分原因是因为他们即将成年，非常英俊强壮，身材高大匀称，是很有前途的年轻人。对于不被偏见所蒙蔽的任何人而言，他们看起来显得激情饱满和勇敢无畏，就像幼狮一样。除了这些品质之外（因为阿莱科休斯不是那种以貌取人的人，既不无视事实，也不为冲动所左右，而是那种按照自己的良知公平衡量现实的人），他考虑到他们经历的屈辱，打算帮助他们，就像他们是自己的儿子一样。尽

[①]　罗曼努斯四世·迪奥根尼斯。

[②]　尤其是米哈伊尔·普塞罗斯，他在《编年史》中的叙述最生动有趣。——原译者注

[③]　米哈伊尔七世·杜卡斯。

[④]　他们是同母异父的兄弟。母亲尤多西亚（Eudokia Makrernbolitissa）原是君士坦丁十世·杜卡斯的皇后，为他生下了米哈伊尔七世·杜卡斯。后来，为了确保杜卡斯家族的统治，她与罗曼努斯四世·迪奥根尼斯结婚，生下了现在止在讲述的尼基弗鲁斯·迪奥根尼斯和利奥·迪奥根尼斯。罗曼努斯四世在曼兹科特战役中被俘之后，代表杜卡斯家族利益的米哈伊尔七世重新控制政权。参见，陈志强：《拜占庭帝国史》，商务印书馆，第274—275页。鉴于罗曼努斯四世成为皇帝的背景，他的儿子们在米哈伊尔七世在位时所受到的待遇就可以理解了。

管嫉妒者不断地攻击他们,但他利用一切机会夸奖他们、改善他们的生活并为他们的未来提供支撑。许多人试图挑起他对这两个年轻人的敌意,但这促使他更坚决地在各个方面帮助他们。他总是对他们微笑,真心为他们的成就感到自豪,给予最有利于他们利益的建议。换作另一个人可能会对他们充满怀疑,将他们完全排除在权力之外,但皇帝完全不理会人们对利奥和尼基弗鲁斯的指控。他深爱他们和他们的母亲尤多西亚,她被认为理应得到礼物和与一个皇后头衔相称的尊敬。尼基弗鲁斯被任命为塞浦路斯岛总督,并可以把它作为私人财产使用。这就是阿莱科休斯的安排。至于利奥,他是一个善良的人,为人宽厚,意识到皇帝对自己和哥哥的友善,对自己的命运充满感激。他认同古老的谚语①"斯巴达是你的遗产,赞美她吧(Sparta is your inheritance, glorify her)",满足于维持现状。但是,尼基弗鲁斯是一个脾气暴躁和恶毒的家伙,秘密阴谋反对皇帝,一直图谋夺权。但他的计划仍旧是一个秘密。当事情真正付诸行动时,他非常随意地告诉了他的一些同伴。许多人听说了这件事,并很快传到了皇帝的耳朵里。他对此的反应非常与众不同。他找了一个适当的时间把他们召来,并没有揭露听到的事情,但给了他们一些明智和有用的建议。他对阴谋知道的越多,就越慷慨地对待他们,希望这种方式取得成效,但是"古实人(Ethiopian)不能让自己变白"②。尼基弗鲁斯还是老样子,并影响了与他有联系的所有人,通过誓言争取他们的支持。他不太在乎普通士兵,因为他们早已都毫无例外地一致拥戴他,他将所有精力都用于拉拢贵族,尤其是高级军官和元老院的主要成员。他有比剑更锋利的头脑,但极度变化无常——除了一个方面:在追求权力方面表现出了不妥协的意志。他是一个充满魅力的社交家,在社交生活中非常讨人喜欢,有时带着谦逊的面具进行欺骗,有时表

---

① 引自欧里皮得斯(Euripides)的片断。——原译者注

② 让人想起了《耶利米书》(13:23)中的话:"古实人岂能改变皮肤呢? 敢岂能改变斑点呢?"这种观点在古代世界是普遍存在的。——原译者注

现得像一头狮子。他的身体强壮，鼓吹可与巨人们（Giants）①相匹敌，宽阔的胸腔，白肤金发，比同时代人高出一头。任何人看见他在马背上打马球、射箭或飞跑着挥舞长矛，都会张口结舌地站在那里，认为看见了一个从未见过的天才。仅仅这一点就使他赢得了人们的喜爱。他的计划进展得非常顺利，甚至欺骗了皇帝的妹夫米哈伊尔·塔罗尼特斯（Michael Taronites），他已经被赐予上等大贵族（Panhypersebastos）头衔。

　　我们必须沿着事件的主线，回到已经偏离的地方。当皇帝发现迪奥根尼斯的阴谋后，回想起了所有事情。他想起了自成为皇帝以来他是如何对待兄弟俩的，这么多年来他慷慨友善地照顾他们。但这一切都没有使尼基弗鲁斯变得更好——想到这一点是令人沮丧的。回想这些事情的确令人心烦——初次失败之后，尼基弗鲁斯准备尝试第二次，他被塔提西乌斯赶走后，正在磨利他的谋杀武器，准备用无辜的鲜血玷污自己的双手，潜伏到晚上伺机而动，现在竟然公开实施计划。不管怎样，皇帝不想惩罚迪奥根尼斯，因为他很喜欢他，事实上对他格外爱护。但是在分析了所有事情之后，皇帝认为他在错误的道路上走得太远了。意识到迫近的危险威胁自己的生命，皇帝非常忧虑，权衡了所有证据之后，决定逮捕他。尼基弗鲁斯急于（按照计划）准备逃跑，打算在夜里沿路去克里斯托伯利斯。黄昏时分，他派一个信使到君士坦丁那里请求他借给自己皇帝给他的那匹赛马。君士坦丁拒绝，说不能把皇帝赏赐的如此珍贵的礼物送给别人——他在那天刚得到它。早上，阿莱科休斯继续行军，迪奥根尼斯和其他人一起跟随。上帝挫败了这些计划并使所有人的图谋落空，也让这个年轻人陷入了困惑，因为他在脑海中策划了逃跑的计划之后，推迟了一个又一个小时。这就是上帝的判决。迪奥根尼斯在塞雷斯扎营，皇帝也在此扎营。像平常一样，他认为自己已经被监视，对未来充满恐惧。这时，阿莱科

283

---

①　希腊神话中的巨人：一个像人类一样具有巨大力量和身高的人种，在与奥林匹亚人的战斗中被毁灭。

休斯叫来他的弟弟军队总司令阿德里安。这天晚上正是纪念殉道者塞奥多利(Theodore)的日子。① 阿莱科休斯再次跟他交流了有关迪奥根尼斯的事情(阿德里安以前知道这些事)。他提到迪奥根尼斯带着武器闯进他的屋子,被从门边赶走,甚至现在,如果可能,他仍旧希望将蓄谋已久的计划付诸实施。皇帝命令阿德里安将他邀请到帐篷。阿德里安很失望,但执行了命令。他威胁、许诺、给予建议,但完全无法诱使迪奥根尼斯说出自己的计划。于是,军队总司令变得很生气和忧虑,想出了一个他将被暴露在危险中的好主意。迪奥根尼斯已经选择他做他的最小的继妹的丈夫,因为这种关系,他坚持,甚至哭着恳求他,伤感地回忆往事,但没有取得任何成效。阿德里安让他回想,有一天,皇帝正在大皇宫的骑马学校打马球,一个有着亚美尼亚——突厥人(Armeno-Turkish)混合血统的蛮族人走近他,衣服里藏着一把剑。他看到皇帝放松缰绳让气喘吁吁的马休息时,其他比赛者离开了他,便下跪,假装请求赏赐。阿莱科休斯立刻勒住马,转过身,问他想要什么。这个谋杀者——因为这就是他本来的身份而不是一个乞讨者——将手放到衣服下面,试图从皮囊中抽出剑,但它根本不动,他一边说着一连串编造的请求,一边不停地拔剑,但最终绝望地倒在地上,躺在那里请求原谅。皇帝转过马面向他,询问他请求原谅什么。蛮族人便让他看了仍旧在皮囊中的剑,同时敲打着胸膛,沮丧地大声喊道:"现在我知道你是上帝真正的侍者,如今我亲眼见到万能的主正在保护你。因为我准备好这把剑来谋杀你,我从家中带着它来到这里,准备将它刺入你的心脏。一次、两次、三次,我试图拔出它,但它不听使唤。"其间,皇帝站在同一个地方,无所畏惧,好像没有听到任何不同寻常的事情,但所有其他人匆忙跑向他,一些人去听正在说什么,一些人很惊慌。更忠诚的人试图将这个蛮族人撕成碎片,如果阿莱科休斯没有通过手势和不断地指责阻止他们的话,他们就这样做了。此后,这个谋杀者当场被原谅,皇帝不仅饶恕了他,赐予

284

① 时间是 1094 年 2 月 8 日。——原译者注

第九卷　突厥人战争和达尔马提亚人事件（1092—1094）；尼基弗鲁斯·迪奥根尼斯叛乱

了极好的礼物，而且将他自由释放。当时，许多人叫喊应该将这个谋杀者从都城驱逐。他们坚持要求皇帝这么做，但是无济于事。"如果上帝不守卫这座城市，"阿莱科休斯说，"即使士兵们保持警戒，也将徒劳无益。今后，我们必须向上帝祈祷，请求他赐予我们安全和保护。"有些人低声说伤害皇帝性命的企图得到了迪奥根尼斯的默许。皇帝本人完全拒绝听信这些谣言，事实上，他对此非常生气。他对迪奥根尼斯非常容忍，假装对此一无所知，直到刀尖几乎指向了他的咽喉。这就是这个事件的经过。军队总司令让迪奥根尼斯回想这件事，但没有感动他。因此他去了阿莱科休斯那里，告诉他这个人顽固不化。"我一次又一次地请求他开口讲话，"他说，"但他坚持什么也不说。"

皇帝叫来了穆扎克斯（Mouzakes），命令他和其他配备武器的人将迪奥根尼斯从军队总司令那里带到他的帐篷，安全看守，但不要囚禁或虐待他。命令立刻被执行。整个晚上，穆扎克斯都在恳求和威胁迪奥根尼斯，但他的努力以失败告终。更糟糕的是他发现这个人的行为的确具有攻击性。最后，他变得很生气，采取的行为超出了皇帝的授权，打算对他用刑。迪奥根尼斯甚至不能承受临刑前的准备，就宣布供认一切，当时刑罚尚未开始。他立刻被解除镣铐，一个秘书①被叫来，手里拿着笔。迪奥根尼斯供认了一切，包括试图进行的谋杀。早上，穆扎克斯收集了书面供词和搜查时找到的文件，它们是一些人写给迪奥根尼斯的，从中可以明显地看出玛利亚皇后知道这次阴谋，但是强烈反对谋杀皇帝的计划，她显然一直在试图劝说他不仅不要这样做，甚至不要这样想。穆扎克斯将这些信交给了阿莱科休斯，他私下里读了，当看到其中被提到的几个嫌疑犯的名字时——他们都是杰出的人——发现自己正处于困境之中。迪奥根尼斯不太在乎普通士兵——对他们而言，他早已经是一个英雄，被他们充满景仰地仰视——但他渴望得到所有将

285

---

① 这个人的名字是格里高利·卡马特罗斯（Gregory Kamateros），最近被任命为皇帝的次长。——原译者注

领和卓越市民的支持。尽管皇帝进行了仔细审查,但认为涉及玛
286 利亚皇后的事情应该保密。因为他对她非常信任,甚至在登位之
前就对她充满了同情,因此假装什么都不知道。一个谣言广泛散
布,说是她的儿子君士坦丁通知了阿莱科休斯这个阴谋,尽管事情
并非如此,因为事实是协从犯们零星提供的。迪奥根尼斯被判罪
之后,遭到囚禁和流放。那些还没有被捕的主谋,知道自己正在被
怀疑,考虑接下来怎么做时,表现得惊慌失措。皇帝的朋友们注意
到了他们的心神不宁,但是自己似乎也处于困境之中。他们知道
阿莱科休斯现在陷入了极度的危险中,他的支持者局限于少数人,
生命面临威胁。当皇帝想到这些事时,也非常烦恼——迪奥根尼斯
试图杀死他的无数次努力都被神圣的力量挫败,迪奥根尼斯试图
亲手杀死他的事实。许多事情让他忧虑。当他想出新的主意时,
又不停地改变计划。他意识到平民和军人完全被迪奥根尼斯的诱
惑腐化,也意识到他的军队不足以看守如此多的犯人。他当然不愿
意伤残太多人。最后,他将主犯迪奥根尼斯和塞考门努斯·卡塔卡
隆(Cecaumenus Catacalon)流放到凯撒罗波里斯(Caesaropolis),将他
们监禁在那里并严加看守。尽管所有人都建议将他们伤残,但阿莱
科休斯不同意这样做,因为他非常爱迪奥根尼斯,仍旧像以前那样
关心他的幸福。他的妹夫米哈伊尔·塔罗尼特斯也被流放并
且……①他们的财产被没收。对于其他人,他认为安全的策略是根
本不要审查他们,而是宽容地安抚他们。因此,傍晚时分,每个流
放者都听到了被流放的地方。迪奥根尼斯将去凯撒罗波里斯,其
他人没有离开自己的地区,仍旧呆在原来的地方。

处于危机中的皇帝决定第二天召集一次全体会议,实施他的计
287 划。他的所有血亲或姻亲(即那些真正忠诚于他的人)和家庭仆从
都出席了会议。他们都是坚强的男人,能迅速预测后果,拥有足够
的智慧在最短的时间内取得最有利的结果。他们担心第二天大家

---

① 原文有空白,安娜可能要写其他被流放的叛乱者的名字。

第九卷　突厥人战争和达尔马提亚人事件(1092—1094)；尼基弗鲁斯·迪奥根尼斯叛乱

聚集在一起时,有些人会冲向皇帝,将他在御座上剁成碎块。[1] 只有一个办法能够阻止这件事发生——通过散布迪奥根尼斯已经被秘密刺瞎的谣言,摧毁人们对他的希望。有些人被秘密派到各处宣布这个消息,尽管阿莱科休斯根本没有这样的想法。就像历史后来将证实的那样,虽然这个谣言是假的,但它达到了目的。当太阳跃出地平线,壮丽地升起时,皇帝的随从和长期为皇帝服役的护卫队一起列队走向他的帐篷,他们没有受到迪奥根尼斯的谋反行为的影响。他们中的一些人佩戴剑,一些人拿着矛,一些人肩上扛着沉重的铁斧,在离御座的一定距离内,排成月牙形,像伸展的手臂一样拥抱着皇帝。他们义愤填膺,事实上不是用剑,而是用身体守卫皇帝。[2] 皇帝的亲戚们站在御座的两侧,左右两边集合了穿着盔甲的士兵,令人敬畏的阿莱科休斯坐在座位上,穿着像士兵而不像皇帝。[3] 他不是一个身材高大的人,并不比其他人高,但这是一个令人印象深刻的场面。他的御座外层由黄金包裹,头上带着金饰,眉头紧缩,苦难经历给他的脸颊刻上了不同寻常的红色。他双眼紧盯着一处,暗示他正在被事情所困扰。每个人都惊慌地匆忙赶向帐篷,因为害怕,接近崩溃,有些人受到良心的谴责(比任何武器都有效),有些人害怕尚未证实的怀疑。他们站在那里,鸦雀无声,但心里忐忑不安,眼睛看着守卫帐篷口的军官(塔提西乌斯,一个机智的演说家和强有力的实干家)。皇帝用眼神向他示意,允许人群进入。他服从了命令。他们转移视线,胆战心惊地慢慢走了进来,排列成行,焦急地等待着,每个人都害怕,唯恐自己的末日就

288

---

[1]　他们常在衣服下藏有匕首,比如当他在打马球时,伪装成请求者靠近他的那个士兵。——著者注

[2]　一种较难翻译的措词。安娜的轭式搭配法(即用一个词,特别是动词或形容词,修饰两个或更多的名词的构成法。但这种修饰只适用于其中一个词或不同方式的两个词。——译者注)用英语表达是不可能的,道斯(Dawes)的翻译是:"如果他们没有磨利他们的剑,他们当然磨利了他们的精神。"——原译者注

[3]　对帐篷里情景的描述,有些内容要归功于普塞鲁斯(*Chronographia* Ⅶ, 20 ff.)。对于普遍存在的剽窃,参见 Buchler, p. 191-3.——原译者注

在眼前。皇帝本人并没有十足的把握（就人力而言是这样，他已经将自己完全交给了上帝）。他担心，在这种存在意见分歧的集会中，有人会策划难以预见的可怕叛乱。皇帝进行了严密的逻辑分析，恢复信心并为战斗做好了最后准备之后，开始向他们做长篇训话。其间，他们静无声息，好像舌头被割掉了一样。"你们知道"，他说，"迪奥根尼斯在我这里从未受到伤害，不是我剥夺了他父亲的帝国，而是另一个人。他也从未因为我遭受任何痛苦或虐待。按照上帝的意愿，我成为帝国的统治者后，不仅给了他和他的弟弟同样的保护，并且疼爱他们，将他们视为己出。每次，尼基弗鲁斯阴谋反叛我被抓住时，我都原谅了他，尽管他从未悔改，但因为知道这些行为将招致人们对兄弟俩的憎恨，我容忍他并掩盖了他的大部分冒犯行为。但是，我的宠爱并没有让他放弃背叛行为，事实上，他试图置我于死地，以此作为对我的回报。"听到这些话，他们都喊道除了皇帝，不希望在御座上看到任何其他人。他们中的大部分人都不是出于真心，只是阿谀奉承，希望以此逃避迫近的危险。阿莱科休斯趁机宣布赦免他们中的大部分人，因为叛乱的主谋已经被流放。于是现场立刻响起了巨大的喧闹声，这种声音，在场的人以前从未听见过，此后也再没有听见过（至少他们这样说）。有些人称赞皇帝，为他的友善和宽容感到吃惊，有些人谴责被流放者，坚持认为他们应该被判处死刑。这就是人们的处事方式——今天，他们赞美你，尊敬地陪伴和对待你，但是，一旦看到你的运气扭转，就会用相反的态度行事，一点都不会感到脸红。皇帝打手势让他们安静并继续说："不要激动，也一定不要使问题复杂化。就我而言，就像我所说的那样，我已经赐予了普遍的赦免，将像以前一样对待你们。"就在这个过程中，在皇帝不知情的情况下，有人做出了无耻的决定，派人刺瞎了迪奥根尼斯。克考门努斯·卡塔卡隆也遭遇了同样的事情，因为他也是主谋。这一天正是纪念大使徒（Great Apostles）的日子。① 这些事件从那时到现在都备受争议，他

①　指彼得和保罗，时间是 1094 年 6 月 29 日。——原译者注

第九卷　突厥人战争和达尔马提亚人事件（1092—1094）；
尼基弗鲁斯·迪奥根尼斯叛乱

们是通知了阿莱科休斯并征得了他的同意，还是皇帝本人就是整个事件的策划者，只有上帝知道，我至今无法确定。

这就是皇帝因为迪奥根尼斯而遇到的麻烦。出乎所有人的意料，他被上帝不可战胜的双手从迫近的危险中解救出来。所有这些事情都没有让他不知所措，他直接去了达尔马提亚。当伯尔坎得知阿莱科休斯到了利皮尼乌姆并亲眼看见他占领了这个地方之后，立刻派使节提议签订和平条约，同时许诺交出以前答应过的人质并且将来不再与帝国为敌。罗马人的战线、著名的编队和军事装备都是他不能对付的。阿莱科休斯高兴地接受了提议，因为他很疲惫并厌恶内战。这些人虽然是达尔马提亚人，但他们是基督教徒。伯尔坎很快在他的亲属和重要高级军官的陪同下，自信地出现在皇帝面前。人质（他的侄子尤里西斯［Uresis］和斯蒂芬·伯尔坎［Stephen Bolkan］以及其他人，共 20 人）被迅速转交。事实上，他不能为将来做任何其他的安排。这样阿莱科休斯通过和平方式解决了通常通过战争和战斗取得的一切，返回君士坦丁堡。尽管忙于这些事情，皇帝仍旧非常关心迪奥根尼斯，因为这个年轻人的不幸，他经常流泪和深深叹气。他对迪奥根尼斯表现得非常友好，希望减轻他的苦难，归还了他被剥夺的大部分财产。因为疼痛难忍和不愿住在都城，迪奥根尼斯舒适地住在自己的庄园上，将所有精力都致力于研究古代文学，别人给他阅读这些书。被剥夺了视力，他利用陌生人的眼睛阅读。他是一个拥有非凡才能的人，尽管被刺瞎，但能迅速理解能看见的人很难理解的东西。后来，他涉猎了全部教育课程，甚至学习了著名的几何学（一种空前的技艺）。他遇到了一个哲学家，后者给他准备了凸显的数字，通过用手触摸这些数字，他获得了关于几何原理和数字的所有知识。因此，他可以和迪得姆斯（Didymus）①相匹敌，后者尽管眼盲，但完全通过智力

① 亚历山大里亚的迪得姆斯在四世纪时写作，他的一些论文被保存在圣哲罗姆（St Jerome）的拉丁文译本中。他与奥利金（Origen）和埃瓦格里乌斯（Evagrius）一起支持灵魂转世（metempsychosis）理论，因为异教信仰遭到谴责。——原译者注

达到了几何学和音乐的最高水准。不幸的是,在此成就之后,迪得姆斯接受了荒谬的异教,就像眼睛因疾病而陷入黑暗一样,他的思想被欺骗和蒙蔽。听说了关于迪奥根尼斯情况的人都很震惊,我亲自见过这个人,当他谈论这些事情时,我非常惊奇,因为我在这些方面也受到一些训练,我意识到,他对这些原理的理解很精确。

291 尽管他忙于文学研究,但没有忘记他的恶习,而是将对权力潜在的贪求坚持到了最后。他再次向一些人透露了他的秘密,他们中的一个人将他的计划告诉了阿莱科休斯。迪奥根尼斯被叫来并询问有关密谋及其胁从者的事情,他立刻供认了一切,但被宽恕。

第十卷　另一种异教;库曼人战争;第一次十字军东征(1094—1097)

依塔鲁斯的教义被谴责后不久,声名狼藉的尼鲁斯(Nilus)[1]出现,像邪恶的洪水一样冲向教会,让所有人都非常震惊。事实上,因为尼鲁斯品德高尚,许多人都受到他的异教思想的影响。我不知道他来自哪里,但有段时间他经常来都城,独自隐居,把所有时间都致力于研究《圣经》。他从未学习希腊文化,也没有任何家庭教师教给他理解《圣经》深层含义的基本洞察力。他研究了圣徒们的著作,但是因为缺乏逻辑学方面的训练,对《圣经》的解释走上了歧途。但他的确吸引了大量追随者,并自命为教师,慢慢进入了一些著名的家族,这部分因为他的高尚品德和苦修的生活方式,部分因为他被认为具有某些天赋。尼鲁斯的无知导致他误解了基督身体(Person of Christ)[2]中人性和神性的统一性(就像我们的教义所

---

[1] 在这个事件中,安娜使用了被她的时代的拜占庭人所熟知的一些神学术语,它们对今天的读者而言是难以理解的,因此,这里进行了相当详细的翻译。——原译者注

[2] 安娜使用的单词是 hypostasis(本质,原质),在 Murray 的词典中被定义为"生而为人,人的存在,人",基督有一个人体,但有两种被统一的本性(人性和神性)(不是聂斯托里乌斯[Nestorius]所说的联合[conjoined],也不是尤提克斯[Eutyches]的教义所说的混合[commingled])。正统的观点是基督的人体是由神性(Godhead)和人性(Manhood)构成的,各自维持自己的本性。就像铁被加热时仍旧是铁一样,因此,当基督的人身和神结合之后,他的身上人的因素仍旧保持其人性。神迹(Mystery)是著名马克西姆斯的著作的研究主题,安娜告诉我们她的母亲伊琳妮曾贪婪地阅读它们——或许是她自己的兴趣。对于像尼鲁斯等异教徒的较近的研究参见巴克尔(Bucker, pp. 324 ff.)。——原译者注

294 讲授的那样）。他不能清楚地理解"统一"的含义，对"人"的含义根本没有任何概念，没有从圣人那里得知我们上帝的血肉如何有了神性。因此他远离了真理，在错觉中认为上帝的血肉改变本质，具有了神性。皇帝注意到了这一异端思想，立刻进行纠正。他命人把这个人带来，严厉谴责了他的大胆和无知，驳斥了他的一些观点。阿莱科休斯向他清楚地解释了在上帝的人体中神性和人性统一的意义，解释了两种本性是如何作为一个不可分割的人被统一的，基督的肉体如何因为上帝的恩惠具有了神性。但是，尼鲁斯坚定地坚持自己的错误教义并愿意承受任何刑罚——酷刑、监禁、伤残——而不是放弃他有关人的肉体改变了本性的教义。当时，都城中有许多亚美尼亚人（Armenian）①。尼鲁斯与臭名昭著的阿萨息斯（Arsaces）和提格拉奈斯（Tigranes）经常会面，这使他们的邪恶教义得到了新的推动力。尼鲁斯的教义让他们变得更加不虔诚。后来，皇帝认为这种邪恶的教义正在腐蚀许多人的灵魂，尼鲁斯和亚美尼亚人都卷入其中，他在所有场合公开宣称基督的人性在本质上被神化，神父们在这个问题上的主张正在被抛弃，两种本性在一个人体中被统一的教义现在几乎不被承认。皇帝决定抵制这种异端的激烈行为，因此，召集了教会的主要成员，举行公开的宗教会议对此事进行辩论。所有主教和大主教尼古拉斯一起出席了这次会议。尼鲁斯在亚美尼亚人的陪同下出现在他们面前，他的教义

295 被宣布。他清晰地阐释了教义，比之前更详细有力地捍卫它们。最后，为了从这种腐蚀的教义中拯救众多人的灵魂，宗教会议宣布将尼鲁斯永久地革出教门，并根据圣徒们的传统更清楚地宣布了两种本性的统一。此后（更精确地说，大约同时），布拉契尔尼特斯（Blachernites）也因为持有对教会教义不敬的观点受到谴责。尽管

---

① 《阿莱科休斯传》中的其他叙述清楚地表明安娜不喜欢亚美尼亚人种族。——原译者注

第十卷　另一种异教；库曼人战争；第一次十字军东征（1094—1097）

他是一个担任圣职的教士，但与宗教狂热者（Enthusiasts）[1]交往并受到他们不虔诚思想的影响，正在欺骗很多人，他还潜入都城的大家族传播他的错误教义。他几次被皇帝紧急传唤，后者亲自教导他，但因为他完全拒绝放弃自己的异教学说，因此也被带到教会面前。主教们非常仔细地研究了他的情况，因为这个人非常顽固，便将他永久地革出教会。

皇帝像一个优秀的舵手一样，通过这种方式引领他的船员们经受住了海浪的不断打击。他刚清洗掉厚厚的盐水层（将教会和国家的事务安排得井井有条），便被要求在新的苦难之海上航行。事实上，麻烦永无止境——它就像一个充满不幸的海洋——以至于他都没有喘息和休息的机会。我们对他在这次危机中的一些功绩的概述（是概述而不是详细叙述），就好比亚得里亚海的一个小水滴，因为他勇敢地面对一切暴风雨和骚乱，直到他随着随后的微风将国家的航船安全抛锚。德摩斯提尼优美的声音、帕勒莫（Polemo）[2]热情洋溢的文体和荷马的所有诗歌都不能公正地评价他的功绩。我本人更是认为即使柏拉图、所有的斯多噶学派[3]和学园派一起也不能描述皇帝的精力，在平息暴风雨和动乱带来更大的破坏之前，在无数的战争结束之前，他将面对另外一次像以前一样糟糕的审判。一个并非贵族而是出身低微的普通士兵，宣布自己是迪奥根尼斯皇帝的儿子——很久之前，当皇帝的哥哥依沙克·科穆宁在安条克附近与突厥人作战时，他已经被杀。[4]许多人试图制止他，但都徒劳无功（他非常坚决）。他来自东部，身无分文，披着羊皮，是一个到处游荡的恶棍。他在都城闲逛，一条街挨着一条街，一个居

296

---

[1] 宗教狂热者被认为是马萨里人（Massalians），鲍格米派异端（Bagomile heresy）起源于此。——原译者注

[2] 劳迪西亚的帕勒莫（Polemo of Laodicea, A. D. 88－145）是一个著名的诡辩学家。——原译者注

[3] 较为著名的是斯多噶（Stoa Poikile），斯多噶学派因此而得名。学园由柏拉图在公元前385年建立。——原译者注

[4] 希望了解他如何被杀的详情的人，可以参见凯撒著作的叙述。——著者注

住区连着一个居住区,吹嘘自己是前迪奥根尼斯皇帝的儿子,著名的利奥,但据说他已经在安条克死于箭伤。不管怎样,这个家伙让利奥死而复生,大胆地使用了他的名字。很显然,他的目标是皇位。他正在赢得那些不负责任的人的支持。这是一个新的危险,让皇帝非常困扰。有人可能会说,命运正在为皇帝编排一场关于这个运气不佳的家伙的新悲剧。我认为,就像美食家在饱餐之后带来了作为甜点的蜂蜜蛋糕一样,在战胜了许多敌人和厌倦了灾难之后,罗马人用皇位的觊觎者跟皇帝开了个玩笑。阿莱科休斯对一切谣言都不予理会。但当军队的这个残渣坚持自己的愚蠢行为,抓住一切机会在都城的每条街道和交通要道上散布这些故事时,事情传到了皇帝的妹妹塞奥多拉的耳中。她是迪奥根尼斯已去世的儿子的遗孀,非常愤怒,无法容忍这个恶棍。丈夫死后,她选择了修女的生活,遵从最严格自律的生活规范,完全献身于上帝。在接二连三地受到警告后,他仍旧管不住自己的嘴巴。皇帝便下令把他监禁在赫尔松(Cherson)。他住在那里时,晚上攀上防御墙,不止一次与通常来此地与当地人做生意和购买生活必需品的库曼人交谈。他们和他交换了誓言,一天晚上,他通过绳子从墙上下来。库曼人将他带到了自己的国家,他与他们在那里的营地住了很长时间,赢得了他们的信任,被他们称为皇帝。这些库曼人,总是渴望吞噬人的血肉并随时准备从我们的领土上夺取战利品,他们在这个假迪奥根尼斯身上发现了一个"帕特罗克鲁斯借口(Patroclus-excuse)",决定全力进攻罗马帝国。他们的目的是将他安置在他的祖辈的御座上,但这个计划暂时只是空想。皇帝得知了此事,因此竭尽所能地武装军队,为战争做准备。就像我以前讲到的,山口(平民百姓称之为 clisurae)已经被防御。一段时间之后,当阿莱科休斯发现库曼人和觊觎者占领了帕里斯特赖恩(Paristrion)后,召集了军队的主要军官和他的血亲或姻亲,讨论主动进攻的可能性。他们一致反对这个想法。阿莱科休斯对自己的判断没有信心,也不愿自己的计划得不到支持,便将整个事情交给上帝决定。在晚上,所有教士和士兵被召集参加在圣索非亚教堂

297

举行的会议。皇帝本人和大主教尼古拉斯①出席。阿莱科休斯在木牌上写下了问题："我应该进攻库曼人吗？"一块上面写了"是"，另一块上面写了"不"。它们被签准，大主教将它们放在圣坛上。咏唱了一整晚赞美诗之后，尼古拉斯去圣坛挑了一块木牌，将它拿出来，当着所有人的面，撕开封口，大声读了上面的内容。皇帝接受了这个决定，就像它来自某种神谕一样。现在，他将所有精力都集中到远征上面。军队被通过信件从帝国各地召集，一切准备妥当后，他出发与库曼人作战。他和全部军队到达安吉亚鲁斯（Anchiarus）时，派人去请他的舅子凯撒尼基弗鲁斯·迈里西努斯、乔治·帕列奥略格和他的侄子约翰·塔罗尼特斯（John Taronites）。他们被派往古罗依，负责对此城及其周围地区的警戒。军队被划分，其他将领独自担任指挥官，他们是达巴特努斯、乔治·尤弗本努斯和君士坦丁·胡伯特普鲁斯，将去保护穿越兹古姆的山口。阿莱科休斯前往克塔里亚（Chortarea，它是那个地区的一个关口），视察整个山脉，看看他之前的命令是否被军官们忠实地执行。在那些防御工事完成一半或尚未全部完成的地方，他命令他们必须把事情做好，在每一个容易进入的山口，库曼人必须被阻挡。采取了这些防范措施之后，他从克塔里亚返回，在安吉亚鲁

---

① 他在6592年的第七个财政税收年（即1084年8月）期间，在尤斯特拉休斯·加里达斯（Eustratius Garidas）退位之后，继任大主教职位。——原译者注。拜占庭人在生活和历史写作中采用古代立法，承袭了多种古代纪年方法，例如税收年纪年方法、执政官、皇帝年号、名祖、地方性纪年法（尤其是重要的文化中心和地方政治中心）等，9世纪以前存在多种纪年法混用的情况，此后出现占主导地位的拜占庭纪年法，这一纪年法是严格按照《旧约·创世记》的内容计算出来的，确定上帝于公元前5508年3月21日创造世界，因此，这一天为拜占庭纪年的开端。10世纪时，该立法岁首改为9月1日，换算拜占庭纪年为公历绝对年的方法是：某拜占庭纪年若处于1月1日至3月20日之间，则减去5507，得数为绝对年；处于3月21日至12月31日之间，则减去5508，得数为绝对年。10世纪以后的文献以9月1日为岁首，则上述换算作相应调整，即1月1日至8月31日的年份减去5508；9月1日至12月31日的年份减去5509，得数为公历绝对年。有关拜占庭立法的发展演变过程和特征参见，陈志强：《拜占庭帝国历法特点研究》，载《世界历史》，1999年第4期，第81—88页。

斯附近的圣湖扎营。晚上，一个杰出的瓦兰吉亚人普迪鲁斯（Poudilus）前来汇报库曼人已经越过了多瑙河。皇帝认为有必要和他相对更重要的亲戚和军官们召开一次关于战争的会议。因此黎明时分，他们被请来。因为所有人都同意安吉亚鲁斯必须被占领，因此在派遣坎塔库震努斯和塔提西乌斯带着一些雇佣军（斯卡里亚里乌斯·叶尔汉（Skaliarius Elkhan）和其他高级军官）去了一个被称为塞尔马（Therma）的地方后，他亲自去了安吉亚鲁斯。他们将确保这个地区的安全。但是，这时皇帝得到了库曼人正在向亚得里亚纳堡进发的消息。阿莱科休斯召集了所有重要市民，他们中比较杰出的有绰号为塔卡尼奥特斯（Tarchaniotes）的卡塔卡隆和曾经觊觎皇位的布林纽斯的儿子尼基弗鲁斯[①]。他们被命令誓死守卫这个要塞。如果库曼人真的到来，他们必须进行战斗，决不能三心二意。他建议他们仔细地对准目标，远距离射箭，大部分时间关闭城门。如果他们出色地执行了这些命令，将得到许多酬劳。布林纽斯和他的战友满怀信心地返回亚得里亚纳堡。书面命令也被送到尤弗本努斯·君士坦丁·卡塔卡隆那里，他要率领莫纳斯特拉斯（Monastras）[②]和米哈伊尔·亚尼马斯（Michael Anemas）以及他们指挥下的军队，在库曼人越过隘口之后，紧紧地跟随他们，从后面突袭。

当这一切发生时，库曼人在瓦兰吉亚人的引领下穿越山口，毫无困难地越过了兹古姆山。他们一到达古罗依（Goloé），居民们就抓住了卫戍部队的指挥官，交给了他们。事实上，他们高兴地欢迎库曼人。清楚地记着皇帝命令的卡塔卡隆在一次寻找草料时遇到了他们的一个支队，发动了猛烈进攻，俘获 100 名战俘。他被皇帝亲自当场赐予高贵者（*nobilissimus*[③]）的头衔。周围城镇的人们，迪

---

① 当他试图篡位时被刺瞎。——著者注

② 一个拥有相当战争经验的半蛮族人。——著者注

③ 11 世纪以前，拜占庭的名誉头衔共分为 18 个等级，其中地位最高的是凯撒（Caesar）、大贵族（Nobilissimus）和宫廷总管（Curopalates），它们很少对外封授，通常只赐予皇室成员。阿莱科休斯在位时，进行了宫廷头衔改革，除 （转下页）

亚波利斯(Diabolis)和其他人,看见库曼人占领了古罗依,主动向他们投降示好并向假迪奥根尼斯欢呼致敬。一旦确保了对这些地方的控制,他带着整支蛮族人军队向安吉亚鲁斯进军,打算立刻进攻防御墙。皇帝正在城镇中。长期的战争经验告诉他,库曼人将被这座城镇天然的防御力量所阻挡,它所处的位置使城墙更加坚不可摧。皇帝划分了军队,打开城门,在城外排列成紧凑的队形。罗马军队的一个军团大声叫喊着冲向库曼人军队的末端,击溃了他们,将他们一路追赶到海边。① 阿莱科休斯看到了发生的事情,但是知道他的军队在数量上被大大超过,根本不能阻挡敌人,因此下令今后相连的队形要维持完全不中断和静止不动。库曼人在他们对面摆好了阵线,但也没有进攻,从早到晚,连续三天都是这样。尽管敌人急于战斗,但他们担心不利的地形,并且没有罗马人冲出阵线向他们进攻,因此推迟了战斗。安吉亚鲁斯的位置是这样的:右边是黑海,左边是崎岖的地面,难以通行,覆盖着葡萄藤,因此骑兵战术无法实施。结果,由于皇帝的坚决,蛮族人绝望地放弃了计划,沿路去了亚得里亚纳堡。这是皇位觊觎者的计划。他欺骗他们说,当尼基弗鲁斯·布林纽斯听说他到达亚得里亚纳堡之后,将打开城门,高兴地迎接他。"他将给我钱,"他说,"友好地对待我。尽管没有血缘关系,但他过去把我的父亲当兄弟,非常尊敬他。当要塞被转交给我们之后,我们将继续向都城进发。"他叫布林纽斯"叔叔"。这不是真的,但也有一定的事实根据。前皇帝罗曼努斯·迪奥根尼斯了解到布林纽斯有相当杰出的文学才能,他有充足的理由相信,他是一个正直坦率和言行真挚的人。因此希望与布林纽斯结拜,双方都同意,关系被确定。这些是无可争辩的公认事实,但这个骗子极度厚颜无耻地称布林纽斯是他真正的叔叔。

300

301

(接上页)了凯撒头衔的实际地位轻微下降,仅次于首席大贵族之下,名列第三之外,其余两个头衔的地位都今非昔比,封授人的范围扩大,但仍然是重要头衔。

① 这句话的意思可能是这样,但原文中有空白。——原译者注

这就是他的计划。库曼人像所有蛮族人一样，本性变化无常，前后不一，听从了他的意见，撤离到亚得里亚纳堡。他们在城外露营。48天里，每天都有战斗，在此期间，急于作战的年轻人定期出去与蛮族人作战。这时，皇位觊觎者站在城墙下，要求见布林纽斯。后者斜靠着防御墙宣布，从这个人的声音上判断，他不是罗曼努斯·迪奥根尼斯①的儿子，毫无疑问，他已经在安条克被杀死了。说着这些话，他无礼地拒绝了这个篡位者。但是随着时间的推移，城中的供给开始匮乏，迫切需要皇帝的救援。皇帝立刻命令君士坦丁·尤弗本努斯率领一支由伯爵们组成的强大支队，在夜里从卡拉萨得斯（Kalathades）旁边进入亚得里亚纳堡。卡塔卡隆很快便出现在去奥雷斯提亚斯（Orestias）②的路上，自信地以为能躲过库曼人的警戒。但他错了，他们看见了他并率领数量巨大的军队向他进攻。罗马人被赶回去并被穷追不舍。他的儿子尼基弗鲁斯夺取了一根长矛，回转身，面对面地迎上了追赶他的斯基泰人。他击向他的胸膛，这个人当场死亡。尼基弗鲁斯擅长使用长矛，知道如何用盾牌保护自己。③ 在马背上，他给人的印象是他根本不是一个罗马人，而是一个诺曼底人（Normandy）。这个年轻人因其骑术而

302 知名——事实上，这是一种天赋。尼基弗鲁斯对上帝非常尊敬，在与同辈人的交往中，表现得谦逊友善。在第48天过去之前，尼基弗鲁斯·布林纽斯（他在亚得里亚纳堡被赋予了至高无上的权力）突然命令将城门打开，士兵们冲出去与敌人作战。这是一场激烈的战斗，罗马人将生死置之度外，尽管许多人在战斗中被杀，但他们杀死了更多库曼人。马里亚努斯·马罗卡塔卡隆（Marianus Maurocatacalon）看见了他们的总指挥托格塔克（Togortak），便拿着一根长矛，全速向他冲去。如果不是库曼人卫兵及时解救了他，他

---

① 正如我所讲的，他是他结拜的哥哥，这种行为普遍存在。——著者注
② 亚得里亚纳堡的旧称。——原译者注
③ 他后来成为我的妹夫，与我的妹妹，出身紫色产房的玛利亚公主结婚。——著者注

无疑会被杀死——在这个过程中马里亚努斯差点丧命。这个马里亚努斯是一个年轻人，最近才成年，经常从城门进行突击，每次都击伤或杀死许多敌人，胜利返回。他是一个非常优秀的勇敢士兵，来自一个以英勇著称的家族，配得上祖先的勇敢名誉。侥幸逃命使他愤怒不已，立刻向假迪奥根尼斯冲去，后者站立的地方远离马里亚努斯与蛮族人作战的河岸。看见他穿着紫色衣服，手拿皇帝的权杖并被他的卫兵所背弃，马里亚努斯举起鞭子，一边喊着"骗子国王（King Humbug）"，一边狠狠地向他的头部击去。

　　看了有关库曼人在亚得里亚纳堡前面表现出来的顽强和那里经常发生的战斗的报告，皇帝决定离开安吉亚鲁斯，亲自前去援助。高级军官和重要市民被召集参加讨论战争的会议，会议被一个叫阿拉卡塞乌斯（Alakaseus）的人打断。他说："碰巧我的父亲与这个觊觎者的父亲是朋友。如果我去那里，就能利用这层关系。我会把他带到一个要塞中并拘禁他。"当阿莱科休斯询问他这件事如何能成功时（它是一个重大的举动），他说他将模仿居鲁士（Cyrus）[①]统治时佐皮鲁斯（Zopyrus）[②]的计谋。他会自毁形象，剪掉头发和胡子，以惨遭皇帝迫害的受害者的身份出现在假迪奥根尼斯面前。这个计划一被阿莱科休斯同意，他就如承诺的那样，伤残身体，然后去了皇位觊觎者那里。他让他回忆起了其他事情，想起了过去的友谊，并补充说："我在阿莱科休斯皇帝那里遭受了许多暴行，这就是我现在到你这里来的原因，我信任我的父亲和你之间长期的友谊，来助你一臂之力。"（阿谀奉承是赢得"迪奥根尼斯"恩宠的一种非常有效的手段）为了稍微详谈阿拉卡塞乌斯的活动，我在此必须提到他从阿莱科休斯那里带了一个安全向导，以及给普泽（Pouze）要塞

303

[①]　小居鲁士：波斯王子，曾领导希腊庞大的军队进攻其兄阿尔塔薛西斯二世。色诺芬所著的《远征记》描述了其战败和死亡之后军队的撤退。

[②]　希罗多德（Herodotus，ⅲ，pp. 154 - 158）讲述了一个波斯地方长官佐皮鲁斯的非凡功绩。佐皮鲁斯割掉了鼻子和耳朵，伤残自己以赢得巴比伦人的信任，将城市转交给大流士（Darius，BC. 521 - 485）而不是居鲁士，就像安娜所说的一样。居鲁士在许多年前已经去世。——原译者注

的军事总督的一封信,内容如下:"重视这封信的持有者,迅速做他建议的任何事情。"(皇帝已经准确地猜到当库曼人离开亚得里亚纳堡时,他们将到这个地方)进行了这些安排之后,就像我们所说的那样,阿拉卡塞乌斯出现在"迪奥根尼斯"面前。"正是因为你,"他说,"我已经遭受了如此可怕的灾难。因为你,我已经被羞辱并被投进监狱。因为你,我被囚禁了许多天——事实上,自从你越过罗马边界——因为我的父亲与你的友谊,我被皇帝怀疑。挣脱了枷锁之后,我逃到了你这里,我的主人。我给你带来了有用的建议。""迪奥根尼斯"热情地接待了他并询问应该采取什么措施实现自己的目标。"你看这里有一个名为普泽的要塞,"阿拉卡塞乌斯回答,"和广阔的平原,在你和军队休息期间,这里有充足的牧草喂养你的马。目前,我们不应该走得更远,在这里呆一段时间,夺取这个要塞,进行休整。同时,库曼人可以出去搜寻粮草。此后我们可以出发去君士坦丁堡。如果你同意,我将去见卫成部队的指挥官,他是我的一个故友,我将劝他兵不血刃地将这个地方转交给你。"这个主意让"迪奥根尼斯"很高兴。因此,在晚上,阿拉卡塞乌斯把信系到了一支箭上,射进了要塞中。总督秘密地读了信,准备降城。第二天一早,阿拉卡塞乌斯第一个来到城门,假装与总督聊天,他先前已经与"迪奥根尼斯"约定了一个信号,当后者看见后,就直接走进要塞。阿拉卡塞乌斯假装交谈了一段时间,便给出了信号。皇位觊觎者带着一些士兵立刻大胆地进入了城门。居民们高兴地欢迎他,普泽的总督邀请他沐浴。在阿拉卡塞乌斯的建议下,他立刻接受了邀请。后来,为了招待他和库曼人,准备了一次丰盛的宴会,他们一起尽情地享乐,喝了大量葡萄酒,喝完了酒囊里的所有酒后,躺倒在地,开始打鼾。阿拉卡塞乌斯、总督和其他一些人便四处走动,取走了他们的马和武器,让"迪奥根尼斯"呆在原来的地方酣睡,但是杀死了他的随从,直接将他们扔进了作为天然坟墓的壕沟。此时,按照皇帝的命令尾随着库曼人的卡塔卡隆看到皇位觊觎者进入要塞、库曼人分散掠夺时,便在普泽附近的一个地方扎营。因为库曼人遍布整个村庄,阿拉卡塞乌斯不敢向皇帝汇报他

第十卷　另一种异教；库曼人战争；第一次十字军东征（1094—1097）

的战利品，而是带走了"迪奥根尼斯"，在去君士坦丁堡的路上直接
去了特祖鲁罗斯。但是，皇帝的母亲，当时在皇宫中担任摄政者，
听说了这件事，便派遣舰队总司令，宦官尤斯塔休斯·吉米奈亚努
斯（Eustathius Kymineianus）迅速逮捕这个犯人，将他带到君士坦丁
堡。这位舰队总司令带了一个叫卡米里斯（Kamyres）的突厥人，将
刺瞎"迪奥根尼斯"的任务交给了他。至于皇帝，他仍旧在安吉亚
鲁斯等着，听说库曼人正在周围地区游荡寻找战利品，便去了小尼
西亚。在那里，他得知库曼人的一个首领基泽斯（Kitzes），正带着
一支 12000 人的军队进行劫掠，已经收集了所有战利品，占领了陶
罗科姆斯（Taurocomus）山脊。于是，阿莱科休斯带领军队到了流
经它下面的平原的河对岸，一个覆盖着石蚕属植物灌木丛和小树
的地方，将军队停在那里。一支由突厥人弓箭手组成的强大支队
被派去与敌人作战，通过骑兵进攻将他们引诱到平地上。事实上，
库曼人先发制人并紧追不舍地将他们追到远至罗马主力军队所在
的地方。在这里，他们勒住马，重整队形，准备进攻。阿莱科休斯
看见一个库曼人骑兵傲慢地跳到自己军队的前面，沿着他们的队
列骑着马，显然在挑衅别人过来与他作战。右边和左边的罗马人
没有做什么，但是，皇帝在所有人的注目下急躁地冲了出去，率先
出击。他先用了矛，然后抽出剑直接穿透了这个库曼人的胸膛，将
他从马上打落。在这个时候，他表现得更像一个战士而不是将领。
不管怎样，这一举动立刻给罗马人注入了勇气，同时在斯基泰人中
引发了恐惧。阿莱科休斯像柱石一样冲向他们，打破了他们的队
形，当阵线被撕裂时，他们分散各处，混乱逃窜。在战斗中，7000
个库曼人战死，另外 3000 人被生擒。他们的所有战利品都被罗马
人夺取，但不被允许按照通常的方式在他们中间分配，因为它们是
最近被从这个地区的居民那里偷来的，必须还给他们。消息像野
火一样传遍了整个乡村，被抢劫的人都来到营地，辨认自己的财
物。他们击打胸膛，举起双手为阿莱科休斯的胜利向上苍祈祷。
男人和女人的大声叫喊，声达云霄。这次战斗就这样结束了。至
于阿莱科休斯，他和他的军队高兴地返回小尼西亚，在那里住了几

305

306

天之后,第三次去了亚得里亚纳堡,他在西尔维斯特(Silvester)的房子里住了一段时间。正是在这个时候,库曼人首领脱离军队中的其他人,集体来到皇帝这里,假装成急于寻求和平协议的叛逃者,其实想欺骗皇帝。他们的想法是,用谈判拖延时间,他们的同胞将迅速开始行军。等了三天后,他们在第三天的晚上启程回家。阿莱科休斯看穿了他们的诡计,派快信使去警告守卫兹古姆各个关口的军官们要时刻保持警戒,找机会拦截他们,一定不要松懈。但是,消息传来,整支库曼人军队早已在路上了。所有能得到的罗马人被迅速集中到一个叫斯库塔利(Scutari)的地方,它距离亚得里亚纳堡 18 斯塔得,第二天到达阿加索尼克(Agathonike)。在这里,阿莱科休斯发现敌人仍旧在阿克里勒沃(Akrilevo)地区(这两个地方距离不是很远)。因此,他便朝那个方向行进,从很远的地方,便看见了他们点燃的无数营火。侦察完地形之后,他召来了尼古拉斯·马乌罗卡塔卡隆(Nicolas Mavrocatacalon)和其他高级军官,和他们商议应该怎么做,最后决定召集雇佣军首领欧扎斯(Ouzas,一个撒尔马提亚人)、卡拉泽斯(Karatzes,一个斯基泰人)和半蛮族人莫纳斯特拉斯。他们被命令在每一个帐篷点燃 15 支或更多火把,以至于当库曼人看到它们时,会相信罗马军队数量巨大,由此变得惊慌失措,放弃进攻。命令被执行,库曼人受到惊吓。第二天早上,皇帝全副武装,通过袭击开始了战斗。双方作战都很谨慎,最后库曼人逃跑。于是,罗马人被划分,轻装部队被派去追赶敌人,当阿莱科休斯看到他们飞快地逃跑时,也参加了追赶。他在"铁隘路"附近追上了他们。许多人被杀,大部分人被生擒。罗马人的前卫部队带着库曼人的所有战利品返回。阿莱科休斯在"铁隘路"的山脊上,度过了整夜,当时强风劲吹。黎明时分,他到达古罗依。为了奖赏那些在战斗中表现出色的人,他在那里呆了一天一夜。他们得到了大量酬劳。既然计划被成功实施,他高兴地将他们遣散回各自的家中。两天两夜之后,他返回皇宫。

进行了短暂的休整之后,皇帝得知突厥人正在到处抢劫,侵扰比希尼亚的内陆地区。另一方面,西部事务也需要他处理,但他更

307

关注突厥人（处理这个麻烦显得更加紧迫）。为了对付他们，他构思了一个相当重要并且配得上他的才智的计划：利用一条运河阻止他们入侵。它被建成的过程是值得描述的。海岸线平直地延伸到一个名为凯莱（Chele）的村庄，但另一段转向北面。它们和桑格里斯河（River Sangaris）一起包围了一大块陆地。因为没有人抵制，长久以来一直是我们的邻居的以实玛利人（Ishmaelite）①，很容易践踏它。他们穿越马里安得尼（Maryandeni），从河上入侵，过河之后，尼科米底亚尤其容易遭到他们的进攻。阿莱科休斯希望阻止这样的劫掠和破坏。最重要的是，他想确保尼科米底亚的安全。他注意到巴恩湖（Lake Baane）的南边有一条很长的壕沟，当沿着它走到头后，他从它的位置形状推断它的挖掘并不是偶然的，也不是某种自然过程的结果，而是人为的精细工事。经过多次考察之后，他得知是阿纳斯塔休斯·迪库罗斯（Anastasius Dikouros）②下令挖掘了它，但告诉他的人不知道挖掘者的目的。不管怎样，对于阿莱科休斯而言，很明显，阿纳斯塔休斯想把水从湖里引入人工沟渠中。一旦有了同样的想法，他便下令将沟渠挖得更深，担心湖和沟渠的汇合点可能被通过，便在那里建造了一座极为坚固的要塞，它完全可以保护此地和阻止所有进攻，不仅因为水，而且因为它的城墙的高度和厚度——它因此被称为"铁塔"。甚至今天，它在一个城市的前面构成了另一个城市，成为保护城墙的偏远堡垒。尽管气温不断升高（太阳正在经过夏至点），皇帝仍旧从早到晚地亲自监督建造工事，他必须忍受烤人的热浪和灰尘，耗费巨资以确保城墙真正坚不可摧。他向拖拉石头的人支付慷慨的工钱，一个接着一个，甚至一次50或100个工人同时参与。金钱不仅吸引了闲散劳动力，而且吸引了所有士兵和他们的仆从以及本地人和外地人等，他们乐意为了高额的工钱在皇帝的亲自指挥卜拖石头。对他们而言，他像一个比赛中的奖品颁发者。他巧妙地利用前来帮忙的众人，

308

---

① 突厥人的另一个名字。——原译者注
② 统治时间从491至518年的皇帝。——原译者注。即阿纳斯塔休斯一世。

使得搬运这些巨石变得更容易。这就是阿莱科休斯的典型风格：深思熟虑一个计划，然后以巨大的热情完成它。这就是到第……财政税收年时①，皇帝统治期间的事件。当他听说无数法兰克人军队正在到来的消息时，根本没有时间休息。他害怕他们到来，根据以前的了解，他熟悉他们难以被控制的激情、反复无常和优柔寡断的性格，更不用提凯尔特人的其他特点及其不可避免的后果了。例如，他们贪图金钱，这一点似乎总是使他们无需顾及任何理由地打破自己的契约。他总是听到别人这样说他们并被充分证实。但是，他没有悲观失望，如果需要，他将尽一切努力备战。事实上，发

309 生的事情比谣传走得更远和更可怕，因为整个西方和居住在亚得里亚海与直布罗陀海峡（Straits of Gibraltar）之间的所有蛮族人整体向亚洲迁移，带着他们的家人，一个国家接着一个国家地穿越了欧洲。这一整体运动的原因或多或少地可以在下面的事件中被找到。一个名叫彼得，绰号为库库彼得罗斯（Koukoupetros）②的凯尔特人，去圣墓朝拜，遭受了正在抢劫整个小亚细亚地区的突厥人和撒拉逊人③的多次虐待之后，艰难地返回家园。不能容忍失败，他想沿着相同的路线尝试第二次，但意识到单独这样做很愚蠢，便想出了一个聪明的计划。他决定在所有拉丁人国家宣扬，一个神圣的声音命令他向法兰克伯爵们宣布，所有人都应该离开家，去圣墓朝拜，全力将耶路撒冷从阿加里尼人④的手中解救出来。令人吃惊的是，他获得了成功，好像用神谕激发了每个人的勇气。凯尔特人带着武器、马匹以及其他战争装备，一个接一个地从各地聚集。他们充满了狂热激情，挤满了每一条大路。和这些战士们一起来的

---

① 安娜忘记了日期或者没有校正原文。——原译者注

② 斯蒂文·伦西曼（Steven Runciman）认为 *chtou* 或者 *kiokio*（皮卡得语，Picard words）的意思是"小"，可能是这个名字的起源，他作为小彼得被同时代人所知，但作为隐士彼得（Peter the Hermit）被我们所知。——原译者注

③ 原为叙利亚附近游牧民族，后来特指抵抗十字军的伊斯兰教阿拉伯人。

④（像以实玛利人一样）突厥人的另一个名字，即夏甲（Hagar）的后裔。——原译者注

第十卷　另一种异教；库曼人战争；第一次十字军东征（1094—1097）

是大量平民，数量超过海岸上的沙砾或天空中的星星，他们拿着棕榈叶，肩上戴着十字架。也有离开了自己国家的妇女和孩子。就像从四面归入一条大河的支流一样，他们中的大部分人穿过达契亚（Dacia）全力向我们涌来。巨大人群到来之前，出现了蝗虫，它们避开小麦，对葡萄树进行了可怕的袭击。那时的预言家们将此解释为一种征兆，即凯尔特人军队将不会干涉基督教徒的事务，而是会给野蛮的以实玛利人带来可怕的灾难，他们是酒鬼，是葡萄酒和狄奥尼索斯（Dionysos）酒神的奴隶。以实玛利人的确被狄奥尼索斯和伊洛斯（Eros）①所控制，乐意沉溺于各种形式的性交，如果在肉体上被阉割，他们在性欲方面当然不会如此，事实上，以实玛利人只是阿佛洛狄忒（Aphrodite。希腊神话中爱与美的女神）的堕落的奴隶——尖叫的奴隶。② 因此，他们尊敬和崇拜阿施塔特（Astarte）③和阿什脱雷思（Ashtoreth）④。在他们的土地上，月亮和克巴尔（Chobar）⑤的金像被认为是相当重要的。谷物因为不容易使人醉酒，同时非常多产，所以被视为基督教徒的标志。根据这一点，预言家们解释了葡萄酒和小麦代表的含义。这就是预言的情况。我已经给出了蛮族人事件的顺序，但是关于这一点，也存在令人奇怪的现象，至少细心的人会注意到这一大群人不是同时到达，甚至没有沿着相同的路线——他们如何能以如此巨大的数量从不同国家出发后，集体越过亚得里亚海？——他们分组航行，一些人先行，一些人在第二队，其他人依次跟随，直到所有人到达，便开始跨越伊皮鲁斯（Epirus）。就像我已经说过的，蝗虫的

310

---

① 希腊神话中的爱神，阿佛洛狄忒之子。
② 安娜对伊斯兰教教徒的评价是不公正的，但是其他作家也谴责他们饮酒过度。她似乎没有意识到阿佛洛狄忒、阿施塔特和阿什脱雷思是同一个爱神。——原译者注
③ 腓尼基人崇拜的丰饶和爱的女神。
④ 古代腓尼基及叙利亚主管爱情与生殖的女神。
⑤ Chobar（或者 Chabar），意思是"伟大的"，是撒拉逊人的爱神的名字。"月亮"也许应该是指"星星"（希腊语 astron 可能指金星）。这一整节参见 Buckler, pp. 330-332。——原译者注

灾疫出现在每一支军队的前面，多次观察到这种现象的人开始意识到蝗虫是法兰克人军队的先锋。他们已经开始以小组的方式跨过伦巴第海峡，当时，皇帝召集了罗马军队的一些将领，将他们派到都拉基乌姆和阿瓦罗纳的周围地区，命令他们友好地接待这些航行者并沿着他们的路线从乡村为他们输送充足的供给，然后小心地监督和跟随他们，目的是如果看到他们袭击或抢劫周围地区，能通过小规模战斗制止他们。这些将领由懂拉丁语的翻译们陪同，任务是将本地人和朝圣者之间的任何矛盾扼杀在摇篮中。我愿意在此更清晰和详细地叙述这件事。

311

彼得四处布道，第一个卖地去耶路撒冷的人是戈弗雷（Godfrey）①，他是一个非常富有的人，为自己的高贵出身、勇气和家族的荣耀极度自豪（每一个凯尔特人都希望超过他的同伴）。当男人和女人开始上路时，随后发生的动乱在活着的人的记忆中是前所未有的。比较单纯的人拥有真正的信仰，被瞻仰我们主的墓地和参拜圣地的渴望所引导。但是，更卑劣的人（尤其是博希蒙德和与他类似的人）则抱着不可告人的目的，他们希望在旅途中顺道夺取都城。博希蒙德影响了许多出身更高贵的人的想法，因为他仍旧对皇帝怀有宿怨。彼得在布道战争之后，带着80,000步兵和100,000骑兵，第一个跨过伦巴第海峡，经过匈牙利到达都城。② 就像人们可以想到的那样，无论如何，凯尔特人是特别急躁鲁莽并充满激情的种族，一旦发现诱惑物，就变得不可抵挡。

皇帝知道彼得以前在突厥人那里遭受的苦难，建议他等待其他伯爵到达，但被拒绝，他对自己追随者的数量充满了信心，越过马尔马拉海，在一个被称为赫利诺波利斯（Helenopolis）的小地方扎

---

① 布维隆的古德非利（Godfrey of Bouillon），下洛林的公爵（Duke of Lower Lorraine，洛林是法国东北部的一个地区）。——原译者注

② 十字军在1096年8月1日到达君士坦丁堡，他们在8月6日越过了博斯普鲁斯海峡，对塞尔柱突厥人苏丹（吉里基·阿兰）的总部尼西亚的进攻发生在9月。——原译者注

营。后来，大约 10，000 诺曼人加入了他，但与军队的其他人分离，蹂躏了尼西亚的郊区，极为残忍地对待居民。他们将一些婴儿剁成碎片，将一些人串在烤肉叉子上，放在火上烘烤，老人受到各种折磨。当城中的居民得知正在发生的事情时打开城门，向他们冲去。一场激烈的战斗随即爆发，诺曼人在战斗中表现得士气高昂，尼西亚人被迫退回要塞。敌人带着所有战利品返回赫勒诺伯里斯。他们和其他人（他们没有参与袭击）之间爆发了争吵——在这种情况下通常会发生的争吵——因为后者十分嫉妒。于是蛮勇的诺曼人再一次脱离军队，夺取了赫里格多斯（Xerigordos）。苏丹的反应是派叶尔汉尼斯（Elkhanes）带着一支强大军队去对付他们。后者到达赫里格多斯并将其攻占。一些诺曼人被杀死，一些人被俘虏。同时，叶尔汉尼斯制定计划对付仍旧与库库彼得罗斯①在一起的剩余军队。他在适宜的地方设置埋伏，希望他们在去尼西亚的路上出其不意地落入陷阱并被杀死。知道凯尔特人贪钱，他征募了两个性格果断的人，让他们去彼得的营地散布消息说已经夺取了尼西亚的诺曼人正在瓜分城中的战利品。这个谎言对彼得的人产生了令人吃惊的效果。听到"分配"和"金钱"等词语，他们便陷入混乱，立刻混乱无序地踏上了去尼西亚的路，完全无视军事纪律和作战前的正确安排。就像我以前已经说过的，拉丁人种族总是不同寻常地贪图财富，当他们计划入侵一个国家时，任何理由和军队都无法阻止。他们慌乱地出发，根本不顾同伴，在德拉古（Drakon）附近陷入了突厥人的埋伏，惨遭屠杀。如此多的凯尔特人和诺曼人死于以实玛利人的剑下，以至于他们将各处的尸体堆积起来时，白骨堆非常巨大，形成了一座有相当的高度、深度和宽度的大山，而不是一座巨大的山脊/山头或山峰。后来，与被屠杀的蛮族人相同种族的人，在建造城市的一段城墙时，使用死人的骨头作为鹅卵石填充裂缝。这座城市以某种方式变成了他们的坟墓。直到今天，它仍旧伫立在那里，四周环绕着用石头和

312

313

---

① 指小彼得。

骨头建成的环城墙。屠杀结束后,只有彼得和一小部分人返回了赫勒诺伯里斯。想抓住他的突厥人再次设置了埋伏,皇帝已经听说了这件事和可怕的屠杀,认为如果彼得也成为战俘将是一件令人恐惧的事。因此,君士坦丁·尤弗本努斯·卡塔卡隆(在历史中经常被提到)被派遣带着一支强大支队,乘坐战船渡过海峡去援助他。当他到达时,突厥人已经逃跑。卡塔卡隆立刻接上彼得及其同伴(只有少数人),将他们安全地带到了阿莱科休斯那里。后者让彼得回忆起了最初的愚蠢行为,并补充说降临到他身上的这些重大不幸是因为没有听从他的建议。出于拉丁人惯常的傲慢,彼得推卸责任,指责他的人不服从纪律,自行其是。他称他们是土匪和强盗,因此被救世主认为不配到圣墓朝拜。一些拉丁人长期觊觎罗马帝国,希望夺取它,他们以博希蒙德和他的狐朋狗友为榜样,在彼得的传道中找到了借口,通过欺骗更无知的人引发了这次重大的动乱。他们卖掉土地,假装去与突厥人作战,解放圣墓。

　　法兰克国王的弟弟休(Hugh)①对自己的高贵出身、财富和权力怀有纳瓦托斯(Nauatos)般的自豪,当他准备离开自己的国家时(表面上为了去圣墓朝圣),给皇帝送去了一封内容荒唐的信,提出他(休)应该受到隆重接待:"陛下,你知道,我是王中之王,天下最伟大的人。由于我的高贵出身,我希望到达帝国时,你会迎接我并用隆重而神圣的礼仪接见我。"当信到达阿莱科休斯那里时,首席大贵族依沙克的儿子约翰碰巧担任都拉基乌姆的公爵,舰队指挥官尼古拉斯·马乌罗卡塔卡隆将船停泊在港口附近。他经常从这个基地出发进行海上巡逻,阻止海盗船潜行。皇帝向这两个人发出了紧急命令,公爵要从海陆监视休,当他到达时,要立刻通知阿莱科休斯,并且要隆重地接待他。海军将领被要求时

314

---

① 沃曼多伊斯的休(Hugh of Vermandois)是法兰克国王亨利一世和基辅的安妮(Anne of Kiev)的小儿子。尽管他极力鼓吹,但他对法兰克的政治几乎没有什么影响。参见,Runciman, p. 142。——原译者注

刻保持警戒——不允许任何松懈或大意。休安全到达伦巴第海岸，立刻派使节到都拉基乌姆公爵那里。他们共有 24 个人，身穿金胸甲和护胫甲（穿在膝盖之下的腿甲），由"木匠"威廉伯爵（Count William the Carpenter）①和伊莱亚斯（Elias，在塞萨洛尼卡时从皇帝那里叛逃）陪同。他们对公爵说："公爵，你一定知道，我们的主人休即将到达这里，他从罗马带来了圣彼得的金制战旗。②他是法兰克人军队的最高指挥官，你要做好准备，亲自迎接他，并且接待他的规格必须符合他的身份。"当使节们正在传达这一信息时，就像我已经说过的那样，休取道罗马来到伦巴第并从巴里（Bari）驶向伊里利库姆，但在横渡时遭遇了巨大风暴。他失去了大部分船只及其桨手和水兵，只有自己乘坐的船被抛到了帕勒斯（Pales）和都拉基乌姆之间的海岸的某个地方，几乎毁坏过半。正在守候他到来的两个海岸卫兵发现了奇迹般得救的他，向他喊道："公爵正在焦急地等你，他很想见你。"他要一匹马，他们中的一个人下马，把自己的马给了他。当公爵看到他以这种方式被救，寒暄过后，便询问航行的事，听说他的船只被暴风摧毁，便尽力安慰他并准备了丰盛的宴会进行款待。宴会结束后，休便去休息，但处于监视之中。约翰公爵立刻将这位法兰克人的冒险经历报告给了皇帝，等待他的下一步指示。接到消息后不久，阿莱科休斯派布图米特斯去了伊皮达姆诺斯（我们多次称为第拉休姆的地方），让他绕弯路经过非里波波利斯将休护送到都城。他担心武装的凯尔特人军队尾随其后。皇帝尊敬地接待了休，并通过慷慨的赏赐和友谊说服他进行了拉丁人惯常的宣誓，成为自己的封臣。

315

　　这一事件仅仅是序幕。15 天之后，博希蒙德横渡去了卡巴利

---

① 迈伦的威廉（Willian of Melun），很明显，因为他的力气被取绰号"木匠"。——原译者注

② 教皇给予那些去跟异教徒作战的士兵们的战旗。——原译者注

翁（Kabalion）海岸。① 紧跟其后的是普林斯皮特的理查德伯爵（Count Richard of Principate）②，当他到达伦巴第海岸时，也想横渡到伊利库乌姆。他花费 6000 斯塔特③金币雇佣了一艘排水量巨大的三桅杆海盗船，载着 200 名划手并拖着三艘海船的小舟。理查德没有像其他拉丁军队那样驶向阿瓦罗纳，而是在起锚之后，稍微改变方向，乘着适宜的海风直接驶向了基马拉（Chimara。他害怕遇到罗马舰队）。但是，他躲过了烟，却掉进了火中。他避开了潜伏在伦巴第海峡各地的船队，却遇上了整个罗马舰队的总指挥尼古拉斯·马瓦罗卡塔卡隆，后者以前听说过这只海盗船，已经从主力舰队中派出了双排桨船、三排桨船和一些快速巡逻船，带着它们从亚松（Ason）基地到卡巴利翁驻守。所谓的"第二公爵"带着自己的战舰（普通海员称其为 *Excussaton*④）被派去，当看到敌人的桨手松开船只的船尾缆绳，将它们放入海里时，就点燃火把。命令立刻被执行，尼古拉斯一看到信号，便下令升起一些船的船帆，一些船则用桨划动——它们看起来像千足虫一样——驶向正在海上的理查德。他们在他距离陆地 3 斯塔得，急于到达埃皮丹努斯对面的海岸时抓住了他。船上有 1500 名士兵和贵族们的 80 匹马。舵手们看见了尼古拉斯，便向这个法兰克人报告："叙利亚人的舰队正在向我们靠近，我们面临被匕首和剑杀死的危险。"伯爵立刻命令他的人拿起武器投入战斗。当时正是冬季的中旬——纪念最伟大的

316

---

① 这个地方在布萨（Boüsa）附近，卡拉里昂和布萨是那个地区的城镇。我希望没有人会谴责我使用这些蛮族人的名字玷污我的历史文献。即使荷马也不拒绝使用皮奥夏人（Boeotia，希腊一古老地区，在阿的克城和科林斯海湾以北。该地区的城市形成了皮奥夏联邦城，时间在公元前 7 世纪，但通常为底比斯人所统治）的名字，并且为了准确，他还提到了一些蛮族人的岛屿。——著者注

② 关于这个人的身份存在一些不确定性（被安娜称为普里本扎斯［Prebentzas］。有些学者认为他就是普洛旺斯的雷蒙德（Raymond of Provence，安娜称为 Isangeles——St Gilles 的误用），但也有很多理由证明他是普林斯皮特的理查德。参见，Buckler，p.465。——原译者注

③ 古代希腊的金币单位。

④ 来自拉丁语 *excusatum*，很明显，此船是为第二指挥官准备的。——原译者注

第十卷 另一种异教;库曼人战争;第一次十字军东征(1094—1097)

教皇尼古拉斯的日子①——但一切都死一般的沉静,一轮满月闪烁着比在春天更加明亮的光辉。当海风完全停止时,海盗船无法再在海上航行,停在了海面上。在此,我将称赞马里亚努斯(Marianus)的功绩。他立刻向他的父亲即舰队公爵要了一些轻装船,然后直接向理查德的船驶去。他向船首进攻,试图登上船。水手们看到他全副武装地作战时,迅速冲向那里,但是马里亚努斯用他们的语言告诉拉丁人不要惊慌,不要与基督教徒同胞作战。但是,他们中的一个人用十字弓②射向了他的头盔。箭头直接擦过了他的头盔顶部,没有碰到他的头发——上帝阻止了它。另一支箭迅速射向公爵,击中了他的胳膊,刺穿了他的盾牌,穿过了由盔甲片制成的胸甲,擦伤了他身体的一侧。一个拉丁教士碰巧和 12 个战士站在船尾,看到发生的事情后,向马里亚努斯连续射击。即使在那时,马里亚努斯仍旧拒绝屈服,而是勇敢战斗并鼓励其他人仿效他。教士的同伴们因为受伤或疲劳被救援了三次。尽管这位教士一次次被击中,伤口不断地流血,但仍旧无所畏惧。③ 经过了从晚

317

---

① 1096 年 12 月 6 日。——原译者注

② 十字弓(cross-bow)是野蛮人的武器,希腊人对之一无所知,欲开十字弓,并非左手推弓,右手扣弦;这一远程火力战争武器,开弓时人几乎需要仰卧,两脚用力压住半圆形的弓,双手拉弓,全力拉向身体。在弦的中点位置,有一个凹槽,形似切成一半的圆柱体,弦就固定其上。凹槽从弦延伸到弓的中点,其长度足以放一支箭。沿此凹槽可以发射各种箭。这些箭很短,但非常粗,带着一个沉重的铁头。发射时,弓弦弹射力超强,因而无论射向何物,箭都不会弹回;事实上,它们可以穿透盾牌,穿透厚重的铁质胸甲,并且射程很远,因而射力极猛,无法抵挡。据说,这种箭曾射穿铜像;在射向一个很大城池的城墙时,有贯穿城墙,箭头从城墙内壁突露出的,也有完全没入城墙。这种十字弓真是恶魔般的武器。不幸被这种箭射中的人,还未感觉其击杀力便一命呜呼;其冲击力究竟有多大他根本无法感觉。——著者注

③ 与教士有关的拉丁人的风俗与我们的风俗不同,我们被教会法和《福音书》命令:"不要触摸,不要抱怨,不要攻击——因为你被奉与圣明。"但是,野蛮的拉丁人会同时触摸圣器,左手拿盾,右手拿矛。他会与神的身体和鲜血交流,注视着血并将自己变成"一个血人"(就像大卫在《圣经》中所说)。这个民族同样献身于宗教和战争。这个拉丁人,与其说是一个教士不如说是一个实干家,(转下页)

318　上到第二天中午的激烈战斗,拉丁人得到马里亚努斯的赦免后,非常不情愿地向他投降。但是,当双方准备停战时,那个传教士战士并没有停止战斗。在用空了他的箭筒之后,他捡起了一个投石器,将它扔向马里亚努斯,后者用盾护住了头,它碎成了四瓣,他的头盔被打碎。这一击将他打昏,他立刻失去了意识,悄无声息地在那里躺了很长时间,就像著名的赫克托(Hector)①被阿贾克斯(Ajax)②的石头击中时,几乎奄奄一息地躺在那里一样。他艰难地恢复意识,振作精神,向敌人射箭,击伤了他三次。这个指挥官(polemarch。③ 与其说他是教士,不如说他是指挥官)用完了石头和箭之后,不知道要做什么和如何保卫自己,但远远没有厌倦战斗。他变得急躁不安,怒火冲天,像野兽一样抓狂。他准备使用手头的任何东西,当找到一个装满大麦蛋糕的袋子时,将它们拿出来,像石头一样投掷,好像正在主持某项典礼或仪式一样,将战争变成了正式的宗教仪式。他捡起了一块蛋糕,用尽全力向马里亚努斯的脸上扔去,打在了他的脸颊上。这就是关于这个教士、船和水兵的故事。对于理查德伯爵,他将自己及船和水手交给了马里亚努斯之后,高兴地跟着他。当他们到达陆地,正在下船时,这个教士仍在不停地打听马里亚努斯,他不知道他的名字,就描述了他的衣服的颜色。最后,当他找到马里亚努斯时,伸出双臂拥抱了他一下并鼓吹:"如果你在陆地上遇到我,你的许多人将死在我的手里。"他掏出了一个价值130斯塔特的巨大银杯,将它给了马里亚努斯,说完这些话后,就死了。

（接上页）穿着教士的长袍,同时划桨,准备海战或陆战,与海洋和人作战。就像我已经说过的,我们的规则来自亚伦(Aaron,基督教《圣经》中的人物,摩西之兄,犹太教第一祭司长)、摩西(Moses,《旧约》中希伯来人的先知和立法者,曾率领以色列人逃出埃及)和我们的第一个高级教士。——著者注

　　安娜错引了《歌罗西书》(Colossians 2:21,圣经新约之一)(不可拿,不可尝,不可摸)。不管怎样,引用是不恰当的。——原译者注

①　荷马史诗《伊利亚特》中的一个勇士。

②　希腊神话中的英雄。

③　Polemarch 是一种军衔——士兵的总指挥官。——原译者注

第十卷　另一种异教;库曼人战争;第一次十字军东征(1094—1097)

正是在这时,戈弗雷伯爵和其他伯爵以及一支由 10,000 名骑兵和 70,000 名步兵组成的军队一起横渡,到达都城后,将军队驻扎在普罗旁提斯附近,从最靠近哥斯米丁(Kosmidion)①的桥上远319至圣福卡斯教堂。当皇帝要求他到普罗旁提斯对面时,他总是以各种借口推迟行动。他显然正在等待博希蒙德和其他伯爵到达。彼得开始动身去圣墓朝拜,但是其他人(尤其是博希蒙德)对皇帝怀有宿怨,寻找机会为皇帝在拉里萨取得的辉煌胜利复仇。他们想法一致,为了实现夺取君士坦丁堡的梦想,采取了共同的策略。我经常提到表面上,他们是去耶路撒冷朝圣,事实上,他们计划罢黜阿莱科休斯并夺取都城。遗憾的是,长期的经验使皇帝看清了他们背信弃义的本性。他通过书面命令将援助军队及其军官全部从阿塞拉(Athyra)调到菲力(Philea)。菲力是位于黑海海岸的一个地方)。他们将埋伏在那里,等待戈弗雷派到博希蒙德那里的使节以及在他之后的其他伯爵,反之亦然。所有的交流都被阻断。随后发生了以下事件。皇帝邀请了陪同戈弗雷的其他伯爵,打算建议他们劝说戈弗雷宣誓效忠。但是,拉丁人因为习惯于长篇大论和喜欢冗长的演讲而耽搁了时间,以至于有谣言传到法兰克人那里,说他们的伯爵被阿莱科休斯逮捕。他们立刻以紧密的队形从银湖附近的宫殿②出发,向拜占庭进军,完全摧毁了它们,并对城墙发起了进攻,但没有用攻城器械(因为他们没有),而是凭借人多势众,厚颜无耻地试图在圣尼古拉斯圣殿③附近的宫殿④下的城门放火。拜占庭的平民因为缺乏战争经验而非常害怕,不只是他们在320无能的恐惧中悲泣和捶胸顿足,皇帝忠诚的追随者们甚至更加惊慌,想起了城市被攻占的星期四⑤,他们担心在那一天⑥(因为已经

---

① 哥斯马斯修道院(The Monastery of St Kosmas)。——原译者注
② 难以确定名称。——原译者注
③ 很久以前由一个皇帝所建。——著者注
④ 布雷契奈宫。——原译者注
⑤ 指科穆宁家族的叛乱。——原译者注
⑥ 1097 年 4 月 2 日(也是星期四)。——原译者注

发生的事情）复仇将会发生在自己的身上。所有受过训练的士兵都混乱地匆忙跑向皇宫，但皇帝保持了镇静。他没有试图拿起武器，没有扣紧鳞状的胸甲，手里没有盾和矛，没有佩戴剑，而是端坐在御座上，平静地看着他们，鼓励大家要鼓足勇气。同时，他和他的亲戚及将领们商讨进一步的行动。他坚持认为由于两个原因，任何人不许离开防御墙去进攻拉丁人，首先因为这一天的神圣性（它是一年中最重要的一周，即圣日的星期四（Thursday of Holy Week），救世主为了世人遭受了屈辱的死亡）；其次因为他希望避免基督教徒之间的血战。他几次派使节到拉丁人那里建议他们停止行动。"请保持敬畏，因为上帝为了我们在今天被献祭，没有拒绝十字架、钉子或矛——适宜惩罚邪恶者的工具——为了拯救我们。如果你们一定要战斗，我们也将做好准备，但要在救世主复活这天之后。"他们根本不理会他的话，而是加强兵力，箭雨如此密集以至于站在御座附近的一个随从被射中了胸膛。列队在皇帝两侧的大部分人看到了这一幕，开始撤退，但他仍旧坐着，表现得沉着冷静，安慰他们并温和地训斥他们——这令所有人都很吃惊。但是，当他看到拉丁人厚颜无耻地靠近城墙，一再拒绝合理的建议时，迅速采取了积极措施，派人叫来他的女婿尼基弗鲁斯（我的凯撒），命令他

321 挑选最好的士兵和熟练的弓箭手，将他们安置在防御墙上。他们要向拉丁人连续射箭，但不要对准目标，大部分箭要虚发，通过进攻的强度恐吓敌人，但无论如何要避免杀死他们。就像我所说的，他担心玷污了这一天并希望阻止同胞互相残杀。另外一些精选的士兵，大部分拿着弓，但有一些挥舞着长矛。他命令打开圣罗曼努斯城门，展示将向敌人发动猛烈进攻的军队。他们按照下列方式排列：每一个长矛手被两侧的轻盾兵保护。他们将以这种队形步速前进，但一些熟练的弓箭手被派到前面从远处向凯尔特人射击并不时地左右改变方向。当他们看到两支军队之间的距离缩减到狭窄的空间时，军官们将示意随从的弓箭手向马而不是骑手密集射箭并全速冲向敌人。这种做法的目的是通过射伤他们的坐骑（他们会发现在这种情况下，骑马是不可能的），在打败凯尔特人军

队的同时，避免杀死基督教徒。皇帝的命令被执行。城门被突然
打开，马被控制。在那天，许多凯尔特人被杀，但只有少数罗马人
受伤。我们将离开他们，回到我的丈夫凯撒那里。他将熟练的弓
箭手们安置在塔楼，向蛮族人射击。每个人都有一张能准确远距
离射击的弓，他们都是年轻人，像荷马的透克洛斯（Teucer）①一样
精于箭术。凯撒的弓可以与阿波罗（Apollo）的弓相媲美。不像荷
马笔下著名的希腊人那样，他没有"将弓弦拉到胸膛处并拉回箭以
便于铁尖靠近弓"②。没有像他们一样展示猎人的技能，而是像第
二个赫拉克勒斯一样从声名显赫的弓上射出致命的箭，随心所欲
地击中目标。但当他参加射击比赛或战斗时，从未错过目标：无论　　322
射向人体的哪个部位，总能百发百中。他有力地拉弓，迅速地放
箭，即使透克洛斯和两个阿贾克斯在箭术方面都无法与他匹敌。
尽管他有这些技能，但在这个时候，他尊重今天的神圣性并牢记皇
帝的命令，因此当他看见法兰克人鲁莽愚蠢地靠近城墙时，在盾和
头盔的保护下，他将箭放在弓弦上，故意乱射，有时越过目标，有时
射不到。由于那天的特殊性，尽管他禁止直接射向拉丁人，但当他
们中有人不仅鲁莽傲慢地射向防御墙上的防御者，而且似乎用自
己的语言不断辱骂时，凯撒拉弓，"枪无虚发"③，刺穿长盾，劈开了
胸甲的胸铠，将胳膊和身体的一侧钉在一起。就像诗人所说，"他
一声不吭地直接躺在了地上"。④ 当罗马人为他们的凯撒高声喝彩
时，拉丁人为他们死去的战士哀悼。战斗重新开始，他们的骑兵和
我们城墙上的士兵都勇敢作战，对双方而言，这都是一次严酷的战
斗。但是当皇帝加入他的卫兵时，拉丁人军队逃跑。第二天，休向
戈弗雷建议如果不想再次体验阿莱科休斯是多么富有经验的一名
将领的话，就服从他的意愿，向他宣誓效忠。但戈弗雷严厉地指责

---

① 希腊神话中有名的神箭手。
② Homer, *Iliad* Ⅳ, 123.——原译者注
③ Homer, *Iliad* Ⅴ, 18，但是，安娜误引。——原译者注
④ 如果她指的"诗人"是荷马的话，这又是一处误引。——原译者注

他。"你作为一个国王离开了你的国家,"他说,"带着所有财富和一支强大的军队,现在你已经将自己降落到奴隶的地位。如果你取得了某一次重大的成功,你再来这里,让我做同样的事情。""我们原本应该呆在自己的国家,不干涉其他人,"休回答,"但是,既然我们长途跋涉来到这里,需要皇帝的保护,如果我们不服从他的命令,将不会有好结果。"休一无所获地离开。因为这一点,并且据可靠消息说尾随戈弗雷而来的伯爵们已在附近,皇帝派了一些最优秀的军官带着军队再次向他建议,甚至强迫他横渡海峡。一看到他们,拉丁人甚至没有询问他们想做什么,便向他们发动进攻。在激烈的战斗中,双方都有许多人被杀,皇帝的军队中所有鲁莽进攻的人都受了伤。当罗马人越战越勇时,拉丁人便让步了。这样,不久之后,戈弗雷屈服。他来到皇帝这里,按照要求宣誓,将来他征服的任何城市、乡村或要塞,只要原属于罗马帝国,都会转交给皇帝任命的军官。宣誓完毕之后,他收到了慷慨的赏赐,被邀请分享阿莱科休斯的火炉和餐桌,被款待了丰盛的宴会,此后横渡去了佩勒卡努姆(Pelekanum)并在那里扎营。皇帝下令为他们的人提供充足的供给品。

323

尾随戈弗雷而来的是拉乌尔(Raoul)伯爵[①],他带着 15,000 名骑兵和步兵。他和陪伴他的伯爵们在大主教修道院(Patriarch's Monastery)[②]附近的普罗旁提斯扎营,其他人沿海岸远至索斯塞尼翁(Sosthenion)驻扎。他像戈弗雷一样拖延时间,等待后面的人到达。皇帝害怕这一点(猜测可能会发生什么事),利用各种方式督促他横渡海峡。例如,欧普斯被传唤——一个贵族,军事知识无人能及——皇帝派他带着另一个勇士经陆地到拉乌尔那里。他的任务是强迫法兰克人到亚洲那边。很显然,拉乌尔不打算走,事实上,他对皇帝的态度傲慢无礼。或许是为了恐吓蛮族人,欧普斯拿

324

---

① 对于拉约尔的事情都不能确定。——原译者注

② 献给圣米哈伊尔,修道院院长曾是君士坦丁堡大主教圣伊格那提乌斯(Ignatius),他葬于此处。——原译者注

起武器，将军队排列成战斗队形，以为这样会说服他起航，但凯尔特人迅速做出了反应。他和身边的人"像发现巨大猎物的狮子一样兴高采烈"，立刻投入了激烈的战斗。此时，皮加修斯从海上到达，准备将他们送到另一边，当他看到陆地上的战斗，凯尔特人轻率地冲向罗马军队时，便登陆亲自加入了战斗，从后面进攻敌人。在这次战斗中，许多人被杀，更多的人受伤。在这种情况下，幸存者要求被带过海峡。因为想到如果他们加入戈弗雷，将自己的不幸遭遇告诉他，后者可能会与罗马人为敌，因此皇帝慎重地同意了他们的要求，答应用船将他们送到①圣墓。当然这主要是因为他们自己想这样做。表达美好期望的信也被送到他们正在等待的伯爵那里，以至于当他们到达后，愿意服从他的命令。这就是拉乌尔伯爵的情况。在他之后，来了另一支巨大的军队，无数意见不一的人和他们领导人（国王、公爵，甚至主教）几乎从所有凯尔特人的土地上聚集。为了表示友好，皇帝派使节迎接他们并礼节性地送去了信件。这就是阿莱科休斯的典型做法。他拥有神奇的预知能力，知道如何在他的对手面前抓住时机。负责这一特殊任务的军官们被命令为他们提供旅途中的食物——务必不给朝圣者任何抱怨的借口。同时，他们急于向都城推进。有人可能将他们比作天空的星星或冲到岸边的沙砾。当他们匆忙赶往君士坦丁堡时，他们的确"像春天的鲜花和树叶一样不计其数"②（引自荷马）。尽管我需要写出他们领导人的名字，但我情愿不这样做。我不能写这些单词，部分因为我不会蛮族人的发音——它们非常难读——部分因为我在如此巨大的数量面前退缩。不管怎样，当他们的同时代人看到它们都漠不关心时，我为什么要试图列举数量如此巨大的人群的名字呢？当他们最后到达都城后，按照皇帝的命令，将军队安置在圣哥斯马斯（Saint Cosmas）和圣达米安（Saint Damian）修道院附近，远至希伦（Hieron）。不是 9 个使节，按照古老的希腊风

325

---

① 或者"取道"（希腊语是模棱两可的）。——原译者注
② *Iliad* ⅱ，468；Odyssey ⅸ，51.——原译者注

俗,"叫喊着制止他们",而是大量士兵陪同他们并劝说他们服从
皇帝的命令。为了强迫他们像戈弗雷那样进行宣誓,阿莱科休斯
分别邀请他们拜访他,和他们私下里谈论了他的想法并利用他们
中更通情达理的人作为中间人去劝说不情愿的人。当他们拒绝
建议——他们正在焦急地等待博希蒙德——并通过提出各种新的
要求回避此事时,他轻易地驳斥了他们的反对意见并用各种方法
逼迫他们,直到他们同意宣誓。戈弗雷被邀请从皮来卡努横渡前
来观看仪式。当包括戈弗雷在内的所有人聚集在一起,每一个伯
爵都宣誓之后,一个贵族大胆地坐到了御座上,阿莱科休斯一言
未发地容忍了这件事,以前他就了解拉丁人傲慢的本性。但是鲍
德温伯爵(Count Baldwin)走到这个人面前,把他拉起来,严厉地
斥责他:"你不应该做这样的事情,尤其在许诺成为皇帝的封臣之
后。罗马皇帝不允许他们的臣属和他们一起坐着,这是这里的风
俗,陛下的封臣应该遵守这个国家的风俗。"这个人没有对鲍德温
说什么,而是抱怨地看了阿莱科休斯一眼,用母语自言自语道:
"这是一个真正的统治者,他自己坐着,其他将领却只能站在他的
旁边!"阿莱科休斯看到他的嘴唇在动,便叫来一个懂他们语言的
翻译,询问他说了什么。知道他说了什么之后,皇帝当时没有进
行评论。当他们将要离开时,他派人请来这个傲慢无礼的家伙,
询问他的身份,来自哪里,他的世系。"我是一个纯正的法兰克
人,"他回答,"出身贵族。我听说了一个故事,在我出生的国家的
十字路口有一个古老的圣殿①,任何希望单打独斗的人都到这里
进行格斗。他可以在那里祈求上帝的帮助,住在那里,等着敢向
他应战的人。我在那个十字路口住了一段时间,等待愿意来此决
斗的人——但是从来没有人敢来。"听到这些,皇帝说:"如果你想
参加战斗时没有如愿,那么现在你有许多机会。但是,我强烈建
议你不要站在军队的后面或者前面,而是与军队中的低级军官

326

---

① 圣殿可能在索依松斯(Soissons)。——原译者注

（*hemilochitae*）①站在中间。我了解敌人的作战方式，拥有对付'突厥人'的长期经验。"皇帝不仅给他这些建议，而且在他们离开时，也警告其他人可能在旅途中遇到的危险。他建议如果上帝赐予他们胜利，千万不要追赶敌人太远，以防陷入由突厥人首领们设置的陷阱中遭到屠杀。

　　这就是戈弗雷、拉乌尔以及与他们一起来的那些人的情况。博希蒙德和其他伯爵到达亚普洛斯（Apros），深知自己没有高贵的血统，因为缺乏财富没有大量的追随者，因此他希望赢得皇帝的友善，便隐藏了对他的敌视。休息之前，他只带着 10 个凯尔特人到了都城。阿莱科休斯了解他的计划——他对博希蒙德善于欺骗和奸诈多变的本性拥有长期经验——提出在他的同伴们到来之前与他交谈。他想听博希蒙德说什么并且在他没有机会收买其他人之前（他们现在已经距离此处不远），希望劝说他横渡到亚洲。当博希蒙德来到面前时，阿莱科休斯立刻微笑着询问旅行的情况，问他在哪里离开了伯爵们。当皇帝礼貌地提醒他在拉里萨和都拉基乌姆的大胆行为时，博希蒙德坦率地回答了所有问题。他也提到了博希蒙德以前的敌对行为。"那时我的确是一个敌人和反对者，"博希蒙德说，"但是，现在我自愿作为陛下的朋友来到这里。"阿莱科休斯与他进行了详谈，试图通过某种谨慎的方式发现这个人的真实想法。当他推断博希蒙德打算宣誓效忠时，就对他说："你现在车马劳顿，去休息吧，我们明天再讨论共同关心的事情。"博希蒙德离开去了哥斯米丁（Cosmidion），此处为他准备了一个房间，桌子上摆满了美味佳肴和各种食物。稍后，厨师们拿来了尚未烹调的新鲜动物肉和鸟肉。"正如你所看到的，这些食物是我们按照自己的风俗准备的，"他们说，"如果不合你的口味，这里有生肉，可以按照你喜欢的任何方式烹调。"是皇帝命令他们这样做的。阿莱科休斯善于判断一个人的品质，能看透别人内心最深处的想法。他了解博希蒙德心怀怨恨和恶毒的本性，正确地猜到会发生什么。为

---

①　军队中的低级军官。——原译者注

了不让博希蒙德产生怀疑,他同时为他准备了未烹调的肉。这是皇帝的高明之处。这个狡猾的法兰克人完全拒绝品尝任何食物,甚至没有用指尖碰过,而是将它们全部分给了侍从,但没有说出自己内心的担忧。看起来他似乎正在帮助他们,但这只是一种假象。事实上,如果有人认真地考虑这件事,就会明白他正在为他们调制一杯死亡之酒。他没有试图隐藏自己的不良居心,因为他向来对仆人漠不关心。他让自己的厨师按照法兰克人的方式烹调生肉。第二天,他问侍从们感觉如何。"很好,"他们回答并补充说没有因此受到任何伤害。听到这些话,他说出了潜在的担忧:"就我而言,"他说,"当我想起与他的对抗,更不用提重大的战斗了,就担心他会将毒药放在食物里将我杀死。"这就是博希蒙德的行为。我必须说我从来没有见过一个坏人的言行不偏离正确轨道的,不管何时中途离开,偏向于哪一端,他的行为都与道德不符。当时,博希蒙德被传唤并被要求像其他人一样按照拉丁人的习俗宣誓。清楚自己的境况,他高兴地服从了,因为他既没有声名显赫的祖先,也没有巨额财富(因此他没有强大的军队——只有一定数量的凯尔特人追随他)。不管怎样,博希蒙德本性上就是一个骗子。仪式结束之后,阿莱科休斯在皇宫附近留了一个房间,在地上堆满了各种财物:衣服、金银币和价值更小的物品将房间完全填满以至于任何人都不可能进入。他命令负责的人突然打开门向博希蒙德展示这些财物。博希蒙德看到这些东西很吃惊。"如果我拥有这些财富,"他说,"很久之前我就已经成为大量土地的主人了。""所有这些,"这个人说,"今天就是你的了——这是皇帝给你的礼物。"博希蒙德非常高兴。在接受礼物并表达了感谢之后,他去居所休息。当东西被带到他那里时,尽管之前充满感激,如今他却改变了想法。"我从未想过会被皇帝如此地羞辱,"他说,"带走它们,还给它的主人。"阿莱科休斯熟悉拉丁人典型的喜怒无常,引用了一句流行的谚语:"他将自食其果。"博希蒙德听说了这句话,当看到仆从们正在收集礼物准备带走时,立刻改变了主意。他没有生气地将他们赶走,而是对他们微笑,就像海里的水螅一样,立刻改变了自己的样子。事实上，博希蒙德是一个惯常的无赖，能对当前形势迅速作出反应，在无赖和勇气方面，远远超过了当时穿过君士坦丁堡的其他拉丁人，但他在财富和资源方面也同样较差。他最善于挑拨离间。反复无常是他与生俱来的本性——所有拉丁人的一种共性。他非常高兴地接受了先前拒绝的钱，这一点都不令人吃惊。当他离开国土时，并不是一个有钱人，根本没有任何地产。表面上，他是去圣墓朝拜，事实上是为了赢得权力——或者，如果可能的话，夺取罗马帝国，就像他的父亲建议的那样。他准备做任何事，就像他们所说，但需要大量的钱。皇帝意识到这个人不怀好意，试图巧妙地清除有助于博希蒙德实施秘密计划的所有东西。因此，当博希蒙德要求东部军队总司令的职位时，他的请求没有被准许。他不能"比克里特岛人还残暴（out-Cretan the Cretan）"[1]，因为阿莱科休斯担心他一旦握有权力，可能会用来制服其他伯爵，此后将他们拉拢到他的行动中。同时，他不希望博希蒙德以任何方式怀疑他的计划已经被发觉，因此用美好的前景安慰他。"时机尚未成熟，但是因为你的精力和忠诚，不久之后你将拥有这一荣誉。"第二天，与法兰克人交谈，并用各种礼物与荣誉表示了对他们的友谊之后，他坐到了御座上，博希蒙德和其他人被请来并被警告了在旅途中可能会发生的事情。他给了他们一些有用的建议，告诉他们突厥人在战斗中经常使用的战术，他们应该如何布置阵线，如何设置埋伏，建议他们当敌人逃跑时，不要追赶太远。这样，通过提供金钱和好的建议，他做了大量的事软化他们残暴的本性。然后，他建议他们横渡海峡。对于他们中的圣吉勒斯的雷蒙德伯爵（Raymond the Count of Saint-Gilles）[2]，由于几个原因，阿莱科休斯对他怀有很深的感情：伯爵的优秀才智，没有受到损害的名声和纯洁的生活。

---

[1] 就像我们所说的"out-Herod Herod"，即"比希律王更希律王，比希律王更残暴"。——原译者注

[2] 安娜称他为 Isangeles。他是图卢兹伯爵（Count of Toulouse）和普罗旺斯侯爵（Marquis of Provence），希望在陆地上领导十字军，是博希蒙德的一个竞争对手。——原译者注

并且,他知道不管发生什么情况,雷蒙德首先尊重事实。事实上,圣吉勒斯在各种品质上都超过其他拉丁人,就像太阳比星星更加明亮一样。正是因为这样,阿莱科休斯留他多住了一段时间。当其他人开始横渡普罗旁提斯海峡,赶往马里隆后,[①]他暂时摆脱了他们带来的麻烦,便多次派人去请圣吉勒斯。他详细解释了拉丁人在行军中必定会遇到的危险,也明确表示了对他们计划的怀疑。在关于这个主题的多次谈话中,他毫无保留地向伯爵敞开了心扉,提醒他要一直警惕博希蒙德背信弃义的行为,万一他企图打破条约,就挫败它们并阻止他的计划。圣吉勒斯指出博希蒙德就像他的祖先一样,为人狡诈,经常违背誓言——它们好像一种传家宝。"如果他维持誓言将是一个奇迹,"他说,"但是就我而言,我会尽其所能地遵从你的命令。"带着这样的承诺,他离开皇帝,加入了整个凯尔特人的军队。[②] 阿莱科休斯原本想加入对蛮族人的远征,但担心凯尔特人的巨大数量。他认为明智的做法是去皮勒坎努。他在尼西亚附近建立了总驻地,能得知有关他们前进的消息、城外突厥人的举动和城内居民的状况。他认为如果不能亲自赢得一些胜利是令人感到耻辱的,因此打算当有利的时机出现时,亲自攻占尼西亚。这将比从凯尔特人手中得到它更好(他们早已签订了相关协定)。尽管将这项任务委托给了布图米特斯(他唯一的密友),但他对自己的计划秘而不宣。布图米特斯被命令通过各种承诺收买尼西亚的蛮族人,或者恐吓他们如果凯尔特人攻占了城市,他们将遭受各种惩罚——甚至屠杀。他长期以来信任布图米特斯对他的忠诚,并且知道在这种事情中,他将采取有力措施。我已经按照编年顺序从头叙述了以上事件。

331

---

① 1097 年 4 月。——原译者注
② 1097 年 5 月。——原译者注

第十一卷　第一次十字军东征

（1097—1104）

　　博希蒙德和所有伯爵在一个地方集合，打算从这里横渡到基波托斯（Kibotos）。他们和戈弗雷一起等待正与皇帝一起到来的圣吉勒斯。这样，他们将带着联合军队沿路出发去尼西亚。但是，他们的数量太巨大了，所以不可能一再拖延——食品供给不足。因此，他们将军队一分为二，一支军队穿过比希尼亚和尼科米底亚向尼西亚进军，另一支横渡基波托斯海峡，然后在同一个地方会合。他们以这种方式到达尼西亚之后，将塔楼和介于中间的堞雉墙分配给各个分队，打算按照这种部署进攻城墙，目的是通过激起不同分队之间的竞争，使围攻更有气势。分配给圣吉勒斯的区域在他到来之前一直空缺。此时，皇帝到达皮勒坎努，监视尼西亚（就像我已经指出的那样）。同时，城中的蛮族人不断通过信件向苏丹请求援助，[①]但后者一直在拖延时间。遭到多天的围攻之后，他们的情况明显变得极度糟糕，便放弃了战斗，认为与其让凯尔特人占领城市，不如与皇帝签订条约。为此，他们传唤了布图米特斯，后者经常在不间断地信件中许诺阿莱科休斯将给与这种或者那种恩典，他们向他投降。他更详细地解释了皇帝的意图并出示了书面 保证。突厥人高兴地接待了他，决定放弃抵抗数量巨大的敌人，认

---

① 塞尔柱苏丹基里吉·阿尔斯兰正在东部与达尼什曼德王朝（Danishmends）作战，争夺马拉蒂亚（Melitene）。他可能低估了法兰克人的威胁并深信关于阿莱科休斯和十字军之间分歧的谣传。他的妻子、孩子和财产事实上当时都在尼西亚——这是他相信城市坚不可摧的确切证据。——原译者注

为与其徒劳无益地成为战争的牺牲品，不如主动将尼西亚交给阿莱科休斯，分配他的礼物，受到礼遇。布图米特斯在城中呆了还不到两天，圣吉勒斯就到达并立刻对城墙发动进攻，还为此准备了围攻器械。此时有传言说苏丹正在来的路上。听到这个消息，突厥人备受鼓舞，立刻驱逐了布图米特斯。苏丹派了一支分队去查看法兰克人的进攻，命令他们只要遇到凯尔特人就开战。圣吉勒斯从远处看到他们，随后一场战斗爆发——突厥人在战斗中败退，因为其他公爵和博希蒙德听说了战斗，从每个连队中抽出 200 人，组成了一支相当大的军队，前去援助。他们战胜了蛮族人并将其追赶到日落时分。但是苏丹并没有因为这次战败而消沉，第二天日升时分，他全副武装和他的士兵占领了尼西亚城墙外的平原。凯尔特人听说了这件事，也武装起来准备战斗，像狮子一样冲向敌人。接下来的战斗非常残忍和可怕。一整天，双方都难分胜负，但是当太阳落山时，突厥人逃跑。战斗在夜晚结束。双方都有许多人受伤，大部分人被杀，大部分逃兵受伤。凯尔特人赢得了辉煌的胜利。他们将许多突厥人的头颅钉在矛尖上，像战旗一样将它们带回来，目的是让从远处看到发生了什么事情的蛮族人，对首次进攻的惨败感到惊恐，之后将不再急于进攻。苏丹意识到他们的数量非常巨大，在这次战斗中，看到了他们的自信和大胆后，暗示尼西亚的突厥人："从现在开始，做你们认为最好的事情吧。"他早已知道相比较成为凯尔特人的战俘而言，他们更愿意将城市转交给阿莱科休斯。此时，圣吉莱斯着手分配给他的任务，正在建造一个圆形的木制塔楼，在其里外覆盖了皮毛，中间填充了被编织在一起的柳枝。当它被完全加固之后，他来到所谓的古纳塔斯塔楼（Gonatas Tower）[1]。

335

---

[1] 这个建筑物在很久之前得到了这个名字。当时，著名的曼努埃尔，即前皇帝依沙克·科穆宁和他的弟弟约翰（我的祖父）的父亲，被瓦西里皇帝提升为整个东部军队的最高指挥官。他的目的是结束与斯科莱鲁斯（Sclerus）的敌对，或者通过军队进攻，或者通过外交手段迫使他进行和平谈判。斯科莱鲁斯是一个好战和嗜血的人，总是喜欢战争而不是和平，因此，每天都有武力冲突。斯科莱鲁斯不仅拒绝休战，甚至使用攻城器械勇敢作战要夺取尼西亚，并猛烈攻（转下页）

他的机器①由负责攻打城墙的士兵和配备了铁具从地下破坏城墙的工兵操作。前者与防御墙上的守卫者作战，后者则在下面安全地工作。他们将石头挖出来，放进原木。当挖到几乎可以穿越城墙，可以看到来自远处的一缕光线的地方时，他们点燃了这些原木。当它们烧为灰烬时，古纳塔斯倾斜地更厉害了，甚至比以前更名副其实。城墙的剩余部分被一圈撞锤和"乌龟"所包围。转眼间，外面的沟渠填满了灰尘，与其两侧的水平部分持平。然后，他们继续全力围攻。

皇帝彻底考察了尼西亚并且多次断定，尽管拉丁人的数量巨大，但他们不可能将其攻占。轮到他时，他建造了多种攻城机械，但大部分都是令大家吃惊的非传统设计。他将它们送给了伯爵们。就像我们已经提到的，他带着可利用的军队横渡，正待在迈萨皮罗（Mesampeloi）附近的皮勒坎努，从前为了纪念著名的殉道者乔治，那里建造了一个圣殿。阿莱科休斯本想陪同远征军进攻不敬神的突厥人，但仔细权衡了赞成和反对意见之后，放弃了这个计划。他注意到罗马军队在数量上被法兰克人远远超过，并且长期的经验告诉他，拉丁人极为不可靠。还不止这些。这些人的变化无常和背信弃义的本性，可能像尤利普斯海峡（Euripus）②的潮汐一样从一端到另一端一次次地席卷他们；因为喜欢钱，他们乐意卖掉自己的妻子和孩子。这就是阻止他加入这项计划的原因。尽管加入是不明智的，但他意识到必须向凯尔特人提供大量援助，好像他真的与他们在一起一样。他确信城墙的坚固让尼西亚坚不可摧，

336

（接上页）打防御墙。塔楼的大部分从地基处被摧毁，随即塌陷，似乎像弯曲了膝盖一样——它的名字由此而来。——著者注

曼努埃尔·埃罗提库斯（Manuel Eroticus）是保加利亚人屠夫瓦西里二世（Basil Ⅱ Bulgaroktonos，976－1025）统治下杰出的地方长官，普塞罗斯概述了他与斯科莱鲁斯的战斗。（Chronographia，ⅰ）。——原译者注

① 战争机器的建造专家们称为"乌龟"。——著者注

② 埃维厄岛（Euboea，亦称优比亚岛，希腊中部大陆以东爱琴海上的一个岛屿）和希腊大陆之间的一个狭长海峡，因其急流而臭名昭著。——原译者注

拉丁人永远无法夺取它。但是,据探报苏丹带着强大的军队和必需品毫不受阻地渡过湖面,①正在寻找进城的路。因此他决定控制湖面。能在湖面航行的轻舟被建造后放在四轮马车上,从基奥斯(Kios)一边下水。曼努埃尔·布图米特斯率领全副武装的士兵上船,阿莱科休斯给了他们比平常更多的战旗——以便他们看起来比实际人数更多——军号和鼓也比平常更多。然后他把精力转向陆地,派人请来塔提西乌斯和齐塔斯(Tzitas),他们带着2000个勇敢的轻盾兵去了尼西亚,任务是一登陆就用骡子托运大量的箭,夺取圣乔治要塞。在距离尼西亚城墙一段适当的距离时,他们下马步行直接去了古纳塔斯塔并以此作为营地。然后,他们将与拉丁人一起排成作战队列,在他们的命令下进攻城墙。塔提西乌斯按照皇帝的命令向凯尔特人报告他已经带着军队到达,每个人都拿起武器,大声叫喊着发起进攻。塔提西乌斯的士兵密集地射箭,凯尔特人在城墙上打开了缺口并用投石机不断地投射石头。在湖的另一边,敌人被皇帝的战旗和布图米特斯的军号吓得惊慌失措,布图米特斯趁机将皇帝的承诺告知了突厥人。蛮族人陷入了困境,他们甚至不敢到尼西亚的城垛上窥视。同时,他们放弃了苏丹到来的全部希望,认为最好转交城市。于是开始与布图米特斯谈判。惯常的寒暄之后,布图米特斯给他们看了皇帝委托给他的金玺诏书,它许诺不仅赦免他们并且会给苏丹的妹妹和妻子大量礼物和荣誉。②尼西亚的所有蛮族人都将无一例外地得到这些赏赐。居民们相信皇帝的承诺,允许布图米特斯进城。他立刻给塔提西乌斯送去了一封信:"猎物现在已经在我们手中,必须准备进攻城墙。凯尔特人也必须参与这项任务,但只把环绕防御墙的战斗墙留给他们,必须在日出时从各处包围城市。"事实上,这是一个计谋,目的是让凯尔特人相信布图米特斯在战斗中攻占了城市,从而掩盖阿莱科休斯精心策划的背叛戏剧,因为他不想让凯尔特人知道布

① 城市西面的阿斯卡尼安湖(Ascanian Lake)。——原译者注
② 后者据说是扎查斯的女儿。——原译者注

图米特斯进行的谈判。第二天,战斗的号角声在城市两边响起38一边来自陆地,凯尔特人猛烈地围攻,另一边,布图米特斯已经爬上了城垛,将皇帝的权杖和战旗插在那里,伴随着喇叭声和军号声向皇帝欢呼致敬。整个罗马军队就这样进入了尼西亚。但是,由于凯尔特人的巨大兵力和他们浮躁冲动和反复无常的本性,布图米特斯猜想他们一旦进入城市,可能夺取要塞。并且只要他们愿意,就能将尼西亚地方总督的士兵投入监狱和屠杀——相比较罗马军队,他们的数量是巨大的。因此他立刻控制了城门的钥匙,当时,只有一个城门允许人们进出,因为害怕凯尔特人翻越城墙,其他门全被关闭。控制了这个门的钥匙后,他打算通过计谋缩减突厥人地方总督的数量,如果想避免灾难的话,必须控制他们。他派人把他们请来,提出如果他们想得到大量金钱、高级荣誉头衔和年金,就去拜访皇帝。突厥人被说服,晚上城门打开后,他们一次几个人分批出城,从附近的湖横渡去了罗多默尔(Rodomer)[①]和半蛮族人莫纳斯特拉斯那里,后者驻守在圣乔治要塞。布图米特斯的命令是只要这些地方总督一下船,就立刻把他们送到皇帝那里。一刻也不要耽搁,以防止他们联合随后到达的突厥人,阴谋伤害罗马人。事实上,这是布图米特斯根据个人的长期经验做出的直觉判断,只要新来的人被迅速送到阿莱科休斯那里,罗马人就是安全的,没有任何危险会降临到他们身上。但是,当罗多默尔和莫纳斯特拉斯放松了警戒时,他们发现自己受到他们留下来的蛮族人的威胁。当数量增加到一定程度后,突厥人打算采取下面的策略,或者晚上进攻并杀死罗马人,或者将他们作为战俘带给苏丹。他们一致认为第二种做法更好。于是他们在晚上进攻并将他们作为战俘带走,去了阿扎拉(Azala)山头,离尼西亚城墙……[②]斯塔得。到达那里之后,他们卜马休息。莫纳斯特拉斯是半个蛮族人,懂突厥人的方言,罗多默尔很久之前曾被突厥人俘虏,与他们一起住了很

339

---

① 保加利亚人罗多默尔是安娜的一个堂兄弟。——原译者注
② 原文中存在空白。——原译者注

长时间,也熟悉他们的语言。因此,他们试图用令人信服的理由打动俘虏他们的人。"你们为什么让我们陷入险境,而自己从中得不到丝毫好处呢?当其他人都从皇帝那里得到丰厚的酬劳并领取年金时,你们却正在剥夺自己的这些特权。不要做这样的傻瓜,尤其在你们能不受干扰地安全生活并富有地返回家园的情况下。你们可能会得到新的土地。不要让自己陷入某种危险之中,或许你将遇到埋伏在那里的罗马人,"他们边说边指向山涧和沼泽地,"如果真是这样,你们将被屠杀,白白丧命。成千的人正潜伏在那里等着你们,不仅是凯尔特人和蛮族人,而且有大量的罗马人。现在,如果你们采纳我们的意见,就掉转马头,和我们一起去见皇帝。上帝是我们的见证人,我们发誓你们将从他那里得到数不清的礼物,当你们得到想要的东西之后,将毫无障碍地自由离开。"这些理由说服了突厥人,双方交换誓言,出发去见阿莱科休斯。他们到达皮勒坎努时,所有人都受到了热情的迎接(尽管在心里,他对罗多默尔和莫纳斯特拉斯很生气)。他们暂时被送去休息,第二天,那些乐

340 意为皇帝服役的所有突厥人都收到了大量赏赐。那些要求回家的人被允许——他们带着大量礼物离开。后来,阿莱科休斯严厉斥责了罗多默尔和莫纳斯特拉斯的愚蠢行为,但是看到他们羞愧地无地自容,便改变态度,原谅并宽慰他们。让我们离开罗多默尔和莫纳斯特拉斯,回到布图米特斯那里。当他被皇帝提升为尼西亚公爵时,凯尔特人要求进城,他们想参拜那里的神圣教堂并作礼拜。就像我已经提到的,布图米特斯非常了解他们的本性,因此禁止他们集体参拜,但允许他们十人一组进城。

皇帝仍然呆在皮勒坎努,希望那些还没有宣誓效忠的伯爵们宣誓,便书面命令布图米特斯,让他建议所有伯爵在向皇帝宣誓之前,不要向安条克进军。对他们而言,这将是接受更多礼物的机会。博希蒙德第一个服从了布图米特斯的建议,并立刻劝说所有人都返回。这就是博希蒙德——对金钱拥有难以遏制的贪欲。皇帝在皮勒坎努隆重地欢迎他们,一如既往地给予赏赐。最后,他将他们召集在一起说:"请记住你们对我的宣誓,谨记你们的誓言,如

果真的不打算违背它,就建议你们尚未宣誓的熟人也这么做吧。"
他们立刻派人请来了那些人,除了博希蒙德的侄子坦克雷德
(Tancred)之外,其他人都聚集在一起宣誓。坦克雷德是一个我行
我素的人,坚持说他的忠诚只给予博希蒙德一个人,并愿意终生坚
守。由于包括皇帝的亲属在内的其他人强迫他宣誓,于是他非常
冷漠地盯着皇帝设有御座的帐篷(一个前所未有的巨大帐篷)说:
"如果你将它装满钱,数量相当于你给其他伯爵们的钱的总和,并
交给我,我就向你宣誓。"帕列奥略格觉得坦克雷德伪善的言词令
人难以忍受,非常生气,便轻蔑地将他推开。坦克雷德蛮横地向他
冲去。阿莱科休斯立刻从御座上站起来进行干预。博希蒙德让他
的侄子冷静并告诉他要尊重皇帝的亲戚。坦克雷德对自己在帕列
奥略格面前像一个醉汉一样的举止感到羞愧,最终被博希蒙德和
其他伯爵说服,进行了宣誓。当所有人离开皇帝时,塔提西乌斯
(当时是 Great Primicerius①)和他率领的军队被命令加入法兰克人。
他的任务是随时保护和帮助他们,从他们手中接管攻占的任何城
市,如果上帝真得赐予了他们胜利的话。第二天,凯尔特人立刻横
渡,向安条克进发。阿莱科休斯认为没有必要所有人都跟随他们
的伯爵,因此通知布图米特斯,被留下的所有凯尔特人将被雇佣守
卫尼西亚。塔提西乌斯带着他的军队和所有伯爵以及他们数量巨
大的军队在两天之内到达洛伊凯(Leukai)。博希蒙德要求指挥前
卫部队,其他人按照纵队慢速行军跟随。当突厥人看到他在多利
拉乌姆(Dorylaeum)平原②上快速行军时,认为碰到了整个凯尔特
人军队,立刻轻率地向他们发起进攻。那个拉提努斯(Latinus),也
就是曾大胆坐到御座上的人,忘记了皇帝的建议,像个愚蠢的傻瓜
一样冲到了其他人的前面(他原本在博希蒙德阵线的最末端)。他
的人中 40 人被杀,本人也伤势严重。他转身逃跑,匆忙回到军队

341

---

① 皇室的高级官员。

② 现代的埃斯基谢希尔(Eskisehir)。战斗发生在 1097 年 7 月 1 日。博希蒙德在 6
　月 26 日开始行军,其他支队分别在 28 日和 29 日。——原译者注

中部——尽管他意识到阿莱科休斯的建议是正确的,但并没有说出来。博希蒙德看到突厥人如此凶残,便派人去请援兵,后者很快到达。此后,战斗进行得异常惨烈,最终以罗马人和凯尔特人的胜利结束。此后,行军继续,但是分队彼此相连。他们在希伯来克(Hebraike)①遇上了塔尼斯曼(Tanisman)②和哈桑(Hasan),后者独自率领了 80,000 全副武装的步兵。这是一次激烈的战斗,不仅因为参战的人数量巨大,而且因为双方都不肯妥协。但是,指挥右翼军队的博希蒙德看到突厥人的作战士气不减,便离开军队中的其他人,冲向基里吉·阿尔斯兰,就如诗人所说,"像一只为自己的力量深感自豪的狮子一样"③。这对敌人产生了恐吓作用,他们逃跑了。谨记皇帝命令的凯尔特人没有追赶他们太远,而是占领了突厥人的壕沟,在那里进行了短暂的休息。他们在奥古斯都波利斯(Augustopolis)附近又遇到了突厥人,立刻发起进攻并完全击溃了他们。此后,蛮族人逃跑。战斗中的幸存者四散逃窜,将他们的妇女和孩子留在后面,只顾自己逃命。此后,他们甚至没有勇气面对拉丁人。

你可能好奇当时发生了什么事情。拉丁人和罗马军队一起经过所谓的"捷径"到达安条克。他们忽略了两侧的乡村,在城墙附近挖掘了一条壕沟,将行李放在里面。对安条克的围攻持续了三个阴历月。④ 突厥人对他们面临的困境深感忧虑,便给科洛桑(Chorosan)苏丹送去了一封信,要求提供充足的兵力保卫安条克的居民,驱赶围攻的拉丁人。当时,碰巧一个亚美尼亚人⑤在尼西亚

342

---

① 赫拉克利(Heraclea)。——原译者注
② 或许是死于 1084 年的马立克·达尼什蒙德(Malik Danishmend)的儿子马立克·吉哈兹·古姆什提吉(Malik Ghazi Gümüshitigin)。——原译者注
③ Homer, *Iliad* Ⅴ, 299.——原译者注
④ 军队在 1097 年 10 月 21 日到达安条克城前,后者在 1098 年 6 月 3 日陷落。——原译者注
⑤ 他的名字是非鲁兹(Firouz)。他已经变成了伊斯兰教徒,假装忠诚于雅西——斯亚(Yaghi-Siyan,安条克总督),但对他怀有仇恨。——原译者注

的一个塔楼上,负责守卫博希蒙德准备攻打的那部分城墙。这3个人经常斜倚在胸墙上,博希蒙德公然诱骗他,向他许诺了许多好处,劝说他转交城市。这个亚美尼亚人说:"不管何时你从外面给我一个秘密信号,我将立刻把这个小塔楼转交给你。但是你和你指挥的人必须做好准备,并且要准备好备用的梯子。不仅你要做好准备,其他人也必须全副武装,以便于突厥人一看到你在塔楼上,听到你喊战斗口号,就会惊慌而逃。"但是对于这个计划,博希蒙德暂时秘而不宣。此时,一个人带来消息,来自科洛桑的一支巨大的突厥人军队正在到达。他们由库尔帕干(Kourpagan)①指挥,将进攻凯尔特人。博希蒙德得知了这个消息,因为不愿意将安条克转交给塔提西乌斯(如果他遵守对皇帝的诺言,就必须这样做)和觊觎这座城市,为了不知不觉地驱除塔提西乌斯,他设计了一个邪恶的计划。他去见了塔提西乌斯。"我要告诉你一个秘密,"他说,"因为我担心你的安全。一个令人非常烦恼的消息已经传到了伯爵们的耳朵里——在皇帝的请求下,苏丹派了来自科洛桑的这些人。伯爵们相信谣言是真的,正在策划谋害你。现在,我已经尽我的本分提前警告你,危险迫近,剩下的事情你自己决定,你必须要为自己和你的士兵们的安全着想。"除此之外,塔提西乌斯还有其他担忧。这里出现了严重饥荒(一头牛正在卖3个斯塔特),他对夺取安条克不再抱有任何希望。因此,他离开这个地方,登上了停泊在苏迪(Soudi)港口②的罗马人的船只,驶向塞浦路斯岛。在他离开之后,博希蒙德对自己与那个亚美尼亚人的交易仍旧保密,信心满满地为自己预留了安条克未来总督的职位。他对伯爵们说:"大家知道我们已经在这里悲惨地度过了很长时间,但至今没有取得重大进展。更糟糕的是,如果我们不能为自己的安全提供更好的供给品,我们将死于饥荒。"当他们问他有什么建议时,他继续说:"并不是所有胜利都是在上帝的庇佑下通过剑取得的,也不总

344

---

① 摩苏尔(Mosul,伊拉克北部城市)的埃米尔凯尔伯哈(Kelbogha)。——原译者注
② 安条克的圣西门港口。——原译者注

253

是通过战斗取得。艰苦的战争无法赢得的东西经常可以通过谈判得到。友好的外交策略已经多次创造了更辉煌的胜利。在我看来，我们不应该毫无目的地浪费时间，而是应该在库尔帕干到来之前尽快想办法拯救自己。每个区域都有一个蛮族人负责守卫，我建议大家尽力赢得这个蛮族人的支持。如果你们愿意，请给第一个成功做到这一点的人一个奖励——即这个城市的总督职位，直到皇帝命人将它从我们手中接管。当然，即使以这种方式，我们也可能不会取得任何进展。"狡猾的博希蒙德酷爱权力，不是为了拉丁人或者共同利益，而是为了让自己的野心实现地顺理成章。他的阴谋诡计得逞——这个故事正如它所设计的那样发生了。伯爵们一致赞成他的计划并着手工作。天刚破晓，博希蒙德便立刻去了那个塔楼，①那个亚美尼亚人按照约定打开了城门。博希蒙德和他的追随者尽可能快地爬上塔楼顶。围攻者和被围攻者都看到他站在城垛上并命令号兵吹响战斗的号角。于是出现了一种不同寻常的景象，突厥人惊慌失措，立刻从城市另一端的城门逃跑，只有少量勇敢士兵留下来守卫要塞。城外的凯尔特人跟着博希蒙德，当他们沿着梯子爬到塔楼顶时，城市立即被占领。坦克雷德立刻带着一支强大的凯尔特人军队追赶逃跑者，杀死和击伤了许多人。当库尔帕干带着数量巨大的军队前来增援时，发现这个地方早已被敌人占领。他挖掘了一道壕沟，将行李存放在里面，在此扎营，准备围攻城市。但在他开始围攻之前，凯尔特人发起了小规模进攻。可怕的战斗开始，突厥人胜利，拉丁人被围困在城中，面临两方面的威胁——要塞的防御者（蛮族人仍旧控制着它）和在墙外扎营的突厥人。博希蒙德是聪明人，为了确保自己对安条克的统治，便再次对伯爵们说："人不应该两线作战——同时与城外的敌人和城中的敌人作战。我们应该根据敌人的比例，将军队划分为数量

345

---

① 两姐妹塔楼(The Tower of the Two Sister)，进攻的完整过程在伦西曼的《十字军的历史》(*History of the Crusades*, vol. ⅰ)中被详细讲述，他使用了来自拉丁人历史学家的更充分的证据。——原译者注

不等的两组,然后向他们发动进攻。如果你们同意,我将与要塞的
防御者作战。其他人将对付城外的敌人,对他们发动猛烈进攻。"
所有人都赞成博希蒙德的主意。他立刻面对要塞建造了一小段防
御墙,将它和安条克的其余部分隔开,如果战斗爆发,这将是一道
非常坚固的防御线。它被建成之后,他亲自守卫,时刻警戒,一刻
也没有放松向防御者施加压力。他非常勇敢地战斗,其他伯爵全
力守卫自己的那一部分,在各处保护城市,察看覆盖城墙的胸墙和
城垛,确保没有来自城外的野蛮人沿着梯子爬上城墙而夺取城市,
没有来自城内的人悄悄爬上城墙与敌人谈判之后发生背叛行为。

　　当安条克正在发生这些事时,皇帝打算亲自援助凯尔特人。尽
管着急,但是沿海城市和地区遭到劫掠并被完全摧毁的消息阻止
了他。因为扎查斯控制了士麦那,并将它视为私人财产。坦戈里
坡密斯(Tangripermes)保留了埃塞俄比亚人的一座沿海城市,在那
里为了纪念使徒牧师圣约翰(St John the Divine)建造了一座教堂。
地方总督一个接一个地占领了防御要塞,奴役基督教徒并践踏了
一切。他们甚至夺取了吉奥斯岛和罗德斯岛(事实上是所有剩余
地区)并在那里建造了海盗船。由于这些事件,皇帝认为最好先到
海上和扎查斯那里。他决定将充足的军队和一支舰队留在陆地
上,驱逐和阻止蛮族人的进攻,然后带着剩余军队去安条克,根据
时机与突厥人作战。他派人叫来他的舅子约翰·杜卡斯并给了他
从不同国家抽调的军队和足够的船只去围攻沿海城市。他也负责
看管扎查斯的女儿,控制着战俘和当时碰巧在尼西亚的其他人。
约翰受领的命令是广泛散布尼西亚被攻占的消息,如果受到质疑,
就向突厥人地方总督和居住在沿海地区的蛮族人展示这个女人。
他希望控制了上述地区的地方总督看到她之后,相信尼西亚真的
已经陷落,会彻底绝望地不战而降。约翰装备了各种供应品之后
出发。我将在后面叙述他在与扎查斯的战斗中取得了多少胜利,
如何将他驱逐出了士麦那。他告别皇帝,离开都城,从阿比多斯横
渡。卡斯帕克斯(Kaspax)作为舰队司令,全权负责海军远征。约
翰向他承诺,如果他战胜,将任命他为士麦那(那个城市被占领之

346

后）及其周围地区的总督。当卡斯帕克斯作为海军总指挥起航时，约翰作为陆军总指挥从陆地进攻。士麦那的居民看到卡斯帕克斯和约翰同时到达，杜卡斯在离城墙不远处扎营，卡斯帕克斯在港口附近游弋。他们早已知道尼西亚已经陷落，没有心思战斗，而是倾向于和平谈判，承诺如果约翰宣誓让他们不受伤害地回家，他们将兵不血刃地把城市转交给他。杜卡斯同意按照他们提出的要求做。敌人就这样被和平驱逐，卡斯帕克斯成为士麦那的最高总督。下面，我将概述此时发生的一个事件。当卡斯帕克斯离开约翰·杜卡斯之后，一个士麦那人来到他这里，说一个撒拉逊人偷了他500金斯塔特。卡斯帕克斯下令将这两个人带来审判。那个叙利亚人①被强行拖入，认为自己将被拖去处决，对活命陷入绝望，便拔出匕首，刺向了卡斯帕克斯的腹部，然后转过身，击向总督的弟弟，刺伤了他的大腿。在随后的重大混乱中，这个撒拉逊人逃跑，但舰队的所有水手（包括桨手）混乱地进入城中，残酷地屠杀了所有人。这是一个悲惨的场面——大约 10，000 人转眼之间被屠杀。约翰·杜卡斯对卡斯帕克斯的屠杀深感震惊，重新将所有精力放到了士麦那的事务上。他来到士麦那，彻底检查了它的防御并从经验丰富的人那里得到了关于城中居民的准确消息。形势需要一个勇敢的人，约翰任命了一个名为西亚里斯（Hyaleas）的勇敢战士为新的总督，认为他可以胜任这个职位。整支舰队被留下来保护士麦那，约翰则带着一支军队前往以弗所（Ephesus）②。以弗所当时被地方总督塔戈里坡密斯和马拉克斯（Marakes）占领。敌人听说他到达，便全副武装，按照战斗队形将军队排列在城外的平原上。公爵立刻带着纪律严整的军队冲向他们。随后的战斗持续了大半天，双方打得难分胜负，直到突厥人转身迅速逃窜。他们中的许多人被杀，一些普通士兵和地方总督被俘虏。总数达到 2000 人之多。皇帝听说了这次胜利后，命令他们分散在岛上。突厥人的幸

---

① 撒拉逊人。——原译者注
② 古希腊小亚细亚西岸的重要贸易城市。

存者越过门德罗斯河(River Maeandros)去了波里伯托斯(Polybotos),并且心怀侥幸,认为终于摆脱杜卡斯了。但事情并非如此。约翰留佩兹斯(Pezeas)统治城市,自己则带着所有步兵立刻出发追赶。他的军队秩序井然地前进。事实上,约翰谨记皇帝的告诫,像一个拥有丰富经验的将军那样控制行军。就像我已经提到的,突厥人一路前进越过门德罗斯河,穿过附近的城镇,到达波里伯托斯。但是,公爵没有走同样的路线。他沿着一条近路,通过突袭夺取了萨尔迪斯(Sardes)和费城(Philadelphia)。后来,米哈伊尔·凯考迈努斯(Michael Kekaumenus)被派去守卫它们。当约翰到达劳迪西亚(Laodicea)[1]时,所有市民立刻出来迎接他。他安抚了这些归降者,允许他们不受干扰地居住在自己的土地上,甚至没有任命一个总督。他从那里穿过乔马(Choma),夺取了拉姆颇。尤斯塔休斯·卡米泽斯(Eustathius Kamytzes)被任命为军队指挥官。当他最终到达波里伯托斯时,发现了一支强大的突厥人军队。他们存放行李之后,便发起进攻,并迅速赢得了决定性的胜利。许多突厥人被杀,与他们的数量相似的许多战利品被重新拿回。

当皇帝准备援助安条克地区的凯尔特人时,约翰正在与突厥人作战,仍未返回。沿途迁灭了许多蛮族人之后,他带着整支军队到达非罗梅隆(Philomelion),以前被突厥人占领的许多城镇已被洗劫。正是在这里,来自安条克的纪尧姆·德·格兰特梅尼尔(Guillaume de Grantmesnil)、法拉克公爵(Count of France)艾蒂安(Etienne)和皮埃尔·德·奥尔普斯(Pierre d'Aulps)[2]加入了他。他们顺着绳子从安条克的城垛上爬下来,取道塔尔苏斯到达这里。通过他们,他确信凯尔特人已经陷入极度危险的状况。他们宣称军队已经彻底崩溃。尽管遭到普遍反对,皇帝还是急于赶去帮助 349

---

① 叙利亚最大海港拉塔基亚的古名。

② 即格兰特梅尼尔的威廉(William of Grantmesnil)、布卢瓦的斯蒂芬(Stephen of Blois)和彼得·阿里法斯(Peter Aliphas),他们大约在1098年6月中旬到达他那里。——原译者注

他们。但是,普遍谣传无数的蛮族人正在逼近。科洛桑的苏丹,听说阿莱科休斯出发去帮助凯尔特人,已经派他的儿子以实玛利(Ishmael)带着一支来自科洛桑和更远地方的装备精良的庞大军队前去阻止。以实玛利被命令在皇帝到达安条克之前战胜他。尽管阿莱科休斯希望粉碎突厥人的猛烈进攻和杀死他们的首领库尔帕干,但来自安条克的法兰克人带来的消息和有关以实玛利到达的消息,阻止了解救凯尔特人的计划。他认为解救一个最近被凯尔特人占领,但立刻又被突厥人围攻的城市是不可能的。更何况,凯尔特人已经放弃了自救的希望,为了保全自己的性命,正在计划遗弃防御工事,将它们转交给敌人。事实是,凯尔特人种族具有我行我素和轻率鲁莽的性格特点,更不用提培养纪律严明的战争技能了。当战斗和战事迫近时,在激情的驱使下,他们是不可抵挡的(这不仅在普通士兵中体现得很明显,他们的首领也是如此),会不顾一切地冲到敌人战线中部——只要敌人向各处撤退。但是如果他们的敌人设置埋伏,如果遇到的敌人秩序井然,他们的勇敢便消失了。一般而言,凯尔特人在敞开式的骑兵进攻中是大胆无畏的,但此后,因为盔甲的重量和充满激情的本性和鲁莽,则很容易被打败。皇帝既没有充足的军队与他们的巨大数量相抗衡,也无法改变凯尔特人的特性,也不能通过更合理的建议让他们采取某种有利的策略,因此,他认为明智的做法是不要走得更远。在他热心地帮助他们时,他可能会失去君士坦丁堡和安条克。他担心如果现在遇到了巨大的突厥人军队,住在非罗米隆的人将成为蛮族人剑下的牺牲品。在这种情况下,他决定广泛散布有关突厥人进军的消息,让所有人尽可能地带着财产在他们到达之前离开这个地方逃命。全体军民立刻选择跟随皇帝……①这就是阿莱科休斯对战俘采取的措施。军队的一部分被派出去,然后分成了许多连队,从几个方向与突厥人作战,无论在什么地方发现他们突袭,都要武

---

① 原文献中此处有空白,或许是不想让我们知道阿莱科休斯对战俘做的事情。——原译者注

力阻止他们前进。阿莱科休斯带着所有蛮族人战俘和投奔他的基督教徒，准备返回君士坦丁堡。总地方总督以实玛利得知皇帝离开了都城，听说了随后的大屠杀和他在行军中彻底摧毁了许多城镇，也听说阿莱科休斯准备带着大量战利品和战俘返回。以实玛利陷入了尴尬的境地。没有什么需要他做的事情——他失去了猎物。于是，他改变行军路线，决定围攻派伯特（Paipert），此地不久前被著名的塞奥多利·加布拉斯（Theodore Gabras）攻占。整支突厥人军队停在流经这个地区附近的河岸边，加布拉斯得知了他们的行动，计划在晚上进行突袭。关于加布拉斯事件的结束、他的出生和性格，我将留到适当的地方叙述。现在我们必须恢复叙述。

　　拉丁人遭受了饥荒和持续不断的围攻，便到他们的主教彼得[①]那里。他以前在赫勒诺伯利斯（Helenopolis）被打败（就像我已经清晰阐述的那样），他们征求他的意见。"你们曾许诺，"他说，"保持纯洁直到到达耶路撒冷，但是我认为你们已经打破了誓言，因为这个原因，上帝不再像以前那样帮助我们。你们必须重新面向上帝，穿着麻布衣服为你们的罪恶和死去的人们哭泣，在晚上眼含热泪地祈祷，证明你们的忏悔之心。到那时，我将代表你们请求上帝的宽恕。"他们听从了这位主教的建议。许多天之后，在某种神谕的指导下，他叫来重要的伯爵们，建议他们到神坛[②]的右边挖掘，预言他们会在那里找到圣钉（Holy Nail）[③]。他们照他说的做了，但是什么也没有找到，便沮丧地返回，告诉他一无所获。他更加热切地祈祷，命令他们更仔细地寻找。他们重新认真地执行了他的命令。这次他们找到了正在寻找的东西，充满了喜悦和虔诚的敬畏，跑着

351

---

① 拉丁历史学家对此事件有不同的版本，参见 Runciman, vol. ⅰ, pp. 241 - 246，在其著作里真正的英雄是农民彼得·巴塞洛缪（Peter Bartholomew），不是普维的主教（Bishop of Puy）。——原译者注
② 在安条克的圣彼得教堂。——原译者注
③ 安娜写的是一个"钉子"，拉丁人提到的是一根"圣标枪"或者"矛"。——原译者注

将它带到彼得①那里。此后,他们在战斗中将受人尊敬的圣钉委托给了圣吉勒斯,因为他比其他人更纯洁。第二天,他们从一个秘密的城门对突厥人发动突袭。这时,弗兰德尔伯爵(Count of Flanders)②要求其他人答应他的一个请求——被允许带着三个同伴,冲到军队前面进攻敌人。请求被允许,当军队整装待发准备战斗时,他下马,跪在地上,向上帝祈祷了三次,请求帮助。当所有人大声叫喊"上帝与我们同在!"时,他迅速冲向库尔帕干,后者正站在山头上。阻挡他们的人立刻被矛刺中并被打下马。这使突厥人心生恐惧,在战斗开始之前便逃跑了。很显然,一种神圣的力量正

352 在帮助基督教徒。③ 在蛮族人逃跑的混乱中,大部分人被河流吞噬,淹死了。他们的尸体成了后来者的桥梁。追赶了适当的距离之后,凯尔特人返回了突厥人的战壕,在那里发现了他们的行李和他们带来的所有战利品。尽管凯尔特人希望立刻占有它,但是战利品的数量非常巨大,以至于他们几乎无法在30天之内将它们带回安条克城。他们在那里做了短暂停留,以便从战争的劳苦中恢复元气。同时,他们也为安条克担心——一个新的总督必须被任命。他们的目光落到了博希蒙德身上,他在城市陷落之前曾要求这个职位。他被赋予了至高无上的权力,此后其他人出发去了耶路撒冷。许多沿海据点被沿路攻占,但较为牢固的地方(它们需要较长时间的围攻)被暂时忽略。他们匆忙赶往耶路撒冷,包围并持续攻打城墙。经过一个阴历月的围攻之后,城市陷落。④ 城中的许多撒拉逊人、希伯来人被屠杀。城市被攻占之后,戈弗雷被赋予了最高权力并任命为国王。

阿美里姆奈斯(Amerimnes, Exousiast of Babylon)⑤听说了凯尔

---

① 安娜混淆了彼得·巴塞洛缪和普维的主教亚得赫马尔(Adhemar)。——原译者注
② 弗兰德尔伯爵罗伯特。——原译者注
③ 战斗发生在1098年6月26日。——原译者注
④ 1099年7月15日。——原译者注
⑤ 即埃及的苏丹。在中世纪,开罗通常被认为是巴比伦(Babylon),在这一节中,巴比伦人(Babylonians)是指埃及人。——原译者注

特人的入侵，得知他们已经攻占了耶路撒冷、安条克和那个地区的许多城市。因此，他召集了一支由亚美尼亚人、阿拉伯人、撒拉逊人和突厥人组成的庞大军队，派他们去与凯尔特人作战。戈弗雷注意到了他们。他们立刻拿起武器，转到贾法（Jaffa）①等待进攻。后来，他们去了拉姆利（Ramleh），著名的乔治在此殉道。他们在这里遭遇了亚美里姆纳斯的军队。凯尔特人迅速赢得了胜利，但是第二天，当敌人的前卫部队从后面进攻时，他们被打败，跑到拉姆利逃命。唯一没有在场的伯爵是鲍德温。他已经逃跑，不是因为懦弱，而是去寻找确保自己安全和进攻巴比伦人的更好办法。后者围攻拉姆利，并很快将其攻占。当时，许多拉丁人被杀，更多的人被作为战俘带到巴比伦。② 全部军队从拉姆利匆忙赶去围攻贾法——蛮族人的一种典型做法。鲍德温参观了被法兰克人占领的所有城镇，召集了一支包括相当数量的骑兵和步兵在内的军队，这是一支不容小觑的兵力。他向巴比伦人进军，彻底击溃了他们。关于拉丁人在拉姆利遭受灾难的消息对皇帝而言是一个沉重的打击。想到伯爵们正在被囚禁，他觉得无法容忍。对他而言，这些人正值盛年，处于权力的顶峰，出身贵族，堪比古代的英雄，一定不能让他们作为战俘留在异乡。他叫来巴达勒斯（Bardales），让他带钱去赎回他们，在他去巴比伦之前，给了他一封写给亚美里姆纳斯的信。亚美里姆纳斯读了信，高兴地免费释放了战俘，给了他们自由——除了戈弗雷，他已经被高价卖给了他的弟弟鲍德温。伯爵们在君士坦丁堡受到皇帝尊敬地接待，他给了他们足够的钱并在其得到充足的休息之后，将他们送回家，他们对在他那里受到的待遇很满意。对于戈弗雷，他恢复了耶路撒冷国王的身份，派鲍德温去了埃德萨（Edessa）。这时，皇帝命令圣吉勒斯将劳迪西亚转交给安

---

① 以色列中西部的古城，位于地中海沿岸。

② 从第12卷第1节开始，我们得知300名伯爵被带到埃及，如果两种叙述涉及的是相同事件的话（存在一定的困难，因为皇帝使节的名字是不同的）。——原译者注

德罗尼库斯·兹齐鲁克斯(Andronicus Tzintziloukes),将马拉克斯(Marakes)和瓦拉尼亚(Valania)地区转交给尤马修斯(Eumathius)的军官,后者当时是塞浦路斯公爵。圣吉勒斯将继续前进,尽其所能地攻占其他设防地区。命令被严格执行。将地方转交给前面提到的军官之后,他离开去了安塔拉斯(Antaras)并兵不血刃地占领了此地。大马士革的阿塔帕卡斯(Atapakas)听到这个消息,立刻向他进军。圣吉勒斯军队的数量远远比不上对方的强大军队。于是,他设计了一个充满智慧的大胆计划。他信任安塔拉斯的居民,告诉他们自己将藏在这个巨大要塞的某个角落。"你们,"他说,"当阿塔帕卡斯到达时,一定不能说出实情,而是要告诉他,我已经因为害怕逃走了。"随后,阿塔帕卡斯到达,询问有关圣吉勒斯的事,他们使他相信他的确已经逃跑。因为行军的疲劳,他在城墙附近搭起了帐篷。由于当地人待他非常友善,突厥人没有什么理由怀疑他们会怀有敌意,便放心地将马放在了平原上。中午时分,当太阳直射头顶时,圣吉勒斯和他的人(总数有 400 人)全副武装突然打开城门,冲进了他们的营地。那些平时一直都勇敢作战的人坚持战斗,丝毫不顾及自己的安危,但其余人试图逃命。广阔的平原没有任何沼泽、山头或沟壑,他们完全暴露在拉丁人的视野中。除了少数人被捕之外,大部人全部被剑屠杀。圣吉勒斯通过这种方式智胜敌人之后,继续去了特利波利斯(Tripolis),一到达便爬上了山头的制高点,将其攻占,它位于城市对面,属于黎巴嫩(Lebanon)的一部分,相当于一个要塞。他将切断从黎巴嫩沿着这座山头的斜坡流到特利波利斯的水流。向皇帝汇报了这些行动之后,圣吉勒斯建议在科洛桑的巨大军队到来之前(他将必须与之作战),建造一个非常坚固的要塞。阿莱科休斯把建造要塞的任务交给了塞浦路斯公爵,命令他在这个法兰克人选择的任何地点建造。① 这就是当时的形势。其间,圣吉勒斯在特利波利斯城外扎

355

---

① 要塞被建在朝圣者山(Mount Pilgrim)上(被阿拉伯人称为夸拉特·桑吉尔(Qalat Sanjil))。——原译者注

营,毫不松懈地全力夺取这个地方。让我们返回到博希蒙德那里。当得知兹兹鲁克斯到达劳迪西亚时,他将长期以来对皇帝怀有的怨恨公开化,派他的侄子坦克雷德带着充足的军队去围攻此城。有关这件事的消息很快传到了圣吉勒斯的耳朵里。他很快亲自去了劳迪西亚,与坦克雷德谈判,提出各种理由阻止他这样做,但是很明显,无数次会面之后,坦克雷德没有被说服——可以说,圣吉勒斯正在"对聋子唱歌"。他返回特利波利斯。坦克雷德丝毫没有放松围攻,兹兹鲁克斯现在面临的形势很危急,看到敌人顽强进攻,便向塞浦路斯求助。援助来得太慢,部分因为围攻,部分因为饥荒带来的灾难,他陷入了无助之中,决定投降。

　　当这些事情正在发生时,为戈弗雷(他已经去世)①挑选一个继承人成为日益紧迫的事情。耶路撒冷的拉丁人立刻派人去特利波利斯请圣吉勒斯,想将他推上王位,但被他拒绝。后来,他去了都城。当耶路撒冷的人意识到他的固执己见时,便请来鲍德温②,选举他为国王。③圣吉勒斯受到皇帝的热烈欢迎,当后者听说鲍德温登位后,便让他留在君士坦丁堡。正是在这个时候,诺曼人军队④在比安德拉特(Biandrate)和他的弟弟的率领下到达这里。皇帝几次强烈建议他们走前面的人的路线(穿过沿海地区),与正在耶路撒冷的剩余拉丁人军队会合。但他们没有听从皇帝的建议,不愿加入法兰克人,⑤而是打算穿过另一条路去东部,直接攻打科洛桑。皇帝知道他们的计划将是灾难性的,既然不可能说服他们,因为不愿看到一支如此庞大的军队遭到毁灭(他们有 50,000 骑兵和 100,000 步兵),便改变了策略,派圣吉勒斯和齐塔斯与他们一起去,给与他们恰当的建议,尽其所能地阻止他们做愚蠢的事情。他们渡

356

---

① 1100 年 7 月 18 日,他可能死于伤寒,被葬于圣墓的教堂。——原译者注
② 他当时在埃德萨地区。——原译者注
③ 1100 年 12 月 25 日。——原译者注
④ 他们大部分是伦巴第人。——原译者注
⑤ 他们急于解救在 8 月被突厥人俘虏的博希蒙德。——原译者注

过基伯图斯(Kibotus)海峡,匆忙赶往亚美尼亚军区,突袭了安吉拉(Ancyla)①,渡过哈利斯(Halys),到达一个被罗马人控制的小城镇。由于信任身为基督教徒的诺曼人,教士们穿着圣袍,拿着福音书和十字架到他们那里。但是,入侵者不仅惨无人道地屠杀了教士们并且屠杀了其余的基督教徒,然后将他们完全抛在脑后,继续向阿马西亚(Amaseia)进军。擅长作战的突厥人在他们到来之前占领了沿途的所有村庄,烧掉了所有食物供给,然后迅速向他们进攻。在某个星期一,突厥人战胜了他们。那天,他们在亚美尼亚地区的某个地方扎营,将行李储存在防御墙内。星期二,战斗重新开始。诺曼人被突厥人的营地围困,因此失去了寻找粮草的机会,也不能将马和驮行李的动物牵出去饮水。如今,他们觉得死亡正在逼近自己。第二天(星期三),他们全副武装,与蛮族人展开了激烈战斗,全然不顾个人安危。包围了他们的突厥人,不再使用标枪或弓箭,而是抽出剑展开了肉搏战。诺曼人很快就逃跑了,返回阵地寻求建议。皇帝曾向他们建议更好的路线,但他们拒绝听从,现在

357 他没有与他们在一起,他们唯一能求助的是圣吉勒斯和齐塔斯。他们询问那个地区是否有皇帝控制下的领土,打算前去避难。最后,他们放弃了所有行李、帐篷和步兵,②骑马向亚美尼亚军区的沿海地区和保拉(Pauraë)③全力飞奔。突厥人对他们的营地进行了大规模的突袭,带走了所有东西。此后,他们追赶上了步兵。除了少数人被带到科洛桑进行展示之外,其余人都被屠杀。这就是突厥人在与诺曼人的战斗中取得的英勇战绩。至于圣吉勒斯和齐塔斯,他们和少数骑兵幸存者取道去了君士坦丁堡。皇帝接见了他们,给了他们许多金钱礼物,允许他们进行休整,询问他们将来想去哪里。他们选择了耶路撒冷,要求得到准许后,带着慷慨的赏赐乘船离开。圣吉勒斯也离开君士坦丁堡,重新加入在特利波利斯

---

① 安吉拉(又名安卡拉,Ankara),1101 年 6 月 23 日被占领。——原译者注
② 迈斯万战役(Battle of Mersivan,1101 年秋),军队的 4/5 被杀。——原译者注
③ 巴夫拉(Bafra),位于哈利斯河口。——原译者注

的军队,积极寻找攻占这座城市的办法。后来,他得了致命的疾病,当他奄奄一息时,①派人请来了他的侄子纪尧姆(Guillaume)。②他将自己攻占的所有要塞作为一种遗产遗赠给他并任命他为军队总司令。听到他去世的消息,阿莱科休斯立刻给塞浦路斯公爵写信,命令他派尼基塔斯·查林泽斯(Nicetas Chalintzes)给纪尧姆送去了大量的钱,并争取说服他向皇帝宣誓效忠。这种誓言,他去世的叔叔忠诚地维持到生命的最后。

坦克雷德占领了劳迪西亚的消息也传到了皇帝这里。他给博希蒙德送去了一封信,内容如下:"你很清楚你和其他伯爵对罗马帝国的宣誓和许诺。现在,你是第一个打破誓言的人,你已经夺取了安条克,并用欺诈的方式获得了包括劳迪西亚在内的其他一些设防地。我命令你从安条克城和其他所有地方撤离。这才是正确的做法,不要重新挑起敌对和战争。"博希蒙德私下里读了这封信。通过惯常的欺骗为自己辩解已经不可能了,因为事实胜于雄辩。因此,他承认这封信在理论上是合理的,但谴责了皇帝的错误行为。"我本人,"他写道,"不为这些事情负责,要负责的人是你。你许诺带着一支强大的军队跟随我们,但没有用行动履行承诺。就我们而言,到达安条克之后,三个月来,忍受着巨大灾难,与敌人以及前所未有的饥荒作斗争,情况如此糟糕,以至于我们大部分人甚至陷入吃被法律所禁止的肉,但是我们尽其所能地坚持。当我们正在经历这一切时,奉了你的命令前来帮助我们的最忠诚的随从塔提西乌斯,在我们最危险的时候,抛弃了我们。但我们出人预料地夺取了城市并击溃了从科洛桑前来援助安条克的军队。请告诉我,我们怎么可能如此轻易地放弃通过汗水和辛劳得到的东西呢?"使节返回,皇帝读了博希蒙德的信,意识到他还是老样子,一点都没有变。罗马帝国的边界必须被牢牢控制,博希蒙德无限膨胀的野心必须以某种方式被遏制。因为这些原因,布图米特斯带

358

---

①　在他的朝圣者山上的要塞中(1105年2月28日)。——原译者注

②　纪尧姆·约旦(Guillaume-Jordan),克达格纳伯爵(Count of Cerdagne)。

着大量军队被派到了西里西亚。[①] 他带去了军队中的优秀将士,他们每个人都是"阿瑞斯(Ares)[②]的卫兵",与他一起去的还有巴尔达斯和司酒长(Chief Cupbearer)米哈伊尔,两个人都正值盛年,"刚刚长出第一缕胡须"。当这些年轻人都是孩子时,皇帝已经为他们提供保护和良好的军事教育。现在,因为相比较其他人而言,他更信任他们的忠诚,便派他们和其他上千名优秀的凯尔特人和罗马人士兵,一起在布图米特斯帐下服役。他们将陪同布图米特斯并在所有事情上服从他,同时,皇帝依靠他们通过秘密信件随时得知日常发生的事情。他必须确保整个西里西亚的安全,到那时,对安条克的战争将会变得更容易。布图米特斯带着所有军队出发,到达阿塔利亚时,发现巴尔达斯和米哈伊尔一直不服从他的命令。为了阻止士兵中发生叛乱——这将导致他的所有努力无果而终并迫使他一事无成地撤离西里西亚——他立刻将他们的行动汇报给了阿莱科休斯,请求禁止他们陪同。皇帝意识到这些人可能带来的危害,迅速给他们和其他嫌疑者委派了不同的任务。他们被命令立刻向君士坦丁·尤弗本努斯报到并服从他的任何命令。[③] 这些年轻人高兴地读了给他们的命令,全速驶向此岛。他们只与公爵相处了短暂的时间,就像通常那样傲慢地对待他。他自然怀疑他们,而他们写给皇帝的信也充满了对他的谴责。他们记着皇帝的要求,经常提到君士坦丁堡。看到他们的信,阿莱科休斯感到惊恐,因为与他们一起在塞浦路斯岛上的人,是他怀疑其忠诚并将其流放的一些贵族。这些人可能心怀不满。因为这一点,他立刻命令坎塔库振努斯将这些年轻人带在身边。他去了凯里尼亚(Kyrenia),将他们带走。这就是巴尔达斯和司酒长米哈伊尔的故事。对于布图米特斯,他和莫纳斯特拉斯以及与他一起被留在后面的其他指挥官到达了西里西亚。当他发现亚美尼亚人已经和坦

---

① 很明显,西里西亚是具有重要战略价值的行省,叙利亚的门户。——原译者注
② 希腊神话中的战神。
③ 君士坦丁当时是此岛的公爵。——著者注

克雷德达成协议时，就绕过他们，夺取了马拉什（Marash）和周围所有城镇以及一些小地方。一支能够保护整个乡村的军队在半蛮族人莫纳斯特拉斯的领导下被留下，布图米特斯本人返回都城。①

当法兰克人为了征服叙利亚城，向耶路撒冷进发时，他们向皮萨的主教（Bishop of Pisa）②许下了美好的承诺，条件是他帮助他们达到目的。他被他们的理由说服并引诱住在海边的两个同伴也这样做。事情立刻进行。他装备了900艘双排桨船、三排桨船和大型快速帆船以及其他快船，然后向叙利亚驶去。这支海军的一支相当强大的支队被派去抢劫科孚、莱夫卡斯岛（Leukas）、凯发罗尼亚和扎金索斯岛（Zacynthos）。皇帝命令罗马帝国的所有行省提供船只，君士坦丁堡也准备了许多船。他经常带着一排桨不时地登上船，亲自给船工们造船的建议。他知道皮萨人擅长海战，因此害怕与他们打海战。他在每艘船的船头固定了狮子和其他陆地动物的头像。它们由铜或铁制成，张着嘴，覆着一层薄薄的黄金，看上去令人非常恐怖。从管子向敌人喷射的（希腊）火，从这些头像的嘴中射出，通过这种方式，它们好像在喷火一样。当一切准备就绪时，阿莱科休斯派人请来塔提西乌斯，他最近刚从安条克回来。阿莱科休斯将舰队委托给他，并赐予最杰出的舰队司令（Most Illustrious Admiral）头衔，但是派兰道夫（Landulf）③指挥整个海军并将他提升到大公爵等级，因为他是最优秀的海战专家。他们在四月的后半月④离开都城，到达萨摩斯岛（Samos）⑤。船只停泊在海岸附近，他们登陆后，把船拖上岸，完全涂上焦油，使之更适合海

361

---

① 在下面的一章中，安娜描述了在1098—1099年发生的事件，她后退了许多
　　年——她的一个不好的习惯。——原译者注

② 皮萨的大主教戴姆伯特（Daimbert），在利·普伊（Le Puy）的阿德赫马尔
　　（Adhemar）死后，在1098年被乌尔班教皇任命为耶路撒冷大主教。对拉丁人的
　　高级教士没有好感的安娜明显地表示戴姆伯特组织了皮萨舰队。——原译者注

③ 兰道夫出生于意大利，无疑懂得拉丁人的海军战略。——原译者注

④ 1099年。——原译者注

⑤ 爱琴海东部的希腊属岛屿。

航。听说了皮萨人的航行后,他们解开船,将他们追赶至科斯岛(Cos)①。皮萨人在早上到达此岛。罗马人在晚上到达,没有发现皮萨人,便驶向了距离阿纳托利亚大陆一段距离的基尼都斯(Knidus)。在此期间,他们发现了少数被留在后面的皮萨人(主要猎物已经逃脱),便问他们,皮萨人舰队去了哪里。他们说:"去了罗德岛(Rhodes)。"罗马人立刻重新解开船,在帕塔拉(Patara)和罗得岛之间追上了他们。看到敌人,皮萨人立刻士气高昂地准备战斗。罗马舰队靠近,一个叫佩里基塔斯(Perichytas)的伯罗奔尼撒伯爵擅长海上伏击战,敌人一出现,他就迅速划动他的单排桨船向敌人冲去,像闪电一样穿过了皮萨人中部,返回到罗马人那里。不幸的是,他们没有秩序井然地投入战斗——而是进行了混战。兰道夫是第一个与敌人作战的人,但他的希腊火错过了目标,所做的一切只是浪费了油料。一个叫埃利蒙(Eleemon)的伯爵勇敢地从船尾向一只大船冲去,但缠住了方向舵,发现很难解开。如果他没有迅速想起为管子准备的油料并率先用希腊火直接射击的话,也将被抓住。随后,他灵活地在两个方向操作船只,向皮萨人的三条大船射击。此时,海面上突然掀起一股暴风,搅动了海浪。船碰撞在一起,几乎要沉没——海浪压向它们,船的桁端咯吱作响,船帆被撕碎。② 蛮族人吓得六神无主,部分因为直接向他们发射的火(他们不熟悉这种装备,它喷出的火自然向上升,但按照罗马人希望的任何方向发射,经常射向下方和船的左侧或右侧)③,部分因为他们被波涛汹涌的海面弄得不知所措,因此决定逃跑。这就是他们的情况。罗马舰队则被搁浅在了一个名字类似为塞乌特罗斯(Seutlos)的小岛上。当天破晓时,它驶向罗德岛。罗马人登陆,放

362

---

① 即 Kos,希腊东南一岛屿,位于多德卡尼斯群岛北部,是科斯湾的一个入口,爱琴岛的一个小海湾,位于土耳其西南海岸。

② 安娜使用了类似于荷马的语言。——原译者注

③ 对于希腊火及其使用的细节参见帕廷顿:《希腊火和火药的历史》(Partingdon: *A History of Greek Fire and Gunpowder*),一部非常有价值的现代著作,以下见 p. 517。——原译者注

出了包括博希蒙德的侄子在内的战俘,威胁要将他们变卖为奴或杀死。当看到恐吓根本没有用时,他们不再浪费时间,用剑屠杀了他们。皮萨远征军的幸存者们转而抢劫沿途的岛屿和塞浦路斯岛。尤马修斯·非罗卡勒斯(Eumathios Philokales)碰巧在那里,便向他们进攻。他们的船员充满了恐惧,不顾已经到岸上抢劫的船员,将其中的大部分人抛弃在岛上,便起锚,惊慌失措地驶向劳迪西亚,打算加入博希蒙德。事实上,他们的确到达了这个地方,并去了他那里,向他示好。博希蒙德高兴地接待了他们。当已经被抛弃的人返回收集掠夺物时,看见他们的舰队已经离开,不顾一切地跳进海里被淹死了。罗马舰队的指挥官们和兰道夫,一到达塞浦路斯,便召开了一次会议,讨论和平谈判的可能性。当他们都同意这种策略可行后,布图米特斯作为他们的代表去了博希蒙德那里。他被拘留了整整15天。劳迪西亚现在正处于饥荒中,博希蒙德还是老样子,一点都没有变,仍是一个从来不知道和平为何物的人。他派人请来布图米特斯。"你来这里,不是出于友谊,也不是为了寻求和平,"他说,"而是为了烧毁我的船。你离开吧——要觉得自己是幸运的,能被允许不受伤残地离开。"布图米特斯就这样走了,在塞浦路斯港口找到了他的同伴。通过这件事,博希蒙德的邪恶目的比以前更明了了,与皇帝签订条约是明显不可能了。因此,罗马人重新起锚,升起所有船帆,"从水路"[①]驶向都城。但是,离开塞克(Syke)[②]时,在一次巨浪冲天的强大暴风雨中,船被冲向海滩,除了塔提西乌斯指挥下的船只外,其他的船都被部分地摧毁。这就是与皮萨人海战的结果。此时,本身是一个十足恶棍的博希蒙德,担心皇帝可能亲自夺取库利克斯(Kourikos)[③],然后将罗马舰队停泊在这个港口,守卫塞浦路斯,阻止沿阿纳托利亚海岸从伦巴第来的联盟军。在这种情况下,他决定重建库利克斯并占领这个港

363

---

① 　Homer, *Odyssey* ⅲ, 171. et al. ——原译者注
② 　位于西里西亚之西。——原译者注
③ 　现代的克尔格斯(Korgos)。——原译者注

口。它过去曾是一个坚固的城市,后来沦为废墟。皇帝预见到博希蒙德的策略,首先采取了预防措施。宦官尤斯塔修斯(Eustathius)被从皇帝的墨水瓶保管人(kanicleios①)职位提升为舰队总司令(Grand Drungarius of the Fleet),被命令立刻夺取库利克斯,重建这个地方和距离此地 6 斯塔得远的塞琉塞亚(Seleuceia)据点。一支强大的军队被留在这两个地方,斯特拉特吉乌斯·斯特拉波(Strategius Strabo)被任命为公爵,他身材矮小,但在战争艺术方面不可小觑。足够的舰队停泊在港口,一项布告被发布,警告水手们保持警戒,潜伏等待从伦巴第前来援助博希蒙德的援军,并为塞浦路斯岛提供帮助。舰队总司令起航,挫败了博希蒙德的计划并将库利克斯恢复到以前的样子。塞琉塞亚也立刻被重建并用环绕城市的沟渠加固。斯特拉特吉乌斯有足够的军队应付塞琉塞亚和库利克斯发生的任何突发事件,港口有数量充足的船只。尤斯塔修斯返回都城,受到阿莱科休斯的高度称赞和慷慨封赏。

这就是皇帝在库利克斯采取的行动。一年之后②,皇帝听说热那亚人正准备起航去帮助法兰克人。他预见到热那亚人像其他人一样,将会给罗马帝国带来很多麻烦。因此,坎塔库振努斯带着一支巨大军队从陆地出发。兰道夫带着一支被匆忙装备的舰队起航,他的任务是全速驶向南部海岸③。经过西里西亚的热那亚人必须被进攻。两个人离开去执行委派的任务,但一场可怕的暴风雨席卷一切,摧毁了许多船只。它们被重新拖上海滩,仔细地涂抹沥青。当这一切正在进行时,坎塔库振努斯被通知热那亚人的舰队正在周围地区。他建议兰道夫带着 18 艘船(他们碰巧是当时唯一适合在海上航行的船——剩余船只都在陆地上),驶向马利奥斯海

---

① 皇帝的墨水瓶保管人(Custodian of the Imperial Inkstand。据说造型像一只狗——因此得名)这个官职绝不是一个闲职,它的持有者似乎有权签署重要文件。——原译者注

② 在这一章,安娜正在叙述 1104 年的事件,尽管热那亚船只的确自从 1097 年以来一直在这个地区巡逻。——原译者注

③ 指小亚细亚的南部海岸。——原译者注

岬(Cape Maleos)。他可以将船停泊在那里(就像皇帝建议的),当敌人驶过时,如果有信心冒险战斗,可以立刻发动进攻,如果不能,可以在科罗尼(Korone)登陆,以确保自己、船只和船员们的安全。他离开,当看见巨大的热那亚舰队时,决定不进行战斗,而是迅速驶向科罗尼。坎塔库振努斯接管了整个罗马海军(他必须这样做),并和他的军队一起登船,尽可能快地追赶敌人。他没有赶上他们,而是到了劳迪西亚,期待与博希蒙德较量。他试图占领这个港口并日夜不停地攻打城墙,但是没有取得任何进展,几百次进攻均被击退。他试图争取凯尔特人的努力被挫败,对他们的进攻也以失败告终。最后,他在劳迪西亚的城墙和沙滩之间建造了一小段干岩石环形城墙。工程花费了整整三天三夜。建成之后,他将它作为一个保护层,在里面建造了一个水泥筑的据点,作为对城市防御工事进行更猛烈进攻的战斗基地。另外,他在港口两侧建造了两个塔楼,中间设置了一条铁链。这样来自海上的援助将被阻止。同时,他夺取了沿海的许多要塞,它们包括亚吉诺卡斯特(Argyrocastron)、马尔察平(Marchapin)、加巴拉(Gabala)和远至特利波利斯边界的其他地方。这些地方以前曾向撒拉逊人纳贡,后来阿莱科休斯付出了巨大艰辛的努力将它们重新纳入罗马帝国的版图。阿莱科休斯认为也应该从陆地包围劳迪西亚。他对博希蒙德的狡猾和计谋有长期经验(阿莱科休斯有迅速鉴别一个人的品性的天赋),非常了解这位伯爵的背信弃义和反叛本性。因此,莫纳斯特拉斯被命令带着一支强大的分遣队从陆地上围攻劳迪西亚,坎塔库振努斯则从海上包围它。在莫纳斯特拉斯到达之前,他的同伴已经占领了港口和城市,只有要塞(今天通常作为库拉(koula①)被提及)仍然控制在500名凯尔特人步兵和100名骑士手中。博希蒙德听说了这一切,也被负责这个要塞防御的伯爵告知供给品缺乏。因此,他集结了自己的所有军队和坦克雷德及圣吉

365

---

① 起源于阿拉伯语,或许它仍存在现代军队的俚语中("将他撂倒一旁!")。——原译者注

勒斯的军队,各种能食用的供给品被装载在骡子上,当他到达这个城市后,它们不久便被运送到库拉要塞。博希蒙德也与坎塔库振努斯会面。"建造这些土木工事的目的是什么?"他问。"你知道,"坎塔库振努斯回答,"你和你的伯爵们已经宣誓为皇帝服役,宣誓同意向他转交你们占领的任何城市。后来,你无视誓言,甚至不顾和平条约,占领了这座城市,将它转交给了我们,然后却改变主意,自己保留了它。因此,当我到这里来接收被你占领的城市时,我的造访毫无意义。""你来这里希望用钱还是用武力将它从我们手中夺走呢?"博希蒙德问。"因为他们在战斗中的勇敢,"罗马人回答:"我们的联军已经收到了钱。"博希蒙德充满了愤怒,"你要明白没有钱你连一个瞭望台都不可能得到。"然后,他下令军队直接向城门冲去。当法兰克人接近城墙时,坎塔库振努斯守卫防御墙的士兵将其击退了一段距离,箭像雪片般密集地向他们射去。博希蒙德迅速聚集他们,所有人(包括他自己在内)都进入要塞。守卫劳迪西亚的伯爵和他的凯尔特人被怀疑,博希蒙德解散了他们,改命了一个新的指挥官。同时,他摧毁了城墙附近的葡萄园,以便于他的拉丁骑兵能够自由行动。做了这些安排之后,他离开城市,去了安条克。至于坎塔库振努斯,他通过各种可行的方式继续围攻,尝试了几百种办法进行突袭,利用攻城机械,攻打要塞中的拉丁人。莫纳斯特拉斯也很忙碌,带着骑兵沿着陆地占领了朗吉尼亚斯(Longinias)、塔尔苏斯(Tarsus)、亚达纳(Adana)、马米斯特拉(Mamistra)和整个西里西亚。

博希蒙德对皇帝的威胁感到恐惧。由于缺少防御力量(因为他既没有陆军,也没有舰队,危险从两面笼罩着他),他设计了一个计划[①]。这个计划不是很体面,但其奸诈程度令人吃惊。首先,他将安条克城留给了他的侄子,即奥多侯爵(Marquis Odo)之子坦克雷德,然后到处散布有关"博希蒙德死了"的谣言。尽管仍旧活着,但

---

① 这个不同寻常的故事不为拉丁历史学家所知,安娜可能杜撰了它,她乐于讲述它,博希蒙德无疑能够想出这样的诡计。——原译者注

他要让世人相信他已经死了。比鸟的翅膀拍打的速度还快，谣言迅速传遍了所有地区："博希蒙德，"它宣称，"成了一具尸体。"当他感到谣言已经传播的足够远时，一个木制棺木被制造，一艘双排桨船被准备。棺木被放到船上，他作为一具仍旧能呼吸的"尸体"，从安条克的港口索迪（Soudi）驶向罗马。他正在被作为一具尸体运过海洋。表面上（棺木和他的陪同者的行为）他是一具尸体，每一次停下时，蛮族人都扯下头发，表示哀悼。但是，博希蒙德在里面全身舒展，只是就此而言，他是一具尸体。在其他方面，他是活着的，通过隐藏的孔呼吸。这是船在沿海地区的情况，当它到海上时，他们和他一起吃饭并照顾他。然后，再次出现挽歌和荒唐的举动。为了使尸体看上去已经严重腐烂，他们勒死了一只公鸡，将它一起放进棺木。最多到了第四天或第五天，每个嗅觉正常的人已经能明显地闻到可怕的臭气。那些被表象所欺骗的人认为这种令人作呕的臭味是从博希蒙德的尸体上散发出来的，但博希蒙德本人比其他任何人都从他虚构的死亡中得到更多的快乐。我好奇他的鼻子究竟是如何忍受这种折磨的，如何继续与死公鸡一起被载着前行的。但这件事告诉我，一旦蛮族人决定做什么事情，阻止他们会是多么困难。他们一旦下定决心，就能忍受任何事情，承受所有苦难。这个博希蒙德没有死——他只是诈死——但他毫不犹豫地与死尸呆在一起。在我们生活的时代里，博希蒙德的这个计谋是前所未闻和绝无仅有的，它的目的是使罗马帝国崩溃。在此之前，没有蛮族人或希腊人设计这样的计划对付敌人。我想在我们有生之年，也不会再有人看到类似的事情了。到达科孚岛（Corfu）之后，他好像到了某个山峰，仿佛此岛是一个避难地。现在，他脱离了危险，从"假定的死亡"中站了起来，离开盛放"尸体"的棺木，尽情地享受着阳光，呼吸着更新鲜的空气，在科孚城四处散步。居民们看到他穿着奇特的蛮族人服饰，便询问他的家庭、境况、名字，问他来自哪里，要去哪里。博希蒙德傲慢地对待他们，要求见城市的公爵，后者按照出身来自亚美尼亚军区，名叫阿莱科休斯。博希蒙德见到他，神情和态度傲慢，讲话的腔调完全肆无忌惮，不可一世,命令他把这封信交给皇帝:"我,博希蒙德,罗伯特著名的儿子,送这封信给你。过去的经历已经告诉你和你的帝国,我的勇敢和敌对是多么可怕。当我的运气改变时,上帝是我的见证人,我必须为你过去对我做的错事复仇。从那时到现在,我在穿越罗马领土的过程中占领了安条克并用我的矛臣服了整个叙利亚。因为你和你的军队,我已经饱受苦难。我的希望一个接一个地破灭。我已经陷入成千上万次不幸和野蛮的战争中。但是,现在不同了。我想让你知道,尽管我"死了",但已经重新复活。我已经摆脱了你的控制。假装成死人,我避开了每一只眼睛、每一只手和每一个计谋。现在,我活着,走着,呼吸着,从科孚岛上,送给陛下一个冒犯的、令人讨厌的消息。对你而言,阅读它将不会很愉快。我已经将安条克城转交给了我的侄子坦克雷德,让他做一个与你的将军们旗鼓相当的对手。我本人将去自己的国家。对于你和你的朋友而言,我是一具尸体,但对于我和我的朋友而言,很明显,我是一个活生生的人,为你设计了一个残忍的结局。为了使你统治的罗马帝国陷入混乱,活着我变成了'死人',现在,死了的我正活着。如果我到了意大利大陆,见到作战勇猛的伦巴第人、所有拉丁人、德意志人和我们法兰克人,我将让你的城市和行省浸泡在鲜血中,直到把矛插进拜占庭。"这就是这个蛮族人的豪言壮语。

第十二卷　国内动乱；第二次诺曼人入侵（1105—1107）

博希蒙德首次穿越帝国时发生的事件；他针对皇帝的许多阴谋；夺取罗马统治权的企图；秘密离开安条克的情况，仔细进行的准备，轻易取得的成功；假装成一具尸体航行，到达科孚岛——所有这些事件我都已经进行了详细叙述。现在，我们继续叙述他随后的行动。正如我已经讲过的，当"尸体"到达科孚岛之后，他通过那里的公爵转达了对皇帝的威胁（所有这些已经被叙述），然后，驶向伦巴第并着手行动。他想重新占领伊里利库姆，并为了这个目的迅速召集一支比以前更加强大的联盟军队。他与法兰克国王（King of France）①谈判，试图与他联姻，娶他的一个女儿，国王的另一个女儿被从海上送到安条克，与博希蒙德的侄子坦克雷德结婚。从各个乡村和城市召集了庞大的军队之后，他和带着几支分遣队的伯爵们，匆忙横渡去了伊里利库姆。皇帝收到了阿莱科休斯②送给他的信，立刻给所有国家写信，也给皮萨、热那亚和威尼斯写信，预先提醒它们不要被博希蒙德虚构的故事所欺骗，加入他的远征军。事实上，博希蒙德在所有城市和行省游历，猛烈攻击皇帝，宣

---

① 菲利普一世（Philip I，1060 - 1108），他的女儿君士坦斯（Constance），嫁给博希蒙德，成为他的儿子博希蒙德二世（Bohemond II，即后来的安条克王子）的母亲；女儿塞西莉娅（Cecilia）嫁给了坦克雷德。——原译者注
② 科孚岛的总督。

370 称他是异教徒和基督教徒的敌人。现在,碰巧巴比伦人①抓住了
300 名伯爵,当时无数凯尔特人从西部横渡到亚洲后,正在进攻安
条克、提尔(Tyre)②和这片土地上的所有地区。他的战俘被看守,
他们受到的监禁像古代的任何一种监禁一样可怕。他们的被俘和
后来遭遇的可怕事情让皇帝很忧虑。他竭力解救他们。尼基塔
斯·帕努克米特斯(Nicetas Panoukomites)带着大量的钱被派到这
个巴比伦人那里。阿莱科休斯也给他送去了一封信,在信中要求
他释放伯爵们并许诺如果他这样做了,就给他补偿。这个巴比伦
人听帕努克米特斯读完信并亲自过目。伯爵们被立刻释放,领出
了监狱,但没有被给与完全的自由,因为他们被转交给使节,回到
了皇帝那里。皇帝给的钱,巴比伦人分文未收。或许他认为对于
如此重要的战俘而言,赎金不令人满意;或许他希望避免任何贿赂
的不正当行为,希望让别人知道他不是在卖他们,而是真心帮助皇
帝;或者他想要更多。只有上帝知道原因。他们一到达君士坦丁
堡,就受到了阿莱科休斯的接见。对于这个蛮族人的决定,他非常
高兴,也很吃惊。阿莱科休斯仔细地询问了他们经历的事情,知道
他们被关在监狱中很长一段时间,事实上有几个月没有见到太阳
和被解除枷锁。在此期间,除了面包和水,他们没有吃到任何有营
养的食物。皇帝非常同情他们的遭遇,流下了怜悯的眼泪。他们
受到了友好的接待,收到了钱和各种衣服,被邀请沐浴。皇帝试图
通过各种方式让他们从苦难的遭遇中恢复过来。他们对皇帝的友
371 好态度非常满意。这些人以前是我们的敌人和积极的反对者。他
们作为誓言的违背者,很好地见证了他非同寻常的宽容。许多天
之后,他派人将他们请来。"我给你们选择的自由,"他说,"只要你
们愿意,可以和我们一起住在这座城市里。但是不论何时,如果你
们中有人思念家人,希望离开,将会不受阻拦地离开,会被慷慨提

---

① 法提玛王朝的哈里发阿卜-阿米尔(al-Amir),或者可能是以他的名义统治的维齐
尔阿卜-阿夫达尔(al-Afdal)。——原译者注
② 古代腓基尼的一个著名港口,位于现在的黎巴嫩南部地中海东部。

供航行所需要的钱和各种其他必需品。你们可以按照自己的意愿自由选在留在这里还是离开。"伯爵们受到了皇帝体贴入微的招待，暂时不愿离开。但是当博希蒙德到达伦巴第时，形势发生了变化，对此我已经进行了叙述。博希蒙德急于征募比以前更加强大的军队，每去一个城市和地区，经常贬损皇帝，公开宣称他是一个异教徒，全心全意地帮助异教徒。当阿莱科休斯听说这一切后，给了前面提到的伯爵们丰厚的礼物，将他们送回家——他这样做出于两个原因，一是现在他们自己想回家，二是他们将亲自驳斥博希蒙德对皇帝的诽谤。然后，他匆忙赶往塞萨洛尼卡，部分为了训练新兵，部分为了阻止博希蒙德——他离开的消息将阻止博希蒙德从伦巴第横渡。伯爵们从君士坦丁堡离开，提供了反对博希蒙德的不可辩驳的证据。他们指责他是一个骗子，甚至没有讲述显而易见的事实。他们多次当面谴责他并在每一个地区指控他，提出了值得信任的证据——他们自己的经历。

到处都在讨论博希蒙德的入侵。如果皇帝要去阻止凯尔特人的军队，就需要大量士兵和相似比例的军队。他一刻都没有耽搁，召来了科勒——叙利亚（Koele-Syria）的军官坎塔库振努斯和莫纳斯特拉斯，前者正在守卫劳迪西亚，后者正在守卫塔尔苏斯。在他 ₃₇₂们离开期间，他们守卫的行省没有被遗弃，派兹斯（Petzeas）带着新征军队前往劳迪西亚。莫纳斯特拉斯在塔尔苏斯的职位则被奥什（Oshin）①取代，他来自亚美尼亚的一个贵族家庭。根据当时的说法，他因为勇敢享有盛誉，尽管目前的危机完全掩饰了它，至少就他的领导能力而言是这样。坦克雷德现在正统治着安条克（我们把他留在了叙利亚）。他正在不断地散布小道消息，说自己将很快围攻西里西亚，将它从皇帝手中夺取，因为正是他用剑从突厥人手中赢得了这座城市。类似的消息被四处散布。这并非全部——他每天都给奥什写信，对他进行严厉威胁，并且发誓会付诸行动。亚

---

① 安娜称他亚斯皮特斯（Aspietes），他是兰普伦王子（Prince of Lampron）。——原译者注

美尼亚人和凯尔特人的军队被广泛征募，这些人每天都在训练。他的军队完全按照战斗队形操练并为战争做准备，偶尔出去寻找粮草——烟通常是火的先兆。坦克雷德准备了围攻机械，通过各种方式亲自组织进攻。当他正在忙碌时，亚美尼亚人奥什则完全放松，无所事事，夜里酗酒作乐，好像不存在什么重大危险和威胁。他是一个勇敢的人，一个优秀的"阿瑞斯的卫兵"。但当他来到西里西亚，远离主人的控制并被赋予全权时，却完全沉溺于奢侈的生活，长期在放荡不羁的生活中荒废时日，当考验的时机到来时，很明显，他不敢与充满了军人气概的强硬对手作战。坦克雷德雷鸣般地危险落到了聋子的耳朵上。当坦克雷德电闪雷鸣般地蹂躏西里西亚时，奥什的眼睛还没有看见闪电。坦克雷德突然从安条克行军，庞大的军队一分为二。一支分队被派遣从陆地上进攻莫普索斯（Mopsos）的城市，另一支登上三排桨船在坦克雷德的指挥下驶向沙隆河（River Saron）①，然后溯流而上远至连接两个城市的桥上。马米斯特拉（Mamistra）被坦克雷德的军队从两面包围和进攻，一方能毫无困难地从河上发动进攻，同时另一支军队从陆地向城市施压。奥什的反应是好像没有发生什么不寻常的事情一样，围绕他的城市的士兵们的噪音就像巨大蜂群的嗡嗡声一样，他却无动于衷。我不知道他出了什么问题，但他处于一种与平常的勇敢不相称的状态中，这使军队对他非常不满。当一个像坦克雷德那样的人试图以战略战胜他们时，西里西亚的城市注定遭难。排除其他因素，坦克雷德是当时最强大的人之一，也是因其品质和战争技能而最受钦佩的将领之一。当他发动进攻时，被围攻的城市很少有逃脱的机会。在此，读者可能会好奇奥什在军事上的无能如何骗过了皇帝。为此，我要为我的父亲辩护。阿莱科休斯对奥什

373

---

① 沙隆河的源头在陶鲁斯山（Taurus Mountains），流经莫普索斯的两个城市之间（一个城市成为了废墟，另一个仍旧伫立），注入叙利亚海。——著者注。安娜此处的记述是错误的。莫普苏伊斯提亚（Mopsuestia，或者马米斯特拉）不位于沙隆河，而是在基汉（Jihan）河上。对于这两个城市参见 CMH, vol. iv, pt. i, pp. 706‒707。——原译者注

家族的显赫背景留有深刻印象，我相信光荣世系和姓氏的名声对于皇帝任命奥什为总督起了重要的作用。毕竟，他出生皇族，拥有安息王朝（Arsacids）的基因①。因为这个缘故，皇帝认为他配得上整个东部高级军事指挥官的职位并将他提升到高级军阶。最重要的是，阿莱科休斯曾亲眼见证过他的勇敢。当他正在与罗伯特·吉斯卡尔作战时，在一次战斗中，一个头和肩膀都高于其他人的凯尔特人策马急驰，带着与他齐高的矛像闪电一样向奥什冲去。当奥什正在抽剑时，受到了他的猛烈撞击，伤得十分严重，因为矛经过肺部穿过了他的身体。但他没有因此陷入慌乱或者坠落在地，而是更加稳固地坐在马鞍上并向那个蛮族人的头盔击去，将他的头盔和头劈成了两半。随后，他们都从马上摔下来，凯尔特人死了，奥什仍在呼吸。他的朋友们扶起他，当时他已经完全丧失了意识，经过精心的照料之后，他被带到了皇帝那里。他们让他看了矛和伤口，讲述了凯尔特人死亡的故事。由于这样或那样的原因，皇帝想起了奥什在那时的勇敢和大胆，战绩加上这个人的世系和家族的荣誉，让皇帝认为他是坦克雷德旗鼓相当的对手，便将他派到了西里西亚。就像我已经提到的，他被授予了军队总指挥（stratopedarch）的军衔。

374

有关奥什的故事我们就讲到这里。西部军官收到了其他信件，皇帝命令他们直接向斯拉尼扎（Sthlanitza）进军。为什么？难道皇帝正在要求前线的战士们拼命，而自己却悠闲自在吗（像一些喜欢动物的生活的皇帝一样）？并非如此。他甚至都没有想过继续呆在皇宫中。他离开拜占庭，穿过西部行省的中部，到达塞萨洛尼卡。当时是9月，第14个财政税收年和他登位后的第二十年②。奥古斯塔（Augusta）③也被迫与皇帝一起离开。她的性格使她尽量

---

① 安息王朝的人按照起源是波斯人，在中东历史上长期扮演重要角色，在安娜时代的一千年前，伊朗的安息王朝的人已经被罗马人安置在亚美尼亚的皇座上。——原译者注

② 此处应该是"第二十四年"，我们正在谈论1105年的事件。——原译者注

③ 皇后。——原译者注

避开公共生活,将大部分时间都花费在家庭事务和自己的爱好上——阅读圣徒的书籍,或者将精力用在慈善活动上,尤其是对那些从其仪表和生活方式看,她知道他们是正在服侍上帝的人以及那些坚持祈祷和唱圣诗①的僧侣们。不管何时,当作为皇后必须在某些重要仪式上出现在公众面前时,她都充满了矜持,脸颊上立刻浮现红晕。女哲学家提诺(Theano)②曾露出肘部,有人戏谑地评论:"多么可爱的肘啊!""不是为了公开展示,"她回答。皇后,我的母亲,庄重圣洁,绝不乐意在众目睽睽下展示自己的肘部或眼睛,甚至不愿意自己的声音被陌生人听到。她的确非常庄重。但是,就像诗人所说③,甚至神祇也不能违背自然需求,她被迫在皇帝经常进行的远征中陪伴他。她与生俱来的庄重让她呆在皇宫中,但是另一方面,尽管不情愿,她对皇帝的深情和挚爱迫使她离开家。这出于两个令人信服的理由。首先,因为他的双脚需要最悉心的照顾。他正遭受痛风带来的巨大疼痛,痛风病让他疼痛难忍,我的母亲最清楚他的病情,能通过轻柔的按摩在一定程度上减轻他的疼痛。对于我将要讲的事情,但愿不要有人谴责我夸大其词,因为我的确欣赏家庭的美德。但愿不要有人怀疑我在有关皇帝的事情上撒谎,因为我正在讲述事实。这个伟大的男人的确认为自己的任何事情都比不上民众的安全重要。事实上,在他和他对基督教徒的爱之间不存在任何障碍——既没有悲伤,也没有欢乐;既没有战争的蹂躏,也没有其他东西;既不伟大,也不渺小;既没有太阳的炽热,也没有冬天的酷寒,没有敌人的各种攻击。④ 面对这些事情,他加快了行程。如果他因为疾病不得已耽搁了什么,之后就

---

① 交互轮唱的赞美诗(Antiphonal hymns)。——著者注。安娜指由半合唱团交替合唱。——原译者注
② 毕达哥拉斯(Pythagoras,580? - 500? BC,古希腊哲学家,数学家)的妻子或学生。古代的几本书是她写的。——原译者注
③ 西门尼斯(Simonides)。——原译者注
④ 类似于圣保罗的话:"谁将我们与基督的爱分离……?"安娜对《圣经》的引用经常是不准确和混乱的。——原译者注

会以更快的速度着手帝国的防御。皇后陪伴他的第二个，也是最具说服力的理由是，存在反对他的大量阴谋叛乱，需要充分警戒，事实上，一百双眼睛都不够用，因为晚上、中午和傍晚都有可能发生叛乱，早上则更危险——上帝是我的见证人。皇帝曾遭遇了数不清的攻击，有人向他射箭，有人磨刀霍霍，有人在行动变得不可能时，便进行诽谤和谴责。在这种情况下，他不应该被一千双眼睛保护吗？谁比他最亲密的人更有资格呆在他的身边呢？有谁比皇后更一丝不苟地守护他或者精心留意叛乱者呢？谁能迅速地辨别对他有益的东西，更快地观察到他的敌人的阴谋呢？正是因为这些原因，我的母亲对皇帝而言是最重要的人。晚上，她是不眠的眼睛；白天，她是他最重要的守护神，她会仔细检查餐桌上的食物，以防有人下毒。这些就是她抛开天生的矜持，勇敢地面对男人的眼睛的原因。但是即使那时，她也没有忘记日常的端庄稳重。她的一个眼神和沉默不语，就足以让周围的随从知道她是令人难以接近的。由两匹骡子驮着的杂物及其上面的皇室华盖，表明她正在随军，但人们却看不到她本人。众所周知，为了防止皇帝的痛风发作采取了许多预防措施，一些卫兵通宵达旦地守护着他，睁大眼睛巡视着他的周围——但是，我们无法知道更多的事情。我们对他忠心耿耿，与我们的母亲一起承担保护他的责任，每个人都竭尽全力，从未放松警惕。我写这些话是为了教导那些喜欢嘲弄和讥笑别人的人，因为他们总是乐于审判无罪的人（荷马的诗歌经常提到人的这个特点），蔑视高贵的行为，指责没有过失的人。在这次特殊的远征中①，虽然在某种程度上违背了她的意愿，但她自愿陪他同去。其实皇后并非必须参加对蛮族军队的进攻。她怎么能这样做呢？这对于托米里斯（Tomyris）②和马萨格特人斯巴丽斯拉

377

---

① 我正在与皇帝对博希蒙德的进攻。——著者注

② 马萨格特人（Massagetae）的王后，与居鲁士大帝（Cyrus the Great）作战。根据希罗多德的记载（Ⅰ，205 ff.），她消灭了大部分波斯入侵者，居鲁士被杀。她将他被切下的头颅放在一个充满人血的皮囊中（她曾许诺他将饱受鲜血！）。——原译者注

(Sparethra the Massagete)①来说是非常适宜的,但不适合我的伊琳妮。她的勇气体现在别的地方。即使是全副武装,她也是带着自己圆形或长方形的盾和剑,而不是雅典娜的矛或者哈德斯(Hades)的帽子②,投入到战斗中,应对威胁生命的各种灾祸。她知道确保皇帝的安全是一项艰苦的工作,是一场无情的战争和一种真诚的信仰(因此服从所罗门的建议)。③ 这就是我的母亲在战争中使用的武器。但在其他方面,就像她的名字一样,她是一个非常爱好和平④的女人。当战斗迫近时,阿莱科休斯积极备战,确保据点的安全防御。总体上,他打算使所有防御工事进入全面抵抗博希蒙德入侵的备战状态,部分因为自己的身体和他将皇后带在身边的那些原因,部分因为目前战斗尚未打响。当她离开都城时,她随身带着金子或其他贵重金属以及一些个人财物。在此后的旅途中,她把它们慷慨地施舍给那些穿着山羊毛斗篷或裸露着身体的乞讨者,索要者没有人空手离开。当她进入为她设置的帐篷后,并没有立刻躺下休息,而是打开帐篷,允许所有乞丐自由出入。对于这些人,她非常平易近人,不仅给他们钱,也给予好的建议。她规劝那些看上去健康强壮的人(只是因为懒惰)要通过劳动自食其力,不要再挨家挨户地乞讨,不要因为被忽略就失去信心。没有什么能阻止她做这种善事。大卫满怀悲伤地调制酒,但这位皇后每天心怀怜悯地为他人调制面包和饮料。如果不是因为作为她的女儿,可能被怀疑为了美化母亲正在撒谎,我可以讲关于她的许多事情。对于怀有这种想法的人,我将用充分的证据证明我的话。

当皇帝到达塞萨洛尼卡后,西部行省的人都聚集到他那里。蝗虫没有像以前一样在凯尔特人到来之前出现,但一颗大彗星⑤出现

378

---

① 斯巴丽斯拉是来自里海地区的斯基泰人,也曾与居鲁士作战。——原译者注
② 雅典娜是战争女神,城市的保护者。哈德斯(希腊神话中的冥界之神,人间财富的分发者)对战场有特殊的兴趣。——原译者注
③ 对《智慧书》(Book of Wisdom)的混乱记忆。——原译者注
④ 伊琳妮在希腊语中译为"和平"。——原译者注
⑤ 1106年2—3月。——原译者注

在天空中，它比过去见到的更大些。有人将它比作小光束，有人比作标枪。即将发生的奇异事件自然会以某种方式被天空中的异象所预示。它闪闪发亮，整整四十个日夜，从西到东划过天空。看到它的人很惊恐，询问这预示着什么。阿莱科休斯完全无所畏惧，认为彗星的出现有某种自然的原因。但他的确就这个问题咨询了专家。瓦西里最近被任命为拜占庭市长（Prefect of Byzantium），是一个忠心耿耿的人，他被传唤并被询问有关它的情况。他许诺第二天给出答案，便退回住所，即福音传道者约翰（Evangelist John）的古老修道院。当太阳将要下山时，他研究了这颗星星，对此感到困惑不解，疲于计算，便睡着了，在梦中看见了穿着牧师服饰的圣徒。瓦西里非常高兴，以为看见了真人，战战兢兢地认出了这位圣徒之后，请求他阐释这颗星星的意义。"它预示了凯尔特人的一次入侵，"这位福音传道者回答，"它的结束预示着他们被从这里驱逐。"我们先离开彗星，回到皇帝那里。就像我已经提到的，他到达塞萨洛尼卡并为博希蒙德的到来做准备。募兵进行了使用弓箭和射击术方面的训练，学习如何用小圆盾保护自己。同时，阿莱科休斯写信从不同国家招募外国军队，以便于危机到来时，他们能迅速提供帮助。他也为伊里利库姆采取了周密的防范措施。都拉基乌姆城被加强防御，首席大贵族依沙克的第二个儿子被任命为总督。同时，一支来自基克拉迪群岛（Cyclades Islands）①、亚洲沿海城市和欧洲的舰队被下令装备。但是，因为博希蒙德还没有急着横渡，舰队的建造遭到了许多人的反对。阿莱科休斯不为这些理由所动，坚持认为一位指挥官必须坚守岗位，不仅要为即将到来的事情做好准备，并且要有长远的打算。他不能因为削减费用而在危急时刻出人意料地被俘——尤其是当他看到敌人准备进攻时。他非常巧妙地处理了这些事情。后来，他去了施特隆皮扎（Stroumpitza），随后从那里去了斯洛皮姆斯（Slopimus）。首席大贵族的儿子约翰被

379

---

① 希腊东南部的一个群岛，位于爱琴海南部。这个名字在古代指得洛斯小岛四周的群岛。

派到前面进攻达尔马提亚人,战败的消息传来,皇帝派了一支庞大的军队前去援助。但伯尔坎非常狡猾,立刻要求和平谈判。他给了阿莱科休斯要求的人质。皇帝在那个地区呆了一年零两个月,一直收到关于博希蒙德行踪的详细报告,后者仍呆在伦巴第行省。冬天正在来临,把士兵遣散回家后,皇帝回到塞萨洛尼卡。在他去那里的路上,瓦西里乌斯·约翰·波尔非罗根尼图斯(Basileus John Porphyrogenitus)①的一对龙凤胎在巴拉比斯塔(Balabista)出生。

380 阿莱科休斯在塞萨洛尼卡参加了一次纪念著名殉道者德米特里厄斯(Demetrius)的仪式,②然后继续向君士坦丁堡前行。那里发生了下面的事件。君士坦丁广场(Constantine's Forum)中央有一尊铜像,面向东方,站立在一根显著的斑岩圆柱上,右手抓着一根权杖,左手握着一个铜球③。据说这是阿波罗的雕像,但我认为城中的居民称它为安赛利奥斯(Anthelios)。这座城市的创建者和主人著名的君士坦丁皇帝,把它改成了自己的名字。纪念碑现在被称为君士坦丁皇帝的雕像(Statue of the Emperor Constantine),但它古代的第一个名字仍在被使用,被大家称为阿尼利奥斯(Anilios)或安赛利奥斯。来自非洲的西南风吹过了广阔的地区,突然将雕像吹离基座,将它扔到了地上。当时,太阳正出现金牛宫(Taurus)的迹象。在大部分人,尤其是那些对皇帝心怀不满的人看来,这似乎不是吉兆。他们私底下说这个事件预示他的死亡。皇帝没有将这件事情当回事:"我了解生死之神(Lord),确信雕像的崩塌不会招致死亡。请告诉我,当菲狄亚斯(Pheidias)或一个石匠把一块大理石变成一座雕像时,他会制造一个活人吗?还是他竖起了一个死人呢?假定如此,那么把什么留给万物的创造者呢?他说,'我将摧毁,我将创造。'这不能被理解为这个或那个雕像倒下或竖立。"事

---

① 瓦西里乌斯·约翰娶了匈牙利国王的女儿,他们生育了8个孩子,其中4个男孩,4个女孩。——原译者注

② 1107年1月25日。——原译者注

③ 这个纪念碑,现在被称为烧毁的圆柱(Burnt Column),在伊斯坦布尔仍旧可见,高115英尺,雕像已经不在了。——原译者注

实上,他将一切归功于万能的上帝。

　　叛乱再次出现,一些以勇敢和世系而知名的人策划了谋杀。写到此处,我好奇哪里来的这么多动乱,因为来自各个地区的一切——是的,一切——都攻击他。城市里存在无数的背叛行为,城市外叛乱横行。当所有麻烦爆发时,皇帝几乎无法抵抗,好像命运之神正在同时繁殖蛮族人和叛乱者,他们犹如巨人(Giant)自然产生的后代。但是,他的统治和日常的行政管理在各个方面都非常温和宽厚,他的所有臣属都受益匪浅,有些人被赐予尊贵的职位并由于不断收到慷慨的赏赐而变得富有。无论哪个地方的蛮族人,他都不会给他们发动战争的借口并压迫他们。但如果他们蓄意制造麻烦,他则会阻止他们。毕竟,当一切处于和平状态时,蓄意挑起邻居们的战争是一个品质恶劣的将军的行为——因为和平是所有战争的终点。总是喜欢战争而不是和平,总是无视好的结果,是愚蠢的指挥官和政治领导人的典型做法,会将自己的国家推向毁灭。阿莱科休斯的政策则与此完全相反,他想方设法地制造和维护和平,担心会爆发战争,以至于晚上经常失眠,考虑如何重新赢得和平。他在本性上是一个爱好和平的人,但受形势所迫时,也会变得非常好战。就我而言,我将自信地提到这个伟大的男人,人们在他身上并且只有在他身上,重新看到了一位皇帝应该具备的真正特质——它已经消失了很长时间。皇帝的尊严像一位客人一样彷佛第一次住在了罗马人的帝国中。但是,就像我在本章的开头所讲的那样,我禁不住对洪水般的敌对活动感到震惊,国内外都陷入混乱之中。但他预见了敌人的秘密计划和目的,并通过各种策略挫败它们。在与国内的叛乱者和国外的蛮族人斗争的过程中,他总能战胜他们。他们的阴谋被阻止,进攻被打断。在我看来,事实本身改变了帝国的命运。来自四面八方的危险聚集,国民处于混乱之中,整个外部世界疯狂地反对我们。就像一个人生病了,受到外部力量的攻击并被身体内部的疼痛耗尽了精力,但被上帝救活,因此能找到力量与来自任何源头的所有麻烦作斗争。这次危机与之类似,因为博希蒙德带着一支庞大的军队准备从外部进攻,

381

382

而城内的大量叛乱者也在蠢蠢欲动。阿尼马斯（Anemas，米哈伊尔、利奥……和……）4 人是叛乱者首领。[①] 他们是有血缘关系的兄弟，共同目标是——谋杀阿莱科休斯，夺取皇位。其他贵族秘密加入了他们，包括出身显赫家庭的安条克乌斯兄弟（Antiochi）；最勇敢的战士埃克萨泽尼（Exazeni）、杜卡斯和赫亚利斯（Hyaleas）；尼切塔斯·卡斯塔莫尼特斯（Nicetas Castamonites）、库提西乌斯（Curticius）和乔治·瓦西拉西乌斯（George Basilacius）。这些人都是军队中举足轻重的人物。另一个同谋者是约翰·索罗门，他是一个杰出元老，拥有巨大财富和高贵的出身，因此叛乱者中最重要的人物米哈伊尔欺骗性地许诺将来让索罗门做皇帝。虽然在元老院的等级中，索罗门位列第一等级，但在他们中却是一个微不足道的人——事实上，在他们中一点都不重要，性格也最懦弱。他认为自己已经达到了亚里士多德和柏拉图研究的顶峰，但事实上，他的哲学知识远没有这么高深，只是完全被自己的平凡所蒙蔽。他全身心地梦想夺取皇位，得到了阿尼马斯兄弟的帮助，他们无疑是十足的恶棍，因为米哈伊尔和他的朋友们根本不打算将他安置到皇位上——远非如此。他们一直对皇位心存幻想，只是想利用这个人的愚蠢和财富实现自己的计划，通过假装支持他的皇帝梦，完全将他说服。他们的计划是，如果一切进展顺利，并且命运之神一直眷顾他们，就把他排挤出去，送他去进行一次愉快的海上旅行，而他们将控制权杖，分配给他一个微不足道的尊贵头衔并祝他好运。

383　尽管他们对他提及了叛乱，但没有谈到谋杀皇帝，没有提到拔剑、战斗或战争（以防这个人受到惊吓）。他们很久之前就已经认识——战争的想法会使他彻底成为懦夫。不管怎样，他们将这个索罗门拉入了他们的军事行动中，仿佛他真的是这次叛乱的领袖。其他人也被卷入这个事件——斯科莱鲁斯（Sclerus）和克塞罗斯（Xeros），后者刚刚结束了君士坦丁堡市长的任职。我已经提到了索罗门相当懦弱的性格，他对埃克萨泽尼、赫亚利斯和阿尼马斯兄

---

① 原文中这里存在空白。——原译者注

弟仔细筹划的计划一无所知，相信最高权力早已被自己掌控。当他与某些人交谈，试图赢得他们的友谊时，向他们许诺了礼物和尊贵职位。有一次，这场戏剧的主角米哈伊尔·阿尼马斯拜访他，看见他正在与一个人交谈，便询问谈话的主题，索罗门以他惯常的单纯回答："他要求从我们这里得到一个特别的荣誉职位，当我给与他许诺后，他同意参加我们的阴谋叛乱。"米哈伊尔谴责他的愚蠢，并且因为担心（因为他清楚地了解索罗门天生不能管住自己的嘴）事情败露，不再像以前那样拜访他。

士兵们（阿尼马斯兄弟，安条克乌斯兄弟与他们的同谋）密谋，只要时机成熟，立刻进行谋杀，但上帝没有给他们提供机会。时间正在流逝，阴谋有可能暴露的危险令人惊慌。但是，他们认为现在机会来了。皇帝下午早些时候醒来时，有时喜欢与他的一个亲戚下棋，它能缓解繁忙政务带来的精神压力。叛乱者为谋杀做好了准备，打算穿过皇帝的卧室，即一个小房间，装作正在寻找他一样。我的母亲和父亲正在睡觉的这个房间，位于为了纪念塞奥米托而建造的皇宫教堂的左边，尽管大部分人说它是被献给著名殉道者德米特里乌斯（Demetrius）的。它的右边有一条露天的大理石小路，穿过教堂的门可以方便地到达小路，想去那里的所有人都可以自由出入。他们正是打算从这个地方进入教堂，打破皇帝卧室的门，进入房间用剑杀死他。这就是这些罪恶的人们为没有对他们作过错事的人安排的命运。但是，上帝挫败了他们的阴谋。有人通知了皇帝。他们立刻被请来。约翰·索罗门和乔治·瓦西拉西乌斯首先被带到皇宫中接受审查（他们离他和他的亲戚所在的小房间更近一些）。根据长期的经验，阿莱科休斯知道他们并非老于世故，因此会比较容易得到关于他们的计划的消息。他们经常被审问，但否认知道阴谋叛乱。这时，首席大贵族依沙克走出来对索罗门说："索罗门，你已经意识到了我的弟弟，也就是皇帝的友好。如果你告诉我们有关阴谋的所有细节，将立刻被原谅。否则将被诉诸难以忍受的酷刑。"索罗门凝视着他，随后看见了围绕在首席大贵族身边肩上扛着单柄剑的蛮族人，便开始颤抖，立刻说出了一

384

287

切。他供出了同谋,但坚持说自己对谋杀一无所知。此后,他们被转交给皇宫的卫兵并被分别关押。后来,其他人被审问。他们彻底坦白,甚至没有隐藏谋杀的目的。据说,士兵们已经策划了谋杀,尤其是叛乱首领和策划者米哈伊尔·阿尼马斯。他们都被流放,财产被没收。索罗门的一座豪华宅邸被给了奥古斯塔,但她特别同情索罗门的妻子,把它作为礼物送给了她,没有从里面拿走任何东西。索罗门被囚禁在索佐波利斯(Sozopolis)。按照皇帝的命令,阿尼马斯和其他主要叛乱者,在被完全剃光头和剪掉胡子之后,在广场(Agora)①上游行。随后,他们的眼睛将被挖出。负责游行的人押着他们,给他们穿上麻布衣服,在他们的头部装饰了牛和羊的内脏(模仿皇冠),将他们放在牛上(不是跨在动物上,而是侧身骑着),驱赶着穿过宫廷。棍子手在他们前面开路,高唱着适合于这个场合的交替重复的滑稽小曲。这是用通俗方言演唱的一首粗俗歌曲,主要内容是它号召每个人去……②看见长着角的叛乱者,看见磨快了剑反对皇帝的叛乱者。男女老少都匆忙赶去观看这场游行。我们这些公主们也为此悄悄溜了出来。但是当他们看到米哈伊尔凝视皇宫,伸出双手向上帝祈祷,打手势请求双臂和双脚应该被砍掉,自己应该被斩首时,每个人都感动地流泪并感到悲痛。我们,皇帝的女儿们,比其他人更感动。我希望解救这个人,不止一次地请求母亲去看正处于这种粗俗玩笑中的他们。事实上,我们是为了皇帝的缘故关心这些人,想到他正在失去如此勇敢的人,尤其是米哈伊尔,我们就很伤心,因为这对他而言是更严重的惩罚。看到他正在被羞辱,我不断催促母亲,找到将他从迫近的危险中解救出来的办法。游行组织者的步速相当慢,试图为罪犯们赢得一些同情。我的母亲不愿意来,因为她正与皇帝坐在一起,在塞奥米特前向上帝祈祷。我走下去,胆战心惊地站在门外,没有勇气进去,便向她打手势。她明白了,便跟着来看,当看到米哈伊

①　广场、集市、集会地点,尤其指古希腊的集市。
②　此处有空白。——原译者注

尔时，也为他流下了同情的眼泪。她跑回到皇帝那里，不断地请求他阻止刽子手们，挽救米哈伊尔的眼睛。一个人立刻被派去，一路快跑在一个被称为"手"的地方追上了他们，①定着铜手的弓形门之前，将赦免的命令转交给了米哈伊尔的护送者。米哈伊尔被带回来，在到达建在皇宫附近的塔楼时，按照预先收到的命令，被囚禁在那里。

格里高利被关在相同的地方之前，米哈伊尔还没有被从监禁中释放。这个塔楼位于布雷契耐皇宫附近的城市防御墙上，以阿尼马斯命名。它得到这个名字是因为他是第一个被长期关押在这里的人。在第 12 个财政税收年间①，已经被提升为特拉佩祖斯公爵（Duke of Trapezus）的格里高利，公开了长期以来一直谋划的叛乱。他在去特拉佩祖斯的路上，遇到了即将离任的公爵达巴特努斯（Dabatenus），立刻将他逮捕，关在了泰贝纳（Tebenna）。达巴特努斯不是唯一的受害者，特拉佩祖斯的大量重要市民，包括巴切努斯（Bacchenus）的侄子也被投入监狱。当他们还没有被释放时，他们一致同意对卫兵（被叛乱者安置在此处）发动进攻，将他们驱赶到防御墙外远离城市的地方，然后控制了泰贝纳。皇帝经常给格里高利写信，有时试图将他召回；有时建议他如果想得到宽恕并官复原职的话，就放弃邪恶的野心；有时如果他拒绝，也威胁他。但是，格里高利对此都不予理会，甚至给阿莱科休斯送去一封长信，在信

---

① 那些经过了"手"的人将不能再被赦免惩罚。皇帝们将这些铜手固定在一个很高的制高点上和一块很高的弓形石上，希望人们将它理解为任何在铜手这边被判处死刑的人，如果在他的行程中得到了来自皇帝的赦免，他将被免除惩罚。这些手表明皇帝又将此人置于他的保护之下，紧紧地握在手中——他仁慈的手中。但是，如果被判刑的人经过了这些手，这就表示此后即使是皇帝的权力也救不了他。因此，被判处死刑的人依靠命运之神（我认为这将是上帝的意愿）并且请求她的救助是正确的。或者宽恕到达靠近手的一边，在这种情况下，不幸的犯人被从危险中解救；或者他们经过了手，便不再有希望。对我而言，我将一切归功于上帝的神意，他在当时让这个人免于瞽目。因为，似乎正是上帝在那一天感动我们同情他。——著者注

① 1103 年 9 月到 1104 年 9 月。——原译者注

中不仅谴责了元老院的成员和优秀的士兵们,而且谴责了皇帝的近亲和姻亲。通过这封信的内容,阿莱科休斯意识到格里高利正在迅速堕落。事实上,他正处于精神完全崩溃的边缘。放弃了对他的所有希望,在第 14 个财政税收年①,皇帝派他的侄子约翰去了他那里。约翰是他的长姐的儿子,也是叛乱者的堂兄弟。这是约翰受领的第一个任务。阿莱科休斯认为两个人来自共同的祖先,因为这层关系,格里高利可能会被说服。如果格里高利拒绝,约翰将征募强大的军队,从海路向他发起进攻。他的到来被通报给了格里高利·塔罗尼特斯(Gregory Taronites),他向克罗尼亚(Coloneia,一个被加强防御的地方,被认为坚不可摧)出发,请求马立克·格哈兹·古穆什提金(Malik Ghazi Gümüshtigin)的帮助。

当约翰准备离开时,听说了这一行动。他将凯尔特人和他的剩余军队分开,派他们和一些精良的罗马士兵一起尾随他。他们战胜了他,在一次激烈的战斗中,两个贵族用标枪向格里高利进攻,把他打下马并抓住了他。后来,约翰把这个生擒的战犯带到了皇帝那里。约翰发誓在任何情况下,都不会再见他,不会在旅途中与他讲一句话,但他在阿莱科休斯面前极力为他求情,因为后者假装想刺瞎格里高利。皇帝被约翰的请求说服,告诉他刺瞎双眼只是一种恐吓,但要求他不要泄露出去。三天后,他命人剃掉格里高利的头发和胡子并押着他从广场中间穿过,将他带到了阿尼马斯塔。在监狱中,格里高利继续愚蠢的行为。他每天对看守他的卫兵们说一些疯狂的预言,但皇帝非常容忍他,友好地对待他——有一天,他会改过自新,表示忏悔。皇帝没有成功,因为他依旧顽固不化。但他经常约见我的凯撒——在过去,他是我们的朋友。每当这时,皇帝允许凯撒去拜访他,试图治愈格里高利可怕的精神忧郁症,也给他有用的建议。但是,进展明显很慢,他被囚禁的时间也相应地延长。经过了一段时间之后,他被宽恕并享有比以前更多

388

① 1105 年 9 月到 1106 年 9 月。——原译者注

的照顾、荣誉和礼物。这就是我的父亲处理类似事件的惯常做法。①

　　这样处理了叛乱者格里高利·塔罗尼特斯之后，皇帝开始着手对付博希蒙德。他将依沙克·康托斯特发努斯（Issac Contostephanus）提升为舰队大公爵（Grand Duke of the Fleet）并派到都拉基乌姆，威胁说如果他不能在博希蒙德越过亚得里亚海之前到达都拉基乌姆，就挖出他的双眼。信件经常被送到皇帝的侄子即都拉基乌姆公爵阿莱科休斯那里，命令他为即将到来的战争做好准备并警告他时刻保持警惕，激励海岸卫兵也这样做，绝对不允许博希蒙德毫无察觉地横渡，有关他的消息必须以书面形式被及时报送。这就是皇帝采取的防范措施。康托斯特发努斯接到的命令是仔细视察伦巴第和伊利库乌姆之间的海峡，阻止博希蒙德的护航舰队将所有行李送达都拉基乌姆，不允许任何东西被从伦巴第运输到他那里。不幸的是，当康托斯特发努斯离开时，他对来自意大利的水手们的天然登陆地点一无所知。不仅如此，他无视皇帝的命令，驶向了伦巴第海岸一个被称为奥特朗托（Otranto）的城市。这个地方被一个女人防卫，据说是坦克雷德的母亲，但我不能断定她是否是臭名昭著的博希蒙德的妹妹，因为我真得不知道坦克雷德是通过父方还是母方与他有关系。康托斯特发努斯到达那里之后，将船抛锚并开始进攻城墙。他几乎成功地占领了这个地方，但防御者是一个聪慧稳健的女人，当他停下船时，她就已经预测到这种可能性并迅速给她的一个儿子送信请求援助。罗马舰队自信满满——这个地方似乎就要陷落——所有人向皇帝欢呼致敬。这个女人深陷困境，命令自己的人也这样做。同时，她派使节到康托斯特发努斯那里，宣称对皇帝效忠并许诺进行和平谈判。她会到他那里去，一起讨论条约，

389

---

① 格里高利叛乱的整个故事是奇怪的，皇帝不同寻常的宽容是让人怀疑的，假装刺瞎格里高利的要求也是如此。他正在抚慰公众的观点吗？这个顽固的叛乱者在经过囚禁的刑罚之后，为什么被不同寻常地尊敬对待？在他这方面，没有任何公开放弃的暗示。达巴特努斯为何应该被进攻？对于这些事情的讨论（没有定论的）和其他困难参见 Buckler, p. 276。——原译者注

以便他能将详细的细节呈报给阿莱科休斯。她正在竭力吊罗马舰队司令的胃口，为她的儿子到达这里争取时间。当他们谈论悲剧的参与者时，她将扔掉面具，开始战斗。里面和外面的人的欢呼声在整个城市回荡，其间，这位女斗士通过谈话和欺骗性的承诺使康托斯特发努斯的计划暂时搁置。同时，她正等待儿子带着足够的伯爵到达，后者与康托斯特发努斯作战并最终将他打败。所有没有陆战经验的水手都跳入海中，凯尔特人（他们中的一些人正在与罗马军队一起服役）在战斗时骑马去抢劫，就像蛮族人常常做的那样。他们中的 6 个人碰巧被抓住并被送到博希蒙德那里。他将他们视为一个重大战利品，立刻带到罗马。他到了罗马教皇那里，在与后者①的一次会面中激起了他对罗马人的强烈愤怒。这些蛮族人向来仇恨我们的种族，他则加深了这种仇恨。事实上，为了进一步激怒教皇的这位意大利随从，他展示了俘获的斯基泰人，好像提供了具体的证据，说明在所有人中，只有阿莱科休斯皇帝敌视基督教徒，因为他安排了野蛮的异教徒和可怕的弓箭手，向他们挥舞着武器并射箭。他每次谈到这个主题，斯基泰人都会被悄悄地展示给教皇，他们像蛮族人那样按照自己的习俗被装备并怒目圆睁。按照拉丁人的习俗，他坚持叫他们"异教徒"并取笑他们的名字和外表。这一点都不令人奇怪，他提到的针对基督教徒的战争是精心谋划的，目的是让一个高级教士相信他（博希蒙德）的活动是正义的，罗马人是敌对的。同时，他正在向一支由更粗野愚蠢的人组成的巨大志愿军游说。如果教皇同意并且战争表面上具有正义性，他号召每一个骑士、士兵和他们的所有人力拿起武器，那么，不管远近，还有什么蛮族人不自愿加入一场反对我们的战争呢？教皇被博希蒙德的理由哄骗，支持他横渡去伊里利库姆。现在，我们

① 不像他的前任者乌尔班二世（Urban II），在处理东部基督教徒的事件中遵循适度温和的政策，帕斯卡尔二世（Paschal II）早已对皇帝报有成见。很快，他被说服支持诺曼人，与博希蒙德一起去法兰克的教皇使节被命令宣布对拜占庭人的圣战。十字军有教皇的官方支持，不是去解救圣地而是去摧毁东罗马帝国。这是历史的一个转折点。——原译者注

必须回到战斗中，陆地上的人奋勇作战，其他人被海浪吞噬。此后，凯尔特人有一次赢得胜利的绝好机会，但更勇敢的战士们，尤其是具有高级官阶的人阻止了他们，其中非常杰出的是著名的尼基弗鲁斯·埃克萨泽努斯·西亚里斯（Nicephorus Exazenus Hyaleas）、他的堂兄弟君士坦丁·埃克萨泽努斯、被称为杜卡斯的最勇敢的亚历山大·尤弗本努斯（Alexander Euphorbenus），以及具有相同官阶和财富的其他人。这些人"威猛地"回转身，抽出剑，全身心地与敌人作战。他们首当其冲，击溃了敌人，赢得了对凯尔特人的一次辉煌胜利。因此，康托斯特发努斯从凯尔特人的进攻中赢得了喘息时间，便起锚，带着所有舰队驶向阿瓦罗纳。① 博希蒙德正在加速登陆的消息传来。他猜测这次航行很可能结束于阿瓦罗纳，而不是都拉基乌姆，因为前者距意大利更近。他认为阿瓦罗纳必须被更加坚固的防御，因此与其他公爵一起留下来在此地仔细守卫海峡。侦察兵们被命令在所谓的伊阿宋山（Jason's Hill）②的山顶上，监视大海，睁大眼睛寻找船只。一个刚刚结束横渡的凯尔特人确定博希蒙德正在起航。康托斯特发努斯的人听到这个消息，想到与博希蒙德的海战惊慌失措（因为仅是提及他的名字就足以让他们害怕），便假装生病，说需要在浴室中治疗。③ 指挥整个舰队并在突袭战中拥有长期和丰富经验的兰道夫，下令继续守卫并密切监视博希蒙德的到来。当他们驶向吉马拉洗浴时，康托斯特发努斯留下了被称为舰队副司令（Second Drungarius of the Fleet）的军官，让他带着免税的船只（Excusatum）在离阿瓦罗纳不远的格罗

391

---

① 当首次到达第拉休姆时，他已经将领导下的战船从此地分散到阿瓦罗纳和吉马拉（Chimara）。阿瓦罗纳距第拉休姆100斯塔德，吉马拉距阿瓦罗纳60斯塔德。——著者注

② 美狄亚的丈夫，夺取金羊毛的阿尔戈英雄们的首领。

③ 在《阿莱科休斯传》中，沐浴的重要性经常被提醒。尊贵的客人被邀请沐浴并且沐浴在医疗中拥有重要作用。救济院和医院经常有附属的浴室，修女院和修道院也是如此。伊琳妮的《修道院章程》（Typikon）明确规定她的修女院的修女们每月至少沐浴一次。——原译者注

萨海岬(Cape Glossa)附近守望。兰道夫则带着大量船只呆在附近地区。

当康托斯特发努斯的人离开去沐浴或假装去沐浴时,海军的部署情况就是这样。博希蒙德在自己周围安排了 12 艘海盗船,它们都是配备了许多桨手的双排桨船,以便于连续不断的划桨能产生震耳欲聋、回音不断的噪音。他在这些船的周围安置了运输船只,形成了以战舰为中心的圆圈。如果从较远的哨所看,这支航行的舰队就是一座漂浮的城市。博希蒙德的运气较好,因为除了来自南方的一股微风在海面上掀起一点涟漪并涨满了商船的帆之外,大海风平浪静。这足够使他们乘风破浪,划桨船和它们保持直线距离。甚至在亚得里亚海的中部,也能听到它们制造的噪音在两边陆地上的回响。博希蒙德的舰队的确令人震惊。如果康托斯特发努斯的人因为害怕而退缩,我也不会因此而责备他们,指责他们为懦夫,因为即使著名的亚尔古英雄们(Argonauts)①也可能会害怕博希蒙德和他的舰队,更不用提康托斯特发努斯、兰道夫以及与他们类似的人了。事实上,当兰道夫侦察到博希蒙德带着巨大吨位的商船,以一种如此令人敬畏的方式正在横渡时,认为不可能与如此众多的船作战,便从阿瓦罗纳稍微改变航线,将行驶权交给了敌人。博希蒙德很幸运,将整个军队从巴里(Bari)运输到了阿瓦罗纳并在对面的海滨登陆。② 首先,他带着无数法兰克人和凯尔特人与来自图勒岛(Isle of Thule)③的整支分队,一起蹂躏了整个沿海地区。来自图勒岛的人通常在罗马军队中服役,但因为形势变化已经加入了他,更不用提更强大的日耳曼人和凯尔特伊比利亚人

①　希腊神话中随同贾森乘亚尔古舟,去海外寻找金羊毛的英雄。
②　横渡发生在 1107 年 10 月 9 日。——原译者注
③　图勒是北海(North Sea)边界的所有国家的名字,但是,安娜在此一定指不列颠。很难将这些人的行为和安娜在别处告诉我们的有关他们对皇帝无可置疑的忠诚协调起来。我们从奥德烈库斯·维塔利斯(Ordericus Vitalis)那里得知博希蒙德没有在英格兰征兵,他们可能在诺曼底时已经加入了他。

(Celtiberian)①的军队了。所有这些人组成一支军队，遍布整个亚得里亚海岸。一切都遭到劫掠。然后，他进攻我们称为都拉基乌姆的埃皮丹努斯，目的是占领这个地区，然后劫掠它上面的地区远至君士坦丁堡。博希蒙德是一个杰出的城市围攻者，甚至超过了德米特里厄斯·波利奥塞特斯（Demetrius Poliorcetes）②。现在，他将所有精力都集中在都拉基乌姆，带来了夺取它的每一种机械设备。军队首先包围城市，然后包围周围地区、附近和离它更远的其他地方。有时，罗马军队向他进攻，有时，根本没有抵抗。在多次血腥的战斗和冲突之后，他对埃皮丹努斯展开了真正的进攻。在我们叙述著名的都拉基乌姆战役之前，我必须对这个地方进行描述。它是一个古代的希腊城邦，位于亚得里亚海海岸，③伊利索斯（Elissos）④的西南部，伊利索斯很小，但在山上，绝对牢不可破，俯瞰平原上的都拉基乌姆。它自身的无懈可击从陆地和海上为都拉基乌姆提供了很好的保护。皇帝利用了这一点，在朝陆地的一侧

③ 393

① 西班牙北部古代凯尔特人的一支。

② 德米特里厄斯一世·波利奥塞特斯（Demetrius I Poliorcetes，336-283 B.C.），安提戈努斯（Antigonus）的儿子，试图重新统一亚历山大帝国。他没有成功，但在他的早期经历中，因为其胜利而赢得了名声。尽管他的绰号是"围攻者"，但他在305年的围攻中没有夺得罗德岛，此后，其权力和重要性逐渐衰弱。——原译者注

③ 几乎被陆地包围的很长的大片水域，将我们的领土与意大利分开，它延伸远至野蛮的维顿纳（Vetones），折向东北。在它们对面的是阿普利亚人（Apulian）的土地。

　维顿纳是伊利里亚（克罗提亚）海岸的纳拉提亚（Narantian）海盗，是威尼斯的传统敌人。安娜的地理概念是模糊的，像许多古代的历史学家一样，她发现给予一种清晰和准确的描述是困难的。但在第拉休姆上方存在一个转向东北部的弯曲处是正确的。有人可能说阿普利亚在维托纳的对面——这依靠你如何拿地图。——原译者注

④ 伊利索斯可能以某条伊利索斯河命名，它是著名的德里蒙河（River Drymon）的一条支流。或者它可能就是这么被命名，我不知道真正的原因。——著者注

394 和碰巧能通航的德里蒙河①的对面,对都拉基乌姆进行了防御。这样,供给品能从海路运进来,包括供应这里的士兵和当地居民的食品以及士兵的战争装备所必需的一切。当阿莱科休斯从公爵的信中得知博希蒙德已经横渡的消息时,还在君士坦丁堡,便加速离开。公爵的确在认真守卫,彻夜不眠,当看到博希蒙德航行、登陆并在伊利里亚平原扎营时,便派一个斯基泰人(公认的"飞翔的信使")把这个消息报告给皇帝。皇帝从狩猎中返回后,接见了他。这个人跑进去,匍匐在地,大声清晰地喊道博希蒙德已经到达。在场的其他人仅仅听到这个名字就惊恐错愕,愣在了原地,但是精神饱满的阿莱科休斯松开鞋带,只是说:"现在,我们去吃午饭吧,然后处理博希蒙德的事情。"

---

① 这条河——如果我可以对其河道流域作进一步地阐述的话——发源于高原,源自里克尼斯湖(Lychnis,这个名字如今已以讹传讹为 Achris)和莫克罗斯(Mokros),起初有几百条水流(我们称之为 dyke,沟渠);这样的数以百计的溪流,各自分别从上述湖中流出,好像来自不同的水源,直到在德乌热(Deure)附近汇合成一条河,此后便被称为德里蒙河。这些溪流的汇入,使河面变宽,由此它确实成为一条大河了。它绕过达尔马提亚边界,转向北面,随后反身向南,流过伊利索斯山麓,最终注入亚得里亚海。——著者注

德里蒙河就是黑德林河(Black Drin):Achris 如今名为 Achrida。

这个段落中有一个难点:抄本解释道,"莫克罗斯,保加利亚人的国王,生于君士坦丁皇帝和贵胄巴西勒的时代,后世改称撒母耳(Samuel)。"现在普遍认为这段文字这是抄写时的篡入。

另一个麻烦是我们翻译为 dyke 的那个词。其希腊文原文为 gepbyras,其意通常为"桥",这似乎意思不对,这就需要对文本进行修订了。好在有权威翻译为 dyke,这就说得通了。——原译者注

第十三卷　亚伦谋反；博希蒙德最终失败；迪沃尔条约（1107—1108）

　　我们都对皇帝的自制力感到震惊。事实上，尽管他看上去不在意这个消息（因为有些人在场），但内心很不安，认为必须再次离开拜占庭。他知道宫廷中的事务又变得很糟糕，但在井然有序地安排了皇宫和都城的事情，并任命舰队总司令即宦官尤斯塔修斯·吉米奈亚努斯（Eustathius Kymineianus）和德卡诺斯（Dekanos）的儿子尼基弗鲁斯为总督之后，在第一个财政税收年的11月份的第一天①，他带着一些陪同者（近亲们）离开，到达格拉尼恩（Geranion）城外的紫色帐篷。但是他受到警告，因为在他离开时，塞奥米特还没有出现惯常的奇迹。② 因此，在此地等了四天，当太阳将要落山时，他与皇后一起返回，和其他人秘密进入塞奥米特圣殿。他像往常一样吟唱圣歌并充满热情地祈祷。惯常的奇迹随后出现，他带着美好的愿望离开圣殿，第二天便前往塞萨洛尼卡，到达基罗瓦吉（Chirovachi）时，提升约翰·塔罗尼特斯（John Taronites）③为地方行政长官。约翰是一个贵族，从孩童时期开始便处于皇帝的保护下并长期担任他的次官。他是一个心思敏捷的

---

① 1107年11月1日。——原译者注
② 每个星期五，布雷契耐皇宫的圣玛利亚教堂都会发生一次圣母圣像的神秘现身。这种奇迹的中断被视为凶兆。对于这个主题的冗长讨论，参见 Buckler, pp. 77-78。——原译者注
③ 他是安娜的第一代堂兄。——原译者注

人,精通罗马法,对皇帝忠心耿耿,坚决捍卫皇帝的法令。如果他畅所欲言,他的谴责也不乏机智圆滑,完全符合斯塔利亚人(Stagirite)①对一个辩论家的要求。阿莱科休斯离开基罗瓦吉之后,经常派人给舰队公爵依沙克·康托斯特发努斯和他的同僚们送信,命令他们要时刻保持警戒并挫败从伦巴第横渡到博希蒙德那里的所有企图。当他们到达梅斯托斯(Mestos)时,奥古斯塔想返回皇宫,但阿莱科休斯要求她继续前行。他们渡过尤罗斯河(River Euros),在皮斯罗斯(Psyllos)扎营。阿莱科休斯已经躲过了一次谋杀,如果没有神圣的力量阻止谋杀者的罪行,他将再次成为谋杀的受害者。事情的经过是这样的。一个按照出身,祖先可以追溯到著名的阿罗尼王朝(Aronii)②的人(尽管他是私生子),鼓动皇帝的政敌刺杀皇帝,并将这个秘密计划告诉了他的弟弟塞奥多鲁斯(Theodoros)。我情愿不说这个小集团的其他人是否是同谋。不管怎样,他们唆使一个叫德米特里乌斯的斯基泰人奴隶(他的主人是亚伦本人)去行刺。商定的刺杀时间是皇后离开的时候,这个斯基泰人要抓住时机——在一个狭隘的过道上遇到皇帝或者在他睡觉的时候出其不意地抓住他——把剑插入他的身体。德米特里乌斯,带着谋杀的任务,磨利了剑刃,进行杀人训练。但是,当时正义之神(Justice)将一个新因素带入了这场戏剧中,因为阿莱科休斯始终阻止皇后回去,皇后没有立刻离开,而是继续陪伴他,于是这些罪犯丧失了勇气。他们看到皇帝时刻保持戒备的卫兵(我的母亲)仍旧逗留,便写了一些发莫萨(famosa),扔进了他的帐篷。当时,大家不知道谁扔了这些 famosa(这个单词的意思是"恶意诽谤的文字")。它们警告皇帝继续行军,奥古斯塔返回拜占庭。一般情况下,写这种东西的人会受到法律的严惩,信件会被烧毁,写作者将承受最严厉的酷刑。在谋杀的企图失败之后,反叛者们足够愚蠢地写了这些东西。有一天,皇帝吃完午饭之后,大部分侍从退

392

---

① 亚里士多德(384—22 B.C.)出生在希腊北部的斯塔利亚。——原译者注
② 一个前保加利亚王朝。——原译者注

第十三卷　亚伦谋反；博希蒙德最终失败；迪沃尔条约（1107—1108）

下，在这个特殊的时刻，和他呆在一起的人只有摩尼教徒罗曼努斯（Romanus the Manichaean）、宦官瓦西里·皮斯鲁斯（Basil Psyllus）和亚伦的弟弟塞奥多鲁斯。一首讽刺诗再次被扔到了皇帝的床下。它猛烈攻击伊琳妮，因为她陪同阿莱科休斯，不返回都城。这当然是他们的目标，随后他们将为所欲为。皇帝（知道谁做了这件事）非常生气。"你或者我，"他转向皇后，"或在这里的某个人扔了这个东西。"正文的末尾是附言："我，一个僧侣，写了它。皇帝，你暂时不认识我，但会在梦中看见我。"一个叫君士坦丁的宦官，曾是皇帝父亲的一个仆从，负责他的餐桌，此时是伊琳妮的随从，在大约三更天的时候站在帐篷外面，正要结束惯常的赞美诗时，听到有人喊道："如果我不去告诉他有关你的一切计划——是的，告发你不断扔向他的那些发莫斯，你可能认为我是一个死人。"君士坦丁立刻命令他的男奴隶去找那个正在讲话的人。后者出去，认出了亚伦的侍从斯塔拉特吉乌斯（Strategius），将他带回到餐桌官（Officer of the Table）那里。斯塔拉特吉乌斯立刻招供了他知道的一切。于是，君士坦丁和他一起去见皇帝，后者正在睡觉，但是他们遇见了宦官瓦西里，强迫他告诉阿莱科休斯斯塔拉特吉乌斯提供的消息。瓦西里立刻答应，带着斯塔拉特吉乌斯进入皇帝的帐篷。斯塔拉特吉乌斯在审问下，说出了关于这些荒唐的讽刺诗的所有事情，明确地说出了策划谋杀的主谋和被指定进行谋杀的人的名字。"我的主人亚伦，"他说，"和陛下熟悉的其他人一起策划谋害你的性命。他派德米特里乌斯谋杀你。德米特里乌斯是一个男奴隶，按出身是一个嗜血如命的斯基泰人，胳膊强壮，野蛮残忍，随时准备做你能想出的任何大胆的事情。他们给了他一把双刃剑，下达了残忍的命令：'靠近他，不要有任何顾虑，无情地将这件武器插进皇帝的心脏。'"阿莱科休斯不会轻易相信这样的故事。"你要确定，"他说，"不是因为对你的主人和同伴们的憎恨正在进行诽谤，而是在讲述事实和清楚地描述你所知道的事情。如果你被证明在撒谎，这些指控对你没有好处。"这个人坚持说自己说的都是事实，便被转交给了宦官瓦西里。他会把讽刺诗交给瓦西里。

他带他来到他们都已睡熟的亚伦的帐篷,捡起了一个士兵的皮钱包,里面装满了这种胡乱写的东西,将它们交给了瓦西里。当阿莱科休斯审查它们时,天早已大亮。他认出了那个正在策划他的死亡的人,命令君士坦丁堡的警方官员将亚伦的母亲流放到基罗瓦吉,将亚伦本人流放到……①将他的弟弟塞奥多鲁斯流放到安吉亚鲁斯。皇帝的行军已经被这些事件耽误了5天。

他在去塞萨洛尼卡的路上时,来自各个地方的支队正在集中于一个地区,他认为应该将他们排列成战斗队形。连队立刻替代了方阵,指挥官在前面,后卫军官在后面,带着闪亮武器的大量士兵站在方阵的中间,并肩排列,犹如某段城墙一般。看到那个队形就会令人觉得恐惧。你可能会说他们是铜像,用金属制作的士兵,因为他们都一动不动地站在平原上,只有他们的矛在颤动,好像急于嗜血一般。当一切准备就绪,他让他们动起来,朝右或朝左步兵。然后,新兵和军队的其他人分离,阿莱科休斯亲自训练的人被任命为军官,他让他们接受了完整的军事教育。他们共有300人,都是高个子的年轻人,身体健壮,最近刚刚"长出第一缕胡须"②,都是优秀的弓箭手和强壮熟练的标枪手。尽管他们的出生地不同,但现在是一个团体,是在他们的将军皇帝(对他们而言,他既是将军也是训导者)的指挥下服役的整个罗马军队的精英。皇帝再次进行了筛选,将更有能力的人提升为营长并派到蛮族人必经的山谷。皇帝本人在塞萨洛尼卡过冬。正如我们所说的,博希蒙德带着一支强大舰队越过亚得里亚海,整支法兰克人军队涌现在我们的平原上。现在,他将他们召集在一起向埃皮丹努斯进军,如果可能,希望将它一举攻占。如果不能,他打算通过围攻机械和投石机逼迫整个城市投降。他在东门对面露营(门上方有一个铜制骑兵),经过侦察后,开始围攻。整个冬天,他都在制定计划并研究都拉基

---

① 原文中有空白。——原译者注
② 这是对刚经过青少年时期的年轻人而言,拜占庭人的一种惯用措词。——原译者注

乌姆容易被攻破的每个地方。当春天重新绽放笑颜时，横渡一结束，他就烧掉了所有货船和运输马匹——事实上是运送他的军事远征军的所有船只。这是一个不错的策略。首先，他的军队将不能再对海洋心存侥幸；其次，不管怎样，罗马舰队迫使他不得不这样做。他完全投入到围攻中。蛮族人军队被首先分散到城市周围。当法兰克人分队被派出去作战时，爆发了小规模战斗，罗马弓箭手有时从都拉基乌姆的塔楼上，有时从更远处向他们射箭。博希蒙德攻击敌人，自己也被攻击。他控制了皮得鲁拉（Petroula）和位于迪亚波利斯（Diabolis）河对面的米洛斯（Mylos），还征服了都拉基乌姆附近地区诸如此类的其他地方。这些战果都是娴熟的战术带来的。同时，他正在建造战争机器，制造能移动的小屋，它们可以装载塔楼并装备了攻打城门的撞锤。其他机器被建造用来保护工兵或保护填充敌人沟渠的士兵。整个冬天和夏天，他都在卖力工作，通过威胁和进攻恐吓城中的居民，但都没能挫败他们的锐气。食物供应成为他面临的重大困难，因为从都拉基乌姆附近地区掠夺的所有东西现在都已经被耗尽，罗马军队正在切断其他可能的来源，山谷和隘口已被夺取，并且罗马人控制了海洋。因此，饥荒给马和人带来了持续的影响。马没有草料，人没有食物，陆续死亡。博希蒙德的军队也遭遇了疟疾。这在表面上看来是由不适当的饮食引起的（我指的是粟），但事实上是上帝的愤怒降临到这支不可战胜的庞大军队身上，他们像苍蝇一样死亡。

　　但对于一个妄自尊大的人，一个威胁将摧毁整个地球的人而言，这种不幸似乎只是小事一桩。尽管存在这些麻烦，他仍旧继续制定计划，像一只受伤的动物，打起精神为春天做准备，[1]将所有精力集中在围攻上面。首先，一个能移动的小屋被建造，载着一根攻击城门的撞锤，这是一个异乎寻常、难以描述的东西。它被推到城市的东边，仅是外表就令人恐惧。它被建成了下面的样子。一个小"乌龟"被建造成平行四边形，下面安置着轮子，顶部和各边被缝

400

---

[1]　类似于柏拉图的《理想国》（Republic），336 B.C.。——原译者注

在一起的牛皮完全覆盖,因此,这部机器的顶部和四周的确如荷马所说"由七张牛皮制成"①。撞锤被悬挂在里面。当机器建成后,博希蒙德将它推到了靠近城墙的地方,它由大量拿着杆子的人从里面推着前进。当它离城墙适当的距离时,他们移走轮子,通过地上的木制支撑物稳住它的四边,以便于屋顶不会因为连续的敲打而摇晃。之后,大力士们站在撞锤两边,开始规则、有节奏的撞击城墙。撞锤每次都被猛烈地推向城墙,然后反弹回来,又被重新推向城墙,试图以此打开一个缺口。这样的动作被重复了许多次,撞锤持续撞击,从未停止。或许在加代拉(Gadeira)②附近发明这种装置的古代机械师们,根据我们知道的一种通过互相撞击进行锻炼的动物称它为撞锤(ram)。不管怎样,都拉基乌姆的居民嘲笑这些使用撞锤的蛮族人。在他们看来,这种山羊式的进攻方式是荒谬的,敌人的围攻将一无所获。他们打开城门邀请他们进来,因为他们嘲笑撞锤的持续敲打。"用它敲打城墙,"他们说,"将永远不会打出一个像城门一样的洞。"防御者的勇敢和阿莱科休斯将军(皇帝的侄子)的自信很快证明了他们的进攻无效,法兰克人自己慢慢松懈,至少对通过这种方式占领城市感到绝望。防御者的勇气和他们当面打开城门的自信使他们丧失了信心。他们放弃使用撞锤,装载它的能移动的小屋便失去作用。尽管它已经不再有用,但因为我已经提到的原因,火被从上面扔向它,将它化为灰烬。法兰克人试图制造另一个更恐怖的机器。它被移向被称为帐篷(*Praetorium*)③的公爵住所对面的北边。我将描述一下这个地方。隆起的地面一直延伸到一座由土壤堆成的小山前面,山上建造了城墙。正如我们所说,在它的对面,博希蒙德的人开始以一种非常专业的方式进行挖掘——为了攻占城市,围攻者的另一项发明。这

① 《奥德赛》和《伊里亚德》里的著名措词(被用于描述一个战士的盾)。——原译者注
② 加代拉(拉丁语为 *Gades*)是现代的加的斯(Cadiz)。——原译者注
③ 有意思的是拉丁语的帐篷(将军总驻地)在安娜时代一直在使用。——原译者注

种狡猾的图谋现在被用来进攻都拉基乌姆。工兵们挖了一条坑道，钻入后，像鼹鼠一样前进。在地上，他们受到有高屋顶的小屋的保护，可以避开石块和箭。他们沿着一条直线进行的挖掘取得了进展，用木杆子支撑着隧道顶部，制造了一条非常宽阔的长长通道。泥土一直被用四轮车载走，当隧道已经延伸的足够远时，他们为自己庆祝，好像完成了某项巨大的工程一样。但是，防御者也没有疏忽大意。他们在远一点的地方挖掘战壕，当它变得足够大时，便沿着它坐下来倾听，想发现围攻者们可能会在什么地方挖掘。不久之后，他们发现了敌人正在城墙地基处用铁锹敲打和挖掘的一个地方。现在，他们知道了敌人挖掘的方向，在他们的前面凿开一个洞时，看见了来自自己隧道的法兰克人。防御者用火^①进攻，严重烧毁了他们的脸和胡子。他们像被烟追逐的蜂群一样，在隧道里四散逃窜（他们曾秩序井然地进入）。这样，他们在这个计划上付出的艰苦劳动也化为乌有，又一个想法无果而终。因此，他们又进行了另外的尝试——一个木制塔楼。根据记录，这种围攻机器在其他塔楼失败后，并不是首次被建造。事实上，这座塔楼在它们被建的一年前就已经开始建造，是主要的作战武器，我已经提到的其他塔楼只是附带建造的。但是首先，我必须简要解释一下都拉基乌姆城的规划。它的城墙被塔楼阻断，后者环绕城墙并高出（城墙）11英尺，一个螺旋型楼梯直达塔顶，塔楼还被城垛加固。这就是这个城市的防御规划。城墙相当厚实，非常宽阔，四匹以上的马能并排在上面安全行走。目前我对城墙进行的评论，在某种程度上是为了澄清以后将要说的话。很难用语言勾勒博希蒙德建造的新武器。他的蛮族人将它设计为一种带着一个塔楼的移动雉堞。

403

---

① 这种火是按以下的化学方法制备的。人们从松树或者其他类似的常绿树上收集易燃的树脂，然后涂上硫磺并装入芦苇管子中。一个人用力、持续地向它吹气，就像在吸烟斗一样。然后，药在管末端与火接触，爆发火焰，像闪电一样落到前面的人的脸上。这就是第拉休姆的防御者们在靠近敌人时所使用的火。——著者注。参见附录一，对于希腊火的精彩描述，参见帕廷顿最近的书。——原译者注

据目击者讲,它的外形令人恐惧,对于受它威胁的都拉基乌姆人而言,是一个非常令人敬畏的东西。它是按照以下方式被建造的。在一个四边的地基上,一个木制塔楼被建的相当高,超出城市的塔楼 5 或 6 肘尺。为了在降低悬挂的吊桥时,比较容易地攻占敌人的防御墙,它必须被建成这个样子。被持续向后推的本地人,将不能抵制以这种方式发动的猛烈进攻。都拉基乌姆的围攻者似乎拥有极好的光学理论知识,因为如果没有这种专门知识,将无法判断城墙的高度。即使他们不知道光学理论,至少知道如何使用雅各(Jacob)①的标尺。② 这个塔楼的确是一个可怕的物体,动起来似乎更可怕,因为它的底部被安置在许多滚轴上,这是由在里面用杠杆顶着它的士兵完成的。由于它移动的原因别人无法看到,所以旁观者很吃惊。像云端上的某个巨人,它看上去是自我驱动的,四面从下到上都被覆盖,分为很多层,围绕着它的是可以射箭的各种箭孔。在最上层的是勇敢的战士,全副武装,手中拿着箭,受过防御战的良好训练。当这个可怕的东西靠近城墙时,都拉基乌姆的总督阿莱科休斯和他的士兵并没有等着束手就擒。当博希蒙德的建造物像某个无法逃避的攻城机械一样,被树立在外面时,另一个塔楼正在里面被建造与它对抗。当防御者看到敌人能够自我移动的塔楼的高度,和他们移走滚轴将它停留在什么地方之后,便在其对面竖起了四条长杆,像一个脚手架一样,四周都有底部,然后在杆子之间的间隔处铺上了地板,整个建筑物被建造的比外面的木制塔楼高 1 肘尺。因为没有保护的必要,除了顶部(被覆盖了一个屋顶),它是完全敞开的。阿莱科休斯的人将液体火带到那里,打算从最高层瞄准它。但当他们把计划付诸实施时,并没有完全摧毁这个塔楼,因为喷射的火几乎没有到达目标。接下来怎么做呢?

① 在《圣经·旧约》中是以撒之子,亚伯拉罕之孙。他的 12 个儿子后来成为以色列 12 个部落的祖先。
② 测量高度及角度用的一种光学装置(Dioptra),有用来进行精细调整的水准仪和测微计螺旋(CMH, vol. Ⅳ, pt. ⅱ, p. 302)。——原译者注

第十三卷　亚伦谋反;博希蒙德最终失败;迪沃尔条约(1107—1108)

他们用各种易燃物填满了两个建筑物之间的空隙并在上面泼上了大量的油。火从木头和火把开始燃烧,刚开始烧得很慢,随后在空气的轻微助推下,再加上大量液体火,便爆发为熊熊火焰。这个奇形怪状的可怕机械和它充足的木头被点燃,熊熊燃烧——一个令人恐怖的景象,在距离 13 斯塔德的各个方向都能看到。里面的蛮族人因为喧嚣和巨大的混乱而陷入绝望,有些人被烧成了灰烬,有些人从顶部跳到了地上,一片混乱,当外面的蛮族人也加入呼喊时,产生了盲目恐慌。

　　这就是巨大的木制塔楼和蛮族人试图夺取城墙的努力。现在,我们必须继续皇帝的故事。当春天来临后,奥古斯塔从塞萨洛尼卡返回都城,阿莱科休斯经佩拉格尼亚(Pelagonia)继续向迪亚波利斯进军,此地在山脚下,之后小路(我以前已经提到过)变得难以通行。皇帝制定了一个新的作战计划,认为应该从大规模的战斗中休息一段时间,为此,他不愿冒险与博希蒙德进行白刃战。但是,离开了难以通行的山谷并通过了两支军队之间的无人地带之后,他仍旧沿着山脊布置了军官,并交给他们充足的军队。这种新战略的目的是阻断从我们这边到法兰克人那里去的通道,防止敌人与我们军队之间的信件往来或相互问候。深厚的感情通常建立在这种问候的基础上,因为斯塔利亚人说,友谊的终结往往源于缺乏联系。[①] 皇帝知道博希蒙德是一个非常狡猾和精力旺盛的人,就像我已经说过的那样,尽管他准备与他进行面对面的较量,但一直在寻找完全不同的方法对付他。因为早已提到的原因,尽管他非常渴望战争——我的父亲热爱冒险并拥有长期的战争经验——但非常理性,希望通过别的方式征服博希蒙德。(我认为)将军不应该总是依仗剑寻求胜利,如果有机会和条件允许,应该利用策略取得完全胜利。就我们所知,一个将军最重要的任务是赢得胜利,不仅仅通过军队的力量,也要通过条约,还有另外一种方式——有时机

405

---

① 这一引文来自亚里士多德(《伦理学》ⅷ,6),不是非常准确,安娜可能只是凭着记忆引用的。——原译者注

会出现时,敌人可能会被诡计打败。皇帝在这时似乎使用了诡计。他希望制造伯爵们和博希蒙德之间的不和,动摇或打破他们的和谐关系。舞台搭好,好戏就开场了。他将塞巴斯托斯·马利诺斯(Sebastos Marinos)从那布勒斯(Naples)召来,这个人来自迈斯特罗米利家族(Maistromili),没有完全遵守自己的誓言效忠皇帝,曾被欺骗性的理由和许诺引入歧途,但阿莱科休斯确信至少就博希蒙德的事情,他能将自己的秘密计划告诉他。法兰克人贵族罗杰和因为战争功绩而非常知名的亚尔普斯的彼得(Peter of Aulps)也被传唤,他们对皇帝非常忠诚。① 阿莱科休斯征求他们的意见,询问应该采取什么措施打败博希蒙德?什么人对他最忠诚?多少人赞成他的观点?他们提供了相关信息。阿莱科休斯让他们觉得有必要通过各种方式将这些人争取过来。"如果成功了,"他说,"凯尔特人军队将因意见不合而分裂,通过这些人,他们的共同目的将被粉碎。"将计划告诉他们之后,他要求他们每个人提供一个最忠诚的仆从,这个人要知道如何管住自己的嘴巴。他们立刻同意。仆从到达,皇帝继续这个计划。他写了信,好像回复博希蒙德的一些最亲密的朋友一样,一个读它们的人会认为这些人曾写信给皇帝,试图赢得他的友谊并揭露博希蒙德的秘密目的。在他的"答复"中,他感谢他们并高兴地接受他们的美好祝愿。他写信的对象包括博希蒙德的弟弟古伊、他最优秀的士兵之一克普利斯亚努斯(Coprisianus)、理查德王侯和他的军队的高级军官勇敢的普林斯帕图斯(Principatus)②,还有其他几个人。送给他们的信都是骗人的,因为皇帝根本没有从他们那里收到过这种信,理查德和其他人一样都没有在信中表达美好的祝愿和忠诚。事实上,他的"答复"是杜撰的。这场戏据表演的目的是,如果这些人已经背叛,被引诱主动向皇帝投诚的事情传到博希蒙德的耳朵里,后者将会陷入混乱。

① 西方士兵在为皇帝忠诚的服役是值得注意的。——原译者注
② 萨勒诺的莱纳夫(Rainulf of Salerno)的儿子理查德和博希蒙德一个侄子,普林斯帕特的理查德(Richard of the Principate)。——原译者注

他的野蛮本性可能会让他滥用权威，虐待他们，强迫他们离开。由于阿莱科休斯的诡计，他们将反叛博希蒙德——一件他们从未想过的事情。我认为将领懂得当整个团体团结一心时，对手是强大的；但如果让其出现内讧，分裂为许多部分，就会变得虚弱，轻易成为敌人的猎物。这就是这些信潜藏的计划和秘密的背叛目的。它按照下面的方式被付诸实践，这些信使被命令将它们送到相关的人那里，交给各自的收信人。书信不仅表示了感谢，而且许诺了来自皇帝的捐赠、礼物和不同寻常的保证。他恳请他们今后要忠诚，不隐瞒他们的秘密计划。他从自己最信任的人中挑出一个人，让他悄悄跟随在信使们的后面，当看到他们靠近博希蒙德时，要超过他们，在其前面到达法兰克人那里，假装成叛逃者，说因为憎恨皇帝，所以想加入这一边。他要通过公开谴责信件的接受者（详细说出他们的名字），说他们已经向博希蒙德宣誓效忠，但现在却成为阿莱科休斯的盟友，以此伪装对博希蒙德怀有真诚的友谊。他们已经成为皇帝的追随者，博希蒙德应该保持警惕，以防受到他们的突袭，这在很久之前已经策划好了。这件事必须这样做，以防博希蒙德对信使们做出可怕的事情。皇帝认为有责任保护这些人（他让其做假证的人）免受伤害，并让博希蒙德陷入混乱。这不仅仅是口头上建议的事情——而是立即付诸了行动。我已经提到的那个人到了博希蒙德那里，在说服他宣誓确保信使们的安全之后，按照皇帝的命令，将一切都告诉了他。当被询问他们现在何处时，他说他们已穿过彼得鲁拉（Petroura）。博希蒙德派人抓住了这些信使。他看完信感到晕厥，几乎崩溃，因为他相信它们是真的。他将这个人严加看管，自己连续 6 天没有离开帐篷。他正在仔细考虑应该怎么做，在脑海中斟酌了无数可能的策略，应该把这些重要统帅叫到他的面前吗？应该把自己受到的损害告诉弟弟占伊吗？要任命谁来代替他们？他知道这些人都很勇敢，他们的离开将带来重大损失。他尽其所能地解决了这件事，我猜想他怀疑这些信的潜在

407

408

目的。① 不管怎样,他很好地对待他们并允许他们留在原来的职位上。

皇帝抢在敌人前面在所有路口部署了大量军队,它们由精选的指挥官负责。每条道路都通过设置路障(*xyloklasiai*②)的方式禁止凯尔特人通行。米哈伊尔·坎塔库震努斯被任命为阿瓦罗纳、埃里克③和卡尼纳的防守总督,亚历山大·卡巴西拉斯(Alexander Cabasilas)被任命为彼得鲁拉的总督,他曾带着一支混合步兵军团,在亚洲驱赶了许多突厥人。利奥·尼基里特斯(Leo Nicerites)带着充足的卫戍军队防守多尔(Deuer)。尤斯塔休斯·卡米泽斯(Eustathius Kamytzes)被选派守卫阿尔巴努斯(Arbanus)的路口。正如他们所说,通信员宣称博希蒙德已经派他的弟弟古伊、一个被称为萨拉森努斯(Salacenus)的伯爵和康托帕格努斯(Contopaganus)去对付卡巴西拉斯。阿尔巴努斯附近地区的一些小地方以前已经归属博希蒙德,它们的居民非常熟悉道路,来到他那里,说明了多尔的准确位置并指出了隐藏的道路。此后,古伊将军队一分为二,他本人从前面与卡米泽斯作战,康托帕格努斯和萨拉森努斯伯爵被命令带着多尔的向导从后面进攻。他们同意这个计划。当古伊发动正面进攻时,其他人从后面攻击卡米泽斯。后者遭遇了可怕的灾难,因为他不能立刻与所有人作战。当他看到他的人逃跑时,就跟随着他们。许多罗马人在这次战斗中阵亡,包括卡拉斯(Karas)在内,他还是一个小孩子时,已经被皇帝招进了他的贵族中;斯卡利亚里乌斯(Skaliarius)是一个突厥人,过去曾是东部的著名将领,叛逃到皇帝这里并接受了基督教徒的洗礼。当卡米泽斯正在行军时,与其他精良士兵一起守卫格拉比尼扎(Glabinitza)的阿尔亚特斯(Aryates)来到平原上。他这样做是为了

409

---

① 很显然,安娜对她的父亲的骗术很自豪,但她也禁不住佩服博希蒙德的判断力。——原译者注
② 用砍伐的木头做成的路障。——原译者注
③ 古代的欧里库姆(Oricum)。——原译者注

战斗还是为了侦察地形，只有上帝知道。不久之后，一些凯尔特人碰巧遇上了他。他们都是勇敢的官兵，全副武装，分为两组，一组50人，全速向他们冲去，对他的前面发动了猛烈进攻。另一组从后面悄悄跟随着他（没有产生噪音，因为这个地区是沼泽地）。阿尔亚特斯对后面的威胁一无所知，尽全力与其他人作战，没有意识到自己陷入了什么危险之中。来自后面的敌人猛烈地向他进攻。在这次战斗中，一个叫康托帕格努斯的伯爵用矛击向他，阿尔亚特斯摔到地上，立刻死亡。他的许多官兵与他一起阵亡。当消息传到皇帝那里，他传唤了坎塔库振努斯，他认为他是一个杰出的士兵。正如我以前所说的，他已经被从劳迪西亚召回，重新加入了阿莱科休斯。因为对博希蒙德的进攻不能再拖延，现在，他带着一支强大的军队被派出去。好像给他额外的鼓励一样，皇帝在他之后也离开营地，到达一个被当地人称为佩特拉（Petra）的山口并在附近停留。他向坎塔库振努斯详细地解释了战斗策略，后者带着良好的建议和很高的期望被派往格拉比尼扎。皇帝返回迪亚波利斯。坎塔库振努斯在行军中到达了一个叫米鲁斯的小地方，立刻准备各种攻城机械进行围攻。罗马人大胆地向城墙移动并很快爬上了胸墙。在布兹河（River Bouse）对面扎营的凯尔特人看到发生的事情，跑去帮忙。坎塔库振努斯的侦察兵（他们是蛮族人，就像读者将知道的那样）看到敌人的行动，混乱地返回他那里，不是私下里告诉他已经观察到的情况，而是在很远处便大声叫喊敌人准备进攻。当士兵们听到这个消息时，尽管已经爬上了城墙，烧掉了城门，早已控制了这个地方，但仍旧惊慌失措。每个人都跑向自己的马，但在其慌乱和恐惧中，他们抓住了向自己跑来的任何马匹。坎塔库振努斯奋力作战，不断冲进被吓坏了的人群。"像个男子汉一样"，他大声叫喊（引用诗人的话），"恢复战斗的精神和勇猛"[①]。他们根本不加理会，但他通过一个巧妙的策略战胜了他们的恐惧。他说："不要将围攻机械留给敌人，他们将使用它们进攻我们。放火烧掉

410

---

① Homer, *Iliad* Ⅵ，112 以及其他地方。——原译者注

它们,然后秩序井然地离开。"这些话立刻产生了效果。命令被积极地执行。机器与河上的船都被烧掉,凯尔特人将无法渡河。坎塔库振努斯撤退了一小段距离,来到一个平原上。右边是察扎讷斯河(River Charzanes),左边是泥泞的沼泽。利用河和沼泽地提供的保护,他在平原上扎营。凯尔特人到达河岸,但他们的船已经被烧毁,便失望和沮丧地返回了。博希蒙德的弟弟从他们那里得知了发生的事情,便改变方向并挑选出最好的士兵,派往埃里克和卡尼纳。他们发现了被米哈伊尔·塞考迈努斯守卫的山谷(皇帝已经委派给他这项任务),便利用有利于他们的地形,对罗马人发动突袭,击溃了他们。当凯尔特人士兵在狭窄的峡谷擒拿敌人时,他们是难以抵抗的,但在平原上,对付他们则很容易。

在这次胜利的鼓励下,他们返回,重新面对坎塔库振努斯,但发现他扎营的地方对他们不利,便怯懦地推迟了战斗。他得知了他们的进军,利用整个晚上与所有军队移动到河对岸。在太阳升起地平面之前,他全副武装,整支军队做好了战斗准备。他在阵线前面占据了中间的位置,突厥人在他的左边,阿兰·罗斯米克斯(Alan Rosmikes)和他的同胞们在右边。他派斯基泰人前去进攻凯尔特人,通过小规模战斗将他们赶到前面。同时,他们要连续向敌人放箭,然后撤退并再次返回。斯基泰人急切地进攻,但一无所获,因为凯尔特人保持队形完全不被打破并秩序井然地慢慢前进。当两支军队的距离近到足够发生战斗时,斯基泰人面对敌人猛烈的骑兵进攻无法再射箭,便立刻从他们面前逃跑。突厥人想帮助他们,独自发动了一次进攻。但凯尔特人一点都没有被他们的干涉影响到,甚至更加猛烈地战斗。坎塔库振努斯看到军队溃败,立刻让身为 Exousiocrator① 的罗斯米克斯参加了战斗(你应该记得他和他的阿兰人正在右边,他们都是优秀的战士)。尽管他像一头狮子一样向他们吼叫,但他的努力证明与事无补。当他也撤退时,坎塔库振努斯重新鼓起勇气,就像战斗刚开始一样,亲自冲到凯尔特

411

① 一种头衔。安娜在使用军衔方面是相当准确的。——原译者注

人前面并将他们的军队撕裂成了许多部分。敌人被完全打败，被追赶至米鲁斯。许多普通士兵和军官被歼灭，甚至有些杰出的伯爵被俘虏，其中包括休①、他的弟弟理查德、康托帕格努斯。坎塔库振努斯胜利返回，因为希望皇帝对自己的胜利留下更深刻的印象，他把许多凯尔特人的头颅钉在矛尖上，最杰出的俘虏休和康托帕格努斯立刻被送到皇帝那里。当我写这些文字时，已接近点灯时分，笔在纸上慢慢移动，我感到自己昏昏欲睡以至于忘记要写什么。我必须写外族人的名字，必须详细描述接连发生的大量事件。结果，历史的主体部分和连续的叙述因为打断而脱节。哎，好了，至少对于那些带着美好的意愿阅读我的作品的人而言，"没有理由生气"②。让我们继续。 412

　　博希蒙德意识到自己面临的形势非常严峻。他正受到来自海陆的进攻，因为供应品不足，陷入极度的困境中。一支强大的分队被派到阿瓦罗纳、埃里克和卡尼纳附近的所有城镇劫掠。这一行动没有逃过坎塔库振努斯的警戒，正如荷马所说"甜蜜的睡眠没有阻止这个人"③，他迅速派贝罗特斯（Beroites）带着大量士兵进攻凯尔特人并很快将他们打败。同时，他在回来的路上放火烧掉了博希蒙德的舰队。这个伟大的人听说了战败的消息，并没有灰心丧气，而是愈挫愈勇，好像根本没有遭受灾难一样。另外一支由6000名步兵和骑兵组成的支队被投入战场，进攻坎塔库振努斯，他们急于参加战斗。博希蒙德认为不用战斗，罗马军队和它的将领们就会被俘。我们的将领让侦察兵持续密切地注意凯尔特人军队，当得知他们正在前进时，整个晚上他都在武装自己和士兵，急于在第一缕曙光出现时发动进攻。疲于行军的凯尔特人，在布兹河岸边停下进行短暂的休整。天破晓时，他发现了他们，立刻发动进攻。

---

① 可能是圣保尔的休（Hugh of St Pol），他是博希蒙德的主要军官之一。——原译者注

② 类似于荷马的表述。——原译者注

③ Homer, *Iliad* ⅱ , 2. ——原译者注

许多人被俘虏,更多人被杀,被河流卷走的人则被淹死了——他们"逃离虎穴,又进狼窝"。所有伯爵都被送到皇帝那里。此后,他(坎塔库振努斯)返回蒂莫罗斯(Timoros),一个布满沼泽和难以接近的地方。他呆在这里的一周内,大量侦察兵被安置在不同地方,密切观察博希蒙德的行动,及时汇报,以便于他能更好地做出应对。侦察兵偶然发现 100 个凯尔特人正在制造木筏,他们打算坐在上面渡河,夺取河对岸的一个村庄。罗马人出其不意地进攻他们,几乎将他们全部生擒,包括博希蒙德的堂兄弟,一个 10 英尺高,像另一个赫拉克勒斯一样的巨人。这的确是一个奇特的景象——一个真正的巨人,成了一个矮小的斯基泰人即一个侏儒的战俘,坎塔库振努斯下令,当他们离开时,这个矮小的斯基泰人要用一根铁链把这个巨人领到皇帝面前,或许是为了开玩笑。当阿莱科休斯听说他们已经到达时,坐上御座,命令把战俘带进来。斯基泰人用一根链子领着这个凯尔特人走进来,他甚至达不到战俘的臀部。当然,所有人都立刻哄堂大笑。其余的伯爵被投入监狱……①

更多的消息传来,一份不祥的报告宣称卡米泽斯和卡巴斯拉斯的罗马支队遭受了巨大损失,皇帝几乎没有时间为坎塔库振努斯的成功高兴,尽管非常哀伤和痛心,但并没有丧失勇气。他为死者悲痛,甚至为一些人流泪。君士坦丁·加布拉斯(Constantine Gabras)②是一个优秀的士兵,与凯尔特人不共戴天,被命令在彼得鲁拉建立阵地。他的任务是找出敌人进入山谷进行屠杀的地点,以便将来阻断他们的路。加布拉斯很恼火,一想到这件事便烦恼不已——他是一个自负的家伙,只愿意执行重要的命令。皇帝立刻转向马里亚努斯·马罗卡塔卡隆(Marianus Mavrocatacalon),他是我的凯撒的妹丈,一个非常勇敢的人,这已被许多勇敢的事迹所证

① 原文中此处有空白。——原译者注
② 塞奥多拉·加布拉斯的儿子和格里高利的弟弟,他们来自一个动乱的家族。——原译者注

明。阿莱科休斯很喜欢他。一支由最优秀的士兵组成的巨大军队置于他的领导下，王子公主和我丈夫的许多仆从也加入了这支军队，他们非常高兴有战斗的机会。尽管马里亚努斯对这次远征也有所保留，但他的确回到帐篷考虑这件事情。大约在午夜的巡查时间，来自兰道夫的一封信到达，他当时与海军司令依沙克·康托斯特发努斯在一起。他在信中谴责了康托斯特发努斯兄弟、依沙克、他的弟弟斯蒂发努斯和尤弗本努斯，他们在守卫伦巴第海峡时，玩忽职守，时常登陆休息。附言如下："陛下，你可能会用全部的力量和智慧去阻止凯尔特人的掠夺性进攻，但这些人已经放弃，仍旧在值班时睡觉。因为他们在海上玩忽职守，让给博希蒙德带来供应品的水手们有机可乘，因为那些最近从伦巴第横渡的人已经等到了适宜的海风。他们扬帆加速，大胆航行。[①] 即便如此，狂暴的南风使他们无法在都拉基乌姆抛锚，而只能被迫沿海岸航行，驶入阿瓦罗纳。敌人将运输船抛锚，巨大吨位的船带来了由步兵和骑兵组成的大量增援部队和博希蒙德所必需的所有食品供给。登陆后，他们组织了大量市场，凯尔特人能买到许多食品。"皇帝非常生气，依沙克被严厉谴责，如果不改正错误，将要受到惩罚，这产生了一些效果——依沙克提高了警觉。但事情并没有按照为他设计的计划进行，他不止一次地试图阻止敌人横渡，但都失败。麻烦是这样的：他航行到两条海岸线的中途，当窥探到敌人正涨满船帆，顺风在对面迅速航行时，不能同时与他们和顶头风作战。即使赫拉克勒斯（就像他们讲的那样）也不能立刻同时做两件事。因此，他被风吹回——皇帝被憎恶。当他知道康托斯特发努斯将罗马舰队布置在错误地区，以至于吹向他的南风使敌人的航行更加便利时，便给他画了一张伦巴第和伊利里库姆的海岸图，标注了各个地方的港口，然后将它连同书面命令一起给他送去。为了在海上进攻凯尔特人，皇帝向他建议了停泊船只的地点，以及如果风向适

414

415

[①] 对于那些从伦巴第到伊利里库姆航行的人而言，来自南方的强风是适宜的，北风则相反。——原译者注

宜,从什么地方起航。这样,他对康托斯特发努斯寄予了新的希望并劝说他开始行动。依沙克恢复信心,去了皇帝告诉他的地方,沿海滨行驶,在那儿等待机会。当敌人带着一支巨大的护卫舰队出现在海面,风向正适宜航行时,他在海峡中部将他们拦截,烧毁了他们的一些海盗船,更多的船葬于海底。在阿莱科休斯得知这个消息之前,他非常关注兰道夫和都拉基乌姆公爵的来信,改变了计划。马里亚努斯·马乌罗卡塔卡隆(我在上面提到的人)被立刻传唤并任命为舰队总司令。皮得鲁拉的任务被委托给了其他人。马里亚努斯离开,偶然遇到了正在从伦巴第到博希蒙德那里去的海盗船,也有一些货船。他截获了满载着各种食品供给的所有船只。此后,海峡有了一支不知疲倦的守护者,因为马里亚努斯没有给凯尔特人再次横渡的任何机会。

皇帝在迪亚波利斯附近山口的山脚下露营,严密监视可能叛逃的人。来自他的总驻地的信件像连续不断的水流一样送到山口的指挥官那里。有关在都拉基乌姆平原与博希蒙德作战的人数以及当他们从山上下来时应该采取的战斗队形,他给与的建议是他们应该经常在马上进攻,然后撤退;射箭时,这种策略应该被经常重复,标枪手要在他们后面慢慢移动,以便于如果弓箭手被驱逐得太远,他们可以帮忙并同时进攻碰巧在射程之内的凯尔特人。他们配发了足够的箭并被命令使用时不要吝啬,但要射马而不是凯尔特人,因为他知道胸甲和盔甲使后者几乎刀枪不入,因此,在他看来,射向骑手是浪费箭和完全荒谬的行为。凯尔特人的盔甲是一件由一个接着一个的铁环编织的长达膝盖的外衣,能抵挡箭和保护士兵的身体。盔甲配备一个盾,盾不是圆形而是长形的,顶部宽阔,到矛尖处渐成锥形,里面稍微弯曲,外面光滑发亮并有一个闪闪发亮的铜制浮雕。任何箭,不管是斯基泰人、波斯人或一个巨人发射的,都会被挡住并反弹向射箭人。我想正是因为这些原因,皇帝(对凯尔特人的盔甲和我们的马富有经验)才命令他们不要进攻人而是进攻马。"给它们翅膀",他说(当然指箭羽)。向马射击的另外一个原因是,当凯尔特人下马后,他们很容易被对付。一个骑在马上的凯尔特人是难以抵抗的，能穿过巴比伦的城墙。① 但当他们下马后，将会成为任何人的猎物。尽管渴望和博希蒙德在总战中一决雌雄（在历史以前的各章中，我已经对此强调了无数次），但由于了解属下刚愎自用的性格，阿莱科休斯不愿跨越山口。在战场上，一个比任何剑都锋利，拥有无所畏惧的性情的男人，绝对不屈不挠，但他现在被令他心情抑郁的可怕事件所阻止，无法进行这项计划。当博希蒙德正在被从海陆夹击时，皇帝像一个观众一样坐着，观看伊利里库姆平原上发生的事情，他与士兵们呆在一起，全身心地分担他们的汗水和辛劳——有人可能说有时他分担的更多——鼓励被派守在山口上的军官们进行战斗，并给与进攻敌人的建议。马里亚努斯守卫从伦巴第到伊利里库姆的海路，有效阻止了去东部的所有行动，三桅船、巨大的商船、小双桨船，都没有到博希蒙德那里的丝毫机会。因此，从海上运送的食品供给没有到达他那里，在陆地上获得的额外供应物也是如此。他意识到战争正在被皇帝相当巧妙地成功进行。例如，他的人每次离开营地寻找粮草或其他任何必需品，或者牵马出去饮水，罗马人都会进攻并杀死大部分人，因此他的军队正在被逐渐消灭。在这种情况下，他给都拉基乌姆公爵阿莱科休斯送去了休战提议。博希蒙德的一个伯爵，名叫威廉·克拉利勒斯（William Clarelès），是一个出身高贵世系的人，看到凯尔特人的整个军队正在被饥荒和瘟疫所歼灭（因为某种可怕的疾病已经从天而降），为了自己的安全，带着50匹马叛逃到皇帝那里，受到欢迎。阿莱科休斯询问博希蒙德的情况，他证实了瘟疫引起的不幸和他们处境的极度艰难。他被赐予大贵族头衔和大量的礼物与赏赐。从与他同名的人的信中，阿莱科休斯也知道博希蒙德已经通过使节请求休战。当他意识到他的随行人员总是在阴谋策划伤害他时（他每时每刻都看见他们反叛，自己被亲属比被外来的敌人更多地责难），决定不再同时与两个敌人作战。

417

---

① 古代的巴比伦，卡尔迪亚王国（Chaldaea，古巴比伦人的一个王国）的都城。——原译者注

就像某个人曾经说的,把非做不可的事装成出于好心才做的,他认为更加明智的策略是接受博希蒙德的和平提议。另一方面,他害怕走得更远——因为我已经提到的原因。因此,他呆在原来的地方,面对两方面的敌人,他写信命令公爵这样给博希蒙德回信:"你很清楚,因为信任你的誓言和承诺,我已经被欺骗了多少次。如果不是因为《圣经》主张基督教徒在所有事情上要相互宽恕,我将不理会你的建议。但是,即使被欺骗,也不要冒犯上帝和违反他的神圣法律。因此,我不拒绝你的请求。如果你真正渴望和平,真正憎恶你已经试图做的荒唐的事情,如果你不再只是为了满足你的个人私欲,无视你的国家和基督教徒的利益,任意倾洒基督教徒的鲜血,那么,你亲自前来,随从的数量由你决定。我们之间的距离并不是很远。在谈判的过程中,不管我们是否达成一致,我都许诺你毫发无伤地返回营地。"

对于这一答复,博希蒙德要求贵族做人质,他们将是自由的,但被营地的伯爵们看守,直到自己返回。否则,他不敢去皇帝那里。阿莱科休斯选择了那不勒斯人马利努斯(Marinus)和法兰克人罗杰(他因其勇敢而知名)。两个人都很聪明并非常熟悉拉丁人的习俗。第三个人是行动勇敢、内心坚强的君士坦丁·尤弗本努斯,皇帝委托给他的任务从未失望。第四个人是懂凯尔特语的亚德拉莱斯托斯(Adralestos)。这些人被送到博希蒙德那里。他们将通过各种理由诱骗和说服他自愿到阿莱科休斯那里。他可以向阿莱科休斯提出任何要求,如果皇帝同意,他将达成心愿;如果没有,他将不受伤害地返回营地。这就是使节们开始旅程之前接到的命令。他们踏上了去博希蒙德那里的路。当后者听说他们到来时,非常惊慌,万一他们注意到他的军队的发病率,可能会告诉皇帝。因此,他骑到远离营地的地方去迎接他们。他们转达了口信:"皇帝绝对没有忘记你和其他伯爵穿过君士坦丁堡时的许诺和宣誓。你无疑已经看到了违反它们出现的糟糕结果。"博希蒙德打断了他们。"够了。如果皇帝还有其他事情要告诉我,我愿意听。"使节们继续说:"皇帝希望你和你领导下的军队安全,通过我们向你声明:

418

419

第十三卷　亚伦谋反；博希蒙德最终失败；迪沃尔条约（1107—1108）

'受了很多苦之后，你已经非常清楚不能占领都拉基乌姆。你没有为自己和军队赢得利益。如果你不希望自己以及军队完全毁灭，就到我这里来，不用害怕。这样你可以提出想要的东西并听从我的判决。如果我们的意见一致，那么感谢上帝，如果不一致，我会毫发无伤地把你送回营地。另外，如果你的人中有人想到圣墓朝拜，我将给与他们自主行动的自由。那些想返回家园的人将被允许并且会得到我的慷慨礼物。'"博希蒙德回答："现在，我真正明白阿莱科休斯派来了老练的谈判者。我要求你们完全确保皇帝对我的接待绝不会有任何不尊敬。当我距离他的帐篷 6 斯塔得时，他最近的血缘亲属应该前来迎接我；当我进入皇帝的帐篷时，他要从御座上站起来尊敬地迎接我；不能提及我们过去的任何约定并且我绝不能被带去审问；我有完全的自由说我想说的任何事情，就像我希望的一样。此外，我要求皇帝拉着我的手，将我安排在一个尊贵的位置上。在与两名军官一起进入后，我将被完全赦免向他下跪或鞠躬以示尊敬。"使节们听完了这些请求，拒绝了让皇帝从御座上站起来的要求，认为这是放肆无礼的。这不是他们唯一拒绝的事情。他不向皇帝恭敬地下跪或鞠躬的要求也被拒绝。另一方面，他们同意了表示尊敬的某些礼仪，当他快到皇帝面前时，皇帝的远亲走适当的距离去迎接并陪同他；另外，他能和两名军官一起进入；（这是重要的）皇帝将拉着他的手并让他坐在尊贵的座位上。在交换条件之后，使节们退到早已为他们准备好的地方休息，由 100 名警卫官①守卫。这是为了阻止他们晚上出去察看军队的情况，从而更轻视博希蒙德。第二天，带着 300 名骑士和所有伯爵，博希蒙德到了昨天与使节们谈话的地方，然后带着 6 个精选随从去找他们，让其他人原地待命。使节们和博希蒙德重新讨论了先前已经说过的内容。当后者开始恐吓时，一个名为休的伯爵，出身

420

---

① 希腊语的 *sergentioi* 据说来源于拉丁语的 *servientes*，在这种情况下，可以翻译成 "步兵"（*infantrymen*）。安娜似乎将这个单词作为一种军衔使用。——原译者注

于最高贵的世系，对他这样说："我们打算与皇帝一起参加战斗，但到现在为止，我们所有人都没有把标枪投向任何人。现在，大部分谈话已经接近尾声，我们必须缔造和平而不是战斗。"双方继续长时间的辩论。博希蒙德很生气，感觉受到了屈辱的对待，因为使节们没有同意他的所有要求。他们同意了一些要求，（如他们所说）拒绝的要求是博希蒙德把必须做的事情当成好心做的。他要求他们宣誓自己将被礼遇，如果皇帝不能满足他的要求，他将被安全护送回自己的营地。因此，《圣经》被出示，他正式要求将人质转交给他的弟弟古伊，他们将被他看守直到他（博希蒙德）返回。使节们表示同意并且要求宣誓确保他们的人质的安全。博希蒙德同意后，双方进行宣誓。塞巴斯托斯·马利努斯（Sebastos Marinus）、亚德拉莱斯托斯和法兰克人罗杰被转交给古伊，条件是当与皇帝签订了和平条约后或者即使他们的努力失败，他都将按照他们神圣的约定，把他们毫发无伤地送到阿莱科休斯那里。当博希蒙德准备和尤弗本努斯·君士坦丁·卡塔卡隆一起开始去皇帝那里的行程时，因为营地发出一股十分恐怖的恶臭——军队已经在同一个地方呆了很长时间——他希望移动军队，但表示没有他们的同意，他将不会这样做。这就是凯尔特人的典型做法。他们的性情极不稳定，顷刻之间便转到相反的极端。你能看到同一个人此刻鼓吹将撼动整个世界，下一分钟便畏缩地匍匐在尘埃之中——当他们遇到更强大的对手时，这更有可能发生。使节们同意移动营地，但不要超过 12 斯塔得。他们补充说："如果你想这样做，我们将与你一起看看这个地方。"博希蒙德没有拒绝。他们立刻通知正在把守山口的军官们不要出击或伤害他们。尤弗本努斯·君士坦丁·卡塔卡隆反过来要求博希蒙德同意他造访都拉基乌姆。这个要求被允许。他很快到达那里，找到首席大贵族依沙克的儿子及卫戍军的指挥官阿莱科休斯之后，交付了皇帝委托给他以及已经加入他的精良士兵的信件。因为以前由皇帝创造并放在都拉基乌姆的防御墙上一种机械，卫戍军不能倚在城墙上。木板被巧妙地沿着要塞的胸墙铺设。它们没有被钉住的原因是，试图沿着梯子爬上来的

第十三卷　亚伦谋反;博希蒙德最终失败;迪沃尔条约(1107—1108)

任何拉丁人,即使到了防御墙上,也会站不稳,摔到城墙里面。尤弗本努斯和他们进行了一次谈话,宣布了皇帝的命令并让他们充满信心。他也询问了要塞中的相关情况。确信他们的事情进展得很好,因为他们有足够的供给并且决不担心博希蒙德的计划,他便离开了。他发现博希蒙德已经在一个商定的地方安营。他们一起出发去皇帝那里,根据先前的约定,其他使节被留下与古伊的人在一起。卡塔卡隆派摩德纳的曼努埃尔(Manuel of Modena①)到前面通知皇帝博希蒙德的到来(这个曼努埃尔是他最信任和最忠诚的仆从之一)。当他靠近皇帝的帐篷时,接待他的安排按照使节们商定的方式进行。博希蒙德走进去,皇帝与他握手,寒暄过后,让他坐在了御座的旁边。简要地说,从外表看,博希蒙德不像那个时代在罗马世界被看到的希腊人或者蛮族人。看见他的人会禁不住赞美他,提到他的名字便令人产生恐惧。我将详细描述这个人的特征。他的身材是这样的:比最高的人高出几乎一肘尺,腰和侧面肌肉很结实,肩膀和胸膛宽阔,胳膊强壮。总体上来看,他的体形既不是锥形,也不沉重和肥胖,而是非常匀称——一个人可能会说他符合 Polyclitean 的理想人物。他的手很宽大,体态优美结实,脖子和后背强健。对于力求精确和过分注意细节的观察者而言,他看起来有些轻微的驼背,这不是由较短的脊柱椎骨的虚弱引起的,而是或许从出生时,那里就有一些变形。除了他的脸红白相间之外,他全身的肤色都很白,头发是淡棕色的,不像其他蛮族人那样长(不会垂到肩膀上)。事实上,这个人并不特别喜欢长发,而是将头发剪短到耳边的长度。我无法说出他的胡子是红的还是其他颜色,因为剃须刀已经将它刮掉,他的下巴比大理石还要光滑。但是,它"看上去"像是红色的。他的眼睛是淡蓝色的,透出一个男人的精神和威严。宽阔的鼻孔使他能够自由呼吸,它与他的胸很般配,为肺部气体提供了良好出口。他的身上散发着一种魅力,但有点被他整个人所激发的惊慌所模糊。我认为由于伟岸的身材和眼

---

① 意大利北部,博洛尼亚西北偏西的一座城市。

睛,他整体上体现出一种无情、野蛮的气质。甚至他的笑声对其他
人都是一种威胁。这就是他的精神和外表,在他身上,勇气和爱都
被武装起来准备战斗。他的傲慢在各个方面都显露无疑。他也很
狡猾,能迅速抓住任何投机的机会。他措词慎重,答复通常模棱两
可。只有一个人,也就是皇帝,能打败像博希蒙德那样优秀的对手。
他通过运气、雄辩和造物主赋予的其他有利条件做到了这一点。

　　对过去发生的事情进行了简短而谨慎的评论之后,阿莱科休斯
转移了话题。博希蒙德在理亏的情况下,慎重地避开他的问题,只
说道:"我不是来对这些异议为自己辩护的,事实上,我本人可以讲
很多。既然上帝已经让我陷入这种状态,将来我一定会完全听从
你的处置。""现在,让我们忘记过去,"皇帝说,"但是,如果你想与
我们休战,必须首先成为我的臣属,然后,必须把这个消息通知你
的侄子坦克雷德,命令他根据我们原先的协议,把安条克转交给我
的使节。此外,现在和未来,你必须尊重由他们制定的所有条约。"
通过更深入的交谈,双方都表达了自己的意见,很明显,博希蒙德
仍旧是老样子,没有任何改变。他宣称:"我不可能做出这样的承
诺。"当皇帝提出其他要求时,他要求返回自己的营地(在使节们同
意的约定中,他有这项权利)。但皇帝告诉他:"没有任何人比我本
人能更好地确保你的安全。"说着这些话,他大声命令军官们准备
去都拉基乌姆的马。当博希蒙德听到这一点,便离开了阿莱科休
斯,退到为他准备的帐篷里。他要求见我的凯撒尼基弗鲁斯·布
林纽斯,后者已经被提升为上等大贵族。尼基弗鲁斯到达,竭尽所
能地劝说博希蒙德(他在演讲和公共演说方面是无与伦比的),使
他确信应该同意皇帝提出的大部分条款。于是,他握着博希蒙德
的手,将他领进了皇帝的帐篷。第二天,他认为最好的做法是进行
宣誓并自愿接受全部条款。条约内容如下:

　　当我带着大量法兰克人军队来到帝国的城市,在从欧洲到亚洲
去解放耶路撒冷的路上,与陛下,即被神圣任命的皇帝,签订了一
项条约。由于一系列意想不到的事件,这项条约已被违反。因此,
由于情况发生变化,它失去合法性,不再有效,必须被废除。在法

律上,陛下不能凭借那项协议提出反对我的要求,对它的相关规定和内容也不能再有任何争论。因为当我向陛下,即被神圣任命的皇帝,宣战时,当我违反了协定的条款时,你们拿来反对我的指控已经变得无效。但是,既然我像某个意外遭到暴风雨打击的渔夫①一样得到了教训,并来此忏悔,既然我已经几乎在矛尖上重新恢复了理智,带着失败和以前战争的记忆,我请求与陛下达成另一项协议。根据第二份条约的条款,我将成为陛下的封臣,如果使用更明确清晰的措词,就是我将成为你的仆从和臣属,因为你愿意保护我,接受我为臣民。根据第二份协议的条款,我希望永远维护它——我以上帝和他的所有圣徒的名义宣誓,因为被同意的条款已经写成了文字并作为我的证词被吟诵——从这一刻起,我将成为陛下和你的爱儿即巴塞鲁斯、领主、约翰·波尔非罗格尼图斯(Basileus Lord John, the Porphyrogenitus)的忠诚臣民。我将武装我的右手进攻所有挑战你的权力的人,不管是信仰基督教的叛乱者,还是不懂我们信仰的人,即所谓的异教徒。因此,我单独抽出了出现在以前签订的协定中并被陛下和我所接受的一项条款(其他所有条款已经被宣布无效),并会坚决遵守,也就是说,我是两个陛下的仆从和封臣,这是以前的条约中就曾规定的。不管发生什么,我都不会违背这一点。不会有任何明确或晦涩的理由或方式,使我违反目前这份条约。从现在起,我将接受一个地区(以后将在这份条约中被适时地写明)。通过皇帝用紫色墨水在上面签名的金玺诏书和已经给我的副本,我接受了在东部的这些土地,这是来自陛下的礼物,金玺诏书会确保这一礼物的合法性。作为这些如此昂贵的土地和城市的交换,我向陛下,即伟大的专制君主和领主阿莱科休斯·科穆宁,向你非常宠爱的儿子即巴塞鲁斯、领主,约翰·波尔非罗格尼图斯宣誓效忠。我许诺毫不动摇和坚定不移地

425

---

① 提到的"渔夫"(fisherman)已经成为大量争论的主题。这一谚语式的表达明显地类似我们的"一朝被蛇咬,十年怕井绳"(once bitten, twice shy)。详细的讨论参见 Buckler, pp. 514 - 515。——原译者注

维持这种忠诚。让我用更清晰的措词重复我已经讲过的话并确定签署者的身份。我，罗伯特·吉斯卡尔的儿子博希蒙德与陛下达成这项协议，我打算和陛下，即罗马人的专制君主、领主阿莱科休斯，和巴塞鲁斯，即你的儿子波尔菲罗格尼图斯，一起维护它不被违反。只要我活着，我将是你们忠诚可靠的臣属。我将武装双手抵抗今后反叛罗马人和你们即罗马帝国前所未有的威严统治者们的任何敌人。在需要的时候，只要你们一声令下，我将带着所有军队成为你们的忠诚仆从，绝不逃避。如果有人对你们的权力不怀好意，只要他们不是像不朽的天使一样的人，不能为我们的武器所伤害或者被赋予了钢铁一样的坚固身体，我会为了陛下与他们作战。如果身体健康但没有参与对蛮族人和突厥人的战争，我将亲自和我后面的军队一起为你们作战。如果我得了某种严重的疾病（这种事情经常降临到人身上）或者迫近的战事将我拖进了战争，那么——是的，即使如此——我许诺通过派去身边勇敢的人，提供可能的帮助，他们将弥补我的缺席。为了践行今天向陛下宣誓的忠诚，我必须通过个人的努力，或者就像我说过的，通过其他人的努力，一丝不苟地服从协议的条款。我发誓在通常和特殊的情况下，真正忠诚于你们的统治并且保护你们的生命——即你们在世上的生命。我将时刻处于备战状态，像一尊铁铸的雕像一样守护你们的生命。万一有罪恶的仇敌阴谋策划危害你们，我将摧毁和击退他们，我将我的誓言延伸到你们的荣誉和你们的人。我也宣誓保卫你们的每一块土地、大小城市和岛屿——简言之，在你们统治下的所有陆地和海洋，从亚得里亚海远至整个东部和罗马边境内的大亚洲（Great Asia）地区的领土。上帝将是我的见证人和听众，除了那些被上帝加冕的陛下给与我并将在当前的文件中明确列举的那些地区之外，我同意永不控制和拥有你们现在或过去统治的任何土地、城市和岛屿，也就是，君士坦丁堡帝国过去拥有或现在拥有的东部和西部的所有领土。如果我偶尔通过驱逐目前的统治者，臣服了向帝国纳贡的任何土地，我一定会将它的统治问题提交给你们决定。如果你们希望我，即你们的封臣和忠实的仆从，代为

426

管理被征服的土地,我会照办。如果你们有其他决定,我将毫不犹豫地将土地转交给陛下指派的任何人。我将不会接受任何人出卖给我的,曾经臣属于你们的土地、城市和乡村,就像它们是我的财产一样。通过围攻或其他方式获得的东西过去是你们的,将来还是你们的,我绝不会对这些地方有任何要求。我将不会接受任何基督教徒的宣誓,也不会向另一个人宣誓。我将不会签订可能危害你们或使你们和你们的帝国遭受损失的任何协定。没有你们的允许,我将不会成为其他人的封臣,其他强大或弱小国家的封臣。我宣誓效忠的是你和你的爱儿的统治权。如果那些反叛陛下权威的人到我这里,希望成为我的奴隶,我将表示憎恶并拒绝——不仅如此,我将拿起武器进攻他们。对于那些仍旧愿意臣服在我的矛下的其他蛮族人,我将接受他们,但不是以我的名义,而是代表你和你的爱儿,强迫他们宣誓,以陛下的名义占据他们的土地。因此,不管你们给与有关他们的任何命令,我都会毫不犹豫地执行。这些承诺碰巧涉及罗马帝国统治下的所有城市和乡村。对于那些尚未臣服于罗马帝国的地方,我做如下宣誓。没有通过或者通过战争而处于我的统治之下的所有土地,我将视为来自陛下,不管它们是突厥人的还是亚美尼亚人的。或者像理解我们语言的人所说的,不管他们是异教徒还是基督教徒,来到我这里并希望成为我的奴隶的这些民族的人,只要他们也成为陛下的封臣,我将接受。我与最高统治者的协议也适用于他们,被认可的誓言也是如此。这些人中,你,最威严的巴塞鲁斯,希望他们臣服于我的人,他们将这样做,当你渴望增加到你的统治领域的那些人,如果他们默许,我将交给你。如果他们不默许,拒绝承认你的最高领主的身份,我也不会接受他们。对于我的侄子坦克雷德,如果他不愿放弃对陛下的敌视和对原属于你们的城市的控制,我将对他发动无情的战争。如果在他同意或违背他的意愿的情况下,城市被解放,带着你们许可的权力,我本人将成为由金玺诏书赋予的那些地方的主人,它们将按照适当的顺序被列出。包括叙利亚的劳迪西亚在内,不在此列的那些城市,将隶属于你们的领域。在任何时候,我都不会接受

427

428

来自你们帝国的叛逃者并将强迫他们返回陛下那里。此外,除了之前提到的许诺,我进一步宣誓以强化协议:我作为捍卫者承诺遵守这些条款,以便它们永远不被破坏和违反。以我的名义占有陛下给我的土地以及将被命名的城市和据点的那些人,我将确保他们用最神圣的誓言宣誓忠诚于你们的统治,在各个方面遵守罗马法律并严格服从在此书面规定的所有条款。我将通过上帝的力量和上帝无法避免的愤怒让他们宣誓,如果我阴谋叛乱陛下——但愿这将永远不会发生,永远不,噢,救世主(Saviour)!噢,上帝的正义(Justice of God)!——他们将首先在四十天的时间内通过各种方式挫败我的叛乱,使我恢复对陛下的忠诚。这样的事情可能发生——如果它的确发生——只有当完全的疯狂和精神错乱控制了我或者我明显丧失了理智时。但如果面对他们的建议,我坚持我的愚蠢并顽固不化,如果难以控制的精神失常的确袭击了我的灵魂,他们将打破对我的誓言并完全拒绝我,转而为你们效忠。他们以我的名义控制的土地将被从我的手中夺走,归于你们的统治之下。他们必须宣誓这样做并同样遵守我已对你们许诺的忠诚、服从和美好祝愿。为了你们的生命和世俗的荣誉,他们将拿起武器。只要意识到阴谋和危险,他们将随时准备为了陛下的生命和身体

429 进行战斗,以防它们在某个敌人的手中遭难。我进行以上宣誓并请求上帝、世人和天堂的天使见证,我将通过可怕的誓言强迫他们这样做并尽其所能地将它们付诸实践。他们将像我已经做的那样,宣誓同意关于你们的要塞、城市和土地的相同条款——简言之,在东部和西部属于陛下的所有行省。他们将在我有生之年和死后做这些事情,他们将是你们帝国的臣属并忠诚地为它服役。碰巧与我一起在此的所有人将立刻向你们威严的君主,即领主阿莱科休斯,罗马人的专制君主和你的儿子巴塞鲁斯·波尔菲罗格尼图斯,宣誓效忠。如果陛下派一个人去安条克,我所有不在这里的骑兵和士兵(我们通常称之为 caballarii),将在那里进行同样的宣誓,你们的人将让他们进行宣誓,我(我宣誓这一点)将要求他们宣誓服从和同意相同条款。此外,我同意并宣誓,如果陛下希望我拿

起武器,对那些控制着曾属于君士坦丁堡帝国的城市和土地的人发动战争,我将照办。但是,如果你们不希望我宣战,我将不向他们进军,因为在所有事情中,我愿意维护你们的权威并同意你们定夺每件事情和每项政策。所有聚集在你们帝国的撒拉逊人和以实玛利人,如果占到你们一边并投降他们的城市,我既不会阻止,也不会试图将他们争取到我这里,除非被我的军队催逼并在各处陷入绝境,他们在迫近的危险下,向你要寻求帮助,以确保自己的安全。就这些人而言,他们因为害怕法兰克人士兵和死亡的临近,逃到陛下那里请求救助,你们将不会因为这个原因宣称我们的战俘归你们所有,而只是宣称那些自愿成为你们的仆从,在我们这里没有受到任何迫害和麻烦的人归你们所有。我也同意下面的内容: 430
所有愿意和我一起渡过亚得里亚海的伦巴第士兵也将宣誓并同意为陛下服役。当然,将有你们帝国的一个人让他们宣誓,你要为此从亚得里亚海的另一边派遣一个人。如果他们因为敌视我们的共同政策拒绝宣誓,将绝不被允许横渡。对于由被神圣任命的陛下在金玺诏书中给与我们的土地,必须在现在的文件中被列举,它们是:在克勒—叙利亚(Koele-Syria)的安条克城,它的防御工事以及附属地区和位于海边的苏伊条斯(Souetios);杜河(Doux)及其所有附属地区,考卡(Kauka)和卢鲁(Loulou)要塞,"奇异的山"要塞和非尔西亚(Phersia)及其所有地区;圣伊莱亚斯(St Elias)的军事区及其隶属小村庄;波尔兹(Borze)的军事区及其附属村庄;塞泽尔(Sezer,希腊人称之为拉里萨)军事地区附近的所有村庄;同样,阿尔塔克(Artach)和特鲁克(Telouch)的军事区及其各自的防御工事,戈尔马尼西亚(Germaniceia)及其附属小村庄;毛洛斯山(Mount Mauros)和依附它的所有要塞及其山脚下的整个平原,当然,已经成为你的封臣的卢皮尼业人(Roupenian)利奥和塞奥多鲁斯以及亚美尼亚人的领土除外。除了上面提到的地区,帕格拉斯(Pagras)的军事地区(strategat)①,帕拉扎(Palatza)的军事区,祖米(Zoume)军

---

① 军事地区。——原译者注

区，以及所有附属于它们的要塞、小村庄和乡村。所有这些将被写在陛下的诏书中，就像被神圣的权力赐予，直到我生命的终结。当我去世之后，它们将必须归还新罗马帝国，城市之王，君士坦丁堡，条件是我是御座和皇帝权杖的仆从和封臣，绝对毫无瑕疵地对陛下的统治权保持无可指责的忠诚。我以安条克教堂被崇拜的神的名义同意和宣誓，安条克大主教不从我们的种族委任，而是由陛下从君士坦丁堡大教堂委派。因为今后，安条克的统治者将拥有很大权力，根据这个大教堂的特权，他将执行一个大主教的所有职责、人事安排和教会中的其他事务。一些地方将被陛下从安条克公爵的统治下分离出来，因为你们希望完全占有它们，它们是以下地方：波丹东（Podandon）军区……①塔尔苏斯的军事地区、亚达那城（Adana）、摩普绥提亚（Mopsuestiae）和安纳巴扎（Anabarza）城——简言之，以西得努斯（Cydnus）和赫蒙（Hermon）为界的整个西里西亚地区。同样，叙利亚的劳迪西亚军事区；用我们不连续的外族方言称之为泽贝尔（Zebel）的加巴拉军事区；巴拉讷乌斯（Balaneus）、马拉克乌斯（Marakeus）、安塔拉斯（Antaras）和安塔尔特斯（Antartes）的军事区，因为后两个地方都是军事区。陛下已经将这些地区从安条克公爵的管辖区域中分离出来，置于自己的控制下。我同意这两件相似的事情——你们的割让与合并。对于你们已经赋予我的权力和特权，我将坚守，但绝不会要求没有收到的权力。我将不会越过边界，而是呆在我的领地内，按照我以前的誓言，只要我活着，我将统治它们并享有使用它们的自由。我死后（这也早已被书面规定），它们将物归原主。我将通过命令我的总督和臣民井然有序地将正在谈论的所有土地转交给罗马帝国来证明这一点，绝不推诿。这些命令将作为我的临终遗言。我对此宣誓并批准条约，他们将毫无异议地执行这项命令。但是，要在协议上加上以下附录：你们的政府从安条克公爵的统治区域分离领土后，我要求陛下准予某种补偿，这一要求受到朝圣者们的支持。请

---

① 此处是空白。——原译者注

求陛下同意将东部的一些军区、土地和城市作为补偿。为了避免陛下的任何模棱两可和我的要求被合法化，这些地区必须在这里被列举。它们是：整个卡西奥提斯（Casiotis）军区，其首府贝罗亚（Berroea，蛮族人称之为卡勒颇［Chalep］）；拉帕拉（Lapara）军区及其附属小城镇——即普拉斯塔（Plasta）、肖尼奥斯（Chonios）要塞、罗迈纳（Romaïna）、阿拉米索斯（Aramisos）要塞、阿米拉（Amira）小城、萨尔巴诺斯（Sarbanos）要塞、特尔卡普森（Telchampson）要塞和三个提里亚（Tilia，斯拉波提林［Sthlabotilin］和斯格宁［Sgenin］要塞和卡尔兹林［Kaltzierin］要塞）。还有下面的小城镇：克莫尔莫里（Kommermoeri）、被称为卡西斯马丁（Kathismatin）的地区、萨尔萨平（Sarsapin）和莫克兰（Mekran）的小村庄。这些地方位于近叙利亚（Nearer Syria），其他军区在美索不达米亚，埃德萨城的附近地区，即利姆尼（Limnii）军区，埃托斯（Aetos）军区和它们各自的防御工事。关于埃德萨和陛下用现金付给我的塔兰特[①]年金，我指的是印有米哈伊尔皇帝头像的 200 磅年金，[②]还有一些要点不应被忽略。除了那项钱款外，根据陛下令人尊敬的金玺诏书的条款，整个……[③]公爵领地及其所有附属要塞和土地都已被赐予我。这种权力也不仅被授予我个人，因为根据同一份文件，我被允许将它遗赠给我选择的任何人，当然，条件是他也将服从陛下的命令和要求，也将是相同权杖和帝国的封臣，也像我一样自愿同意相同的协议。此后，既然我已经永远成为你们的人，成为你们的臣属，我将有权利每年收到来自帝国国库的 200 塔兰特，它们必须是印有前皇帝米哈伊尔领主头像的优质金币，这通过我们的某个代表进行，他将带着我的信被派到你们那里，以便以我们的名义接受这些钱。你们，拥有罗马帝国的令人尊敬的塞巴斯特斯和奥古斯都头衔的皇帝们，无疑将遵守被写在陛下的金玺诏书中的条款，并严格遵守自

433

---

① 　使用于古代希腊、罗马和中东的一种可变的重量和货币单位。

② 　货币贬值，米哈伊尔七世已经发行相对"优质的"货币。——原译者注

③ 　此处有空白。可能是埃德萨公爵领地。——原译者注

己的承诺。就我而言，我通过以下誓言确认已经与你们签订的协议：

以不再遭受苦难的救世主耶稣在十字架上所受的苦难的名义，以他为了拯救世人所忍受的不可战胜的十字架的名义，以我们面前的已经使整个世界改变信仰的最神圣的《福音书》的名义，我宣誓。手放在这些《福音书》上，我宣誓。在我的脑海中，我将这些东西联系在一起，它们是基督备受尊敬的十字架、荆刺王冠、圣钉、刺穿我们的主即生命创造者的身体一侧的矛。通过它们，我向你，我们的领主和阿莱科休斯·科穆宁皇帝，最强大和尊敬的人，向你的共治皇帝，被深爱的领主约翰·波尔菲罗格尼图斯宣誓，我将遵守并永远不会违背我们之间达成的和由我口头上确认的所有协议，像我现在拥护陛下一样，将来我也拥护你们，不会有邪恶的言行和背叛——仅仅是想到它们就令人厌恶——因为我将遵守已被赋予的义务，将不会以任何方式违背对你们的誓言。不管怎样，我不会无视自己的承诺，不会试图逃避在条约中的责任——这一点不仅适用于我本人，而且适用于和我在一起，处于我的控制下和我军队中的那些人。并且，我们将用胸甲、武器和矛武装自己对付你们的敌人，并握住你们朋友的右手。我将在思想和行动上做一切事情来帮助和尊敬罗马人的帝国。因此，我可以得到上帝、十字架和圣《福音书》的帮助。

在 6617 年①，第二个财政税收年的 9 月，这些话被付诸文字并在下面提到的证人面前进行了宣誓。出席的见证人在下面签名，条约在他们面前被签署，他们的名字如下：

深爱上帝的主教阿马尔非的毛鲁斯（Maurus of Amalfi）和他林敦的雷纳（Renard of Tarentum），以及陪同后者的教士。

布林迪西（Brindisi）岛上，伦巴第的圣安德鲁修道院最受尊敬的院长和来自那个修道院的两个僧侣。

朝圣者的首领们，用手按了手印，他们的名字被深爱上帝的阿

434

---

① 公元 1108 年。——原译者注

第十三卷　亚伦谋反；博希蒙德最终失败；迪沃尔条约（1107—1108）

马尔非主教写在这些手印的旁边，他作为教皇的使节①来到皇帝这里。

来自皇宫的下列人签名：

贵族马利纳斯（Marinus）；

达格伯特（Dagobert）的儿子罗杰；

彼得·亚利发努斯；

根特的威廉（William of Gand②）；

普林斯帕特的理查德；

马伊的杰弗里（Geoffrey of Mailli）；

拉乌尔的儿子休伯特（Hubert,son of Raoul）；

罗马人保罗；

代表克拉尔（kral）的达契亚人（Dacians）使节，③是巴塞鲁斯约翰妻子的亲戚（他们是王子④皮勒斯［Peres］和西门［Simon］）；

理查德·斯尼斯卡得（Richard Siniscard）⑤的使节们（他们是大贵族宦官瓦西里和公证员君士坦丁）。

阿莱科休斯从博希蒙德那里接受了书面的誓言，作为回报，给了他上面提到的金玺诏书，按照习俗，由皇帝亲手用紫色墨水签名。

---

① 来自帕斯卡尔二世（Paschal Ⅱ）。——原译者注
② 比利时西部布鲁塞尔西北偏西的一个城市，建于 7 世纪。
③ 这里的达契亚，安娜指的是匈牙利。克拉尔的女儿伊琳妮已经与未来的约翰二世皇帝订婚。匈牙利国王们的头衔是"克拉尔"。——原译者注
④ Župan 是一种头衔，大致等同于"王子"。——原译者注
⑤ 罗伯特·吉斯卡尔的一个侄子。——原译者注

第十四卷 突厥人、法兰克人、库曼人和摩尼教教徒

　　皇帝达到了目的。博希蒙德以放在他面前的神圣《福音书》和不信教者刺穿救世主身体一侧的矛的名义宣誓,同意上面签订的书面协议。现在,像皇帝希望的那样,博希蒙德将所有军队转交给皇帝指挥和使用之后,要求返回家园。同时,他请求他的人在罗马帝国过冬,并被提供充足的必需品。当冬天过去,他们从辛劳中恢复精力之后,将有权利去自己希望的任何地方。皇帝立刻同意。于是博希蒙德被赐予贵族(Sebastos)头衔并被给予了足够金钱后返回自己的营地。绰号为卡塔卡隆的君士坦丁·尤弗本努斯和他一起去,职责是在路上阻止我们军队的某些士兵伤害他,另一个更重要的任务是监督博希蒙德把营地设在一个安全有利的地方,同时满足他的士兵们的合理要求。到达自己的总驻地之后,博希蒙德将军队转交给阿莱科休斯为此派来的军官们,然后登上了一条单排桨船驶向伦巴第。不到六个月,他就死了。①

　　但是,皇帝仍旧关注凯尔特人。在妥善处理好他们的事情之前,他没有返回拜占庭。他返回后,还没来得及休整,就得知蛮族人进攻士麦那沿海地区,甚至远至阿塔利亚。他们进行了彻底破坏。在他看来,不将这些城市恢复原状是奇耻大辱。它们必须恢复原来的繁荣,分散各处的居民必须被带回。为此,他投入了大量

---

①　在年代方面,存在一些疑问。一些历史学家认为他死于 1111 年 3 月。安娜写到博希蒙德离开时表现出的蔑视让人想起了凯撒突然提及庞培(Pompey)的谋杀(Civil War Bk Ⅲ)。——原译者注

精力。尤马修斯·非罗卡勒斯来见他,恳求成为它的总督。尤马修斯是一个相当有成就的人,他的出身给了他跻身于杰出者行列的特殊地位。此外,他的智商也超过他们中的大部分人。无拘无束,慷慨大方,对上帝和朋友非常忠诚,只要一个人是他的主人,他便忠诚于他。另一方面,尽管他在其他方面相当娴熟——例如,打伏击战,通过各种策略智胜敌人等,但他对普通士兵的训练完全一无所知,也不知道如何持弓、拉弓和使用盾保护自己。皇帝赏识他在才智和实践上的多方面才能,听了他的建议,给了他必要的军队和大量建议。他被告诫在所有事情上要谨慎行动。阿莱科休斯信任这个人还有另外一个原因,即幸运女神(Fortune),不管是在现实中还是在想象中,总是陪伴着尤马修斯,他经手的任何任务从未失败过。现在,他到达阿比杜斯(Abydos),立刻渡海去阿德拉米提乌姆(Adramyttium)。这个城市以前曾是一个人口稠密的地方,但扎查斯在蹂躏士麦那地区时已经将它完全毁为瓦砾。尤马修斯看到毁灭是如此的彻底,以至于可能有人会认为没有人曾经在此居住。他立刻开始重建此城,将它恢复原样,原来居住在这里的幸存者被召回,他们来自边界内的居住区,与他们一起来的还有许多外来者,他们作为移民被尤马修斯召集。阿德拉米提乌姆恢复了原先的繁荣。他询问有关突厥人的事情。当发现他们当时在兰普(Lampe)时,派了一些人去进攻他们。他们发现了敌人,在随后的激烈战斗中,很快赢得了一次胜利。他们极度残忍地对待突厥人,甚至将新生儿扔到盛有沸水的锅中。许多突厥人被屠杀,其他人被作为战俘带回到尤马修斯那里。幸存者身穿黑衣,希望通过色调灰暗的服饰让同胞们对他们的苦难留下印象。他们穿过被突厥人占领的所有地区,悲伤地号啕大哭并详细叙述了降临到他们身上的恐怖事件。他们悲伤的表情触动了所有人的同情心,激发他们前去复仇。其间,尤马修斯到达费城,对自己的顺利进军感到很高兴。一个叫阿桑(Asan)的大地方总督,是卡帕多西亚的统治者,使用本地人就像他们是被用钱买来的奴隶一样,听说了我已经提到的发生在突厥人身上的事情,调动了军队。被从其他地区征来服役的许多人也加入了军队,他的军队总数达 24,000 人。他出发进攻尤马修斯。正如我所说的,后者是一个机智的人,没有在费城无所事事地坐等,进入城墙后,一刻也没有松懈。相反,侦察兵被派到各处并且被其他人监督,以便于他们不会疏忽大意。尤马修斯让他们保持警觉。他们整夜站岗,严密监视道路和平原,其中的一个人发现突厥人正在不远处,便跑去告诉他。尤马修斯是一个聪明的军官,能迅速制定正确的行动策略并立即实施。因为知道他的军队此时在人数上被超过,便立刻命令加固城门,在任何情况下,不允许任何人爬到城垛上。根本没有一点噪音,没有笛子或者里拉(lyre)①的演奏。总之,他确保过路人认为此地被完全遗弃。阿桑到达费城,用军队包围城墙,在此呆了三天。因为没有人出来查看城墙,被围攻者由城门很好地保护。此外,因为没有攻城机械和石弩②,并认为尤马修斯的军队是微不足道的,缺乏突围的勇气,因此他将注意力转移到其他计划上,认为敌人过于懦弱,因此充满轻视。他分开军队,派 10,000 人进攻凯比亚诺斯(Kelbianos),一部分人进攻士麦那和尼姆非昂(Nymphaeon),剩余的人将向克里亚拉(Chliara)和培格曼(Pergamon)进军。所有人都忙着抢劫。最后,他加入了去士麦那的分队。非罗卡勒斯一看出阿森的策略,便调动所有军队向突厥人发起进攻,追赶正去凯比亚诺斯的军队,并追上了他们,黎明时发动了一次进攻,无情地屠杀了他们,被突厥人控制的所有战俘被释放。然后,他们出发追赶向士麦那和尼姆非昂进军的其他分队。实际上,有些人跑到了前卫部队的前面,并在两翼与他们一起参加了战斗。他们大获全胜。许多突厥人被杀,许多人被俘,少数幸存者在逃跑中掉入门德雷斯河(Maeander)③的激流中被淹死。因为第二次胜利而信心满满的罗

---

① 古希腊的一种弦琴。

② 在古代和中世纪时期用来发射投掷物,如大块石头或矛的军事器械。

③ 这条佛里吉亚(Phrygian)河有最蜿蜒的河道,有连续不断的转弯处。——著者注

马人,追逐剩余者,但一无所获,突厥人已经远远走到了前面。因此,他们返回费城,尤马修斯得知了他们如何勇敢作战,如何坚决不让任何人逃脱,赏给他们慷慨的酬劳并许诺今后给予丰厚奖赏。

　　博希蒙德死后,坦克雷德夺取安条克,剥夺了皇帝的占有权,将此城视为自己无可争议的财产。很明显,这些野蛮的法兰克人正在违反他们关于安条克的宣誓。尽管阿莱科休斯已经花费了大量钱财,在将庞大的军队从西部运输到亚洲的过程中,经历了许多危险,但他发现他们始终是一个傲慢和充满怨恨的种族。由于两个原因,他已派了许多罗马人帮助他们抵制突厥人。首先,为了使他们免于被敌人屠杀(因为他们是基督教徒他关心他们的安全);其次,他们正在被我们组织起来,可能会摧毁以实玛利人的城市或强迫他们与罗马君主签订条约,从而拓展罗马领土的边界。但是事实上,他的慷慨大方、辛劳和煞费苦心没有为罗马帝国带来好处。相反,法兰克人正顽固地坚守安条克并阻止我们占领其他城镇。形势是令人难以容忍的,他们必须为自己的野蛮行为付出代价。皇帝为了他们制作了不计其数的礼物,花费了成堆的黄金,投入了无法衡量的精力,派大量人手去帮助他们——坦克雷德一直在不劳而获,但罗马人什么都没有得到。法兰克人将最终的胜利视为自己的,违反了与他的条约和他们的承诺,将它们视为一文不值的东西。对他而言,他们的行为令人心寒,他们的傲慢令人难以忍受。因此,一个使节被派到安条克总督(坦克雷德)那里,谴责他的错误行为和对誓言的违背,告诉他皇帝不会再甘受他的蔑视,要惩罚他忘恩负义的行为。这是很丢人的——岂止是丢人——花费了大量金钱,罗马的精英部队为了臣服整个叙利亚和安条克提供帮助,他为了拓展罗马帝国边界全身心地投入精力,坦克雷德却坐享其成——他的付出和他的劳动的结果。这就是皇帝的信的内容。这个野蛮的疯子愤怒地完全拒绝听从,既不接受陈述的事实,也不能忍受使节们的坦率态度,立刻以法兰克人的方式反击,洋洋得意、非常自负,鼓吹要把自己的御座设置地比星辰还要高,威胁用

439

440

矛刺穿巴比伦的城墙。① 他强调自己的力量，像一个悲剧演员那样讲话——他如何的英勇无畏，如何无人能挡，他自信地让使节们相信无论发生什么，即使他的敌人发动战争，他都不会放弃对安条克的控制。他是亚述人（Assyrian）尼努斯大帝（Ninus the Great），一个强大无敌的巨人，像千斤顶一般双脚牢牢地固定在地面上，②罗马人对他而言只是蝼蚁一样弱小的生物。当使节们返回，详细叙述了这个凯尔特人的疯狂之后，阿莱科休斯无法再抑制自己的愤怒，想立刻向安条克进军，为此举行了一次由最杰出的军官和所有元老院成员参加的会议，征求他们的意见。大家一致认为阿莱科休斯目前必须推迟对坦克雷德的远征。他们说，他首先必须赢得控制安条克附近地区的伯爵们，尤其是耶路撒冷国王鲍德温的支持，并对他们进行试探。如果他离开都城对安条克发动战争，他们愿意帮助他吗？ 如果他们敌视坦克雷德，这次远征将会有把握。但如果他们的态度模棱两可，安条克的问题应该以其他方式解决。阿莱科休斯同意了这项计划并立刻传唤了懂拉丁语的曼努埃尔·布图米特斯和另外一个人。他们被派到伯爵们和耶路撒冷国王那里。对于他们必须要进行的谈判，皇帝给予了大量建议。因为拉丁人的贪婪，这次任务必须需要钱。因此，布图米特斯受命给当时的塞浦路斯公爵尤马修斯·菲洛卡勒斯带去命令，他将为他们提供所需的船只和大量印有任何肖像和所有面值的各种货币，作为送给伯爵们的礼物。上述使节们尤其是曼努埃尔·布图米特斯在收到菲洛卡勒斯的钱之后，被命令要将船停泊在特利波利斯。他们将去那里拜访圣吉勒斯（我的历史中几次提到他）的儿子贝特朗伯爵（Bertrand Count），提醒他他的父亲对皇帝的忠诚，把阿莱科休斯的信转交给他。使节们要对他说："你不能比不上你的父亲，

① 巴比伦，卡尔迪亚王国（Chaldaea）的都城，在古代因其强大的防御工事而闻名。——原译者注

② 希腊语措词（来源于荷马式的方式，在《伊利亚得》和《奥德赛》中被发现），有时被谚语式地用于一个闲散者、浪费者和一无是处的人。——原译者注

你对我们的忠诚一定要像他那样坚定和持久。皇帝通知你,他已经在去安条克的路上,打破对上帝和他本人的令人敬畏的誓言将受到惩罚。对你来说,要保证绝不帮助坦克雷德并尽力争取伯爵们站到我们这一边,以便他们不会给他提供任何帮助。"他们到达塞浦路斯,从菲洛卡勒斯那里拿到钱和需要的所有船只后,直接驶向特利波利斯。他们在港口抛锚,下船登陆,找到了贝特朗,口头转达了皇帝的话,发现贝特朗对此充满同情,愿意满足皇帝提出的任何要求,甚至愿意为他付出生命。他庄严承诺,当皇帝到达安条克时,会前去问候。因此,得到他的同意后,他们将随身带来的钱寄存在特利波利斯主教的宅邸。正是阿莱科休斯建议他们这样做,因为他担心如果伯爵们知道谁拥有这些钱,会夺走它们,然后把使节们空手送走,利用它们为自己和坦克雷德谋求福利。因此,他认为他们把钱留下是明智的。当他们知道了其他人的立场后,就把皇帝的信给他们,同时许诺礼物和宣誓——当然,条件是伯爵们愿意答应他的要求。只有在这个前提下,才可以把钱给他们。因此,布图米特斯和他的同行者将钱留在了特利波利斯主教的居所。当鲍德温听到使节们到达特利波利斯时,立刻通过他的侄子西门提前邀请他们,很明显,他贪图黄金。他们陪同西门(来自耶路撒冷),在提尔(Tyre)城①外见到了正在围攻此城的鲍德温。他友好地欢迎他们。当时正是四旬斋节(Lent),在整个四十天里②,他让他们与他在一起,在此期间,围攻继续。城市受到坚固城墙的保护,其防御设施被完全环绕它的三道外围工事加固。它们的中心点相同,彼此留有空隙。鲍德温决定首先摧毁这些外围工事,然后攻打城市本身。它们就像防御墙一样,保护着提尔,起到了削弱围攻的作用。第一道和第二道墙被战争机器摧毁,现在,他正在试图推倒第三道墙。当他开始放松进攻时,它的城垛事实上已经成

442

————————

① 提尔在 1097 年已经被十字军攻占,但被留在了突厥人手中并威胁法兰克人的供给,鲍德温在 1111 年 11 月下旬到达那里。——原译者注

② 1112 年 4 月结束。——原译者注

为废墟。如果他真的竭尽全力的话，可能已经占领了它。后来，他认为应该通过梯子爬进城中。对他而言，提尔早已被攻占，战事随之松懈。此举给了敌人喘息机会，他带着触手可及的胜利被彻底驱逐，正处于猎人网中的撒拉逊人则成功逃离。因为，在鲍德温休假期间，他们利用间歇进行了仔细准备，采取了一种机智的策略，假装寻求休战，派使节到鲍德温那里。但事实上，当和平谈判进行时，他们完善了防御工事，当他的要求被同意时，他们正在策划进攻他的方法。围攻者长期作战，已明显丧失勇气。因此，一天晚上，他们将许多陶罐装满沥青，扔向威胁城墙的鲍德温的机器。罐子被摔碎，沥青泼到了木头框上，点燃的火把被扔到它们上面，同时被扔的还有其他罐子，里面装着用来点火的充足石油。一场大火立刻爆发，他们的机器被烧成灰烬。天放亮时，来自木制"乌龟"的熊熊大火扩散到像一个塔楼一样的城市中。鲍德温的人因为粗心大意而自食其果。当烟和火焰警告他们发生了什么事情时，他们都很沮丧。"乌龟"上的一些士兵被俘，提尔大总督看到他们共有 6 个人，便下令砍下他们的头并用石弩投到了鲍德温的营地。大火和人头影响了整个法兰克人军队。尽管鲍德温试图召回他们并让他们恢复勇气，但他们仍旧惊慌失措地骑马逃跑，他骑马到处走，想尽一切办法，但他正在"对聋子唱歌"，因为一旦他们一心想逃跑，没有什么能阻止——看起来比任何鸟都要快。最后，他们停在了一个被当地人称为阿克里（Acre）的要塞。它成为这些胆小的逃跑者的避难所。鲍德温当然很气馁。尽管违背意愿，但除了跟随他们到那里之外，别无他法，便跟着逃跑了。至于布图米特斯，他登上塞浦路斯人的三排桨船（共有 12 艘），沿着海岸向阿克里的方向驶去，在那里遇到了鲍德温并根据命令完整传达了皇帝的口谕。他最后说皇帝已经到达塞琉西亚（Seleuceia）。事实上，这不是真的。他正试图恐吓蛮族人迅速离开阿里克。但鲍德温没有被这一把戏所欺骗并强烈谴责他撒谎。他已经得知了有关皇帝的行程，知道他沿着海岸航行了很长时间，夺取了正在蹂躏沿海地区的海盗船并因为疾病而返回（有关细节将在后面讲述）。鲍德温将这

443

些事情告诉布图米特斯并谴责他搪塞自己。"你必须和我一起去圣墓，"他说，"我的使节们会在那里把我们的决定通知皇帝。"他一到达圣城，就向他们要求阿莱科休斯送给他的钱。但布图米特斯对此有话要说："如果你许诺帮忙进攻坦克雷德，维持你经过君士坦丁堡时向皇帝宣誓的诺言，你就会得到这些钱。"鲍德温想要钱，但希望帮助坦克雷德而不是阿莱科休斯，得不到钱他又难受。这就是所有蛮族人的方式：他们非常希望得到金钱，但不打算为提供金钱的一方做任何事情。因此，鲍德温交给布图米特斯一封含糊其词的信后，让他离开。使节们也偶遇了乔斯林（Joscelin）伯爵[①]，他在复活节去圣墓朝拜。他们与他进行了惯例的交谈，但因为他的回答像鲍德温的一样，他们无功而返，发现贝特朗已经去世[②]。当他们要求寄存在主教宅邸的钱时，他的儿子[③]和主教再三推迟归还的时间。使节们威胁道："如果你们不把钱归还我们，就不是皇帝真正的臣属。看来你没有继承贝特朗和他的父亲圣吉勒斯的忠诚。因此，以后你将不能再从塞浦路斯得到足够的供应，也不能得到它的公爵的帮助，可能会死于饥荒。"他们尝试了各种方式，有时温和地劝说，有时进行威胁，但都没有取得任何进展。最后，他们认为必须强迫贝特朗的儿子对皇帝宣誓效忠，然后赠予原本给予他的父亲的礼物即金银铸币和各种长袍。一收到这些东西，他便向阿莱科休斯宣誓效忠，他们将剩余的钱带到尤马修斯那里，用它从大马士革、埃德萨，甚至阿拉伯半岛（Arabia）购买了良马。从那里，他们经过叙利亚海和潘非利安湾（Pamphylian Gulf），但避开了海路，认为陆地更安全，然后前往皇帝所在的切尔松尼斯（Chersonese），越过赫勒斯滂海峡与他会合。

麻烦像厚厚的雪片一样迅速降临到皇帝身上：皮萨、热那亚和

①　考特尼的乔斯林（Joscelin of Courtenay），鲍德温的一个穷侄子，安娜称他为 Iatzoulinos。——原译者注
②　贝特朗死于 1112 年 1 月或者 2 月。——原译者注
③　庞斯（（Pons），他对拜占庭人非常没有好感。——原译者注

伦巴第的海军将领们正在准备一支远征军劫掠我们的海岸地区；在陆地上，埃米尔西山（Saisan）①再次从海上到达并威胁费城和沿海行省。阿莱科休斯认为必须离开都城并驻扎在能两线作战的地方，因此去了切尔松尼斯。来自各地的军队被从海陆聚集。一支强大的支队被安置在阿德拉米提乌姆的斯卡曼得尔河（Scamander）对岸和色雷斯军区或行省内。当时，费城的军事将领是君士坦丁·加布拉斯，拥有足够的军队保护这座城市。培格曼、克里亚拉和周围城镇在莫纳斯特拉斯②的控制之下。其他沿海城市也被因勇敢和经验而知名的军官们所控制。他们经常从阿莱科休斯那里收到命令，后者命令他们保持警戒，派侦察员四处察看敌人的活动并立刻报告。在加强了亚洲边界的防御之后，阿莱科休斯将注意力转向海上。一些水手被命令将船停泊在迈多斯（Madytos）和科洛（Koiloi）港口，在等待法兰克人的海军时，带着轻便的大型快速帆船对海峡进行不间断的巡逻，保护海上路线。其他人将沿着岛屿航行并守卫它们。后一支军队也密切注视和保护伯罗奔尼撒（Peloponnese）。因为阿莱科休斯想在这个地方③呆一段时间，便在适宜的地方建了临时性建筑物，在那里过冬。联合舰队从伦巴第和其他地方顺利航行。一到海上，舰队总司令就派出一支由五艘双排桨船组成的分队去进攻敌人和打探有关皇帝的消息。四艘船及其所有船员被抓住，幸存者离开阿比杜斯，返回舰队司令那里，带来了关于皇帝活动的消息。海陆两边都采取了谨慎的安全措施，皇帝正在切尔松尼斯过冬以鼓励他的士兵们。这些安排使胜利变得不可能，敌人改变策略，驶向了别处。为舰队司令服役的一个凯尔特人带着他的单排桨船离开主力舰队，驶向鲍德温那里，发现后者正在围攻提尔，便向他详细叙述了皇帝的事情（就像我上面

446

---

① 他是基里吉·阿尔斯兰的长子马立克·沙，1110 年被从波斯人那里解救。在打败埃米尔阿森之后，在伊科尼乌姆（Iconium，即现在的科尼亚，Konya）建立都城，成为足以挑战拜占庭人的强大力量。——原译者注

② 这个半蛮族血统的人以前在历史中经常被提到。——原译者注

③ 切尔松尼斯地区。——原译者注

所提到的），告诉他罗马人如何抓获了被派出去侦察的大型快速帆船。我认为这个凯尔特人可能是在舰队司令的同意下离开的。不管怎样，他毫不脸红地承认，凯尔特人将领们得知阿莱科休斯进行了如此充分的准备之后，已经撤离。他们认为一无所获地离开比在战斗中被打败要好得多。当他将这件事告诉鲍德温时，这个人回忆起罗马舰队，仍旧心有余悸。

　　这就是凯尔特人的海上冒险。皇帝也担忧陆地上的情况。来自阿马斯特里斯（Amastris）的米哈伊尔，统治着阿克鲁诺斯（Akrounos），组织了一次叛乱，为自己夺取了城市并通过恐怖统治蹂躏周围的土地。皇帝听到这个消息后，派乔治·戴卡诺斯（George Dekanos）带着一支强大军队与他作战，经过三个月的围攻，占领了这座城市。这个叛逆者很快踏上了去皇帝那里的路，后者任命另外一个人接替他的职位。阿莱科休斯愤怒地注视着他，用各种惩罚威胁他，当死刑被宣布时，这个人显然被完全吓坏了——但是，太阳还没有落下地平线，恐惧的乌云就已经烟消云散——他重获自由，被给与了大量礼物。我的父亲总是如此，即使后来，他们卑劣地用忘恩负义的行为回报他。同样，很久以前，上帝，整个世界的恩人，让吗哪（manna）①降落沙漠，喂养山上的大众，带领他们脚不沾水地渡过大海——但此后，他却被邪恶的人排斥、羞辱和打击，最后被钉死在十字架上。我写到此处时，禁不住流下了眼泪。我希望讲述这些事情并写出这些无情的人的名字，但我强忍着管住自己的舌头，避免急躁不安，一次次地引用荷马的话："宝贝，忍耐，以前你已经忍受了更坏的事情。"②我将不再讲述有关这些忘恩负义者的事情。被苏丹马立克·沙从科罗桑（Chorosan）派来的人，有些穿过了斯纳奥斯（Sinaos）地区，有些经过了所谓的亚洲地区。君士坦丁·加布拉斯当时是费城总督，听说了这件事，

447

---

① 在旧约中奇迹般出现的食物，提供给从埃及逃出在荒凉的沙漠中游荡的以色列人。——原译者注

② *Qdyssey*，ⅩⅩ，18.——原译者注

带着军队和突厥人在凯尔比安(Kelbianos)相遇。他第一个迅速冲向他们,命令其他人跟随。他战胜了敌人。得知战败的消息后,苏丹提出休战建议,通过使节表示,长期以来,他渴望看到罗马人和穆斯林之间和平共处。他已经听到人们讲述皇帝在与所有敌人的战争中取得的辉煌战绩,现在通过与他的较量,管中窥豹,认识到他的厉害。尽管不情愿,但他希望和平。当来自波斯的使节到达时,皇帝威严地坐在御座上,负责仪式的军官们将各个民族的士兵和瓦兰吉亚卫兵安排得井然有序。然后,使节们被领进来,站在御座前面。阿莱科休斯询问了有关苏丹的一些日常情况并听了他们的祝词,表示欢迎和渴望与所有人的和平,但他意识到苏丹一点都没有考虑帝国的利益。凭借杰出的谈判技巧和智慧,他在使节面前捍卫了自己的立场。经过冗长的讨论之后,他引导他们围绕自
448 己的观点转。然后,他们被允许退到为他们准备的帐篷中,考虑已被讨论的内容。如果他们赞成他的提议,第二天就签约。很明显,他们急于接受条款,第二天条约被签订。皇帝没有只关心自己的利益,而是时刻将帝国放在心中。事实上,相比较自己的利益而言,他更关注大众的福利。因此,所有谈判都是围绕罗马主权进行的,这是所有决定的标准。他的目的是确保条约在他死后被长期维持。这一点没有实现,因为他死后,事情向相反的方向发展并以混乱终结。但其间,战乱平息,一片和谐。此后,我们享受和平,直到他生命的终结。但是,因为他的皇位继承者的愚蠢,所有利益与他一起消失,他的努力付诸东流。①

正如我已经讲过的,五艘大型快速帆船的幸存者向法兰克人的舰队司令通知了罗马海军的部署。他们知道皇帝已经装备了一个舰队,在切尔松尼斯等着他们,便放弃了先前的目标,决定避开罗

---

① 安娜无疑希望她本人及其丈夫将继承阿莱科休斯。她不能掩饰对新皇帝约翰(她的弟弟)的嫉妒,尽管拜占庭历史学家金纳穆斯(Cinnamus)和侯尼雅仲斯认为,他是一个拥有崇高理想的人和伟大的统治者。现代学者也认为阿莱科休斯让约翰做继承人是正确的。——原译者注

马领土。阿莱科休斯和皇后（就像我经常提到的，因为他的痛风病，她一直陪伴着他）在卡里波利斯（Calliopolis）过冬，仔细查看了拉丁人舰队通常驶回家的时间之后，返回都城。不久之后，据称来自东部各个地区以及科洛桑的 50,000 突厥人正在活动。在其统治期间，当敌人一个接一个地接连出现时，阿莱科休斯很少有机会休息。此时，各地的军队被调动。认为时机成熟（蛮族人通常向基督教徒进攻的时间），他越过拜占庭和大马里斯（Damalis）之间的海峡，即使痛风的一次痛苦的发作也没有阻止他参加这次战役。他的祖先从未得过这种疾病，因此，它并非遗传，也不是因为沉溺于享乐的生活（痛风经常袭击行为放荡者和寻欢作乐者）。就他而言，疾病源于一次事故。有一天，他正在玩马球，玩伴是我经常提到的塔提西乌斯。塔提西乌斯的马失去控制，他落到了皇帝的身上，后者的膝盖被砸伤（塔提西乌斯是一个很重的人）。尽管没有表现出疼痛的样子，但他的整只脚很疼——他已经习惯了忍受疼痛——他得到了轻微的治疗。疼痛逐渐减弱消失，他恢复了正常。但疼痛的部位又感染了风湿病，这就是他的痛风病的起源。这些疾病还存在另外一个更加明显的原因。大家知道无数凯尔特人从他们的土地上移民，从各个方向来到我们这里。正是在那时，皇帝陷入巨大的忧虑之中。长期以来，他已经意识到他们的帝国梦和压倒一切的人数——超过海岸上的沙砾和天空中的星星。罗马军队即使被集中于一个地方，总数也比不上他们人数的一小部分，——当他们被分散到广大地区时，数量甚至更少，因为一些人在塞尔维亚（Serbia）山谷和达尔马提亚（Dalmatia）防守，一些人在多瑙河附近防守以防止库曼人和达契亚人的进攻，一些人被派去从凯尔特人手中解放都拉基乌姆。在这种情况下，他将全部注意力放到这些凯尔特人身上，其余的事被暂时搁置。我们边界上的蛮族人向来不安于现状，但尚未爆发公开的敌对，他通过赐予荣誉头衔和礼物控制他们，凯尔特人的野心被各种可能的方式所遏制。他自己属民的叛乱带来大量麻烦——事实上，他更怀疑他们并尽可能地保护自己。他们的阴谋被巧妙地阻止。但是，没有人能充分描述他在这一时期面临的麻烦。他是所有人的目标,这迫使他尽可能地使自己适应环境。像一个受过训练的医生一样(服从他的职业规范),他必须致力于解决最迫切的问题。黎明时分,只要太阳跃出地平线,他便坐在御座上,按照他的命令,所有凯尔特人被允许随时与他见面。他这样做的目的是希望他们提出自己的要求,他则竭尽全力地使它们与自己的愿望相符。凯尔特人伯爵是厚颜无耻、暴虐成性和唯利是图的人,在与他们的个人欲望相关的事情上丝毫没有节制。这就是这个种族的天性。他们在喋喋不休方面也超过所有民族。因此,当他们到皇宫来时,就自行其是,每一位伯爵带着他希望的数量的同伴。在他之后一个接着一个,没有中断——一支没有尽头的队伍。一旦来在这里,像古代的演说家一样,他们不用滴漏限制谈话时间,并且不管是谁,都会有与皇帝会面的时间。拥有这种性格、精力如此旺盛的谈话者,既不尊重他的感情也不考虑时间和旁观者的愤怒。他们不间断地谈话并提出一连串的要求,不给后面来的人让位。每一个研究人类习俗的人都熟悉法兰克人的长篇大论和对细节的吹毛求疵,但在这些时候,听众会更彻底地确认这一点——实践可以证明。当傍晚来临时,在一整天没有进食之后,皇帝从御座上站起来,回到他的私人房间,但即使这时,也无法摆脱凯尔特人的不断请求。他们接踵而来,不仅有白天没有得到倾听机会的人,而且有已经重新返回的人,提出451 这种或那种进行更多谈话的借口。皇帝站在他们中间,忍受他们无休止的喋喋不休。人们能看到他们站在那里一直提问,他一个人快速地答复他们。他们愚蠢的唠叨没有被限制,如果一个宫廷官员试图打断他们,则被阿莱科休斯阻止。他了解法兰克人传统的好斗性格并担心某个细微的借口可能引发一场巨大的麻烦,给帝国带来严重损害。这的确是一个非常特别的景象。像一尊被斧头做成的铜制或铁铸的雕像,皇帝会坐一整夜,经常从傍晚到子夜,到第三遍鸡鸣,甚至几乎到太阳照耀大地的时候。侍者们都筋疲力尽,经过休息之后,重新返回——心情恶劣。这样,他们中没有人像他一样长时间一动不动地坐着。所有人都以一种或另一种方式不断地变换位置：可以坐下；可以扭转头，靠在某物上休息；可以将身体靠在墙上。只有皇帝一个人丝毫不能松懈地面对这项巨大的任务。他的容忍力的确惊人。几百个人在谈话，每个人都唠叨不休，像荷马所说，"放任舌头喊叫"①。当一个人站到一边时，另一个人接上，再传给下一个，再下一个。他们只是在这些间歇中站着，但他一直站着，直到第一遍，甚至第二遍鸡鸣。经过短暂的休憩之后，当太阳升起时，他又坐在了御座上，新的劳动和双倍的麻烦紧接着晚上重新开始。正是由于这个原因，皇帝的双脚疼痛难忍。从那时到生命的终结，风湿病经常不间断地发作并引发可怕的疼痛。尽管这样，他仍旧忍受着，一次也没有抱怨。他说："我应该承受这种苦难，它发生在我的身上，只是因为我的大量罪行。"如果偶尔说出相反的话，他会立刻画一个十字抵制魔鬼的袭击。"饶恕我吧，邪恶的人，"他说，"对你和你诱惑基督教徒的一种诅咒。"
我将不再讲关于折磨他的病痛的事情。或许有一个人加剧了他的病情，增加了他忍受的痛苦（当然，他的痛苦之杯已经装满）。我将简要概括这个故事。可以说，皇后用蜂蜜涂抹了杯子的边缘，设法最大程度地减轻他的病痛，无微不至地照顾他。我正在提及的这个人此时必须被介绍。他是皇帝疾病的第三个原因，不仅是最迫近的直接原因而且是最致命的原因（使用医生的术语）。他没有一劳永逸地进攻，然后消失，而是作为一个同伴经常与他在一起，像血管中的毒液一样。比这更糟糕的是，如果有人考虑到这个人的性格，就会觉得他不仅是疾病的原因，而且就是疾病本身和令人非常讨厌的症状。但我必须控制自己，不能再多讲了。尽管我非常想斥责这些无赖，但不能偏离主题，而是必须在适当的时候讲述关于他的内容。

452

让我们返回凯尔特人那里。皇帝住在海岸对面大马里斯的营地里，事实上，我们正是在此处离开了他。他正呆在那里等待他的所有随从到来并希望糟糕的疼痛有所缓解。此时，他们渡过河，像

---

① *Iliad* ⅱ，212.——原译者注

浓密的雪片一样涌向他。奥古斯塔和他在一起,照顾他的脚并通过各种方法减轻他的痛苦。当他看到月圆时,就对她说:"如果突厥人想偷袭,对他们而言,这是一次好机会。很遗憾,我错过了。"他这样说时,正是晚上。第二天早上黎明,负责陛下寝室的宦官,宣称突厥人进攻了尼西亚,并交给他尤斯塔修斯·卡米泽斯的来信,后者当时是此城的总督。它详细报告了他们的行动。好像完全忘记了持续不断的疼痛,皇帝立刻登上一辆战车,右手举着剑,踏上了去尼西亚的路。士兵们举着矛,以连为单位秩序井然地走在他的两侧。有些人在他的身边跑着,有些人走在前面,有些人跟在后面。所有人看到他出发进攻蛮族人都很高兴,但想到阻止他骑在马背上的疼痛便很担忧。他通过手势和演讲给所有人加油打气,微笑着与他们聊天。经过三天的行军之后,他到达一个被称为埃吉亚罗(Aigialoi)的地方,打算从那里驶向吉伯托斯(Kibotos)。当奥古斯塔看到他急着渡河时,便离开他,前往都城。他一到达吉伯托斯,就有人带来消息,地方总督已经分开,有些人去抢劫尼西亚和周围地区,马纳鲁格①和……蹂躏了沿海地区。摧毁了尼西亚和普昌萨(Prusa)湖边的附近乡村以及阿波罗尼亚斯(Apollonias)的那些人,已经在后一个城镇扎营并收集了他们的所有战利品。然后,他们整体前进,掠夺了罗帕迪翁(Lopadion)及其周围所有土地。他们说甚至基齐库斯(Cyzicus)已经被从海上进攻并被一举攻占。它的总督根本没有组织抵抗便逃跑。再者,康托格曼(Kontogmen)、埃米尔穆罕默德(Mahomet)以及带着最精良部队的大地方总督们,正在穿过伦蒂亚诺(Lentianoi)去波马尼宁(Poemanenon)的路上,他们带着大量战利品和战俘,包括已经躲过屠杀的男人、女人和孩子。至于马纳鲁格,在越过了从伊比斯(Ibis)山②上流下来,被当地人称为巴雷努斯(Barenus)的河流之

---

① 安娜称他为莫诺里考斯(Monolykos),名字之后有一处空白。——原译者注

② 许多河流发源于那里,斯卡曼得尔(Scamander)、安格洛克米特斯(Angelokomites)和埃姆佩罗斯(Empelos)。——原译者注

后，拐弯去了赫勒斯滂海峡上的帕里翁（Parion）和阿比多斯。后来，他带着所有战俘兵不血刃地穿越了阿德拉米提乌姆和克里亚拉。听到这个消息，皇帝给尼西亚公爵卡米泽斯送去书面命令，让他密切关注蛮族人的动向并通过信件通知他有关他们的活动，但要避免一切冲突。他为此准备了 500 人。卡米泽斯离开尼西亚并在一个被称为奥拉塔（Aorata）的地方赶上了康托格曼、埃米尔穆罕默德和其他人。他显然不顾皇帝的命令，立刻进攻。敌人认为他是皇帝本人（他们一直预料会遇到他），惊慌而逃。但当时，他们抓住了一个凯尔特人并从他那里得知卡米泽斯是将领，便立刻翻越山，通过战鼓声和呐喊声激发战争勇气。他们分散在整个乡村地区同一部落的人被召回（他们认出了信号），现在军队全部重新集结。此后他们来到奥拉塔脚下的平原。卡米泽斯夺取了他们所有的掠夺物，没有继续去波马尼宁，在那里他可以采取相应的安全措施——波马尼宁是一个牢固设防的城市——而是在奥拉塔周围消磨时间，没有意识到正在自取灭亡，因为现在敌人已经脱离危险，正在设置埋伏。他们知道他仍在奥拉塔，安排有关所有战利品和战俘的事宜，立刻按照连队组织军队并在午后遇到了他。看到蛮族人军队，卡米泽斯军队的大部分人认为逃生才是上策。他本人和斯基泰人、凯尔特人和罗马人中更勇敢的人一起勇敢战斗，大部分人战死，即使如此，卡米泽斯和一部分幸存者仍然继续坚持战斗。他的马受了致命伤，他被摔到地上，他的侄子卡塔罗登（Katarodon）下马，把自己的坐骑给了他。但卡米泽斯是一个高大沉重的人，很难骑上马，便后退一点，背靠着一棵橡树站立。他抽出剑（放弃了所有活命的希望），击向任何敢进攻他的蛮族人，猛击其头盔、肩膀或手。他不会屈服。这种情况持续了很长时间，许多突厥人被杀或受伤，看到他如此勇猛，他们都很吃惊，因为敬佩他的坚毅精神，决定放过他。大地方总督穆罕默德很久以前就认识他，现在认出了他，让他的人停止战斗（他们正在与他进行肉搏战）并与他的同伴们一起下马。穆罕默德走到卡米泽斯面前。"要珍惜自己的生命，"他说，"把你的手给我，要活着。"因为被如此多的

454

455

蛮族人包围着，卡米泽斯不能再抵抗，便把手给了这个突厥人。他将他放在马上，绑住他的双脚，以防止他轻易逃跑。这就是尤斯塔修斯的冒险活动。皇帝预测了敌人会路经的道路，便经由尼西亚、马拉基纳（Malagina）和所谓的巴西利卡（Basilika。这些都是山谷和奥林皮斯山脊上难以通行的道路），选择了一条不同的路线。然后，他来到阿勒蒂纳（Alethina）并继续前行去了阿克洛科斯（Akrokos），赶到一个能从正面进攻突厥人的地点。他希望与他们打一场阵地战。后者没有想到会有罗马军队出现，发现了一段覆盖着芦苇的山谷后，便分散开来躺下休息。当阿莱科休斯正准备离开去进攻时，得知他们正在较低的山谷处。他在稍远的地方布置了队形，前面安置了君士坦丁·加布拉斯和莫纳斯特拉斯，后卫部队被交给了拥有长期战争经验的齐普雷勒斯（Tzipoureles）和安佩拉斯（Ampelas）。他亲自指挥中部，从整体上掌控整个阵线，在两翼安排了骑兵中队。按照这样的顺序，他闪电般地向突厥人猛扑过去。在接下来的激烈战斗中，许多蛮族人在肉搏战中死亡，有些人躲在芦苇中，暂时安全。在确认胜利之后，阿莱科休斯转向他们，要将他们赶出藏身的地方，但士兵们不知所措，因为沼泽地和芦苇非常浓密，根本无法靠近他们。在士兵们包围这个地方之后，他命令在芦苇一边放火。火焰窜得很高，敌人从火中逃离，落入了

456 罗马人的手中，有些人被剑杀死，有些人被带到阿莱科休斯那里。

　　这就是从卡尔梅（Karme）下来的蛮族人的命运。埃米尔穆罕默德听说了穆斯林的这次灾难，立刻加入到居住在亚洲的土库曼人（Turcoman）和其他追赶皇帝的人中。这样，阿莱科休斯在追赶敌人的同时，自己也正在被追赶，因为穆罕默德和他的蛮族人正在后面尾随他，而他本人正在从卡尔梅追赶其他人。他在两者之间被追上。他已经打败了一群人，另外一群人（在后面）仍未受到攻击。穆罕默德对罗马人的后卫部队发起突袭。在那里，他首次与安佩拉斯发生冲突。安佩拉斯看到皇帝，比平常更有信心。不管怎样，他是一个大胆的人，没有等后面的人加入，便向突厥人冲去。如果他等一下，他们可能会井然有序地对突厥人发动进攻。齐普

雷勒与他一起投入战斗。在他们的人赶上之前，这两个将军已经到达了一个古老的要塞，穆罕默德在那里遇上了他们。他的目标非常明确，一箭射中了安佩拉斯的马（而不是骑手）。安佩拉斯摔倒在地，被突厥人围住并杀死。然后，他们窥视着无情地进攻他们的齐普雷勒。他们像之前一样，用箭射伤他的马，他摔到地上，被他们用剑杀死了。被安置在后面的士兵们的任务是，保护那些疲惫的负责行李的人员和马匹，并尽其所能地击退进攻。他们冲向这些突厥人并将其打败。作为战俘的卡米泽斯和他们在一起，他看到两军冲突引起的混乱时，有些人正在逃跑，有些人被追赶。他是一个稳健的人，成功逃跑。一个全身武装的凯尔特人在路上遇到了他并把自己的马送给他。在较低的山谷处，他发现皇帝在费城和阿克洛科斯之间扎营。这个地方大得足够容纳不止一支军队。阿莱科休斯热情接待了他并为他的得救感谢上帝，随后将他送回都城。"告诉他们"，他说，"你的苦难和你已经看到的所有事情，通知我们的亲戚，感谢上帝，我们还活着。"当他听说安佩拉斯和齐普雷勒被杀时，悲痛欲绝。"我们失去了两个人，得到了一个人。"他评论道。因为不管何时他在战争中取得胜利，都习惯于询问他的军队中是否有人被敌人抓住或者杀死。即使他胜利地击溃了整支军队，但如果失去了一个人，即使这个人的军衔低微，他也认为他的胜利一文不值，认为这只是一种卡德摩斯式的胜利（Cadmean victory）①——不是一种获得，而是一种损失。现在，他亲自任命乔治·黎布纳（George Lebounes）和其他人为这个地区的总督，把他们和他的士兵一起留在那里，自己则带着胜利的荣誉返回君士坦丁堡。卡米泽斯到达大马里斯并在子夜时分登上了一只小船。因为他知道皇后住在皇宫的上部，便去了那里，敲击面向大海的那扇门。侍者们询问他是谁，但他不愿说出名字，只是要求给他开门。经过了一番争论之后，他说出了名字并被允许进入。

454

---

① 类似于皮洛士的胜利（Pyrrhic victory）。——原译者注。是指以巨大牺牲换来的胜利。这出自卡德摩斯种下龙牙生成许多武士相互残杀殆尽的希腊神话故事。

奥古斯塔非常高兴，在卧室门外（在古代，我们称这个阳台为Aristerion）接待了他。当她看到他穿着突厥人的衣服，双脚跛行（他在战斗中受伤），便让他坐下。她首先询问有关皇帝的情况。听了整个故事之后，得知阿莱科休斯取得了前所未闻和出人意料的胜利并且看到这个战俘获得自由，她非常高兴。卡米泽斯被命令休息到天亮，然后离开皇宫告诉人们已经发生的事情。因此，他起得很早。骑着马（依旧穿着他从囚禁中意外获释后到这里时穿的衣服）到了君士坦丁广场。他的出现立刻引起了城中居民的广泛关注，每个人都渴望了解他的冒险经历，更希望听到有关皇帝的事情。卡米泽斯在马上和地上都被大群人围着。他清晰地详细叙述了战争的情况，提及了罗马军队的各种不幸，更重要的是皇帝进攻敌人的所有计划和取得的辉煌胜利，最后告诉了他们关于自己从突厥人那里逃跑的神奇故事。听到这些话，整个人群欢呼雀跃，掌声震耳欲聋。

458

　　这个事件就这样结束。君士坦丁堡传遍了关于皇帝战绩的故事。他所处的时代使他面临的形势非常糟糕，他本人和帝国的利益受到了损害，他被各种麻烦包围，但它们都被他的品质、勇敢和精力阻挡和抵制。直到今天，在他之前的所有皇帝中，没有一个人必须应对如此复杂的形势，对付国内和国外人们的邪恶行为，在这个人的一生中我们已经看到这样的人非常多。也许，罗马人民在上帝的允许下注定要遭受苦难（因为我从来没有将我们的命运归功于星辰的运动），或者，也许因为以前统治者的愚蠢，罗马帝国降到了这种衰弱的状况。在我父亲统治期间，更大的混乱和一浪接着一浪的动乱结合在一起给我们带来麻烦。斯基泰人从北方，凯尔特人从西方，以实玛利人从东方，同时制造骚乱。也有来自海上的危险，更不用提统治它的蛮族人或由愤怒的撒拉逊人开动并被野心勃勃的维托内斯（Vetones）派去作战的海盗船了。后者敌视罗马帝国，所有人都嫉妒它。罗马人作为其他民族的领主，自然遭到属民的憎恨。不管何时，只要他们发现机会，便从陆地和海洋聚集起来进攻我们。在古代，帝国有重要的支撑力，而现在它缺乏这种

力量——政府的负担不是很重。在我父亲统治期间，他一登上皇
位，危险的洪流就从各处向他涌来：凯尔特人将矛头指向他，他们　　459
从不安于现状；以实玛利人拉开了弓箭；所有诺曼人、游牧民族和
整个斯基泰人民族带着数不清的四轮马车向他压来。历史写到此
处，读者也许会说我存在偏见。我的答复是我以皇帝为了罗马人
的福利而忍受的危险，以他代表基督教徒所遭受的痛苦和辛劳为
名宣誓，当我写这些事情时，没有偏袒他。相反，如果我认为他是
错的，我会特意违反自然法则，坚持事实。我爱他，但更爱事实。
就像一个哲学家所说的"吾爱吾师，但吾更爱真理"①。我尊重事
实，没有增加和压缩内容，我是这样说的，也是这样做的。这一点
的证据触手可及。我不是正在写发生在 10,000 年之前的历史，那
些认识我父亲并告诉我有关他的事情的人现在仍旧健在。事实
上，他们对这部历史做出了很大贡献，有人尽其所能地讲述或回忆
一件事情，有人告诉我其他事——但是，他们的叙述没有差异。再
者，大部分时间，我们都在现场陪伴着父母。我们的生活绝不只是
囿于家庭，没有被庇护和骄纵。从我在摇篮的时候起——我以上帝
和圣母的名义发誓——便开始遭遇麻烦、折磨和持续不断的不幸，
有些来自外部，有些来自内部。我不会写我的身体特征——妇女居
所（gynaeconitis）的侍者们可以描述和谈论它们。如果我要写关于
从外部降临到我身上的苦难、我在 8 岁之前遇到的麻烦和进攻我
的敌人，将需要伊索克拉底（Isocrates）②的塞王（Siren）③、品达　　460
（Pindar）④的浮华辞藻、波莱莫（Polemo）⑤的活泼、荷马的卡利俄铂

① 亚里士多德：《伦理学》第一卷（*Nicomachaem Ethics*，BookⅠ）。——原译者注
② 伊索克拉底（Isocrates 436 - 338 B. C.），雅典演说家和作家，创建了一个修辞学
　 学派。——原译者注
③ 半人半鸟，能用歌声施魔法。——原译者注
④ 品达（Pindar, 518 - 438 B. C.），抒情诗人，因其庄重和高贵的风格而知名。——
　 原译者注
⑤ 劳迪西亚的波莱莫（Polemo of Laodicea）使用所谓的亚洲式激情和具有说服力的
　 演讲术风格。——原译者注

（Calliope）①、萨福（Sappho）②的里拉，或者其他更强大的力量，因为远的或近的，大的或小的危险都向我们进攻。我真的被不幸弄得不知所措，从那时起直到现在，甚至到我写这些话的时候，不幸的海洋仍一浪接一浪地接踵而来。但我必须停止——我已经一不留神，转到了我的麻烦上面。既然我已经恢复理智，就要回到最初的主题。就像我正在讲述的，许多材料都是我自己观察的结果，有些是我从皇帝的战友那里通过各种方式收集来的，他们给我们送来关于那些渡过海峡的人的战况。最重要的是，我经常听到皇帝和乔治·帕列奥略格讨论这些事情。我亲自收集了大部分证据，尤其是在继阿莱科休斯之后的第三个皇帝统治期间③，那时，所有的阿谀奉承和谎言都随着他的祖父而消失（所有人都奉承当时在位的统治者，但没有人试图过分称赞死去的人。他们不会歪曲事实）。就我而言，除了因为自己的不幸引起的悲伤之外，现在，我也为三位统治者感到悲痛——我的父皇、我的母后和（令我伤心的）我的丈夫凯撒。因此，我在大部分时间里都隐居生活，完全投入到书本中和对上帝的崇拜中。即使微不足道的人也不被允许拜访我们，更不用提那些我们能从他们那里打听到消息的人，这些消息是

461 他们碰巧从别人那里听来的，也不用提我父亲最亲密的朋友了。到现在，三十年了，我以最神圣的皇帝的灵魂发誓，我从未见过，也从未与我父亲的一个朋友讲话。当然，他们中的大部人已经去世，但许多人因为我们糟糕的运气而被恐惧所阻挡。因为那些掌权者认为我们必须被隔离——一个荒唐的决定——并使我们处于一种被完全疏远的状态中。我的资料——上帝及其圣母是这一点的见

---

① 卡利俄铂是英雄史诗中掌司辩论、史诗、文艺、美术、音乐等的缪斯女神。——原译者注

② 莱斯波斯岛的萨福（Sappho of Lesbos，生于 612 B. C.），著名的女抒情诗人，其作品拥有特别的力量并且十分生动。——原译者注

③ 约翰二世继承了阿莱科休斯的皇位，在他之后是曼努埃尔一世（Manuel I，1143—1180 年在位）。安娜指的是曼努埃尔。她采取了包含在内的通常的计数方式——因此是第三。——原译者注

证人——来源于普通的作品，它们完全避免了文学的矫饰，来源于
自我的父亲登位时一直都在军队中服役的老兵，他们遭遇了艰难
的时代，经历了外部世界的喧嚣动乱后，过上了安宁平静的僧侣生
活。我搜集的文献文字简约、文风简朴，未经修饰雕琢并且尊重事
实。老兵们的叙述在语言和思想上类似于纪事作品，通过研究他
们的作品和把它们与我自己的作品相比较，又与我经常从我的父
母，尤其是父母双方的叔舅们那里听到的故事进行对照，以此确保
我的历史的真实性。通过这些材料，我的历史的整体结构——真实
历史——被建构。

　　我正在讲述卡米泽斯从蛮族人那里逃跑和对市民们进行的演
说。我们返回那里。就像我描述的那样，卡米泽斯叙述了已经发
生的事情并告诉他们关于皇帝进攻以实玛利人的所有策略。君士
坦丁堡的居民一起向阿莱科休斯欢呼致敬，歌颂和称赞他，为他的
统治祈福，快乐地溢于言表。他们愉快地把卡米泽斯护送回家。
几天之后，他们欢迎皇帝。他是一个被冠以殊荣的胜利者，战无不
胜的将军，不屈不挠的统治者、贵族和专制君主。这就是发生在他
们身上的事情。皇帝走进皇宫，为自己的安全返回向上帝和圣母
表达感谢之后，恢复了正常的生活。从现在开始，国外的战争已经
平息，皇位觊觎者的叛乱被粉碎，他便转向社会治理。在和平时
期，像在战时一样，他是一个一流的管理者。审判成为孤儿的原
因，为孀居者伸张正义，严厉处理每一件错事。他只是偶尔在狩猎
或者其他娱乐中放松身体。即使那时，像在其他事情上一样，他是
真正的哲学家，"约束自己的身体"[1]，使它服从他的意志。在大部
分时间里，他都在努力工作，但他也休息，只是他的休息是另一种
工作——阅读和研究书籍，勤勉地遵守"查考《圣经》"的命令[2]。对
于我的父亲而言，狩猎和打球都只是可有可无的消遣活动——即使
他还是一个年轻人，病痛（影响他的双脚的疾病）尚没有像蛇一样

462

---

① 《圣雅格的书信》（Epistle of James，ⅲ），2。——原译者注
② 《约翰福音》，5：39。——原译者注

缠绕着他，像咒语所说，"擦伤他的脚后跟"时，仍旧如此。^① 当疾病第一次出现并发作得很厉害时，按照有经验的医生的意见，他进行了骑马和其他锻炼。希望通过经常骑马，分散一些流到他的脚上的液体，减轻压在它们上面的一些重量。正如我以前所评论的，我父亲的病源自一个永久的原因——他为罗马帝国的荣耀所承受的辛劳。

不到一年，他听说库曼人又渡过了伊斯特河（Ister）。因此在第八个财政年度初，11 月初，他离开都城。所有军队被召集并驻扎在非利波波利斯、佩特里茨斯（Petritzes）、特里亚迪扎（Triaditza）和尼索斯（Nisos）军区。有些人被派到远至伊斯特河岸边的布拉尼佐瓦（Buranitzova），任务是^②要好好照顾马，确保它们高大健壮足以在战斗中承载骑手。他自己留在非利波波利斯。这个城市位于色雷斯中部，北部是尤罗斯河（Euros）。这条河来自罗多彼山脉（Rhodope）^③的北端，多次转弯之后流经亚得里亚纳堡，载着几条增加的支流，最后注入爱诺斯城（Ainos）附近的大海。当我提到菲利普（Philip）时，不是指马其顿人阿闵塔斯（Amyntas）的儿子，因为现在的这个地方比他的城市更近，我指的是罗马人菲利普，一个被赋予了强大体力的巨人。^④ 在他的时代之前，它被称为克尼迪斯（Krenides），尽管许多人把它当作了特里穆斯（Trimous）。^⑤ 但后来的巨人菲利普将它变成了一座大城市，并建造了环绕着它的城墙。它变成了色雷斯最著名的城市，有一个巨大的马戏场和其他著名建筑物。当我与皇帝因为某种原因呆在那里时，我亲自看到了它

----

① 《创世记》（Genesis 3∶15），但是，安娜误引——她用的是"咬"，而不是"擦伤"。——原译者注

② 1114 年 11 月。——原译者注

③ 罗多彼山脉在保加利亚南部和希腊东北部。——原译者注

④ 菲利普二世（Philip Ⅱ），马其顿国王，亚历山大大帝的父亲，在公元前 342 年创建了这个城市。罗马人菲利普是在公元 244 年至 249 年进行统治的皇帝。——原译者注

⑤ 它是非利皮（Philippi），不是非利波波利斯，被建在克尼迪斯。——原译者注

们的遗迹。城市坐落在三个山头上,每一个都被巨大的高墙所环绕。在它延伸到平原的地方,在尤罗斯附近,有一条壕沟。非利波波利斯过去是一个巨大的美丽城市,但在古代,陶罗(Tauroi)和斯基泰人将居民变成奴隶之后,便衰弱成了我父亲统治期间我们所看到的样子。即使如此,就像我所说的,我们推测它曾是一个真正伟大的城市。它有某些不利条件,许多异教徒生活在他们中间。亚美尼亚人已经占领了这个地方,也有所谓的鲍格米勒教教徒。我们将在以后适当的时机讲述后者以及他们的异端思想。除了他们之外,这个城市里还有保罗教教徒(Paulician)和完全的无神论者摩尼教教徒。① 正如名字所暗示的,这个教派由保罗和约翰创立,他们在摩尼亵渎的井中饮过水,将这种异教传授给他们的信徒。我原本想简要勾勒摩尼教的教义,然后迅速驳斥它们,但因为我知道每个人都将它们视为荒唐的东西,同时,我必须抓紧时间写历史,没有精力做这件事。不管怎样,我意识到其他人,不仅是与我们拥有相同信仰的人,而且我们强大的对手波菲利(Porphyrius)② 已经反驳了他们。他用最广博的知识研究了这两种教义之后,便在几个章节中将他们的愚蠢信条贬低为疯狂的东西。但我必须附加一点,他的同一的、绝对的和最高的神迫使他的读者接受柏拉图式的统一体(Platonic Unity)或者唯一性(the One)。我们自己崇拜一个神,但不是局限于一个人的统一体,我们也不接受柏拉图的唯一性(the One of Plato,希腊语的避讳和占星术的神秘)。因为根据它们的说法,宇宙和超宇宙的其他众多力量依赖于它们的唯一性。摩尼(Manes)、保罗和约翰(卡里尼斯的儿子)的这些信徒,异常残

464

---

① 摩尼教(Manichaeism)起源于波斯。摩尼认为存在两种相反的力量(上帝和马特,或者善与恶)。此教义被大马士革的约翰,后来被弗条斯(Photius)所驳斥,但这种异端在 7 世纪以一种看似基督教的形式(保罗教)复兴,保罗和约翰好像是兄弟,他们住在摩尼教的中心萨莫萨塔(Samosata)。——原译者注

② 波菲利(Porphyry, A. D. 232-305)是一个新柏拉图主义者(Neoplatonist),反对基督教徒,是一个著作颇丰的作家,但不是一个原创性的重要思想家。——原译者注

忍和野蛮,憎恨所有人,即使以流血为代价。他们在令人尊敬的统
治者约翰·吉米斯基(John Tzimisces)①的统治下遭遇不幸。他将
他们贬为奴隶从亚洲驱逐,将他们从查理伯斯(Chalybes)和亚美尼
亚人的土地上带到色雷斯。他们由于两个原因被迫居住在非利波
波利斯。首先,吉米斯基想把他们赶出他们作为专制统治者进行
统治的重型防御城镇和据点;其次,他利用他们抵御斯基泰人的入
465 侵,后者掠夺了色雷斯地区。蛮族人习惯于跨过汉姆斯山口②,蹂
躏下面的平原。约翰·吉米斯基把我们的敌人即这些摩尼教教徒
变成了盟友。就战斗力而言,他们形成了一道抵制游牧斯基泰人
的相当强大的防御墙。此后,这些城市躲过了他们的大部分掠夺,
重获安宁。但是,摩尼教教徒本性上是一个不受约束的民族,按照
他们通常的习俗,恢复了原状。事实上,非利波波利斯的居民都是
摩尼教教徒,因此他们对那里的基督教徒作威作福,抢劫他们的财
物,根本不在意皇帝的使节。他们的人数不断增加,以至于城市周
围的所有居民都是与他们拥有相同信仰的人。另一群新移民加入
了他们。他们是亚美尼亚人———一条不纯净的溪流———在他们之
后是来自圣雅各(James)③最肮脏的源泉的其他人。④ 也就是说,非
利波波利斯是一个所有受污染水源的汇集地,即使移民在教义上

---

① 约翰·吉米斯基(John Tzimisces,967—976 年在位)是最伟大和最强大的皇帝
之一。——原译者注
② 汉姆斯(Haemus)是一条非常长的山脉,与罗多彼山脉位于一条水平线上。它开
始于黑海(Euxine Sea),几乎接触到大瀑布并直接延伸到伊利里亚。亚得里亚
海打断了它,但它继续在对面的陆地上延伸并远至海西森林(Hercynian
Forests)。在其斜坡的两边居住着极为富庶的无数部落,北部是达契亚人和色
雷斯人,南部是马其顿人和色雷斯人。在古代,游牧的斯基泰人全体越过汉姆
斯山,蹂躏了罗马领土,尤其是更近的城镇,其中最重要的便是在那些时代非常
著名的非利波波利斯城。但那是在阿莱科休斯统治之前,他经过多次战斗将他
们毁灭。——著者注
③ 传统认为他是耶稣的兄弟,相传为《新约全书》中的《雅各书》的作者,曾任耶路
撒冷第一主教。——原译者注
④ 雅各(Jacob Baradaeus)在 6 世纪时是一性论者(Monophysites)的领袖。——原译
者注

不同于摩尼教教徒,仍同意加入叛乱。我的父亲利用自己长期的作战经验与他们较量。有些人不战而降,有些人被俘成为奴隶。他在这里所做的工作的确配得上一个伟大的使徒——因为不存在他不应该受到称赞的理由。如果有人提出异议,说他忽略了他的军事责任,我将指出东方和西方都取得了无数战绩。如果他被指责对文学不够重视,我的回答是我确信他为了准备与异教徒的辩论,比任何人都更热衷于研究《圣经》。他同时使用武器和语言,用武器征服他们,通过辩论臣服非基督教徒。当时,他武装自己进攻摩尼教教徒,是为了完成一个使徒的使命而不是为了战争。我本人称他为"第十三使徒"——尽管有人将这种荣誉归于君士坦丁大帝。但在我看来,阿莱科休斯应该与君士坦丁皇帝并列,如果有人为此争辩,那么,在这个角色上他至少紧随其后——作为皇帝和使徒。正如我们正在讲的,阿莱科休斯为了我给出的原因到达非利波波利斯。但是当库曼人尚未出现时,远征的第二个目的变得更重要:他要让摩尼教教徒(Manichaeans)摆脱他们痛苦的宗教,向他们布道我们教会的美好教义。从一大早到中午或者晚上,有时到晚上第二次、第三次查夜,他邀请他们拜访他,用正统信仰指导他们,驳斥他们错误的异端思想。他让尼西亚主教尤斯塔修斯和非利波波利斯大主教与他在一起,前者熟识《圣经》并拥有广博的世俗文学知识,对自己的辩术比斯多噶学派或学院的哲学家们更自信。在所有会面中,他的主要助手是我的丈夫尼基弗鲁斯凯撒,他研究《圣经》时,对他进行过训练。当时,许多异教徒为了忏悔他们的罪行和接受神圣的洗礼也在寻找教士。同时有许多人用一种超过著名马加比家族(Maccabees)①的献身精神坚持他们的宗教,利用《圣经》中的引文作为证据支持(像他们想象的一样)被蔑视的教义。皇帝经常对这些狂热者中的大部分人进行劝诫说服。他们也受洗。谈话经常从第一缕阳光出现在东方直到深夜,他甚至顾

466

467

---

① 　马加比家族是公元前 1 世纪统治巴勒斯坦的犹太祭司家族,曾积极进行把朱迪亚从叙利亚解放出来的活动。

不上吃饭和休息。当时正值夏天,他住在一个敞开的帐篷中。

当他正在和摩尼教教徒打语言战时,来自伊斯特河的一个人带来消息,库曼人已渡河。阿莱科休斯立刻带着所有能得到的人赶向多瑙河。在维迪内(Vidyne),他发现蛮族人已经离开。当他们听说他要来时,已经退到河对岸。一支由精良士兵组成的分队立刻被命令追赶他们。在渡河之后,他们尾随敌人三天三夜,很明显,敌人已经乘着木筏到了多瑙河支流的另一边(他们随身携带木筏),他们便一无所获地返回了皇帝那里。得知蛮族人已经逃跑,他很生气,但想到这毕竟是一种胜利,便以此安慰自己。只是听到他的名字,他们就落荒而逃。另一方面,他已经让许多摩尼教教徒转变信仰。他取得了双重的胜利,一种是通过武力战胜库曼人,一种是通过神学辩论臣服摩尼教异教徒。然后他撤退到非利波波利斯,经过短暂的休息之后重新开始战斗。三个摩尼教教徒,库莱昂、库西诺斯(Kousinos)和福洛斯(Pholos)每天被一起召来,进行辩论。他们在其他方面像他们种族的其他人,但是顽固坚持他们的邪恶教义并斩钉截铁地拒绝了所有劝说。他们非常巧妙地将圣言肢解为只言片语,滥用时间扭曲它的意义。因此,斗争是两方面的:一方面是皇帝竭尽全力地挽救他们;另一方面,这些摩尼教教徒顽固地争辩到最后,目的是为了赢得一种谚语式的卡德莫斯式的胜利。他们三个人站在那里,为了争辩磨刀霍霍,好像野猪的獠牙,准备将皇帝的论据撕成碎片。如果某一反驳被库西诺斯漏掉,库莱昂便进行补充,如果库莱昂陷入困境,福洛斯就站起来反驳。或者他们一个接一个地站起来驳斥皇帝的论点,像一个巨浪接着另一个更大的巨浪。他驳倒了他们的所有批判,好像一张蜘蛛网,迅速封住了他们不干净的嘴巴,但是完全没有说服他们,最后他对他们的愚蠢失望,将他们送到都城,在那里为他们安排了一个居所,即环绕大宫殿的门廊。尽管如此,他在狩猎中也没有完全失败。虽然领袖们没有被抓住,但是每天,他把100人,有时超过100人,领到上帝面前,以前被抓住的那些人和现在被他争取过来的那些人总数超过一万。但我为何要在这些全世界的人都知道的事情

468

上花费时间？东部和西部都是如此，在各种异端控制下的所有城市和土地都被他以各种方式转变为我们的正统信仰。他们中的杰出者被赋予丰厚礼物并成为军官。他将出身卑贱的人、苦工、犁地者和牧牛者等转变信仰的人，与其妻子儿女聚集在一起，并在尤罗斯河对面靠近非利波波利斯的地方为他们建造了一座城市，让他们定居在那里。那个地方被称为阿莱科西欧波利斯（Alexiopolis）或通常被称为尼欧卡斯特隆（Neocastron）。他给了所有人耕地、葡萄园、房屋和固定资产。不像阿多尼斯（Adonis）[①]的花园，今天开花，明天凋谢。[②] 他的这些礼物有法律保障，受到金玺诏书的保护，并且这些特权不局限于他们自己，而是可以被遗赠给儿子和孙子。如果男继承人死亡，妇女也可以继承。这一点被在金玺诏书中仔细阐明。对于这个主题，我不再过多讲述，其实已经省略了大部分内容。没有人能在历史中找到表明我存在偏见的证据，因为这些事件的大量见证人今天仍旧活在世上。皇帝在做了一切必要的安排之后，离开非利波波利斯，返回都城。神学争论重新开始，进行了反对库莱昂、库西诺斯及其追随者的无休止的辩论。库莱昂这次被说服——我猜测他比其他人更聪明和更能理解坦率的争论，他成为我们的信徒中最温顺的羔羊。相反，库西诺斯和福洛斯继续坚持野蛮的思想，尽管皇帝不断地向他们灌输自己的论点，他们仍旧坚持己见，犹如铁制的人一般，无法被熔化和改变。因此，他把他们投入了艾伦法蒂纳（Elephantine）监狱，因为在所有的摩尼教教徒中，他们是最亵渎神灵的，并且显然得了严重的精神抑郁症。他们被慷慨地提供一切必需品，被允许在赎罪中孤独地死去。

469

---

① 希腊神话中被阿佛洛狄忒所爱恋的美少年。

② 4 月份在雅典举行的阿多尼斯节中，鲜花被妇女们放在马头上，当然，这种祭品很快便凋谢。——原译者注

第十五卷 对突厥人的胜利；孤儿院；鲍格米勒派异端；阿莱科休斯的疾病和死亡

这就是皇帝在非利波波利斯和摩尼教教徒事件中的活动。现在，蛮族人给他带来了新的麻烦。苏莱曼苏丹①计划再次劫掠亚洲。为了抵抗皇帝的军队，军队被从科罗桑和切尔颇（Chalep）②召集。阿莱科休斯十分清楚敌人的计划，决定亲自向伊科尼乌姆（位于基里吉·阿尔斯兰苏丹国的边界）进军，发动全面进攻。外族人被征募，一支强大的雇佣军支队和各地的军队被召集。当双方将领都为战争做好准备后，皇帝双脚的旧伤复发。军队三五成群地陆续从各地涌来，但没有一批到达，因为他们住得很远。痛风不仅使阿莱科休斯不能将计划付诸实施，甚至使他根本不能走路，只能被迫卧床休息。他并不担心身体正在遭受的疼痛，但担忧拖延战斗。基里吉·阿尔斯兰意识到了这一点，此后从容不迫地蹂躏了整个亚洲地区（暂时没有什么能阻止他），七次屠杀基督教徒。疼痛前所未有地折磨着皇帝，在此之前它只是间隔很长时间才发作，现在却持续不断地接连发作。在基里吉·阿尔斯兰和他的朋友们

472

---

① 安娜在此有点混淆。尼西亚苏丹苏莱曼（Sulayman ibn Kutlumish）已经在战斗中死亡（1086 年）。他的儿子基里吉·阿尔斯兰（Kilij Arslan Ⅰ）1107 年在塞尔柱埃米尔们前面逃跑时被淹死。后者有两个儿子，名为马立克·沙和马苏德（Mas'ud），统治时间分别为 1107—1116 年和 1116—1155 年。此卷中的基里吉·阿尔斯兰肯定是伊科尼乌姆的苏丹马立克·沙。——原译者注

② 阿勒颇（Aleppo）。

看来,这种疼痛只是一种假象,不是一种真正的疾病,而是倦怠和懦弱的借口。因此,他们在纵酒作乐时乐此不疲地对此进行嘲讽。蛮族人,就像即兴诗人一样,讽刺他的疼痛,把痛风当作了喜剧的主题。他们扮作医生和侍者,介绍"皇帝"本人,并把他放在床上,取笑他。看到这些幼稚的表演,他们哄堂大笑。阿莱科休斯得知正在发生的事情后,非常愤怒,决定与他们开战。不久之后,痛风有所减轻,他便出发。在到达大马里斯并驶过吉伯托斯与埃吉亚罗之间的海峡之后,他下船登陆,去了罗帕迪翁,在那里等着他的军队和召集的雇佣军到达。当所有人都聚集在一起时,他带着整支远征军前行到了尼西亚湖附近的圣乔治要塞,从那里去了尼西亚。三天后,他按原路返回并在离卡里克斯(Caryx)喷泉不远处的罗帕迪翁桥的一边扎营。计划是军队首先过桥并在某个适宜的地点扎营,当一切准备就绪后,他将经过同一座桥并在营地中间搭建帐篷。足智多谋的突厥人正在伦蒂安尼(Lentianian)山脚下的平原和一个被称为科托兰吉亚(Kotoiraekia)的地方忙于掠夺,听到他行军的消息很恐慌,点燃了无数火把以给人大量军队驻扎的印象。火把的火焰直冲上天,吓坏了许多没有经验的人,但没有骗过阿莱科休斯。突厥人带着所有战利品和战俘逃跑。黎明时分,皇帝急忙赶去平原,希望在附近的某个地方抓住他们,但错过了猎物,却发现了许多仍旧活着的受害者,尤其是罗马人和许多尸体,这让他很难过。他想去追赶,但对于整个军队而言,全速赶上这些逃跑者是不可能的。他不想失去所有猎物,便迅速派出一些精良的轻装士兵,告诉他们沿着什么路线去追赶野蛮的恶棍们,他则在波马尼宁郊区扎营。事实上,突厥人带着他们的所有掠夺物和战俘在一个被当地人称为凯利亚(Kellia)的地方被赶上。罗马人像闪电一样冲向他们,迅速杀死了他们中的大部分人,有些人被活捉,胜利者带着这些人和全部掠夺物返回。阿莱科休斯表彰了他们的战绩,在敌人已被完全打败后,他便返回罗帕迪翁并在那里呆了整整三个月,部分因为他的既定路线经过无水地带(此时正是夏季并且热浪难耐),部分因为他仍在等待雇佣军到达。最后,所有人在罗帕

473

迪翁会合扎营。然后,整支军队被驻扎在奥林匹斯山脊和马拉尼(Malagni)山脉。他自己住在埃尔(Aër)。当时皇后正在普林吉颇(Prinkipo),皇帝返回罗帕迪翁之后,她将更容易得知关于他行军的消息。由于两个原因,他一到达埃尔,便派帝国的战舰去接她回来,首先,他总是担心痛风复发;其次,他害怕他的随从中潜藏着敌人。他需要她充满爱意的照料和警觉的眼睛。

大约三天后的黎明时分,负责皇帝卧室的侍者进来,站在他的床边。皇后醒来,看到此人问:"你有关于突厥人进攻的消息吗?"当他回答他们已经在乔治要塞①时,她打手势让他不要唤醒阿莱科休斯。事实上,他已经听到了这位信使的报告,但仍旧完全安静地躺了一会儿,保持镇静。当太阳冉冉升起时,他开始处理日常政务,同时考虑这种情况下应该怎么办。三个小时过去之前,又一个信使报告蛮族人现在离得更近了。皇后仍旧与他在一起,尽管很惊慌(非常自然),她仍旧等待他做出决定。当他们匆忙去吃饭时,又一个人到达。他沾满了血,扑倒在皇帝脚下,发誓危险现在临近——蛮族人即将到来。阿莱科休斯立刻允许她返回拜占庭,尽管心神不定,她仍然掩饰了恐惧,言行举止没有表现出丝毫的恐慌。她是一个勇敢和意志坚定的女人。就像所罗门(Solomon)在《箴言书》(Book of Proverbs)中称赞的一个著名人物一样,她没有流露出女人的懦弱——当女人听到一些可怕的消息时,我们通常会在她们身上看到恐惧,她们的脸色流露了内心的胆怯。从她们经常的尖叫和哭嚎中,你会认为危险正在靠近她们。如果她害怕,那是因为担心皇帝遭遇不测,对自己的担心倒在其次。的确,在这次危机中,她的行为证明了她的勇敢,尽管不情愿离开,不时地转身看他,她还是恢复镇定,难分难舍地离开。她走到海边,登上为皇后准备的战船,驶过比希尼亚海岸,但被一场暴风雨所阻挡,抛锚在赫伦诺波利斯(Helenopolis)。她在那里呆了一段时间。我们必须离开她,返回到阿莱科休斯那里。他与士兵和男亲属们一起全副武

①　在尼科米底亚附近。——原译者注

装向尼西亚骑去。其间，蛮族人抓住了一个阿兰尼亚人（Alanian）并从他那里得知了皇帝的行程。他们沿着刚来的路线逃回去。斯特拉波巴西雷奥斯（Strabobasileios）和米哈伊尔·斯蒂皮欧特斯（Michael Stypiotes。当读者看到斯蒂皮欧特斯这个名字时，一定不要将我正在这里提及的贵族斯蒂皮欧特斯和一个半蛮族人混淆，后者是斯蒂皮欧特斯用钱买来的奴隶，后来作为礼物送给了皇帝）——他们都是拥有长期荣誉记录的优秀士兵，在热尔米奥（Germioi）山脊上密切注视着各处的道路，焦急地等待敌人可能会像野生动物一样落入他们陷阱的任何机会。当他们发现敌人到来之后，返回到……①平原并与他们进行了一次激烈的战斗。突厥人被完全打败。皇帝首先占领了乔治要塞，然后占领了被当地人称为萨古达乌斯（Sagoudaous）的村庄，没有看见突厥人。但是，他从我已经提到的勇敢的斯特拉波巴西雷奥斯和斯蒂皮欧特斯那里听到了突厥人的命运。他称赞他们从战争开始时就表现出来的勇敢和取得的胜利。随后，他紧挨着城墙扎营。第二天，到达赫伦诺波利斯之后，他与皇后见面，后者因为波涛汹涌的海面仍在此露营。他讲述了突厥人出人意料的战败，告诉她当他们渴望胜利时如何遭遇了失败和灾难，没有像想象的那样成为主人，自己却被统治并且所有计划都通通失败。这样，她不再为他担忧。当他返回尼西亚时，得知突厥人又一次入侵。因此，他继续去了罗帕迪翁并在那里进行了短暂的停留，直到有关大规模的敌人正在沿着尼西亚的方向行进的消息传来。他聚集军队向基奥斯进发。但是，当听到他们正在向尼西亚行进时，他很快离开并穿过那个城市去了米斯库拉（Miskoura），在那里收到可靠消息，突厥人的主体部队尚未到达。由马纳鲁格派出的少数人正在多利鲁斯（Dolylus）地区和尼西亚附近察探皇帝的活动，并随时向马纳鲁格报告。因此，阿莱科休斯派利奥·尼斯利特斯（Leo Nicerites）带着军队去了罗帕迪翁，命令他持续保持警戒，密切监视各条道路，并且用书面形式报告有关

475

---

① 文献此处有空白。——原译者注

突厥人的情况。剩余军队被驻扎在战略地。他认为更明智的做法是放弃对苏丹的进攻，因为他猜测敌人的幸存者将在亚洲的所有突厥人中散布他进攻的消息。他们将被告诉在不同时期如何与罗马人打交道，突厥人的进攻将如何被顽强抵抗，最后被打败，损失惨重（因为大部分人已经被杀死或俘虏，只有少数受伤的人逃走）。蛮族人听到这些消息之后会认为他打算进攻，然后从伊科尼乌姆撤退。这样，他的所有努力就会白费。因此，他经过比希尼亚撤回尼科米底亚，希望敌人会认为危险已经过去并返回老家。恢复勇气之后，他们将以突厥人惯常的方式分散掠夺，苏丹本人将重新开始原先的计划。在军队短暂休整，马匹和驮运行李的动物恢复体力之后，他（阿莱科休斯）将很快发动猛烈进攻。正是因为这些原因，他去了尼科米底亚，所有士兵都驻扎在周围的村庄中，这样马匹和负重的动物能得到充足的饲料（因为比希尼亚盛产草），军队也可以越过海湾毫无困难地从拜占庭和邻近地区得到需要的所有供给。他们被命令尤其要照料好动物们——他强调这一点。它们将不被用来狩猎和乘骑，以便当时机到来时，能够足够高大强壮，毫不吃力地负荷它们的骑手，向突厥人展开进攻。

采取这些措施之后，他在距离尼科米底亚不远处的每一条路上都部署了侦察兵。因为他打算在此住几天，便派人去请奥古斯塔，她将和他住在一起，直到他得知蛮族人入侵的消息，决定离开为止。她立刻到达，但非常愤怒和难过，因为她察觉到皇帝的一些政敌正在为他没有取得预期目标而幸灾乐祸，他们私下里谴责他为了进攻突厥人，进行了充足的准备，聚集了巨大的军队，如此兴师动众，却没有赢得重大胜利，而是退到了尼科米底亚。这些事情不仅被私底下悄悄议论，并且被非常无耻地在广场上、大路上和十字路口宣扬。阿莱科休斯预见了战争的结果（他在这种事情上是一个优秀的预言家），根本不理会敌人的愤慨指责，认为这只是幼稚的人拥有的卑鄙荒唐的想法。他的自信激起了她的希望，他发誓他们责骂他的理由将成为一次更重大胜利的原因。我认为通过合理的计划赢得胜利需要勇气，缺少智慧的蛮干是不对的——它们的结果往往是鲁莽行事。在战争中攻打能打败的人，是勇敢的，但进攻对我们而言太强大的人则是鲁莽的。因此当危险威胁我们时，因为不能正面进攻，我们改变策略，寻求不流血的征服。一个将军具备的最重要的才能是不招致危险地赢得胜利——像荷马所说，"正是通过技巧，一个双轮马拉车手打败了另一个。"①甚至著名的卡德莫斯式谚语也谴责充满了危险的胜利。在我看来，如果一个人的军队不能与敌人的力量相匹敌，在战斗中，最好制定某种机智的战略。每个人在历史书中都能找到这样的例子。赢得胜利不是只有一种方法或者一种形式，从古至今胜利都以不同的方式取得。"胜利"总是意味着相同的东西，但将军们获得它的方式是各种各样的，没有固定的模式。古代的一些著名将军似乎完全凭借兵力战胜敌人，但一些人很多时候通过很好地利用不同的有利条件取胜。就我的父亲而言，打败敌人有时靠兵，有时靠机智的战略，有时靠精明的预测和立即付诸实践的勇气。他有时求助于战略，有时亲自参加战斗，经常出人意料地赢得胜利。他非常喜欢冒险，危险持续不断地出现，他用不同的方式应对，有时通过向他们进军，有效抵抗，与敌人进行肉搏战，有时通过假装避免冲突和假装恐惧，采取何种方式取决于当时的条件和形势。我简要概括为他在逃跑中取胜，在追逐中征服，摔倒时，他站着，落下时，他向上，像一个铁蒺藜一样（因为不管你怎么扔它，它总是朝上）。

478

　　在这一点上，我必须再次请求读者不要指责我在吹嘘，这绝对不是我第一次对这样的指控进行辩护。并不是我对父亲的爱使我做出这样的反应，而是事情本身。不管怎样，没有什么（就事实而言）能阻止一个人爱他的父亲，同时也尊重事实。我选择写有关一个优秀男人的故事，如果那个人碰巧是这个历史学家的父亲，他的名字不应该被忽略，这个历史学家也不应该被谴责插入了他的名字。当然，历史的本质要求它必须建立在事实的基础上。我可以利用其他方式表达对他的爱，因为我的敌人受到鼓动，对我虎视眈

---

① *Iliad*，ⅩⅩⅢ，318.——原译者注

眈,每个了解我生活的人都清楚这一点。读者可以确信我不会在历史的伪装下违背事实。当一个人有机会表达对父亲的爱时,就要勇敢地这么做。当有机会讲述事实时,也不要错过。正如我所说的,如果这个机会证明我爱我的父亲,也爱事实,读者将不能怀疑我会隐藏事实。现在,我们必须回到叙述中断的地方。

皇帝在尼科米底亚附近扎营,他将征募的士兵编入主力军队,并让他们在射箭、投标枪、骑马和各种演习中进行长期的紧张训练。他也将自己创造的新战斗队形教给他们。有时他和他们一起骑马,视察队列并提出改进的建议。现在夏天结束,已经过了秋分,是远征的好时候。因此,他带着所有军队直接向尼西亚行进(这是他的原始计划)。一到达城市,轻装士兵和他们经验丰富的军官们便被从军队的其他部分中分离出来,到前面进攻突厥人。他们以小组的方式外出寻找粮草。如果他们在上帝的庇护下击溃了敌人,赢得胜利,不要过远地追赶,而是必须满足于现有战果,秩序井然地返回。这些人与皇帝一起到达了一个被称为……①的地方(当地人称为盖塔),此后,他们分道而行,他与其他人一起离开去了皮塞卡斯(Pithekas)附近的桥,三天后取道阿门诺卡斯特隆(Armenokastron)和一个被称为来乌凯(Leukai)的地方,到达多利莱昂(Doryleon)平原。平原很大,足够用来演习。因为他希望检验军队的真实威力,便在那里扎营。这是有效检验他正在重新考虑的战斗队形(当他制定计划时,经常先写在纸上)的一个良好机会。② 凭借长期的经验,他知道突厥人的阵线与其他人的不同,就像荷马所说,它不是被安排的"盾挨盾,头盔挨头盔,人挨人"③,而是右翼、左翼和中部形成分离的团队,也就是说队形被切断。左翼或右翼不管何时被进攻,中部都突然行动,并且它后面的所有剩余军队会在旋风式的进攻中,将传统战斗队形打乱。对于在战斗中

① 原文中有空白。——原译者注
② 他熟悉埃利安(Aelian)的战略(*Tactica*)。——原译者注
③ *Iliad*,XIII,131. ——原译者注

使用的武器，他们不像凯尔特人一样用标枪作战，而是完全包围敌人后放箭，并在远处用箭保护自己。在激烈的追赶中，突厥人用弓箭抓住战俘，逃跑时用同样的武器战胜敌人。当他射箭时，箭在行程中射中骑手或者马匹，力量非常巨大，以至于能完全穿透身体。突厥人弓箭手的箭术非常高明。阿莱科休斯意识到了这一点，为了抵制它，调整了自己的战斗队形，以至于突厥人必须从他们的右边射向罗马人的左边（它受到盾的保护）。相反，罗马人将从左边射向突厥人无遮掩的右边。① 经过仔细研究并验证了这一队形的不可战胜之后，他对它的力量很吃惊——他认为这一定归功于上帝——一种被天使们鼓励的战斗队形。每个人都非常高兴地称赞它，对皇帝的创造充满信心。他仔细考察了军队和准备穿过的平原，亲自展示了阵线的坚固并认为它永远不能被打破后，满怀希望并向上帝祈祷，希望得偿所愿。

　　按照这种队形设计的军队到达桑塔巴里斯（Santabaris）……② 所有指挥官都被派往不同的路线：卡米泽斯（Kamytzes）向波利伯托斯（Polybotos）和凯德罗斯（Kedros）进军（后者是由一个名为普切斯［Poucheas］的地方长官控制的坚固防御的城镇）；斯蒂皮欧特斯去进攻在阿莫里恩（Amorion）的蛮族人。两个斯基泰人叛逃者发现了这个计划，去普切斯那里告诉他有关卡米泽斯的行军和皇帝到来的消息。大约午夜时分，普切斯带着同部落的人惊慌地离开了这个地方。天亮时，卡米泽斯到达，没有看见普切斯——事实上，没有任何突厥人。尽管他发现这个地方（我指的是凯德罗斯③）堆满了战利品，但没有理会。就像一个失去了即将到手的猎物的猎手，卡米泽斯很生气，立刻调转马头骑向波利伯托斯。但他突然遇到了蛮族人，杀死了不计其数的敌人并重新获得了所有战利品

480

481

---

① 这暗示着阿莱科休斯不是与敌人平行排列他的队形，而是按一个角度。他的对手总是面对斜着落到他们身上的箭雨并且罗马队形将随着敌人指挥官所做的变化而移动。这必然将使安娜如此自豪的新奇事物合理化。——原译者注

② 原文中漏掉了几个单词。——原译者注

③ 安娜在此称之为凯德雷亚（Kedrea，不是上面的凯德罗斯）。——原译者注

和战俘,然后在这个地区的附近扎营,等着皇帝到达。斯蒂皮欧特斯返回阿莱科休斯之前,在波马尼农也很成功。大约在日出时,皇帝到达凯德罗斯,一些士兵立刻到了他那里,带来消息说大量蛮族人正在附近地区的小城镇中,它们过去效忠于著名的布尔泽斯①。皇帝迅速行动,派布尔泽斯的一个名为巴尔达斯的后代、乔治·莱布纳斯(George Lebounes)以及斯基泰语称为皮迪肯(Pitikan)的斯基泰人,带着各自的军队(已被增建为一支相当大的军队)前去进攻。他们的任务是到达那里之后,派搜寻粮草的人去掠夺这个地区的所有村庄并将居民带到他这里。这三个人立刻行军。阿莱科休斯按照以前的计划,希望到达波利伯托斯并远至伊科尼乌姆。当他正在准备要离开时,传来消息,突厥人和马立克·沙苏丹本人②得知他的行动之后,已经放火烧了亚洲的所有谷物和平原,因此,不再有人或动物吃的任何食物。据说来自更北部地区③的另一拨入侵者正在路上,谣言传遍了整个亚洲。阿莱科休斯担心在向伊科尼乌姆行军的路上,军队可能因为缺乏食物供应而死于饥饿,也担忧能否在那里找到蛮族人。因此,他决定做一件既谨慎又大胆的事情——询问上帝他应该沿路去伊科尼乌姆还是进攻菲罗梅隆(Philomelion)的敌人。他将问题写在两页纸上并将它们放到圣

482 坛上。然后,整夜吟唱圣歌并向上帝热情祈祷。黎明时,教士进来,从圣坛上拿起一张纸,当着所有人的面将它打开并大声朗读阿莱科休斯应该去菲罗梅隆。我们将在此离开这件事。此时,巴尔达斯·布尔泽斯(Bardas Burtzes)看见一支庞大军队越过位于宗佩(Zompe)的桥匆忙加入了马纳鲁格,立刻拿起武器,在阿莫里恩平原进攻突厥人并赢得彻底胜利。但是,来自东部并匆忙赶向马纳鲁格的其他突厥人,在他返回之前,碰巧遇到了他的营地,便带走了士兵们的行李和能找到的驮运行李的所有动物。当布尔泽斯满

① 米哈伊尔·布尔泽斯在 10 世纪后半叶作为一名将领而闻名。——原译者注
② 安娜错误地称他为苏莱曼,参见第 471 页。——原译者注
③ 来自达尼什曼德王朝(Danishmends)。——原译者注

载着掠夺物胜利返回时，遇到一个正要离开营地的突厥人，从他那里得知敌人已掠夺了里面的一切，包括他的所有战利品，并且已经离开。布尔泽斯仔细研究了形势，原本希望追赶他们，但后者正在迅速行军而自己的马已很疲乏。因此，追赶是不可能的，他便放弃了这种想法，以防更糟糕的事情降临到自己身上。他继续秩序井然地慢速行军，黎明时到达布尔泽斯（他的祖先）的城镇，撤离所有人口，俘获了战俘并且掠夺了突厥人的一切供给物。然后，在一个适当的地方，他本人及其疲惫的马匹进行了短暂的休息。当太阳正在升起时，他开始行军，返回皇帝那里。在路上，另一支突厥人军队遇到了他。他立刻投入战斗，爆发了一场激烈冲突。战斗持续了一段时间之后，突厥人要求归还从他们那里夺走的战俘和战利品，他们则许诺如果自己的要求被满足，将返回家园，不再进攻罗马人。布尔泽斯拒绝任何让步并勇敢地重新开始了战斗。在前一天，他的士兵们在整个战斗中根本没有喝水，现在到达河岸，严重缺水的问题得以解决。他们交替喝水，一部人继续战斗时，另外一部分人停止战斗去喝水以恢复精力。布尔泽斯很担心，因为突厥人表现得非常英勇并且在人数上大大超过自己的人。形势变得非常令人绝望。一个信使被派去通知阿莱科休斯。这个被派的人不是一个普通的士兵，而是乔治·莱布纳斯。因为所有路都被突厥人占领，莱布纳斯不顾一切地冲进他们中间，杀出一条血路，安全到达皇帝那里。后者得知了布尔泽斯的困境，认为必须带人和供给品前去增援（现在，他对突厥人的力量有更准确的估计），便立刻武装并调动军队，所有人准备就绪后，他出发进攻蛮族人。巴西莱乌斯·米哈伊尔（Basileus Michael）[①]指挥前卫部队，布林纽斯负责右翼，加布拉斯负责左翼，塞考迈努斯（Cecaumenus）负责后卫。突厥人在远处等着他们，尼基弗鲁斯（皇帝的侄子）是一个急躁冒进的年轻人，带着许多焦躁的士兵骑到了阵线的前面。他与向他

483

---

① 名字 Michael 是令人怀疑的，可能是当一个抄写员正在想着 Michael Cecaumenus 时，它溜进了文献中。——原译者注

冲来的第一个突厥人近距离交战，膝盖受伤，但他用矛刺穿了进攻者的胸膛，这个人一声未吭地从马上落到了地上。在他后面的蛮族人看到这一幕，转身逃跑。看到尼基弗鲁斯的勇敢表现，皇帝龙颜大悦，在战场上接见并嘉奖了他。随后，军队继续向菲罗梅隆进军，经过四十殉道者（Forty Martyrs）湖，第二天到了一个名为迈萨纳克塔（Mesanakta）的地方。后来，他去了菲罗梅隆并占领了它。接下来，不同支队在勇敢的军官的指挥下，被派出去掠夺伊科尼乌姆附近的小城镇并重新找到了战俘，他们像猎取猎物的野生动物一样，分散在整个农村地区。事实上，所有战俘被释放并和行李一起被带回。从突厥人的报复中逃脱的本地罗马人自愿跟随着他们，有带着婴儿的妇女，有男人和孩子，他们都到皇帝这里寻求避难，好像他是某种圣殿一样。现在，阵线按照新的阵形设计，所有战俘、妇女和小孩在中部，皇帝原路返回。沿途的行军相当安全。事实上，如果你看到它，可能会觉得按新的队形行军的这些人组成了一座带着堡垒的城市，它会呼吸和移动。

当他们向前走时，没有蛮族人出现。但是，马纳鲁格正带着一支庞大的军队跟随着，在两侧设置了埋伏。当皇帝经过波利伯托斯和我已提到的那个湖之间的平原时，一支来自蛮族军队主力的分队，全是轻装和勇敢的战士，埋伏在罗马人的左右两边，突然出现在他们上面的高地上。大地方总督马纳鲁格第一次看到这种新的阵形，相当震惊。他询问指挥官是谁，猜测除了阿莱科休斯，不会是别人。他想进攻，但不知道怎么办。他命令突厥人高喊战斗口号，为了给人军队数量巨大的印象，命令他的人不要以紧凑的队形，而是以分散的小组和不固定的队形的方式（上面已经描述的突厥人的方式）跑步，目的是通过壮观的场面和马匹疾驰的震耳欲聋的噪音使罗马人感到恐惧。但是，阿莱科休斯像一个巨塔，或者火柱，或者天国的某个幽灵一样，骑在队形的前面，鼓励他的士兵，命令他们以同样的队形继续，增强他们的信心。他补充说不是为了自己的安全而是为了罗马的荣耀，他忍受着病痛，将时刻准备为他们而死。每个人都勇气倍增并在队形中保持自己的位置。行军的确进行得很平稳，以至于对蛮族人而言，他们似乎没有移动。一整天，敌人都在进攻，但没有取得进展，未能打破罗马军队。最后，他们一无所获地跑到了山顶，在那里点燃了无数的营火。整个晚上，他们都像狼一样嗥叫，时而取笑罗马人，因为他们中间有讲希腊语的半蛮族人。天亮时，马纳鲁格坚持自己的计划，命令军队按照以前的方式排列。这时，马立克·沙苏丹亲自到达。他对罗马军队的良好秩序很吃惊，并以一种年轻人的方式嘲笑老马纳鲁格，因为他推迟了与皇帝的战斗。"直到现在，我一直推迟与他进行肉搏战，因为我老了——或者因为懦弱，"马纳鲁格说，"但是，如果你有勇气，你现在就有机会，请亲自尝试吧，你将在实战中了解它。"一部分人对我们的后卫部队直接进攻，其他地方总督从前面进攻，其余的人重新向两侧冲去。尼基弗鲁斯·布林纽斯凯撒负责右翼，看到后面的战斗进行得很激烈，虽然急于想去援助，但因为不愿显得缺乏经验，便抑制住了内心沸腾的愤怒，急切地带着完整的队列和秩序良好的士兵前进。当蛮族人浴血奋战时，我亲爱的兄弟波尔菲罗根尼图斯·安德罗尼库斯负责左翼，他回转身，在马背上向他们猛烈进攻。他刚成年，正值青春年少，在战斗中是一个勇敢的战士，但也很谨慎，动作迅速，头脑机敏。他在这次战斗中意外丧命。他的朝气蓬勃、健美的身姿和跳上马鞍的轻盈动作——现在，这些都已经成为回忆。我为他悲痛欲绝——但历史的法则再次让我回到主题。如今，在极为悲痛的情况下，没有人变成石头、鸟、树，或者没有生命的其他任何东西，是出人意料的。古代人曾经经历这种变形（或者他们是这样说的），尽管我不知道这是神话还是真实的故事。或许，将一个人变成没有任何感情的东西比让他对灾祸如此敏感，会好得多。如果真有这样的事情，这些灾难完全有可能把我变成一块石头。

485

　　当尼基弗鲁斯看到肉搏战爆发并有可能遭遇失败时，便转过身，带着他的人急忙赶去援助。蛮族人逃跑，马立克·沙苏丹与他们一起全速向山上飞奔。许多人在这次战斗中被杀，大部分人被俘，幸存者逃散，苏丹逃生无望，与一个侍从即他的持杯者一起逃

486

走。他们爬上山,去了一个位于山顶并被成排的柏树包围的教堂。三个斯基泰人和欧扎斯(Ouzas)的儿子紧随他们而来。苏丹略微改变方向,因为没有被认出来而得救。但持杯者被斯基泰人俘虏并作为一个重大奖品带到皇帝面前。阿莱科休斯很高兴敌人已经以这种令人振奋的方式被打败,但也很生气,因为苏丹没有落入他的手中,正如他们所说他"凭借牙齿的外壳"逃脱。在夜幕降临时,他在已经到达的地方扎营。蛮族人的幸存者爬到罗马人上面的山脊上,重新点燃大量营火,并在整个晚上像狗一样向他们狂吠。期间,一个从皇帝那边来的叛逃者到了苏丹那里。"不要再试图在白天与皇帝作战,"他说,"你将得到最糟糕的结果。因为平原不够大,帐篷排列得很紧密,派你的轻装弓箭手们下山,然后,整个晚上从山脚向他们连续放箭,这将给罗马人带来重大损失。"同时,一个来自突厥人营地的半蛮族人,偷偷溜了出来,来到皇帝这里,告诉他由叛逃的斯基泰人提出的建议并清楚地描述了突厥人要来进攻罗马人的整个计划。据此,阿莱科休斯将军队一分为二,一支分队留在营地,保持高度警惕。其他人则全副武装,赶在突厥人行军之前离开营地——他们将与敌人作战。整个晚上,敌人将我们的军队完全包围,他们在山脚下附近持续进攻和射箭。罗马军队遵守皇帝的命令,维持阵形以保护自己。当太阳升起时,整个纵队重新按照同样的编队排列,战俘和妇女以及孩子在中部,带着战利品和所有行李,向亚穆普斯(Ampous)进军,在那里,一场可怕的激烈战斗正在等待着他们。因为苏丹重新聚集军队并包围了我们的军队,从各个方向猛烈进攻,但他没有强大到足以打破罗马人坚实的队形,在进攻了看似铁墙似的东西之后,他被一无所获地驱逐。那天晚上(一个无眠之夜),他的心情非常沮丧,最后,绝望地与马纳鲁格和其他地方总督们商议办法,在他们的一致同意下,黎明时分,他向皇帝要求签订和平条约。皇帝没有拒绝——完全没有拒绝,立刻下令停战,但命令整个军队原地待命,保持相同的队列,既没有下马也没有将行李从负重的动物身上取下来,士兵们仍旧拿着盾和矛,戴着头盔,全副武装,事实上,罗马人在剩余的行军中,也将遵守同样的命令。皇帝这样做有自己的理由，他正在避免混乱，如果纵队被打破，他们可能会全部被俘。他也担心突厥人，他们的人数大大超过他的人并且在所有地区都发起了进攻。因此，在一个适宜的地方，他带着所有亲属和几个精选的士兵①，在军队的前面站定。苏丹带着由马纳鲁格（他在年龄、经验和勇气方面超过在亚洲的所有突厥人）率领的下属地方总督来到他这里，在奥古斯托波利斯（Augustopolis）和阿克洛尼恩（Akronion）之间的平原上与皇帝会面。地方总督们在一定距离之外看到自己后便下马，向他行面见国王时通常行的屈膝礼。尽管苏丹几次试图下马，皇帝都不让他这样做，但他仍旧迅速跳到地上并亲吻阿莱科休斯的双脚。后者拉着他的手，让他骑上一个贵族的马，重新坐上马背，紧挨在自己旁边。这时，皇帝突然松开了身上的斗篷并把它披到了这个突厥人的肩膀上。停了一会儿，他详细地说出了自己的决定。"如果你愿意，"他说，"臣服于罗马，结束对基督教徒的掠夺，你将享有恩赐和荣誉，在划分给你的土地上自由度过以后的人生。我指的是你过去居住的土地，即罗曼努斯·迪奥根尼斯成为皇帝之前和他在战斗中——那是一次臭名昭著的不幸冲突，以这个罗马人失败和被俘而结束②——与苏丹遭遇之前的土地。因此，明智的做法是，选择和平而不是战争，不再越过帝国的边界并满足于自己的领土。我提出的建议是为了你的利益，如果你听从，将永远不会后悔。你将收到慷慨的礼物。如果你拒绝，你可以确信的是，我将灭绝你的种族。"苏丹和他的地方总督们欣然接受这些条款。"我们将不会自愿来到这里，"他们说，"如果我们拒绝与陛下的和平的话。"当会面结束时，阿莱科休斯允许他们去了为他们准备的帐篷。他许诺第二天批准条约。他在约定的时间，按照通常的方式与苏丹（他的

488

---

① 他的左右两边是他的近亲或远亲，接下来是从不同支队挑选的士兵，全都全副武装，他们武器的光亮比太阳的光还要明亮。——原译者注

② 发生在1071年8月26日的曼兹克特战役（Battle of Manzikert），在这次战役中罗曼努斯四世·迪奥根尼斯被塞尔柱领导人阿普·阿尔斯兰打败和俘虏。——原译者注

名字是西山^①签订了条约。苏丹被赏赐了大量钱财,地方总督们也收到了慷慨奖赏。他们非常高兴地离开。其间有消息传来,马立克·沙的私生弟弟马斯伍德(Mas'ud)嫉妒他的权力,在一些地方总督的唆使下正策划谋杀他———一种经常发生的事情。阿莱科休斯建议苏丹等一等,直到他得到有关这次谋杀更明确的消息,进而完全掌握事件的进展并有所防备地离开。但是,马立克·沙毫不理会,而是充满信心地坚持原先的计划。皇帝自然不想给人一种他正在强制扣留苏丹的印象(他已自愿来到这里),因此招致指责,便顺从了苏丹的意愿。"最好等一等,"他说,"但既然你决定要走,就像他们所说的,你最好让我们一定数量的重装士兵护送你到伊科尼乌姆。"这个蛮族人甚至不同意这一点。这是他的种族的典型做法,因为突厥人是傲慢的民族,充满了不切实际的幻想。不管怎样,他离开皇帝,带着大量金钱踏上了回家的路。但在晚上,他做了一个梦。它不是虚假的想象,不是来自宙斯的信号,也不是引诱这个蛮族人"伪装成涅琉斯(Neleus)^②的儿子"去战斗(就像甜美的诗歌所说的那样)^③,而是预言了事实。他梦见正在吃早饭时,大群老鼠围着他,急着要夺取他手中的面包。当他不以为然并厌恶地试图赶走它们时,它们突然变成了狮子并打败了他。他醒来后,询问皇帝派来在旅程中护送他的士兵,这个梦代表了什么意思。后者说老鼠和狮子是他的敌人,但马立克·沙不相信他,继续前行,没有采取任何防范措施。他派人去侦察前面的道路并监视进行突袭抢劫的敌人,但这些侦察兵碰巧遇到了马斯伍德本人,他正带着大量军队到来,他们与他交谈,参与了针对苏丹的阴谋。当他们返回时使他确信他们没有看见任何人。丝毫没有怀疑他们的

---

① 安娜在本卷的第一章称为克利兹亚斯兰(Klitziasthlan)的人,事实上他是马立克·沙。——原译者注

② 涅琉斯是阿耳戈英雄之一,他的儿子涅琉斯托耳(Nestor)是希腊某部的国王,以睿智著称,为人公正,长于言词。

③ *Iliad*,ⅱ,20,此处阿伽门农(Agamemnon,特洛伊战争中希腊军队的统帅)被宙斯的梦造访,涅琉斯是涅斯托尔的父亲。——原译者注

话，当马斯伍德的军队遇到他时，他正以轻松愉快的心情继续行军。地方总督阿桑·卡图赫（Asan Katuch。他在过去被苏丹所杀）的儿子，名叫加泽斯（Gazes）的人从队列中跳到前面，用矛刺向马立克·沙。后者迅速躲过，当他从加泽斯手中夺过矛时说："我不知道现在女人也拿起武器反对我。"说着这些话，他沿路向皇帝那里跑去，但被普切斯阻止，尽管这个人是他的同伴之一，但很久以前已经投靠马斯伍德。他假装是马立克·沙的朋友，提出了一个看似更好的计划，事实上正在为他设置一个陷阱——挖一个坑。他建议不要返回皇帝那里，而是绕路去离菲罗梅隆更近的一个叫提拉吉昂（Tyragion）的小地方。马立克·沙，一个可怜的傻瓜，竟然同意这样做。他受到提拉吉昂居民的友好迎接，因为他们知道皇帝对他的友善。但是，蛮族人和马斯伍德本人一起到达，完全包围了城墙之后，驻扎下来围攻这个城镇。马立克·沙倚在防御墙上凶狠地威胁他的同胞们，甚至说罗马军队在皇帝的领导下正在来的路上，如果突厥人不停止行动，他们将遭受这种或那种惩罚。城镇中的罗马人与他一起抵抗围攻。但现在，普切斯摘掉面具，露出了真面目。在许诺鼓励人们更加勇敢的战斗之后，他从城墙上下来，威胁并建议他们投降，给敌人打开城门，否则将被屠杀，因为来自科洛桑的大量军队正在来的路上。部分因为害怕敌人的数量，部分因为被普切斯说服，他们允许突厥人进城。他们逮住了苏丹并将他刺瞎。因为没有用于这个目的的通常工具，他们使用了皇帝给马立克·沙的烛台——光明的散布者成为了黑暗和刺瞎眼睛的工具。但是，他仍旧能看到一丝光线。当他由一个向导用手牵着到达伊科尼乌姆时，他将这件事透露给了他的护理人，她告诉了他的妻子。就这样，这件事传到了马斯伍德的耳朵里，他被搞得心烦意乱并非常生气。最杰出的地方总督之一埃莱格蒙（Elegmon）被派去用一条弓弦勒死了苏丹①。马立克·沙的生命就这样结

490

491

---

①　马立克·沙在1116年被抓住，马斯伍德成为苏丹，他注定将统治几乎四十年的时间，对他哥哥的谋杀发生在1117年。——原译者注

束——这就是愚蠢地不重视阿莱科休斯建议的结果。至于后者,他继续向君士坦丁堡行军,维持同样的纪律和良好的秩序直到最后。

当听到"编队""队列""战俘和战利品""将领"及"军队指挥官"时,读者可能认为这是每个历史学家和诗人都会提到的东西。但阿莱科休斯的这种编队是前所未有的,人们对此感到很惊奇,过去没有人见过,也没有任何历史学家为了后人记载过。在去伊科尼乌姆的路上,他下令严格按照纪律行军,按照长笛的声音保持步伐,目击者可能觉得整支军队尽管处于运动中,却一动不动地站着,当它停下来时,又处于运动之中。事实上,紧密连接在一起的盾和前进中的人组成的连续队列,给人一种纹丝不动的山的印象。但他们改变方向时,整体像一个巨大的动物在移动,像受到一种意识的推动和指导。当皇帝从突厥人手中解救了各处的战俘并到达菲罗梅隆时,返回的行程放慢,带着战俘、妇女和孩子以及所有战利品在中部,以蚂蚁般的速度悠闲前进。许多妇女怀孕,许多男人正在生病。当一个女人准备生孩子时,皇帝命令吹响喇叭,整支军队不管碰巧在哪里,都立刻停下来。在听说孩子出生之后,他通过另一种不寻常的喇叭声给出前进的命令。如果有人将去世,同样的事情会出现。皇帝去看望将死的人,教士们被传唤吟唱适宜的圣歌并指导最后的圣事。这样,当所有仪式完成,死者被放入坟墓埋葬后,纵队被允许前行小段路程。在吃饭的时间,所有女人和男人,只要被疾病折磨的精疲力竭,或者年长者,都被邀请到皇帝的餐桌前。他的大部分食物都被放到他们面前,他也鼓励随从们仿效他。这是众神们真正的宴会,没有乐器、没有长笛、没有鼓、没有音乐打扰这些赴宴者。通过这种方式,阿莱科休斯亲自供应行军者的需要。(在晚上)到达大马里斯时,他坚持城中不要进行奢侈的接待,王室的队伍和奢华的装饰被禁止。渡河被推迟到第二天,它的确必须被推迟,但他本人立刻登上了一艘小船并在黄昏时到达宫殿。第二天,他完全忙于照顾战犯和陌生人。所有失去父母的孤儿,被委托给亲戚们和他了解的令人尊敬的人以及修道院的院长们照顾,并命令他们不要像对奴隶而是像对自由的孩子一样

492

对待他们，以保证他们享受完整的教育并教他们《圣经》。他把一些孩子们带入孤儿院（Orphanage），将它变成了一个学校，尤其是为了那些想学习的人。他们被交给那里的教师以便接受良好的普通教育。在卫城，入海口变得更加宽阔，他在捐献给著名使徒保罗的巨大教堂附近发现了一个地方。在这里，都城的里面，他建造了第二座城市。圣殿本身像一个要塞一样站在最高的地方。新城市的面积非常大——我无法说出有多少斯塔得，但尺寸能被证实。它的周围围绕着数不清的建筑，它们是给穷人建造的房子和——他的仁慈的更好证据——为残疾人准备的居住区。一个人能看到盲者、跛脚者和有某种其他毛病的人逐一到那里，看到它住满了四肢有残疾或完全丧失劳动能力的人。你可以说它是所罗门的门廊（Solomon's Porch）。这些房间在一个双层圆形建筑物中。这些人中，身有残疾的男人和女人住在上层，其他人则在下面水平的街道上慢慢行走。这个圆形物是如此巨大，以至于如果你想造访这些人，从一大早开始，到晚上才能结束。这就是这个城市和它的居民。他们没有土地、葡萄园和我们看到的人们维持生计的任何财产，但像约伯（Job）①一样，每个男人和女人居住在为他们建造的房子中，并且皇帝慷慨地为他们提供了包括食物和衣服在内的一切东西。最特别的是，那些穷人将皇帝本人及其努力工作的仆从们作为自己的守护人和生计的管理者，就像拥有财产和各种收入的领主一样。不管哪里有一块不错的地产（只要它容易得到），他就将它分配给这些"同胞们"，从而确保他们有充足的葡萄酒和面包以及与面包一起吃的所有其他食物，不计其数的人以这种方式被供应伙食。也许，说皇帝的工作能与救世主的奇迹相比肩也不足为过（供给70,000和50,000人）②，当然在后面的事例中，成千的人被5个面包满足，但是它是神圣命令的结果，是一个奇迹，因为

493

---

① 《旧约》中一个诚实正直的人物，历尽危险，仍坚信上帝。
② 像这部历史中经常出现的一样，安娜的出处不是完全的准确，或许她只是依靠记忆叙述。——原译者注

正是上帝完成了这一奇迹。但我们在此正在讲述一个皇帝慷慨地为他的"同胞们"分发食物。我亲自看到一个年轻女子帮助一位老妇人，一个看得见的男人牵着一个盲人的手，没有双脚的男人利用其他人的双脚，一个没有手的男人被他的朋友的双手帮助，婴儿们被养母们抚育，残疾人被强壮的人侍奉。事实上，这里被供应的人的数量是双倍的，因为有些人正在被照顾，而其他人则照顾他们。皇帝不能对瘫痪者说："站起来，走！"①也不能命令盲者看见和没有双脚的人走路（因为这是上帝的唯一儿子的特权，他因为我们的缘故成为人并为了人类居住在人间），但他做了力所能及的事情。每一个伤残的人都有护理人员，虚弱的和健康的人也受到同样的照顾。至于我的父亲建造的这座城市的形状，有人可能说它是四面体或多面体，因为有人居住在地面上，有人住在上面一层，那些照顾别人的人则住在这两层。但是，谁能计算出每天在这里吃饭的人的数量，或估计出投入到满足每个人需要的日常开支和预支？因为在我看来，他去世之后，他们仍旧享受的利益必须归功于他。他为他们保留了陆地和海洋资源，使他们最大程度地缓解了痛苦。皇帝非常关注孤儿和退伍军人，尤其是孤儿，一个最杰出的人被任命为被称为"孤儿院"的城市的保护人，这里居住着几千居民②。法院处理所有事务，账目必须由那些管理这些穷人的资金的人提出。并且，金玺诏书被颁布，以确保被孤儿院供养的人的不可剥夺的权利。一支令人印象深刻的庞大神职人员，被委派到圣保罗教堂，他是我们信仰的伟大先驱，并为教堂提供了昂贵的照明设备。如果走进教堂，你将听到圣歌被交互轮唱，因为阿莱科休斯按照所罗门的样子，规定这里应该有男女唱诗班。女执事的工作也被仔细安排，并且他非常关心住在这里的伊比利亚修女。在过去，她们不管何时造访君士坦丁堡，都按照传统挨家挨户地乞讨。但是现在，我父亲为她们建造了一座巨大的修女院并供应她们食品和适宜的衣

---

① 《马太福音》，9:5-6；《马可福音》，2:9-10。——原译者注
② 孤儿院院长（*Orphanotrophos*）。——原译者注

服。马其顿著名的亚历山大可能会吹嘘埃及的亚历山大里亚、米迪亚的布塞发勒（Bucephale in Media）和埃塞俄比亚的里斯马吉亚（Lysimachia in Ethiopia①），但皇帝在孤儿院中比在他建造的任何其他城市中（我们知道他在整个帝国中建造了许多类似的城市）都能找到更多的快乐和自豪。你走进去时，左边是圣殿和修道院，著名圣保罗教堂的右边是为所有种族的孤儿们建立的语法学校，由一个男教师负责。男孩子们站在他周围，有些人正在焦急地为语法问题而冥思苦想，有些人正在分析语法。你可以看到一个拉丁族男孩正在那里被训练，一个斯基泰族男孩正在学习希腊语，一个拜占庭人的孩子正在阅读希腊语文献，一个没有文化的希腊人学会如何正确地讲本族人的语言——这是阿莱科休斯高度关注文学研究的结果。我们这个时代里更年轻的人创造了语法分析的技巧②（我正在忽略斯蒂利亚努斯［Stylianus］③和他的学校，像隆基巴杜斯［Longibardus］④一样的人，各种目录的编辑者，阿提库斯［Atticus］⑤的信徒和我没有提到名字的圣索非亚教堂的神职人员⑥）。今天，这些非凡的研究被认为一点都不重要。诗人和历史学家以及来自他们的经验都没有受到应有的重视。如今是跳棋游戏肆虐的时代——和其他违反法律的活动⑦。我讲这一点是因为看到初级教育被完全忽略，我很难过，也极为愤怒，因为我本人在这些训练上

496

---

① 埃托利亚（Aetolia）的误写。这个地方以亚历山大的一个将军里斯马吉亚的名字命名，但亚历山大事实上没有找到这个城市。——原译者注

② 米哈伊尔·普塞罗斯宣称他把语法分析恢复到教学大纲中，但他比安娜年长几岁，她或许指约翰·依塔鲁斯。——原译者注

③ 斯蒂利亚努斯是一个相当普遍的名字（普塞罗斯有一个女儿叫斯蒂丽娅妮），但没有语法学家叫此名。安娜可能指叙利亚努斯（Syrianus），他活跃在5世纪的雅典，写了有关亚里士多德的评论。——原译者注

④ 约翰·隆基巴杜斯（John Longibarnus，一个普塞罗斯的同时代人）写有关schedography的东西。——原译者注

⑤ 没有阿提库斯被知道成为语法学家，但是这个名字很普遍。——原译者注

⑥ 在824—1111年之间，至少有两名大主教的绰号是格拉马提库斯（Grammaticus）。——原译者注

⑦ 或许是赌博。——原译者注

花费了大量时间。在结束了基础学习之后,我专心学习修辞学,涉猎哲学,在这些学科中,投入地阅读诗人和历史学家的作品。因此,我的文体的粗糙得到改善,此后,在修辞学的帮助下,我谴责过分沉溺于 schedography。[①] 顺便说一下,这些个人的回忆不是多余的,它们是为了让我有关初级教育的观点更具说服力。

后来,在阿莱科休斯统治……[②]年,出现了一个不同寻常的"异教徒群",到目前为止不为教会所知的一个新的敌对群体。因为两种教义现在合并在一起,每一种都被古代所知并且是最邪恶和最没有价值的教义的代表。有人可能说鲍格米勒派教徒具有摩尼教教徒(也被称为保罗派异端)的不虔诚和马萨利安人(Massalians)的可恶特征,因为他们的教义是摩尼教教徒和马萨利安人的教义的混合物。很明显,它在我父亲的时代之前就已存在,但没有被发觉(因为鲍格米勒教派最擅长伪装)。人们在鲍格米勒派教徒中间看不到世俗的发型,他们的邪恶被隐藏在斗篷和头巾中。鲍格米勒表情阴郁,围巾一直包到鼻子,弯着腰走路,轻声地自言自语——但在内心,他是一匹恶狼。这个不受欢迎的教派,像潜藏在洞中的蛇一样,被我的父亲用神秘的魔法变形术揭发和引诱出来。最近,他已经从东西方的大部分事务中解脱出来,便把注意力转移到信仰方面的事情上。(因为他在所有事情上都超过他的同时代人。作为一名教师,他超过教育专家;作为一个战士和将军,他胜过最受尊敬的军事专家)因为这个不虔诚的教派被一个叫瓦西里的僧侣狡猾地控制,鲍格米勒派教徒现在遍布各地。他有被他称为"使徒"的十二个追随者,并吸引了一些女信徒与他在一起,她们是品质恶劣和完全堕落的女人。所有地区都感受到了他的邪恶影响,当这种错误像毁灭性的火焰一样吞噬了许多灵魂时,皇帝不能

497

---

① Schedos 是一张纸或者刻写板,学生在上面写句子的分析,词的定义,它们的词性转变和词源学的解释。换句话说 schedography 主要针对学问的细枝末节。安娜似乎不反对对它本身的学习,但反对过分重视它。——原译者注

② 原文此处有空白。——原译者注

再容忍它。他彻底调查了这种异端。有些鲍格米勒派教徒被带到皇宫中，他们一致宣称瓦西里是他们的主人和他们异教的领袖。他们中的迪布拉提乌斯（Diblatius）被囚禁。因为在审问中，他不愿坦白，便被施加了酷刑。随后他承认瓦西里是领袖，说出了瓦西里的"使徒"的名字。因此，几个人被赋予寻找他的任务。撒旦（Satanael）的主要代表瓦西里被发现，他穿着僧侣的长袍，表情严肃，胡子稀疏，身材高大。皇帝希望发现这个人内心最深处的思想，尝试了强制和劝说的方式。他用某个正当的借口邀请他来皇宫，当瓦西里进来时，他甚至从座位上站起来，让他和自己坐在一起并与他共餐。为了抓住猎物，整根线被放出去，钩子上有让这个贪婪的怪物吞食的各种诱饵。阿莱科休斯通过各种方式诱使这个邪恶的僧侣，假装要求成为他的信徒，他不是唯一这样做的人，他的哥哥，首席大贵族依沙克也引诱瓦西里。阿莱科休斯假装将他所有的话视为某种圣谕并在每一次辩论时让步，说自己唯一的希望就是这个邪恶的瓦西里能拯救自己的灵魂。"我，最尊敬的父亲，"他说（他用香甜的蜂蜜涂沫了杯子的边缘，以至于另一个人在得意忘形时能吐露内心潜藏的信仰），"我敬重你的美德，请求你在 498某种程度上让我理解你的上帝教给你的教义，因为我们教会的那些东西一文不值，不能赋予人美德。"

　　起初，瓦西里很腼腆，用狮子皮紧紧包着自己——事实上，他是一只驴——并回避皇帝的话。但是，阿莱科休斯的赞美使他充满了自负，前者甚至邀请瓦西里一起吃饭。依沙克总是支持弟弟，和他一起演戏。最后，瓦西里的确说出了鲍格米勒教的教义。它是这样发生的。当这个可恶的家伙明确说出心中的所有秘密时，一条帘子把妇女居住区与兄弟们居住的房间分开。其间，在帘子后面的书记官记录了他的话。从表面上看，这个傻瓜是一个教师，皇帝扮演了学习者的角色，课程内容由一个书记官来写。这个受诅咒的家伙把合法和不合法的所有事情联系在一起，他不敬上帝的教义没有一点受到阻止。更糟糕的是，他对我们有关基督的神圣本质的教义不屑一顾并完全曲解了他的人的本质。他甚至走得更远,称神圣的教堂为魔鬼的庙宇并对我们的第一大祭司(High Priest)和献祭(Sacrifice)的神圣肉体和血不屑一顾。读者可能希望知道这一切的结果。皇帝不再伪装,撤去了帘子,然后召集了一次由所有元老院成员、主要军队指挥官和教会的年长者①参加的会议。鲍格米勒的可恨教义被大声宣读,证据是不容分辩的。被指控者没有试图驳斥指控,但立刻毫不羞耻地进行反击,许诺自己准备遭受火刑和鞭打,愿意死亡一千次。那些被误导的鲍格米勒派教徒被劝说能忍受任何惩罚而不会感到疼痛,因为天使(他们认为)将从葬礼的柴堆中把他们挑选出来。尽管所有人威胁他并谴责他不敬上帝——甚至那些与他一起走向毁灭的人也这样做——他仍然不为所动,是一个真正顽固不化的鲍格米勒派教徒。尽管焚烧和其他酷刑摆在面前,他仍旧坚持自己的错误,坚决维护他的撒旦。他被投入监狱。阿莱科休斯派人请了他许多次,要求他公开放弃邪恶教义,但他仍旧像以前一样对皇帝的要求充耳不闻。现在,我必须叙述在皇帝采取更激烈的措施之前发生在瓦西里身上的著名事件。他坦白了他的不虔诚之后,暂时退回了在皇宫附近为他建造的一所小房子里。宗教会议结束之后的那天晚上,星星在晴朗的天空中闪闪发光,月亮也很明亮。大约在子夜时分,这个僧侣走进了房子,石头像冰雹一样砸下来。石头自动降落,没有人被看见向这个邪恶的修道院院长扔石头。它看起来是一种复仇行为——撒旦的魔鬼发怒了,无疑对将他们的秘密透露给皇帝的行为和随后对他们异端的重大迫害非常愤怒。负责看守这位邪恶老人的卫兵帕拉斯赛维特斯(Parasceviotes)的任务是,阻止他与其他人交谈和用他的邪恶教义污染他们。他用最可怕的誓言发誓,当石头被扔到地上和屋顶的瓦片上时,他听到了噼里啪啦声,看见它们像阵雨一样一块接着一块降落,但没有看见任何地方有投掷者。石头降落之后,紧接着突然发生了一场地震,地面摇晃,屋顶的瓦

---

① 当时的君士坦丁堡大主教是尼古拉斯·格拉玛提库斯(Nicolas Grammaticus),他是非常受人尊敬的大主教之一。——原译者注

片震碎。帕拉斯赛维特斯在意识到这是魔鬼们做的事情之前（根据他的叙述）并没有害怕，但当看到石头正在从天上降落，这个邪恶的老异教徒已经走进屋并关上了身后的门时，他认为这的确是魔鬼的行为，搞不清楚是怎么回事。

对于这件怪事，我将不再多讲，我的任务是详细阐述整个鲍格米勒派异端。但是，正如可爱的萨福①在某处评论的，"矜持禁止了我"。我是一个历史学家，但也是一个女人，出生在紫色产室，是阿莱科休斯的孩子中最受宠爱的第一个孩子，从不理会道听途说。尽管我希望全面的叙述，但我不能这样做——因为如果这样做，我的舌头将会被玷污。但那些想全面了解的人可以去看《教义大全》（*Dogmatic Panoply*），这是按照我父亲的命令编写的。他派人请来一个叫兹戈本努斯（Zygabenus）②家享有盛誉的教士们都认识他，此人擅长修辞学并拥有广博的教义知识。兹戈本努斯被命令发布所有异端的名单，分别单个处理并在每一个异端中附加神父们在文献中的驳斥。就像不虔诚的瓦西里已经解释的那样，鲍格米勒派异端也被包括在内。阿莱科休斯将此书命名为《教义大全》，它至今仍被这样命名。但我们必须回到瓦西里的死亡事件。皇帝从

500

①　*Sappho, fr.* 137（Lobel and Page ed.）。
②　尤西米乌斯·兹戈本努斯（Euthymius Zygabenus）比皇帝活得长，但他的生平被了解得很少。他写了大量宗教题材的著作。除了《教义大全》（*Panoplia*）之外，他还留下了被认为非常有价值的《大卫的诗篇》（Psalm of David）和四本《福音书》的注释。他对鲍格米勒派教徒的攻击尤其严厉：他们是两元论者，认为世界由撒旦创立，他最终被上帝毁灭；他们关于道成肉身（Incarnation：上帝之子耶稣由玛利亚孕育并且耶稣是真正的神和真正的人的基督教教义）的观点不符合正统信仰；他们反对圣餐礼（Eucharist：指许多基督教会里的中心仪式，被设立在"最后的晚餐"那一天举行，仪式上奉献面包和葡萄酒作为耶稣之死的纪念）；他们轻蔑地称教会为魔鬼的居所；他们是反社会的，远离普通民众，住在一个封闭的村庄；他们是不道德的、跳神秘的舞蹈；他们实践极端的苦行主义（至少那些宣称"完美"的人这样做）。这个教派在 10—14 世纪给拜占庭带来麻烦。不幸的是（因为"胜利者写历史"），我们没有鲍格米勒派教徒对这些指控的辩驳，因为他们的文学作品被毁掉。顺便说一下，据说鲍格米勒的名字来源于斯拉夫语 *Bog*（神）和 *milovi*（有同情心）或 *mile*（朋友）。——原译者注

各地召集了瓦西里的信徒和其他的神秘主义者,尤其是"十二使徒"。他们的观点被验证,他们对瓦西里的忠诚无可指摘。事实上,邪恶根深蒂固,它甚至已经渗透到了最著名的家族并且巨大数量的人受到这种可怕教义的影响。阿莱科休斯立刻判决异教徒:合唱团和合唱团的指挥将判处火刑。当鲍格米勒派教徒被抓获并带到一个地方时,有些人坚持他们的异端思想,但有些人完全否认指控,坚决反对他们的谴责者并对鲍格米勒派异端嗤之以鼻。皇帝没有轻易相信他们,为了正确地辨认身份,他设计了一个新奇的计划,确保真正的基督教徒不会被烧死。(基督教徒有可能与鲍格米勒派教徒混淆,鲍格米勒派教徒可能被误认为基督教徒而逃脱惩罚)第二天,他坐在御座上,许多元老出席,还有许多神圣宗教会议的成员和一些因其学识而被挑选出来的著名法官①。所有因为鲍格米勒派信仰被告发的人,都被命令在此次会议上接受审判。阿莱科休斯命令他们再次逐个被审查,有些人承认他们是鲍格米勒派教徒并坚定地坚持他们的异端思想,有些人完全否认,称自己是基督教徒,当被质问时,他们仍旧坚持这样说。皇帝盯着他们说:"今天必须点燃两个柴堆,其中一个柴堆旁边要牢牢安插一个十字架。然后,所有人都做出选择。那些准备为他们的基督教信仰而死的人,将与其他人分开并站在有十字架的柴堆旁边;鲍格米勒教派的追随者将被扔到另一个柴堆上。当然对于这里的基督教徒而言,更好的选择是死亡,而不是活着作为鲍格米勒派教徒被追捕和影响大多数人的思想。那么,你们都去自己选择的那个柴堆那里。"对鲍格米勒派教徒的宣判似乎结束了这件事。于是他们被抓住并被立刻带走。一大群人聚集在他们周围,随后在一个被称为兹卡尼斯特林(Tzykanisterin)的地方②,火被点燃,燃烧的比平常

501

---

① 安娜指的是僧侣,名字来源于希伯来语纳齐尔(*nazir*,单独的)。——原译者注
② 皇宫的马球场。——原译者注

更猛烈（就像抒情诗所说的①），火焰冲天，一个柴堆旁竖着十字架。　502
每一个被判刑的人都可以做出选择，因为所有人都将被烧死。既
然逃跑是不可能的，拥有正统信仰的人走到有十字架的柴堆边，准
备殉道。可恶的异端者去了另外一个柴堆。就在他们将被扔到火
中时，旁观者都为基督教徒而悲痛，纷纷谴责皇帝（他们不知道他
的计划）。但是，皇帝的命令及时制止了行刑者。通过这种方式，
阿莱科休斯得到了关于真正的鲍格米勒派教徒的确切证据。至于
那些被诽谤的基督教徒，他给了他们一些建议之后，将他们释放。
剩余的人被再次投入监狱，但是"使徒们"被与他们分开。后来，他
每天请来这些人中的一些人并亲自教育他们，经常规劝他们放弃
可恶的信仰。一些教会负责人被命令每天拜访剩余的人，用正统
信仰指导他们放弃异端思想。有些人的确改变了信仰，被释放，但
一些人仍被囚禁到死亡，其间他们被供给足够的食物和衣服。

　　至于瓦西里，因为他是他们的领袖并且没有表现出任何忏悔的
迹象，宗教会议成员、主要僧侣和当时的大主教尼古拉斯（Nicolas）
一致同意，必须烧死他。皇帝接见了瓦西里很多次，意识到他的刚
愎自用和对异端的执著追求，最终同意这一判决。因此，马戏场点
燃了大火，挖掘了一个巨大的沟渠，大堆木头堆积得像一座小山，
每一块都是一棵大树。然后，柴堆被点燃，大量的人平静地聚集在
竞技场的底层和阶梯上，焦急地等待即将发生的事情。另一方面，
一个十字架被安置，这个无神论者被给予一个公开放弃信仰的机
会，如果因为害怕火改变了想法并走到十字架那里，他依然能逃过　503
火刑。我必须补充说大批鲍格米勒派教徒站在那里，看着他们的
领袖瓦西里。他丝毫没有让步，对所有惩罚和威胁都不屑一顾。
当离火堆尚有一段距离时，他嘲笑他们并鼓吹天使将从火中解救

---

①　这些话引自《但以理书》（Daniel；在《旧约》中，公元前 6 世纪时的希伯来先知。
　　3∶19）（一个散文作家）。圣诗作家哥斯马斯在描述巴比伦三个孩子的命运时，
　　使用了同样的措词。——原译者注

他。他轻轻吟唱大卫的话，"这灾却不得临近你，你惟亲眼观看"。[①]
当人群闪到一边，让他清楚地看到令人敬畏的景象时（即使离得很
远，他也能感觉到火，看到火焰升起，发出耀眼的火光，伴着雷声似
的噪音，火苗一直蹿到马戏场中间方形石碑的顶端），尽管很大胆，
但他似乎在柴堆前退缩。很明显他非常不安。他像一个不知所措
的人一样，到处张望，两只手紧握在一起敲打大腿，尽管仅仅看到
它，就被震动，但他依然坚硬如铁。他钢铁般的意志没有被火摧
毁，皇帝送来的信也没有动摇他的意志。或许，在这样一个充满了
迫切需要和不幸的时刻，一种重大的疯狂攫取了他，以至于他不知
所措，完全不能决定对他而言，怎么做才是最好的。或许——这一
点更有可能——魔鬼已经占据了他的灵魂，让他坠入了深渊。他站
在那里，面对危险和恐惧手足无措，只是凝视着柴堆和观众。围观
者都认为他疯了，因为他既不冲到火中，也不后退，而是一动不动
地站在最初进入竞技场的地方。现在，人们都在议论纷纷，重复他
已经说过的神秘预言。刽子手害怕万一保护瓦西里的魔鬼以某种
方式显示非同寻常的奇迹（在上帝的允许下）——人们可能会看到
这个恶棍在许多人聚集的这个公共场所毫发无伤地从大火中走出
来。这样的错误可能比第一个更严重。因此，他们决定试试他。
当他正在谈论奇迹并鼓吹自己将在火焰中间安然无恙时，他们拿
走了他的羊毛斗篷说道："让我们看看，大火是否会带走你的衣
服。"他们直接将它扔到了柴堆中间。瓦西里对正在欺骗他的魔鬼
充满信心，大声喊道："看，我的斗篷飞到了空中！"他们看到这是一
个决定性的时刻[②]，他们举起他，将他和他的衣服、靴子以及其他东
西都扔进了火中。火焰好像对他充满了愤怒，完全吞噬了这个可

[①] 《诗篇》，91：7—8。——原译者注
[②] 安娜引用了一句拜占庭人的谚语，"斗篷看其边角而识"，它大致相当于罗马人
的 *ex pede Herculem*（由部分而知全体）。在这里，它可以被翻译为"潮流的转
变""风向的改变"。此时，执刑者看到瓦西里的同情者们正在动摇，人群不再害
怕守卫他的魔鬼。当他们意识到他是一个诈骗者和撒谎者时，存在一种心态上
的变化。这是一个决定性的时刻。——原译者注

怜的人，没有任何气味，除了火焰中间一缕轻薄的烟之外，没有任何不寻常的东西。尽管敌视这个邪恶者，但他们的确宽恕了被上帝珍爱的那些人，就像他们曾经屈服于巴比伦的那些年轻人①并且因为热爱上帝而顺从他们一样。火像金色的神龛一样包围着他们。此时，当火焰似乎跳跃着要抓住他时，举着瓦西里的刽子手几乎没有为投掷做好准备。站在旁边的人群很兴奋，要把瓦西里邪恶教派的其他人都扔到火中，但皇帝不允许他们这样做。按照他的命令，鲍格米勒派教徒被囚禁在大皇宫的门廊和柱廊中。观众散去。后来，这些无神论者被转移到一个非常安全的监狱中并在那里呆了很长时间之后死去。随着这件事的胜利结束，皇帝长期的辛劳和功绩终结。他的统治充满了令人惊奇的胆识和创新。我认为活在那个时代并与他有联系的人一定仍旧对那些年取得的成就感到震惊。对他们而言，它一定像梦或者幻觉一样，从迪奥根尼斯即位和他的东部战役（从开始就是不幸的）之后不久，蛮族人入侵帝国，直到我父亲统治的时期，他们的行动都没有遭到遏制。剑和矛被磨利进攻基督教徒，充满了战斗、战争和屠杀。城市被彻底摧毁，土地被蹂躏，所有罗马土地沾满了基督教徒的鲜血。有些人被箭或标枪刺穿，悲惨地死去；有些人被驱逐出家园并被作为战俘带到波斯人的城市。当他们匆忙在山洞、树林、大山和山头躲避逼近的灾难时，都充满了恐惧。他们在那里为在波斯的同胞们的命运大声哭泣，在罗马土地上幸存的少数人为失去儿子而悲伤，或者为他们的女儿伤心，有人为兄弟哭泣，有人为在他之前被杀的侄子悲伤，他们像女人一样流下辛酸的泪水。在那些日子里，没有任何阶层能躲过眼泪和悲伤。从那一时期②到我父亲统治时为止，除了少数皇帝（例如吉米斯基和瓦西里），根本没有人敢在亚洲立足。

505

①　沙得拉赫（Shadrach）、米煞（Meshach）和亚伯尼歌（Abednego）。——原译者注
②　约翰二世（John I Tzimisces，969—976）和瓦西里二世（Basil II，976—1025）在罗曼努斯四世（Romanus IV Diogenes）进行结束于曼兹克特战役的战争之前很久，已经去世，"那个时期"或许被随意使用，她大约指前两个世纪。——原译者注

我为什么写这些事情呢？我认为我正在偏离主题。我的历史主题赋予我两个任务：记述皇帝的真实生活并揭示它们的悲剧实质。换句话说，我必须叙述他的奋斗，同时必须对引起我内心悲伤的一切做出公正评价。对于后者，我将叙述他的死亡和世上一切有价值的东西的毁灭。然而，我记起了父亲的一些评论，它们阻止我写历史，而是让我编写挽歌，因为我经常听到他这样说。我甚至听到，当皇后命令学者们写一部有关他的劳作、困苦和磨难的历史，以便关于它们的记录可以被留给后代时，他曾经谴责她。他说

506 最好为他悲伤并哀叹他的不幸。从对突厥人的战争中返回不到十八个月，他又一次被严重的疾病击垮。它威胁他的生命，事实上这成为他完全崩溃和死亡的原因。从很小的时候起，我就深爱着父母。这次疾病是一个非常重要的主题，迫使我违反历史法则。因此，尽管不情愿，我还是要讲述皇帝死亡的故事。

有一次赛马大会，因为当时强风劲吹，体液①下沉，好像离开他的四肢，进入了一个肩膀里面。大部分医生对我们面临的危险根本没有办法。但尼古拉斯·卡利克勒斯（Nicolas Kallicles，这是他的名字）预见了可怕的麻烦，告诉我们他担心已经放弃了四肢的体液可能沿其他方向流动，可能会威胁病人的生命。我们不相信他——因为我们不希望这样。当时，除了卡利克勒斯，没有人想到用泻药清洗他的身体。阿莱科休斯不习惯吃泻药，事实上他完全不吃药。因为这个原因，他们中的大部分人（尤其是正在帮助他们的米哈伊尔·潘特切纳斯［Michael Pantechnes］），绝对禁止使用泻药。卡利克勒斯预见到将要发生的事情，强调说："目前，这种物质已经离开四肢，渗透到了肩膀和脖子，如果我们不通过清洗的方式消除它，它将再次移动到某个重要器官，甚至到达心脏。如果这真的发生，后果不堪设想。"按照皇后的命令，为了充当仲裁者，我亲自出席了这次会议。我听了医生们的辩论，支持卡利克勒斯的意

---

① 古代生理学家认为血液、黏液、胆汁和黑胆汁四种体液的相对比例决定一个人的性情和健康状况。

见,但是我们遭到了其他人的反对。事实上,此时折磨皇帝身体好多天的体液已经逐渐消失,病人恢复了健康。六个月之后,他被一种致命的疾病侵袭,或许这是由忧虑引发的。他受到日常政务的压力和国家许多烦心事的影响。我经常听到他告诉皇后有关这方面的事情,在某种意义上,他正在诅咒这种疾病。"影响我呼吸的究竟是什么? 我想彻底地深深呼吸,清除折磨我的疾病。但是,尽管我经常尝试,仍旧无法清除掉压迫我的一小部分重负。我不知道它存在的原因,也不知道疼痛为什么折磨我。并且,亲爱的,我必须告诉你一件事,因为你与我风雨与共。我经常一阵阵地打哈欠,它们在我吸气时阻断我的呼吸并引起可怕的疼痛。如果你知道这种可怕的新病是什么,请告诉我。"皇后听到这些话,知道他正在遭受的痛苦,非常难过。有人会认为她也患有同样的疾病,具有同样的哮喘症状。她经常召集最好的医生,让他们仔细检查这种疾病,恳求他们告诉她疾病的直接和间接原因。他们为他把脉,发现它的跳动没有规律,但无法说明原因。他们知道皇帝的饮食很清淡,就像运动员或士兵的饮食一样,极为节制。因此,因为暴饮暴食而引起体液累积的问题被排除。他们将呼吸困难归于其他原因,认为主要原因是过度劳累和持续的忧虑。他们说他的心脏经常发炎并吸纳了来自身体其他部位的所有多余物质。此后,这种可怕的疾病几乎让他无法喘息,它正在像一根绞索一样勒住他,变得日益严重,不再间歇性地而是不间断地折磨他。他无法侧身躺着,非常虚弱,每次呼吸都极为困难。所有医生都被叫来讨论这件事,但他们出现意见分歧,争论不休。每个人都提出了自己的诊断和相应的治疗方案。不管提出什么解决方法,他的情况仍旧很严重,因为没有一刻他能自由呼吸。为了能呼吸,他被迫坐直,如果偶尔依靠脊背或侧面,将出现可怕的窒息,吸进或者呼出一小缕空气都变得不可能。当睡意袭来时,便有可能窒息,因此无论睡着还是清醒,他都有窒息的危险。因为泻药不被允许使用,医生们尝试手术放血的办法,在肘部切了一个口子,但是没有效果。他仍旧像以前一样无法呼吸,始终存在可能会死在我们怀中的危险,但服用

507

508

了一副胡椒解毒剂之后病情有所好转。我们无法抑制内心的喜悦,向上帝祈祷表示感谢。但这是一种假象,因为在第三天或第四天,无法呼吸的情况,肺部的相同症状重新出现。事实上,我不知道那种特效药物是否让他的病情变得更糟,因为它分散但不能控制体液,后者被赶进了动脉腔,他的情况恶化。结果,我们无法找到让他舒服地躺下来的任何办法。现在,病情不断恶化。从黎明到黄昏,整个晚上,皇帝都无法入睡,完全不能吃有营养的食物,不能吃药物或其他替代品。我经常看见我的母亲整夜和他在一起(更确切地说是连续几个晚上),坐在他的床榻的后面,把他揽在怀中,以某种方式帮助他呼吸。她痛哭流涕①。我无法用语言描述她对他日日夜夜的照料。没有人能公正评价她在照顾他时所忍受的辛苦,为了让他觉得舒适,不断变换他的位置和重新布置床褥,但没有任何东西能让他感到丝毫的舒适。无休止的窒息像一根绞索一样紧紧地勒着他,或者像个伴侣一样伴随左右。找不到治疗的办法,皇帝被移到了面朝南的宫殿。尽管他很痛苦,但他很享受移动带来的舒适。皇后确信他应该被持续移动,她在他的床榻的头部和尾部固定了木头支架,让搬运工轮流移动他。后来,他被从大宫殿移到了曼加纳(Mangana)。即使这些措施也没有带来实质上的不同。病情没有好转。当她看到疾病正在恶化时,对人类的所有帮助都感到绝望。她以前所未有的热情代表他向上帝祈祷,在每个圣殿点燃了无数的蜡烛并且圣诗被一刻不停地持续吟唱。她给居住在陆地和海洋的人们大量赏赐。住在洞穴中或者山上或者独自生活在其他地方的隐士都被要求长时间的祈祷。所有生病或被囚禁在监狱中和因受苦而筋疲力尽的人们都因为她的礼物而变得富有,他们被要求一起为皇帝祈祷。他的胃明显扩大,双脚肿胀,发低烧,有些医生,无视他正在发烧,通过灼烧伤口来消炎。所有治疗再次证明都无济于事。灼烧并没有使病情缓解,因为胃和呼吸器官仍旧像以前一样糟糕。体液好像从其他地方流出来一

① 眼泪多于尼罗河的水。——著者注

388

样,现在到了他的小舌并布满了医生们①称之为腭的地方。他的齿龈肿胀,咽喉充血,舌头上火,食管被压缩并在末端被堵塞。现在,我们面对完全不能进食的可怕前景。上帝知道我花费多大的精力准备他的食物。每天,我亲自将它端到他的面前,保证它易于消化。不管我们和外科医生尝试什么办法,治疗发炎肿块的每一种努力都证明是无效的……②十一天过去了,他已病入膏肓,病情发展到了最严重的程度并一直威胁他的生命……他的情况非常危险,腹泻不止。此时,麻烦接连降临到我们身上,医生和正在照料他的我们都不知道应该采用哪种方法……但一切预示着灾难。此后,事情陷入混乱。我们正常的习惯被打破,恐惧和危险笼罩在我们头上。即使在迫近的危险中,奥古斯塔也从未丧失勇气,尤其在危急关头,她表现得非常坚强,抑制悲伤,稳稳地站着,像奥林匹克竞赛的胜利者一样,正在与最残酷的悲痛较量。当她看到他这样时,精神崩溃,心憔力悴,但仍然振作精神,忍受着悲痛。她悲痛欲绝,但仍旧拒绝放弃。因为不停地哭泣,她的脸庞被弄污,精神接近崩溃。在 8 月的第十五天,星期四,圣母升天日(Dormition of Our Lady)。那天早上,一些医生给皇帝的头上涂抹了圣油(他们认为这样做会有帮助),便回家了。这不是草率的决定,也不是因为任何迫切的需要,但他们意识到终点临近,他们中包括三位主治医生,即受人尊敬的尼古拉斯·卡利克勒斯、米哈伊尔·潘特切纳斯(他的姓来自他的家族③)和宦官米哈伊尔。所有亲戚都围绕在皇后身边并逼她进食……她不睡觉……连续几个晚上陪在皇帝身边……她服从了。当最后的昏厥继续时,她又……焦急地等待,她察觉到……生命。她扑倒在……开始不停地哭泣并捶打胸膛,为已经降临的不幸而悲伤。她希望当场死去,但不能这样做。尽管

510

---

① Asclepiadae,阿斯克勒庇俄斯(Asclepius)的追随者们,医药之神。——原译者注
② 原文此后被严重破损,空白处不是有意留下的,也不意味着要传达过分悲伤的印象,原因只能是我们尚存的手稿残缺不全。——原译者注
③ Pantechnes("完全熟练的")可能是一个绰号。——原译者注

正处于死亡的边缘并且被无法忍受的疼痛所折磨,但皇帝像一个主导自己死亡的人一样……因为她而伤心,尽力通过他的一个女儿(他的第三个女儿尤多吉娅[Porphyrogenita Eudocia])来减轻她的痛苦。另一个女儿玛利亚①不像另外一个玛利亚一样坐在陛下的脚边,而是忙着照顾阿莱科休斯的头,从一个大高脚杯中(不是茶杯——因为他很难从里面喝到水)喂他喝水,因为他的上腭、舌头和喉咙全部发炎。她急于要让他恢复精神。那时,他用一种坚定果断的语气给了皇后某些建议——他最后的建议:"为什么?"他说,"你为什么对我的死亡如此悲伤,逼迫我们预期很快到来的死亡呢? 不要让自己陷入悲伤中无法自拔,为什么不考虑自己的处境和现在威胁你的危险呢?"这就是他说的话,但它们只是重新撕开了她的伤口。至于我,我尽其所能地做事,对我仍旧活着的朋友和将来读这部历史的人而言,我以洞悉一切的上帝的名义发誓,我比一个疯狂的女人好不了多少,完全被悲伤裹挟。当时我失去了冷静和理智,忙着照顾我的父亲,仔细观察他的脉搏和呼吸。然后,我转向母亲,尽力安慰她。但是……身体的某些部分完全无法治疗……皇帝已经昏厥,我们不能唤醒他,奥古斯塔也即将昏厥。他们处于这样的一种状态……赞美诗作者(Psalmist)的话②的确是真实的"死亡的悲痛包围了我们"。我知道那时自己已经失去理智……因为我已经疯了。我变得完全不知所措。我看到皇后悲痛欲绝,皇帝一次次昏厥,被推向生命的尽头。当我亲爱的妹妹玛利亚将冷水和玫瑰香精洒向他时,他重新恢复意识,她也为母亲做同样的事情。他第三次昏迷……移动床榻似乎是一个好主意……那些照顾他和……的那些人,我们把他移到了五层楼建筑的另一个地方,以便于他能呼吸新鲜空气并再度清醒(那个地方面向北边,

---

① 她已结婚,但后来离开丈夫成为修女。——原译者注
② Psalm 18,4."曾有死亡的绳索缠绕我,匪夷的急流使我惊惧。"——原译者注

390

没有房子……面对门）。皇帝的继承人①走进了为他安排的屋子，当他意识到皇帝的……迅速离开并去了大皇宫。城市那时……处于混乱状态，但没有完全混乱……皇后极度悲伤地说："放弃一切吧……皇权、帝国、皇冠、所有权力、御座和皇位。让我们开始葬礼的挽歌吧。"我，不顾其他人，和她一起哀号并加入她的挽歌……她们撕扯着头发，尖声地悲痛哭嚎。但我们让她恢复了理智，因为他正奄奄一息，正在"与死亡搏斗"。皇后扑倒在地上，挨着他的头，仍旧穿着……和紫色拖鞋……被深深地触动，不能……她灵魂的剧烈痛苦。一些医生返回，等了一会儿，感觉到了他的脉搏……然后是心脏的跳动……但是，他们用模糊不清的术语提到了"危机"……尽管表面上表现出清醒的希望。他们谨慎地做这件事，因为知道随着皇帝去世，她也会死去。伊琳妮是一个聪明的女人，不知道是否应该相信他们，尽管长期以来她一直将他们视为医学专家。另一方面，她清楚地看到皇帝的生命正处于极度的危险之中。她怀疑诊断并不停地看我，等我给出可靠意见（在其他危机中，她也愿意这样做）。我被期望做一种阿波罗式（Phoebus-like）的预言。玛利亚②正站在她和皇帝中间，她的袍子的袖子不时地使伊琳妮不可能直接看到他。我再次用右手抓住他的手腕为他把脉……她经常把手放在头上……面纱，因为在这种情况下，她想换掉自己的服饰，但我每次都制止了她，当时我感觉到了他的脉搏中的某种力量。我被欺骗……因为很明显，它相当微弱……但是，当努力呼吸时……动脉和肺的工作同时停止了。我松开了皇帝的手，并且……对于皇后……我重新抓住他的手腕……窒息。她不断用肘部轻推我，让我告诉她有关脉搏的情况，但，当……我重新触摸它，意识到他的所有力量正在离去，动脉已经停止工作。我转过身，疲

513

---

① 他的儿子约翰，未来的皇帝。仲纳拉斯（Zonaras）和尼基塔斯·候尼雅仲斯（Nicetas Choniates）的作品提到了相关细节，他们的讲述和安娜非常不同。——原译者注

② 玛利亚是我最亲爱的妹妹，她是我们家族的骄傲，性格沉稳，具备各种美德。——著者注

惫不堪,浑身冰冷。我低下头,双手蒙住了双眼,没有说一句话,退后,开始哭泣。她知道发生了什么。在深深的绝望中,她突然发出了一声刺耳的尖叫。但我如何能描述突然降临整个世界的灾难呢?如何能为自己的烦恼哀悼呢?她把皇后的面纱扔在一边,用一把剃刀紧贴着皮肤剪掉了可爱的头发,扔掉了正穿着的紫色靴子,要求换上普通的黑色凉鞋。当她想把紫色衣服换成黑色时,没有找到那种长袍。但我的第三个妹妹有适合这种场合的衣服(她很久之前成了寡妇),皇后穿上了这些衣服,把一个简单的黑色面纱戴在头上。此时,皇帝殡天,我的太阳落山了……那些没有悲伤过度的人们唱起了挽歌,捶胸顿足,哭声震天……他们的恩人已经……都是为了他们……哭泣。即使现在,我也不能相信我依旧活着并记述皇帝的死亡。我把双手放在眼睛上,不知道我正在这里讲述的事情是否是一个梦……或许,它不是一个梦,而是一种幻觉。我神思恍惚,成为某种畸形幻觉的受害者。怎么会发生这种事情呢……我为什么没有放弃灵魂和他一起死呢?我为什么没有在晕厥中死去呢?如果这不可能,我为什么不从某个高处跳下来

514 或者跳入大海中呢?我的生命充满了不幸……我已经记录,但是,像悲剧作家所说:“没有我不能承受的来自天国的灾难、苦难。”①因为上帝的确已经带着巨大的灾难造访了我,我失去了世界明亮的发光体,伟大的阿莱科休斯(他的灵魂是他备受折磨的可怜身体的主人)。那时,还有另一个辉煌的发光体(或许我将称她为给所有人带来光明的月亮?)。在名字和行为上,伊琳妮皇后是东方和西方的骄傲。然而,我们继续活着,仍旧呼吸着。在那些不幸增加之后,我们被强大的暴风雨袭击。最后,我们到达不幸的顶峰,将被迫见证凯撒的死亡。(我们被保留的事件非常悲惨)几天之后,病情恶化,医生们无能为力,我为此悲痛欲绝。最后,只有一件事情使我愤怒,我的灵魂依旧徘徊在我的身体中。对我而言,事情似乎是,如果我不是钢铸成的,或者由其他坚硬和结实的物质制

---

① 欧里庇得斯(Euripides),在《俄瑞斯忒斯》(Orestes)的开头部分。——原译者注

造……对我而言，是一个陌生人，我可能会立刻死亡。尽管活着，却生不如死。有一个讲述著名的尼俄伯（Niobe）①的神奇故事②……因为悲伤而变成了石头……即使在变成没有感情的东西之后，她的悲伤仍旧是永恒的。然而，我比她经受了更多的悲伤。在经历了令人恐怖的重大不幸之后，我依旧活着——这样，我将经历其他的事。的确，被变成没有感情的岩石可能会更好……流眼泪……我保持……对灾难如此迟钝……要忍受这样的危险，在皇宫中被人们以一种令人憎恶的方式对待比尼俄伯的痛苦更可怜……不幸目前已过去……就这样结束了。在两个统治者去世和失去凯撒之后③，这些事件引发的悲痛波涛汹涌般地让我筋疲力尽……不幸的溪流……汇成山洪淹没了我的房子。我以此结束我的历史，否则写那些令人伤心的事件会令我更难过。

515

---

①　根据荷马的记述，尼俄伯被宙斯变成了石头。帕萨尼亚斯（Pausanias）告诉我们在他的时代，这块石头被看到在斯培隆山上（Mount Sipylon）。从某个角度看，它像一个正在"哭泣"的女人。——原译者注

②　在希腊神话中，她的十四个儿子因自夸而全被杀死，她悲伤不已，后来化为石头。

③　尼基弗鲁斯·布林纽斯死于1137年（而不是之前）。"两个统治者"（阿莱科休斯和伊琳妮）分别死于1118年和1123年。一个人很难将在约20年中发生的三次生死离别视为致命的打击。并且，我们知道《阿莱科休斯传》的最后章节，在皇帝死后的三十年间安娜一直在写，那时，她至少已有64岁。那么，她极度的痛苦为什么会出现在最后的章节中？因为她经历了失望：她与年轻的君士坦丁订婚，他曾经是预期中的皇位继承人，这使她认为自己可能成为皇后。他在他们结婚之前死去。她的丈夫布林纽斯的前途也绝对不能小觑，但是，尽管伊琳妮和安娜本人极力劝说躺在死亡病榻上的皇帝把皇冠留给他，约翰仍然成为皇帝。显然，安娜和她的弟弟之间存在某种仇恨。似乎发生了由伊琳妮和安娜本人策划的逼他退位的阴谋，但以失败告终，叛乱者遭到羞辱和流放。此后，安娜显然处于某种监视之中。——她的不幸就是如此。像普塞罗斯有隐藏姓名和事件的令人愤怒的习惯一样，安娜保留了许多事情没有说。后来写作的历史学家填补了许多空白，但他们都是约翰的赞美者，可能像她一样存在偏见。——原译者注

附录一　希腊火

　　在希罗多德时代很久以前，人们已经在战争中使用各种易燃物，历史学家们对此进行了详细记载。但是，希腊火首次出现带来的影响堪比原子弹的出现，至少在拜占庭人有限的活动区域内是这样。拜占庭人和阿拉伯人都承认它在毁灭性和引起恐怖方面都超过了其他所有燃烧武器。据说它由卡里尼库斯（Callinicus）在673 年发明，他是一个来自巴贝克（Baalbek）①的难民。他设计的配备着虹吸管的火船击溃阿拉伯人，拯救了君士坦丁堡。此后，燃料的构成一直极为保密，包括液体石油、石脑油、可燃沥青、硫磺、沥青、树脂、石灰、柏油，以及"某种神秘的物质"（引自帕廷顿[J. R. Partington]，他的《希腊火和火药史》[*History of Greek Fire and Gunpowder*]对这个问题进行了最好和最新的研究）。安娜的叙述可能是对我们最有启发性的，但其配方仍旧被神秘隐藏。帕廷顿认为希腊火是"化学工程的一项成就"，他的著作——是一座知识的宝库，包含了来自古今权威著作的大量引文和无数参考资料——见证了学者们的混乱和矛盾。

---

① 黎巴嫩东部的一个城镇，位于贝鲁特东北部。它是古代腓尼基城的遗址，那时可能是用于朝拜太阳神的地方，现在因其大量的罗马遗迹而闻名。

附录二　拜占庭海军

读者可能很快意识到安娜对于父亲的海上胜利没有给予足够的评论——毫无疑问这部分因为阿莱科休斯本人没有指挥海上作战，部分因为拜占庭依靠威尼斯的帮助。古罗马和新罗马都只是被迫从事海上活动，人们能感觉到安娜在描述海洋战略时略显贬损的语调。她的英雄都是在陆地上赢得胜利。但是阿莱科休斯做了大量工作弥补百年来忽略的事情。在他的治理下，帝国海军与行省舰队合并，统一由一个海军元帅（Grand Admiral）和舰队总司令（Great Drungarius）指挥。可惜的是船员中有太多的雇佣兵。

《阿莱科休斯传》提到的船只种类是非常引人注目的：单层桨座战船、双层桨座战船、三层桨座战船、海盗船、快速大帆船（战船的通称）、单层甲板大帆船（包括为皇后专门预留的一只）、重吨位商船、货船、运输马匹船、小型帆船、无篷小船、小船（sermones，我们无法得知其准确性质，或许是快捷小巧的船）、划船、侦察船、在河上或者湖上使用的小船、配备喷火设施的火船、为身居次位的人（Second Count）预留被水手们称为 excusatum 的船只。后者可能是指免税（拉丁语为 excusatum）的船只，但是对其出处没有统一的意见。

附录三 头衔

11世纪，一些头衔的重要性发生变化：在普塞罗斯的《编年史》中，凯撒、至尊贵族（Nobilissimus）、皇帝寝官（Parakoimomenus）和孤儿院院长都是极其重要的人，但没有提到家佣官（Domestic）、秘书官（Secretici）、公爵（Catepan）。但是，到了安娜时代，甚至凯撒和首席大贵族都已经风光不再，剩余的旧头衔也像金币（nomisma）一样贬值。让他的女儿欣喜和赞美的是，阿莱科休斯发现必须创造新头衔。为了他的哥哥依沙克，他合并了原来的至尊者（sebastos）和独裁者（autocrator，最初由皇帝专用），依沙克被称为至尊大贵族（sebastocrator）。同时，凯撒头衔被赐予皇位觊觎者尼基弗鲁斯·迈里西努斯（Nicephorus Melissenus）。有功的人被封赏一系列冠冕堂皇的新头衔：protopansebastobypertatus、protopanentimohypertatus、protonobilissimohypertatus等等。对这些感兴趣的人可以在《剑桥中世纪史》（CMH Vol. IV, Part II, pp. 18及下页）或者奥斯特罗戈尔斯基（Ostrogorsky, pp. 325－326）的书中继续关注。头衔甚至被赐予外族人：我们读到了给予日耳曼人的20个荣誉头衔及其相应年金；威尼斯总督得到首席贵族（protosebastos）头衔，他的主教得到了最尊贵者（hypertimos）头衔；一个突厥人甚至成为安吉亚鲁斯公爵（Duke of Anchialus）；博希蒙德虽然没有得到他要求的Domesticate of the East，但得到了贵族头衔（sebastos）。安娜强调她的父亲在这种事情上的慷慨。这种对人的虚荣心的取悦在许多情况下无疑都达到了目的。

拜占庭的统治者

为了帮助读者阅读，下列名单列出了《阿莱科休斯传》中出现的人名。

君士坦丁七世（Constantine Ⅶ，913—959）

罗曼努斯二世（Romanus Ⅱ，959—963）

尼基弗鲁斯二世福卡斯（Nicephorus Ⅱ Phocas，963—969）

约翰一世吉米斯基（John Ⅰ Tzimisces，969—976）

保加尔人的屠夫瓦西里二世（Basil Ⅱ Bulgaroktonos，976—1025）

君士坦丁八世（Constantine Ⅷ，1025—1028）

罗曼努斯三世阿基鲁斯（Romanus Ⅲ Argyrus，1028—1034）

米哈伊尔四世帕弗拉贡（Michael Ⅳ Paphlagon，1034—1041）

米哈伊尔五世卡拉法特（Michael Ⅴ Calaphates，1041—1042）

塞奥多拉和邹伊（Theodora and Zoe，1042）

君士坦丁九世莫诺马库斯（Constantine Ⅸ Monomachus，1042—1055）

塞奥多拉（第二次统治）（Theodora，1055—1056）

米哈伊尔六世斯特拉提奥提库斯（Michael Ⅵ Stratioticus，1056—1057）

依沙克一世科穆宁（Issac Ⅰ Comnenus，1057—1059）

君士坦丁十世杜卡斯（Constantine Ⅹ Ducas，1059—1067）

尤多吉娅（Eudocia，1067）

罗曼努斯四世迪奥根尼斯（Romanus Ⅳ Diogenes，1068—

1071）

尤多吉娅（第二次统治）（Eudocia，1071）

米哈伊尔七世杜卡斯（Michael Ⅶ Ducas，1071—1078）

尼基弗鲁斯三世伯塔尼亚特斯（Nicephorus Ⅲ Botaniates，1078—1081）

阿莱科休斯一世科穆宁（Alexius Ⅰ Comneus，1081—1118）

约翰二世科穆宁（John Ⅱ Comneus，1118—1143）

曼努埃尔一世科穆宁（Manuel Ⅰ Comneus，1143—1180）

罗马教皇

以下是《阿莱科休斯传》涉及时期担任圣彼得教堂主教的人员名单。

格里高利七世(Gregory Ⅶ，1073—1085)

维克托三世(Victor Ⅲ，1086—1087)

乌尔班二世(Urban Ⅱ，1088—1099)

帕斯卡尔二世(Paschal Ⅱ，1099—1118)

哥斯马斯一世(Cosmas Ⅰ，1075—1081)

尤斯特拉提乌斯加里达斯(Eustratius Garidas，1081—1084)

尼古拉斯三世吉提尼亚特斯(Nicolas Ⅲ Kyrdiniates，1084—1111)

约翰九世阿格佩图斯(John Ⅸ Agapetus，1111—1134)

杜卡斯家族

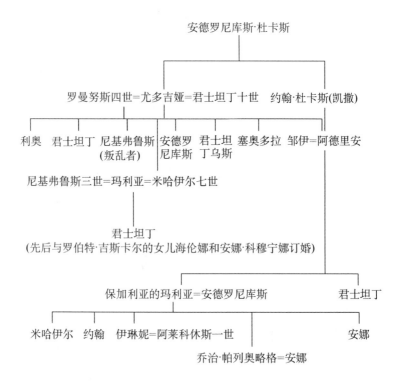

安德罗尼库斯·杜卡斯

罗曼努斯四世=尤多吉娅=君士坦丁十世　约翰·杜卡斯(凯撒)

利奥　君士坦丁　尼基弗鲁斯　安德罗　君士坦　塞奥多拉　邹伊=阿德里安
　　　　　　　(叛乱者)　尼库斯　丁乌斯

尼基弗鲁斯三世=玛利亚=米哈伊尔七世

君士坦丁
(先后与罗伯特·吉斯卡尔的女儿海伦娜和安娜·科穆宁娜订婚)

保加利亚的玛利亚=安德罗尼库斯　　　　君士坦丁

米哈伊尔　约翰　伊琳妮=阿莱科休斯一世　　　　安娜

乔治·帕列奥略格=安娜

科穆宁家族

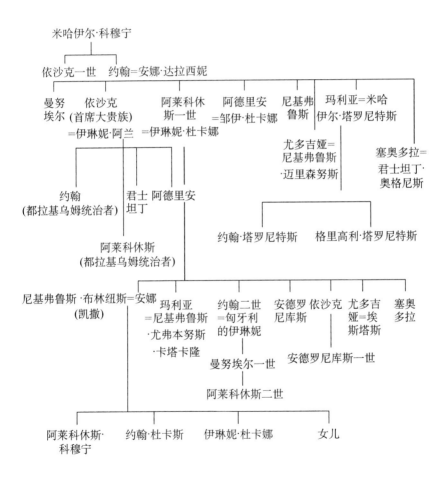

参考书目

以下书目将为希望深入研究拜占庭世界的一般读者提供帮助,除了翻译的书外,不包括外文图书,尽管法国、德国和俄罗斯学者也写了大量优秀著作。

1. J. M. 赫西(J. M. Hussey):《剑桥中世纪史》(第四卷)(*The Cambridge Medieval History*),第一部分:拜占庭及其邻居;第二部分:政府、教会和文明,1966—1967 年。

2. 乔治·奥斯特罗戈尔斯基(George Ostrogorsky)著,赫西译:《拜占庭国家史》(*History of Byzantine State*),布莱克威尔(Blackwell),1956。

3. A. A. 瓦谢列夫(A. A. Vasiliev):《拜占庭帝国史》(*History of Byzantine Empire*),布莱克威尔,1952。

4. 贝恩斯(N. H. Baynes)、莫斯(H. St L. B. Moss):《拜占庭》(*Byzantium*),牛津大学出版社,1948。

5. 贝恩斯:《东罗马的思想世界》(*The Thought World of East Rome*),牛津大学出版社,1946。

6. 约翰·贝克维斯(John Beckwith):《君士坦丁堡的艺术》(*The art of Constantinople*),菲登出版社(Phaidon),1961。

7. 乔治娜·巴克勒(Georgina Buckler):《安娜·科穆宁娜》(*Anna Comnena*),牛津大学出版社,1929 年(最近再版)。

8. 伊丽莎白·道斯(Elizabeth Dawes):《阿莱科休斯传》,劳特利奇(Routledge)和基根·保罗(Kegan Paul),1967 年(再版,但没有修订和增补)。

9. 安德烈·格拉巴(Andre Grabar):《从塞奥多西死亡到穆斯林崛起》(*From the Death of Theoduosius to the Rise of Islam*),泰晤士 & 哈德逊(Thames & Hudson),1966。

10. 约翰·赫西(John Hearsey):《君士坦丁之城》(*City of Constantine*),约翰·莫里(John Murray),1963。

11. M. G. 休斯顿(M. G. Houston):《古希腊、罗马和拜占庭的服装》(*Ancient Greek, Rome and Byzantine Costume*),布莱克,1947。

12. J. M. 赫西:《拜占庭帝国的教堂和知识,867—1185》(*Church and*

Learning in the Byzantine Empire），牛津大学出版社，1937。

13. J. M. 赫西：《拜占庭世界》（The *Byzantine World*），哈钦森大学出版社（Hutchinson's University Library，1957）。

14. 宝琳·约翰斯通（Pauline Johnstone）：《拜占庭教堂装饰的传统》（*Byzantine Tradition in Church Embroidery*），迪兰蒂（Tiranti），1967。（此书包含了一般特性的大量信息）

15. 罗伯特·里德尔（Robert Liddell）：《拜占庭和伊斯坦布尔》（*Byzantium and Istanbul*），凯普（Cape），1958。

16. 拉鲁斯（Larousse）：《古代和中世纪百科全书》（*Encyclopedia of Ancient and Medieval History*），保罗·哈姆林（Paul Hamlyn），1963。

17. 米哈伊尔·麦克拉根（Michael Maclagan）：《君士坦丁堡之城》（*The City of Constantinople*），泰晤士和哈德逊，1968。 525

18. 杰维斯·马修（Gervase Mathew）：《拜占庭的美学》（*Byzantine Aesthetics*），约翰·莫里，1963。

19. 乔治·奥斯特罗戈尔斯基（George Ostrogorsky）著，赫西译：《拜占庭国家史》（*History of Byzantine State*），巴兹尔·布莱克威尔（Basil Blackwell），第 2 版（修正扩充版），1968。

20. J. R. 帕廷顿（J. R. Partington）：《希腊火和火药的历史》（*History of Greek Fire and Gunpowder*），赫弗（Heffer），1960。

21. 季米特里奥斯·I. 伯来米斯（Demetrios I. Polemis）：《杜卡斯家族》（*The Doukai*），阿斯隆出版社（Athlone Press），1968.

22. D. 塔尔伯特·赖斯（D. Talbot Rice）：《拜占庭时代的艺术》（*The Art of Byzantine Era*），泰晤士 & 哈德逊，1963。

23. D. 塔尔伯特·赖斯：《拜占庭艺术》（*Byzantine Art*），企鹅出版社，1961。

24. D. 塔尔伯特·赖斯：《拜占庭的艺术》（*The Art of Byzantium*），泰晤士 & 哈德逊，1959。

25. D·塔尔伯特·赖斯：《拜占庭人》（*The Byzantines*），泰晤士 & 哈德逊，1962。

26. 史蒂芬·朗西曼（Steven Runciman）：《拜占庭文明》（*Byzantine Civilization*），阿诺德（Arnold），1933。

27. 史蒂分·朗西曼：《十字军史》（*A History of Crusades*），企鹅出版社，1965。

28. E. R. A. 索特（E. R. A. Sewter）：《米哈伊尔·普塞罗斯：十四个拜占庭统治者》（*Michael Psellus：Fourteen Byzantine Rulers*），企鹅出版社，1966。

29. 菲利普·谢拉德（Philip Sherrard）：《君士坦丁堡：一座圣城的图解》（*Constantinople：Iconography of a Sacred city*），牛津大学出版社，1965。

30. 塞西尔·斯图尔特（Cecil Stewart）：《拜占庭的遗产》（*Byzantine Legacy*），

艾伦 & 昂温(Allen & Unwin)。

31. N. 塞尔诺(N. Zernow):《东部的基督教世界》(*Eastern Christendom*),韦登菲尔德 & 尼克尔森(Weidenfeld & Nicolson)。

词汇表①

1. Cataphract：古罗马军人或马匹之甲胄，p. 94，注释 2。

2. Catepan：地方总督。在科穆宁时代，帝国的军区（或者行省）由公爵（duke）统治，地方总督辅助。

3. Chrysobull(Golden Bull)：金玺诏书。皇帝的法令用紫色墨水写成，盖有金印。

4. Domestic：军队总司令，有时被称为 Great Domestic。东西方各有一个，还有一个骑兵部队总司令（Domestic of the *Scholae* 或者 *Scholarii*），职责是守卫皇宫。

5. Drungarius：由于军队和海军头衔的意义随着时代不断变化，因此很难准确地定义这个头衔，但我们可以将它等同于现代的营长（即指挥 1000 人左右的指挥官），但是海军营长相对更重要——他是一个舰队司令。

6. Eparch：地方行政长官，p. 103，注释 1。

7. Excubitae：通常驻守在君士坦丁堡的骑兵军队，由一位军团司令指挥，p. 141，注释 2。

8. Helepolis：一种围城工具，据说由德米特里·波里奥西特(Dcmetrius Poliorcetes)发明，有各种样式，但似乎都是安装在轮子上面。

9. Indiction：（最初的意义是向帝国政府提交的关于粮食税的通告）312 年首次成为年代术语，十五年一个周期。从 537 年开

---

① 本表中所标页码均为英译本页码，即中译本边页码。

始,所有公文都必须注明年代号。数字本身的意义不大,必须与其他标注日期的系统联系在一起。参见,E. J. 比克尔曼:《古代世界年表》(E. J. Bickerman: *Chronology of the Ancient World*, London, 1968)。

10. Logothete:行政官员,p. 103,注释 1。阿莱科休斯时代的行政部门由秘书处(*secreta*)的行政官员控制,或者称为总行政官员(Grand Logothete)。

11. Magistros:高级法官。这个头衔被赐予了很多人,每个人都有自己负责的区域,但是像许多头衔一样,它的重要性逐渐削弱。

12. Monothelete:一志论派。它认为基督有人性和神性两种本性,在一个人身上合并,但是只有一种意志。它在第六次宗教会议(680—681 年)上受到谴责。

527 13. Monophysite:一性论派。它认为基督只有一种本性(神性)。

14. Obol:一种小希腊硬币。

15. Peltast:轻盾兵,p. 94,注释 1。

16. Primicerius:皇宫的高级官员。

17. Proedros:元老院高级官员。

18. Protovestiarius:负责皇帝服饰及其相关钱财的官员。

19. Satrap:古代波斯头衔,负责统治行省。突厥人承袭了这个头衔,但它被非常广泛地使用,通常仅仅指地方总督。

20. Secreta:文官,p. 103,注释 2。

21. Stade:一种希腊人的测量单位,(大约)相当于 1 弗隆。

22. Stater:一种有固定重量的希腊金币或银币。

23. Strategat:军事地区。

24. Tagmatarch:安娜非常重视头衔的意义,使用了关于军官的各种术语:例如,decurion 与 dekarch 相同,是最小军团的指挥官;turmarch 是一个师的指挥官;phalangarch 或者 protrostrator 是更高级的军衔。tagma 的兵力大概在 3000 人左右,换言之,用现代术语来看,一个 tagma 为一个旅,tagmatarch 就是旅长。

对于这些和其他头衔的详细解释参见《剑桥中世纪史》,第四卷,第二部分。

25. Tortoise：一种著名的罗马军队队形,后来被用作可移动的遮蔽物或者小屋,能够为阵地上或敌人城墙附近的工兵或其他士兵提供掩蔽。

大事索引

第一卷

1. 罗曼努斯四世（Romanus Ⅳ Diogenes）不让阿莱科休斯参加对突厥人的战役（他当时 14 岁），但米哈伊尔七世统治期间凯尔特人卢塞尔进攻帝国时，阿莱科休斯得到了赢得荣誉的机会：他在哥哥依沙克的帐下作为将军服役。

2. 突突什被贿赂说服，为了约定数量的钱，抓住卢塞尔并将他交给了阿莱科休斯——阿莱科休斯对阿马西亚人发表演说，请求他们的帮助（没有来自皇帝的现钱）。

3. 因为担心阿马西亚人拒绝提供帮助，阿莱科休斯假装刺瞎了卢塞尔。

4. 他的堂弟杜塞亚努斯谴责他的残忍行为，但是当他发现卢塞尔的视力没有受到损伤时，愤怒变成了高兴和赞赏（拜占庭人典型的欺诈）——阿莱科休斯作为军队总司令被派去镇压尼基弗鲁斯·布林纽斯的叛乱，后者当时是都拉基乌姆的总督（新皇帝是伯塔尼亚特斯，他罢黜了米哈伊尔并与玛利亚皇后结婚）——对布林纽斯的描述——阿莱科休斯决定"通过秘密行动"赢得战役。

5. 布林纽斯和阿莱科休斯进行比较——作战计划——阿莱科休斯依靠伏击战——他的勇敢——抓住布林纽斯的马，宣布敌人已经死亡。

6. 突厥人联盟军将布林纽斯诱入埋伏将他抓获——布林纽斯差

点杀死阿莱科休斯,但是"上帝因为更重大的使命……拯救了他"。

7. 阿莱科休斯将布林纽斯转交给伯里罗斯,后者将他刺瞎——阿莱科休斯被命令与另一个觊觎皇位者巴斯拉西乌斯(被进行描述)作战——他的机智计谋诱使巴斯拉西乌斯晚上进攻营地。

8. 巴斯拉西乌斯徒劳地搜寻"大舌头"——"小约翰"——巴斯拉西乌斯的反击和失败。

9. 第二天早上,巴斯拉西乌斯逃到塞萨洛尼卡——被俘并被转交给皇帝的使臣——被刺瞎——作为奖赏,阿莱科休斯得到"贵族"头衔。

10. 罗伯特·吉斯卡尔——米哈伊尔七世愚蠢地让君士坦丁与罗伯特的女儿海伦娜订婚——描述君士坦丁。

11. 罗伯特的生涯——他的婚姻以及与其岳父马斯卡伯里斯的争吵——他阴谋刺瞎马斯卡伯里斯。

12. 整个伦巴第的公爵罗伯特——打算通过海伦娜的婚姻夺取最高权力——假冒的米哈伊尔(关于这个雷克托的故事的两个版本)——盖塔试图阻止战争。

13. 格里高利教皇要求罗伯特帮助他攻打德意志的亨利——他们敌对的原因——安娜厌恶教皇的无耻行为——罗伯特成为他虚伪的同盟军——教皇在战斗中战败,但罗伯特没有给予帮助。 529

14. 罗伯特在伦巴第强制征兵——博希蒙德被派去伊利里亚。

15. 罗伯特和盖塔一起到达奥特兰托——拉乌尔汇报阿莱科休斯已经罢黜伯塔尼亚特斯,成为皇帝——试图劝说罗伯特不要发动战争。

16. 罗伯特从布林迪西横渡——莫诺与查托斯的困境和狡猾。

第二卷

1. 安娜向读者们提到了她的丈夫的历史,此书详细介绍了阿莱科休斯的出生地和祖先——伯塔尼亚特斯对科穆宁兄弟的宠爱——阿莱科休斯担任西部军队的指挥官和元老院高级官员——伯里罗斯和哲曼诺斯的阴谋和嫉妒——依沙克和阿莱科休斯在宫廷中赢得朋友——玛利亚皇后收养阿莱科休斯为养子。

2. 伯塔尼亚特斯计划让西纳得诺斯成为他的继承人——他原本应该选择君士坦丁——玛利亚的焦虑——科穆宁兄弟亲近她。

3. 基济科斯城被突厥人攻占——皇帝的晚宴——科穆宁兄弟寄希望于玛利亚。

4. 伯里罗斯和哲曼诺斯策划刺瞎科穆宁兄弟的眼睛——阿莱科休斯被命令与突厥人作战——传令军官到君士坦丁堡——谴责伯里罗斯的阴谋,但没有成功——依沙克和阿莱科休斯决定发动叛乱——帕库里亚努斯和胡伯特普罗斯被邀请参加。

5. 安娜·达拉西妮和她的家人寻找避难所——她捍卫儿子们的行动——伯塔尼亚特斯将她囚禁在皮特隆修道院。

6. 帕列奥略格加入叛乱——阿莱科休斯将军队聚集在特祖鲁罗斯——给约翰·杜卡斯送去信息——他支持叛乱者——拜占丢斯事件——(除了奥勒斯塔斯因为布林纽斯之外)城镇居民们都拥护阿莱科休斯。

7. 军队因为不同的忠诚被划分:有些人支持阿莱科休斯,有些人支持依沙克——依沙克让他的弟弟想起了卡皮亚诺斯附近的预言——杜卡斯家族率先拥护阿莱科休斯。

8. 尼基弗鲁斯·迈里西努斯(另一个觊觎皇位者)建议要与阿莱科休斯分享帝国——他被给予凯撒头衔——曼格尼斯和金玺诏书。

9. 伯塔尼亚特斯面临双重威胁——阿莱科休斯和约翰·杜卡斯(修道院院长)侦查君士坦丁堡城墙——建议不要进攻瓦兰吉亚人或者"敢死队"——贿赂尼米兹人的首领吉尔普拉克特背叛城市。

10. 曼格尼斯使迈里西努斯处于悬而未决的状态——阿莱科休斯在神圣星期四(1081年4月1日)进入都城——他的士兵的罪

恶行径。

第三卷

531

回家园,留博希蒙德负责——亨利放弃与教皇和罗伯特作战。

4. 博希蒙德取得对阿莱科休斯的胜利。

5. 阿莱科休斯返回君士坦丁堡,请求苏丹帮忙——卡米勒斯派出7000人——为拉里萨城外的敌人设置埋伏。

6. 博希蒙德战败。

7. 阿莱科休斯请求伯爵们要求他们被拖欠的军饷——博希蒙德不能满足他们的要求,去了阿弗罗拉。

8. 阿莱科休斯首次在君士坦丁堡与异教徒辩论——依塔鲁斯的生平经历和错误教义——他与普塞罗斯相匹敌和他的粗俗举止。

9. 依塔鲁斯的演说和他的学生——偏离主题叙述伊琳妮研究和学习的日常情况——依塔鲁斯无视阿莱科休斯的驳斥,最终被开除教籍。

第六卷

1. 阿莱科休斯重新夺回卡斯托利亚。

2. 他通过欺骗镇压保罗派教徒叛乱。

3. 他在君士坦丁堡使教会财产合法化并进行补偿。

4. 针对他的生命的阴谋——犯罪者被判罪,但仅仅被流放——特劳罗斯事件和来自斯基泰人的危险。

5. 罗伯特计划重新进攻伊利里亚——阿莱科休斯试图收买罗伯特的儿子古伊——威尼斯人在海战中先战胜后来又战败。罗伯特极为残忍地对待战俘——威尼斯人在第三次战斗中战胜——阿莱科休斯给予威尼斯大公众多商业特权。 532

6. 罗伯特的疾病——在耶路撒冷(凯发罗尼亚)死亡。

7. 塞斯的预言——偏离主题叙述预言艺术——罗伯特的性格

8. 安娜·科穆宁娜出生——(1083年12月1日),后来一个儿子(约翰)出生。

9. 突厥人入侵和内战——苏莱曼自杀——突突什变得非常强大——马里克·沙以联姻为条件许诺为阿莱科休斯提供帮

助——魔鬼附身。

10. 阿布·卡西姆的冒险活动——阿莱科休斯在亚洲海岸建立秘密据点。

11. 罗马帝国的旧边界。

12. 阿布·卡西姆被绞死——基里吉·阿尔斯兰将尼西亚作为总部。

13. 叶尔汉尼斯（被贿赂）叛逃到罗马人这里。

14. 斯基泰人在塔头领导下帮助摩尼教教徒进攻帝国——胜利和战败后撤退。

第七卷

1. 特尔古带着80,000混合军队跨越多瑙河——罗马人战胜。

2. 敌人仍旧在罗马人的领土上——老布林纽斯的警告——安娜偏离主题，叙述她的丈夫——日食——斯基泰人请求和平。

3. 皇帝在德里斯特拉战败，差点被俘，甚至放弃了神圣的披肩。

4. 帕列奥略格侥幸逃命。

5. 塔头带着数量巨大的战利品到达伊斯特河——他的库曼人联盟军要求分配战利品，但是遭到拒绝——他们屠杀了斯基泰人——偏离主题叙述奥佐林姆尼湖。

6. 斯基泰人同意休战，但打破誓言，重新进攻君士坦丁堡——再次休战。

7. 300名敢死队员在对斯基泰人徒劳的进攻中战死——弗兰德尔派的骑兵到达帮助阿莱科休斯——被派往亚洲与阿布·卡西姆作战。

8. 扎查斯在小亚细亚海岸建立独立国家——赢得海陆的胜利。

9. 斯基泰人靠近都城——尼泽斯事件——罗马人战败——阿莱科休斯发烧。

10. “最勇敢的人”阿莱科休斯打败斯基泰人。

11. “车轮”战术——斯基泰人又一次战败。

第八卷

第九卷

8. 穆扎克斯恐吓迪奥根尼斯说出他的同伙的名字——被令人震惊地仁慈对待。

9. 迪奥根尼斯被刺瞎,经过或者没有经过皇帝的同意。

10. 伯尔坎屈服——迪奥根尼斯非同寻常的能力——尽管被刺瞎仍旧学习了"新的几何学"——甚至再次策划叛乱,但坦白后被原谅。

第十卷

1. 异教徒尼鲁斯和他对本质一体的错误理解——将他及其教义永久性地革除教会。

2. 利奥·迪奥根尼斯的冒充者出现——逃离囚禁,加入库曼人——"一个神圣的预言"——决定与库曼人作战。

3. 他们退回到亚得里亚纳堡——小规模战斗。

4. 阿拉卡塞乌斯的计谋——俘获"迪奥根尼斯"并将他刺瞎——库曼人被彻底打败——阿莱科休斯的勇敢。

534 5. 突厥人再次占领比希尼亚——阿莱科休斯急于确保尼科米迪亚的安全——他的精力——隐士彼得开始十字军东征——蝗虫在凯尔特人之前到达。

6. 巨大数量的人跟随彼得——尼西亚城外诺曼人的可怕行为。

7. 沃曼多伊斯的休的傲慢。

8. 博希蒙德和其他人到达——马里亚努斯在海战中表现杰出——十字弓箭和战斗的教士。

9. 古德非利到达君士坦丁堡——一个错误谣言引起一场骚乱,但是当法兰克人在神圣星期四向都城进军时,阿莱科休斯禁止杀戮——他们被击退——休劝说古德非利宣誓效忠。

10. 更多的法兰克人到达——宣誓。

11. 博希蒙德与阿莱科休斯会面——受到友好对待——宣誓——阿莱科休斯喜欢圣吉勒斯——法兰克人继续向小亚细亚行军。

第十一卷

1. 法兰克人围攻尼西亚——松懈的突厥人军队被打败——圣吉勒斯进攻古纳塔斯塔楼。

2. 布图米特斯通过谈判使尼西亚投降。

3. 所有公爵在向安条克进军前宣誓效忠——罗马凯尔特人在多利拉乌姆平原上战胜(1097年7月1日)。

4. 经由"捷径"到达安条克——(因为不忠行为)城市投降,博希蒙德宣称城市归自己所有(违反协议)。

5. 反对扎查斯的行动,后者放弃士麦那——因为一个错误,突厥人被屠杀——约翰·杜卡斯重新夺回其他地方。

6. 皇帝帮助安条克附近的凯尔特人抵抗突厥人的攻击——凯尔特人种族的本性——阿莱科休斯担心失去安条克和君士坦丁堡——他撤退——圣钉事件——博希蒙德成为安条克的统治者——其他公爵继续行军前去夺取耶路撒冷——古德非利被任命为国王。

7. 阿美里姆奈斯进攻凯尔特人——在拉姆利许多人被俘——皇帝提供赎金——特利波利斯对面圣吉勒斯的要塞——坦克雷德围攻劳迪西亚。

8. 鲍德温继承古德非利的耶路撒冷王位——一支诺曼人军队不顾阿莱科休斯的建议向克罗斯安进军——灾难——圣吉勒斯逃脱,但很快在特利波利斯去世。

9. 博希蒙德被命令转交安条克——傲慢的答复——布图米特斯被派去确保奇里乞亚的安全。

10. 皮萨人支持受到火船威胁的法兰克人。

11. 热那亚远征军前去帮助博希蒙德——坎塔库振努斯和莫纳斯特拉斯分别从海上和陆地进攻劳迪西亚。

12. 博希蒙德将安条克留给坦克雷德——宣布自己死亡——在棺木中返回科孚岛。

第十二卷

1. 博希蒙德在伦巴第召集军队——被阿美里姆奈斯释放的 300 名伯爵和他们遭受的苦难——被皇帝友好对待,他们谴责博希蒙德是一个江湖骗子。

2. 坦克雷德的宣传——备战——奥什的拒绝——被坦克雷德打败——安娜为阿莱科休斯选择奥什为塔尔苏斯总督辩护。

3. 皇帝和伊琳妮在塞萨洛尼卡——她的端庄谦恭和对丈夫的照顾。

4. 博希蒙德入侵之前彗星出现——雕像从烧毁的圆柱上掉落,但皇帝对"不祥的预兆"并不在意。

5. 尽管温和公正的统治仍旧有更多的阴谋叛乱——阿尼马斯兄弟和(预期的)皇帝所罗门。

6. 谋杀的机会丧失——所罗门在审问下说出了同谋——阿尼马斯兄弟将被刺瞎——安娜的苦恼和伊琳妮的请求——"手"——被囚禁。

7. 其他叛乱者——格里高利·塔罗尼特斯——他的精神崩溃。

8. 格里高利被宽恕。

9. 依沙克·康托斯特发努斯没有攻占奥特朗托(被一个妇女守卫),被打败——博希蒙德向教皇展示斯基泰人战俘,作为阿莱科休斯反基督教徒的证据——教皇支持博希蒙德远征——罗马人守卫海峡——博希蒙德横渡时,康托斯特发努斯不敢向他进攻——他准备围攻都拉基乌姆——描述这个地方——皇帝的镇静。

第十三卷

1. 布雷契耐皇宫圣玛利教堂通常的奇迹中断,耽搁了皇帝离开都城的行程——他躲过谋杀——亚伦兄弟和他们的发莫萨。

2. 阿莱科休斯的军事准备——博希蒙德在都拉基乌姆附近扎营——罗马人控制海洋并切断食物来源后,食物供应成为紧迫问题——饥荒和痢疾。

第十四卷

5. 尽管身患疾病,阿莱科休斯仍旧出发与突厥人作战——卡米泽斯的英勇——罗马人的一次胜利。

6. 卡米泽斯被从敌人那里营救——在君士坦丁堡讲述他的苦难经历。

7. 安娜评论皇帝统治的胜利和灾难——宣称她的不偏不倚——她的"真正的历史"《阿莱科修斯传》的资料来源——和平时代皇帝的消遣。

8. 库曼人横渡伊斯特河——皇帝在非利波波利斯——这个地方的历史——摩尼教教徒和保罗派教徒——"第十三使徒"使许多人转变信仰。

9. 阿莱科休斯向维迪内进军,但敌人早已横渡多瑙河——他们逃脱追赶——他重新试图将摩尼教教徒的信仰转变为正统信仰——将信仰转变者安置在阿莱科西欧波利斯——阿莱科休斯返回家。

第十五卷

1. 基里吉·阿尔斯兰重新蹂躏亚洲——皇帝的痛风病更加严重——蛮族人嘲笑他——罗马人在凯利亚战胜。

2. 伊琳妮的勇气——又一次胜利——阿莱科休斯在尼科米迪亚。

3. 对皇帝的不作为和没有打败敌人的批评,但他不为所动并且充满自信——安娜为称赞他为自己辩护——他的"新队形"。

537　4. 阿莱科休斯求助于"圣签"。

5. 马纳鲁格看到"新队形"非常震惊——马利克·沙加入——安娜的弟弟安德罗尼库斯战死。

6. 马利克·沙不能打破罗马人的方阵,请求和平——条约被批准——马利克·沙被他的突厥人皇位竞争者首先刺瞎,然后勒死。

7. 带着被解救的男人、女人和孩子一起行军——到达大马里斯——孤儿院。

8. 鲍格米勒派教徒和瓦西里——皇帝试图与瓦西里讲道理——

他的教义被一个计谋揭露——瓦西里被囚禁——一件神奇的事。

9. 皇帝下令编纂《教义大全》——鲍格米勒派教徒被迫害,基督教徒被通过一个诡计与他们分开。

10. 瓦西里在跑马场被活活烧死。

11. 皇帝的疾病和医生试图挽救他的努力——安娜在其中的作用——最后的场景和皇后的悲伤——她试图通过祈祷和施舍避免不幸——阿莱科休斯死亡。

人名地名索引^①

---

① 本索引的注页码为原英译本页码,即中译本边页码。

与邹伊结婚,107;

被赐予新头衔,112;

与斯基泰人的战争,218,224,254;

被依沙克威胁,264

Bolkan,伯尔坎,237;

　　威胁帝国,262－263;

　　入侵罗马领土,276－277;

　　与他的条约,289－290;

　　与瓦西里乌斯·约翰,379

Bolkan, Stephen,斯蒂芬·伯尔坎,290

Borilos,伯里罗斯,

　　刺瞎布林纽斯,46,219;

　　对抗莫诺马查托斯(Monomachatos),69－70;

　　对抗科穆宁兄弟,73 及以后各页,101－102;

　　羞辱伯塔尼亚特斯,102

Boritylas,伯利提拉斯,66

Borze,波尔兹,430

Bosnia,波斯尼亚,72

Bosphorus,博斯普鲁斯海峡,129－130,198,206

Botaniates, Nicephorus,尼基弗鲁斯·伯塔尼亚特斯皇帝,19,31,37－38,45－46,58－60,67,69－75,79－80,83,85－86,89,94,98－108,113,125,144,148,150,156,187,236。对于相关细节,参见尼基弗鲁斯·伯塔尼亚特斯。

Botaniates(grandson of the emperor),伯塔尼亚特斯(皇帝的孙子),83

Boucoleon,布克隆,105

Boüsa,布萨,315

Bouse, River,布兹河,409,412

Boutoumites, Manuel,曼努埃尔·布图米特斯,202－203,271,274,315,331－334,336－338,340－341,358－362,440－443,444①

Branas,布拉纳斯,212－213

Branea,布拉内亚,277

brevia,帐篷,185

Brindisi,布林迪西,131,133,189;

　　罗伯特入侵,66－69

Britain,不列颠,392

British Isles,英格兰岛 95

Bryennii,布林纽斯家族,19

Bryennius, Nicephorus,尼基弗鲁斯·布林纽斯,安娜·科穆宁娜的丈夫,凯撒 19－21,33,38,44,73,219－220,296,320－321,423,460,466,483,485－486,514。对于相关细节,参见尼基弗鲁斯·布林纽斯。

---

① *Alexiad*, p. 541.

---

①　*Alexiad*，p. 544.

448

---

① *Alexiad*, p. 549.

467

上海三联人文经典书库

已出书目

（上、下）　［美］亨利·富兰克弗特　著　郭子林　李　岩　李凤伟　译

15.《大学的兴起》［美］查尔斯·哈斯金斯　著　梅义征　译

16.《阅读纸草，书写历史》［美］罗杰·巴格诺尔　著　宋立宏　郑　阳　译

17.《秘史》［东罗马］普罗柯比　著　吴舒屏　吕丽蓉　译

18.《论神性》［古罗马］西塞罗　著　石敏敏　译

19.《护教篇》［古罗马］德尔图良　著　涂世华　译

20.《宇宙与创造主：创造神学引论》［英］大卫·弗格森　著　刘光耀　译

21.《世界主义与民族国家》［德］弗里德里希·梅尼克　著　孟钟捷　译

22.《古代世界的终结》［法］菲迪南·罗特　著　王春侠　曹明玉　译

23.《近代欧洲的生活与劳作（从 15—18 世纪）》［法］G.勒纳尔　G.乌勒西　著　杨　军　译

24.《十二世纪文艺复兴》［美］查尔斯·哈斯金斯　著　张　澜　刘　疆　译

25.《五十年伤痕：美国的冷战历史观与世界》（上、下）　［美］德瑞克·李波厄特　著　郭学堂　潘忠岐　孙小林　译

26.《欧洲文明的曙光》［英］戈登·柴尔德　著　陈　淳　陈洪波　译

27.《考古学导论》［英］戈登·柴尔德　著　安志敏　安家瑗　译

28.《历史发生了什么》［英］戈登·柴尔德　著　李宁利　译

29.《人类创造了自身》［英］戈登·柴尔德　著　安家瑗　余敬东　译

30.《历史的重建：考古材料的阐释》［英］戈登·柴尔德　著　方　辉　方堃杨　译

31.《中国与大战：寻求新的国家认同与国际化》［美］徐国琦　著　马建标　译

32.《罗马帝国主义》［美］腾尼·弗兰克　著　宫秀华　译

33.《追寻人类的过去》 [美]路易斯·宾福德 著 陈胜前 译

34.《古代哲学史》 [德]文德尔班 著 詹文杰 译

35.《自由精神哲学》 [俄]尼古拉·别尔嘉耶夫 著 石衡潭 译

36.《波斯帝国史》 [美]A.T.奥姆斯特德 著 李铁匠等 译

37.《战争的技艺》 [意]尼科洛·马基雅维里 著 崔树义 译 冯克利 校

38.《民族主义:走向现代的五条道路》 [美]里亚·格林菲尔德 著 王春华等 译 刘北成 校

39.《性格与文化:论东方与西方》 [美]欧文·白璧德 著 孙宜学 译

40.《骑士制度》 [英]埃德加·普雷斯蒂奇 编 林中泽 等译

41.《光荣属于希腊》 [英]J.C.斯托巴特 著 史国荣 译

42.《伟大属于罗马》 [英]J.C.斯托巴特 著 王三义 译

43.《图像学研究》 [美]欧文·潘诺夫斯基 著 戚印平 范景中 译

44.《霍布斯与共和主义自由》 [英]昆廷·斯金纳 著 管可秾 译

45.《爱之道与爱之力:道德转变的类型、因素与技术》 [美]皮蒂里姆·A.索罗金 著 陈雪飞 译

46.《法国革命的思想起源》 [法]达尼埃尔·莫尔内 著 黄艳红 译

47.《穆罕默德和查理曼》 [比]亨利·皮朗 著 王晋新 译

48.《16世纪的不信教问题:拉伯雷的宗教》 [法]吕西安·费弗尔 著 赖国栋 译

49.《大地与人类演进:地理学视野下的史学引论》 [法]吕西安·费弗尔 著 高福进 等译 [即出]

50.《法国文艺复兴时期的生活》 [法]吕西安·费弗尔 著 施诚 译

51.《希腊化文明与犹太人》 [以]维克多·切利科夫 著 石敏敏 译

52.《古代东方的艺术与建筑》 [美]亨利·富兰克弗特 著 郝

海迪　袁指挥　译

53.《欧洲的宗教与虔诚:1215—1515》　[英]罗伯特·诺布尔·
　　斯旺森　著　龙秀清　张日元　译

54.《中世纪的思维:思想情感发展史》　[美]亨利·奥斯本·泰
　　勒　著　赵立行　周光发　译

55.《论成为人:神学人类学专论》　[美]雷·S.安德森　著　叶
　　汀　译

56.《自律的发明:近代道德哲学史》　[美]J.B.施尼温德　著
　　张志平　译

57.《城市人:环境及其影响》　[美]爱德华·克鲁帕特　著　陆
　　伟芳　译

58.《历史与信仰:个人的探询》　[英]科林·布朗　著　查常平
　　译

59.《以色列的先知及其历史地位》　[英]威廉·史密斯　著　孙
　　增霖　译

60.《欧洲民族思想变迁:一部文化史》　[荷]叶普·列尔森普
　　著　周明圣　骆海辉　译

61.《有限性的悲剧:狄尔泰的生命释义学》　[荷]约斯·德·穆
　　尔　著　吕和应　译

62.《希腊史》　[古希腊]色诺芬　著　徐松岩　译注

63.《罗马经济史》　[美]腾尼·弗兰克　著　王桂玲　杨金龙
　　译

64.《修辞学与文学讲义》　[英]亚当·斯密　著　朱卫红　译

65.《从宗教到哲学:西方思想起源研究》　[英]康福德　著　曾
　　琼　王　涛　译

66.《中世纪的人们》　[英]艾琳·帕瓦　著　苏圣捷　译

67.《世界戏剧史》　[美]G.布罗凯特　J.希尔蒂　著　周靖波
　　译

68.《20世纪文化百科词典》　[俄]瓦季姆·鲁德涅夫　著　杨明
　　天　陈瑞静　译

69.《英语文学与圣经传统大词典》　[美]戴维·莱尔·杰弗里
　　(谢大卫)主编　刘光耀　章智源等　译

70.《刘松龄——旧耶稣会在京最后一位伟大的天文学家》 〔美〕斯坦尼斯拉夫·叶茨尼克 著 周萍萍 译

71.《地理学》 〔古希腊〕斯特拉博 著 李铁匠 译

72.《马丁·路德的时运》 〔法〕吕西安·费弗尔 著 王永环 肖华峰 译

73.《希腊化文明》 〔英〕威廉·塔恩 著 陈恒 倪华强 李月 译

74.《优西比乌:生平、作品及声誉》 〔美〕麦克吉佛特 著 林中泽 龚伟英 译

75.《马可·波罗与世界的发现》 〔英〕约翰·拉纳 著 姬庆红 译

76.《犹太人与现代资本主义》 〔德〕维尔纳·桑巴特 著 艾仁贵 译

77.《早期基督教与希腊教化》 〔德〕瓦纳尔·耶格尔 著 吴晓群 译

78.《希腊艺术史》 〔美〕F·B·塔贝尔 著 殷亚平 译

79.《比较文明研究的理论方法与个案》 〔日〕伊东俊太郎 梅棹忠夫 江上波夫 著 周颂伦 李小白 吴玲 译

80.《古典学术史:从公元前6世纪到中古末期》 〔英〕约翰·埃德温·桑兹 著 赫海迪 译

81.《本笃会规评注》 〔奥〕米歇尔·普契卡 评注 杜海龙 译

82.《伯里克利:伟人考验下的雅典民主》 〔法〕 樊尚·阿祖莱 著 方颂华 译

83.《旧世界的相遇:近代之前的跨文化联系与交流》 〔美〕 杰里·H.本特利 著 李大伟 陈冠堃 译 施诚 校

84.《词与物:人文科学的考古学》修订译本 〔法〕米歇尔·福柯 著 莫伟民 译

85.《古希腊历史学家》 〔英〕约翰·伯里 著 张继华 译

86.《自我与历史的戏剧》 〔美〕莱因霍尔德·尼布尔 著 方永 译

87.《马基雅维里与文艺复兴》 〔意〕费代里科·沙博 著 陈玉聃 译

88.《追寻事实:历史解释的艺术》 [美]詹姆士 W.戴维森 著 [美]马克 H. 利特尔著 刘子奎 译

89.《法西斯主义大众心理学》 [奥]威尔海姆·赖希 著 张峰 译

90.《视觉艺术的历史语法》 [奥]阿洛瓦·里格尔 著 刘景联 译

91.《基督教伦理学导论》 [德]弗里德里希·施莱尔马赫 著 刘平 译

92.《九章集》[古罗马]普罗提诺 著 应明 崔峰 译

93.《文艺复兴时期的历史意识》 [英]彼得·伯克 著 杨贤宗 高细媛 译

94.《启蒙与绝望:一部社会理论史》 [英]杰弗里·霍松 著 潘建雷 王旭辉 向辉 译

95.《曼多马著作集:芬兰学派马丁·路德新诠释》 [芬兰]曼多马 著 黄保罗 译

96.《拜占庭的成就:公元330～1453年之历史回顾》 [英]罗伯特·拜伦 著 周书垚 译

97.《自然史》[古罗马]普林尼 著 李铁匠 译

98.《论人、风俗、舆论和时代的特征》 [英]夏夫兹博里 著 董志刚 译

欢迎广大读者垂询,垂询电话:021－22895540

图书在版编目(CIP)数据

阿莱科休斯传/[古罗马]安娜·科穆宁娜著;李秀玲译.
—上海:上海三联书店,2018.10
(上海三联人文经典书库)
ISBN 978-7-5426-6153-1

Ⅰ.①阿… Ⅱ.①安…②李… Ⅲ.①阿莱科休斯
一世(1056-1118)-传记 Ⅳ.①K831.987＝332

中国版本图书馆CIP数据核字(2017)第302291号

阿莱科休斯传

著 者 / [古罗马]安娜·科穆宁娜
译 者 / 李秀玲

责任编辑 / 黄 韬
装帧设计 / 徐 徐
监 制 / 姚 军
责任校对 / 张大伟

出版发行 / 上海三联书店
  (200030)中国上海市漕溪北路331号A座6楼
邮购电话 / 021-22895540
印 刷 / 上海展强印刷有限公司

版 次 / 2018年10月第1版
印 次 / 2018年10月第1次印刷
开 本 / 640×960 1/16
字 数 / 300千字
印 张 / 32
书 号 / ISBN 978-7-5426-6153-1/K·444
定 价 / 108.00元

敬启读者,如发现本书有印装质量问题,请与印刷厂联系 021-66510725